紫微斗數入門練習題200例

三禾山人——著

前言

近一個世紀以來，紫微斗數這門易學處於興起與繁榮之中，研究者都在忙於梳理理論，為什麼這麼說呢？這一點能從市面上的紫微斗數書籍的內容看出來：較多的紫微斗數書籍是只有理論而沒有例題，這讓很多的初學者在入門和實踐時大為艱難，令人欣喜的是，這種狀況正在改觀，不過，還需要同仁更多的努力才行，在這個心境之下，我決定寫一本類似於習題集的書稿，讓讀者能飽餐一頓，能從中感悟紫微斗數預測的神奇和奧妙。

本書主要內容是例題。

每個例題，先講述星情和星曜組合的思路，再講述推理和判斷的結果。

每個例題，既有預測師的分析內容，也有求測者的真實回饋內容。

本書一共錄入204個例題，其中：

有預測單項內容的例題162例，

有多內容詳測的例題42例。

例題的分析解讀方法有三個：

1、從內容起手分析，單項內容的預測（可能用到1—3個宮），比如婚姻分析、財運分析、工作分析等等。

2、從宮位起手分析，逐個宮的分析（可能用到1－4個宮），比如婚姻宮、子女宮、財帛宮、官祿宮、田宅宮等。

3、從內容起手分析，多項內容的分析（可能會用到大部分宮，構成對命盤的整體印象），比如分析性格、學歷、婚姻、財運、事業、買房等等。

希望透過以上200多個的例題解讀，幫助初學者較快的入門，幫助他們熟練的掌握基本分析判斷技巧，並為更深的研究打下基礎。

三禾山人　壬寅年春

於中國陝西省寶雞市

目錄

第一章 星情擴展

第一章 星情擴展

星情擴展，其方法很簡單，就是「組詞」，當然，僅僅組詞還是不夠的，實際運用中還要進行「引申」擴展，那樣意義才更廣泛。

有的同學可能要問：這麼簡單嗎？像是文字遊戲，這在實際預測中好用嗎？是的，大道至簡，製造這套星曜的名字，先賢們採用了最簡單直接手法，讓星曜名字直接體現意義，而實際運用中也很方便和恰當。

在十四主星中，紫微和武曲這兩顆星曜，難以從字面理解，這可能是在這門學問生發的那個年代，這兩個詞有與現在有不同的意義，也或者是歷朝歷代傳抄中的筆誤。

現在把星曜的一部分含意擴展羅列在此——

紫微：

高貴、權威、唯一、眾望所歸、讓人仰視、謙遜、恭敬、紫色、孤獨、中等、中庸、普遍。

貪狼：

貪杯、貪財、貪多、貪婪、貪戀、貪圖、貪汙、貪心、貪贓、貪便宜、貪汙犯、貪汙罪、反貪汙、貪圖享受、貪汙盜竊、貪汙腐化、貪汙受賄、貪小便宜、貪大求全、貪得無厭、貪官汙吏、貪生怕死、貪圖安逸、貪小失大、貪心不足、貪贓枉法、起早貪黑。

巨門：

門板、門窗、門道、門房、門戶、門檻、門口、門框、門簾、門樓、門路、門面、門牌、門票、門市、門診、門柱、門檻、門牌號、門市部、門外漢、門診部、門診室、嗓門兒、閉門羹、開門紅、專門、熱門貨、撐門面、裝門面、三門峽、澳門、門戶之見、門庭若市、登門拜訪、分門別類、專門從事、專門調查、上門服務、熱門話題、專門機構、開門見山、班門弄斧、專門人才、熟門熟路、邪門歪道、歪門邪道、閉門造車、挨門逐戶、關門主義、關起門來、廣開門路、拒之門外、找上門來、破門、氣門、前門、竅門、球門、熱門、入門、上門、射門、鐵門、廈門、衙門、閘門、澳門、部門、車門、城門、出門、大門、登門、東門、對門、閥門、關門、後門、家門、江門、金門、進門、荊門、開門、冷門、爆冷門、本部門、彈簧門、各部門、開後門、跨部門、天安門、找竅門、走後門、財政部門、黨政部門、服務上門、各個部門、工業部門、公安部門、管理部門、交通部門、教育部門、經濟部門、科研部門、勞動部門、林業部門、農業部門、商業部門、生產部門、雙喜臨門、司法部門、送貨上門、五花八門、行政部門、有關部門、政法部門、政府部門、職能部門、主管部門、組織部門。

廉貞：

廉恥、廉價、廉潔、廉政、低廉、清廉、廉潔奉公、廉潔公道、廉潔自律、廉政建設、價廉物美、清正廉潔、為政清廉、物美價廉。

武曲：

武功、神功絕技、動武、神武、勇武、曲徑通幽、幽深、曲高和寡、行動派、實力派、強壯、武士、武科、武昌起義、武火、武士刀、武士道、武校、武魄、武昌魚、武僧、武考、武打、武侯、武藝、武誡、武器、武則天、武力、武裝、武斗、武聖、武大郎、武打片、武舉人、武臺、武技、武備、武裝員警、武器裝備、武術家、武松、武當山、生化武器、武將、一十八般武藝、玄武門、玄武湖、岳武穆、核武器、常規武器、武功、文治武功、耀武揚威、文武班、武雙全文、文韜武略、文武兼濟、蘇武牧羊、真武大帝、尚武精神、極武窮兵、文武百官、講武堂、演武場、威武不屈、周武王、輕武器、文武全才、黷武窮兵、玄武門之變、忠武、演武、耀武揚威、費力、勞苦、勞碌、磨難、強硬、乾癟。

戲曲、樂曲、曲目、彎彎曲曲、扭曲、捲曲、催眠曲、曲高和寡、異曲同工、進行曲、協奏曲、奏鳴曲、序曲舞曲、變奏曲、回環曲折、九曲連環、九曲腸、曲徑通幽。

破軍：

破案、破產、破除、破費、破格、破壞、破獲、破戒、破舊、破爛、破例、破滅、破碎、破損、破土動工、破曉、破綻、爆破、衝破、打破、攻破、劃破、擊破、識破、摔破、撕破、突破、偵破、破案率、破壞性、破紀錄、破天荒、突破點、突破口、突破性、破除迷信、破釜沉舟、破壞份子、破壞活動、破舊不堪、破舊立新、破破爛爛、破綻百出、打破常規、打破紀錄、突破難關、石破天驚、爆破作業、瀕臨破產、乘風破浪、穿雲破霧、勢如破竹、受到破壞、嚴重破壞、支離破碎、大膽衝破、顛撲不破、牢不可破、一語道破、有所突破。

天府：

港府、官府、孔府、省府、市府、首府、天府、學府、政府、王府井、反政府、軍政、區政府、省政府、市政府、縣政府、鄉政府、總理府、政府部門、政府代表、政府工作、政府官員、政府機構、政府機關、政府首腦、天府之國、黨和政府、地方政府、各級政府、合法政府、兩國政府、臨時政府、當地政府、中央政府。

天梁：

大樑、棟樑、高粱、橫樑、脊樑、呂梁、橋樑、正樑、脊樑骨、頂樑柱、挑大樑、雕樑畫棟、偷樑換柱、跳樑小丑、棟樑之材、逼上梁山、餘音繞樑。

天機：

機場、機車、機床、機電、機動、機房、機構、機關、機會、機件、機井、機警、機具、機靈、機密、機敏、機能、機器、機槍、機身、機體、機務、機械、機型、機修、機要、機翼、機油、機遇、機智、趁機、乘機、待機、單機、敵機、電機、動機、耳機、飛機、候機、呼機、貨機、劫機、軍機、開機、客機、農機、契機、時機、手機、司機、伺機、隨機、天機、投機、危機、微機、相機、心機、尋機、戰機、主機、專機、轉機、裝機、總機、機電部、機動車、機動性、機關、機關槍、機器人、機務段、機械廠、機械化、機械能、機修廠、無機鹽、農機廠、飛機場、危機感、農機具、候機室、有機體、有機物、機不可失、機動車輛、機構調整、機構改革、機關黨委、機關幹部、機關團體、機關作風、機會均等、機會主義、機器、翻譯機、機械工業、機械設備、機械性能、機械製造、機要檔、生機盎然、藉機報復、有機玻璃、生機勃勃、投機倒把、非機動車、無機肥料、有機肥料、無機化學、有機化學、人機交互、有機可乘、當機立斷、神機妙算、投機取巧、裝機容量、危機四伏、半機械化、相機、靈機一動、隨機應變、把握機會、把握機遇、辦事機構、保守機密、常駐機構、趁此機會、黨政機關、電力機車、動力機械、紡織機械、服務機構、公安機關、公證機關、管理機構、管理機制、國際機場、國家機構、國家機關、國家機密、國家機器、激勵機制、電腦、監察機關、監督機構、檢察機關、金融機構、經濟機制、經營機制、精簡機構、競爭機制、就業機會、科研機構、靈活機動、內燃機車、農業機械、派出機構、權力機關、商檢機構、省直機關、市場機制、市直機關、首都機場、司法機關、拖拉機廠、縣直機關、新聞機構、行政機構、行政機關、運行機制、政府機構、政府機關、直屬機構、直屬機關、中央機關、中直機關、專門機構、諮詢機構、組織機構、坐失良機、插秧機、柴油機、處理機、穿孔機、傳呼機、傳真機、打火機、印表機、打字機、電動機、電話機、電視機、釘書機、發報機、發電機、發動機、發射機、縫紉機、影印機、乾燥機、鼓風機、交換機、空調機、擴音機、錄像機、錄影機、答錄機、內燃機、起重機、攝影機、升降機、收錄機、收音機、拖拉機、洗衣機、壓縮機、運輸機、照相機、蒸汽機、工控微機、太空梭、直升飛機、民用飛機、勃勃生機、充滿生機、日理萬機。

白費心機、不失時機、財政危機、錯失良機、費盡心機、經濟危機、軍用飛機、可乘之機、痛失良機、枉費心機、有利時機。

天同：

同班、同伴、同胞、同輩、同步、同窗、同道、同等、同感、同化、同夥、同級、同居、同樂、同類、同僚、同齡、同路、同盟、同名、同謀、同年、同期、同情、同人、同仁、同日、同上、同時、同事、同往、同屋、同鄉、同心、同行、同性、同學、同樣、同一、同意、同志、不同、大同、合約、胡同、會同、混同、夥同、雷同、連同、陪同、認同、如同、視同、隨同、相同、協同、同一、贊同。

同路人、同盟國、同盟會、同盟軍、同情心、同時期、同位素、同行業、同一天、同義詞、共同點、合約法、合約工、合約書、共同體、陪同團、不同意、死胡同、同病相憐、同步增長、同仇敵愾、同出一轍、同床異夢、同等對待、同等條件、同等學歷、同甘共苦、同工同酬、同化作用、同類產品、同流合污、同時並舉、同心同德、同心協力、同舟共濟、共同奮鬥、共同富裕、共同努力、情同手足、共同提高、共同完成、共同研究、共同之處、相同之處、協同作戰、表示同意、雌雄同株、大陸同胞、風雨同舟、港澳同胞、骨肉同胞、軍事同盟、普天同慶、去年同期、深有同感、殊途同歸、臺灣同胞、同工同酬、同心同德、完全同意、一視同仁、一致同意、異口同聲、異曲同工、與此同時、與會同志、原則同意、履行合約、簽訂合約、信守合約、遵守合約。

不同層次、不同程度、求同存異、志同道合、不同地區、不同凡響、不同觀點、不同見解、不同類型、不同情況、大同小異、非同小可、不同行業、不同性質、形同虛設、不同尋常、非同尋常、不同一般、非同一般、非同以往、不同意見、不同之處、不同主張、不能同意、不盡相同、不約而同、程度不同、大不相同、各不相同、各有不同、截然不同、解除合約、迴然不同、全然不同、有所不同、與眾不同。

天相：

相愛、相比、相差、相稱、相乘、相持、相處、相傳、相待、相等、相抵、相對、相反、相仿、相逢、相符、相干、相隔、相關、相好、相互、相會、相機、相繼、相加、相間、相減、相見、相交、相接、相近、相距、相離、相連、相鄰、相貌、相片、相切、相容、相商、相聲、相識、相思、相似、相通、相同、相投、相位、相象、相信、相依、相宜、相應、相映、相遇、相約、相撞、相當、變相、丞相、互相、競相、亮相、錄相、首相、洋相、宰相、照相、真相、屬相、相當於、相對論、相對數、相對性、相結合、相聯繫、相適應、相一致、不相稱、錄相帶、不相干、照相館、照相機、互相間、不相容、相安無事、相較之下、相差懸殊、相持不下、相當規模、相當可觀、相當嚴重、相得益彰、相對而言、相對來說、相對濕度、相對說來、相對速度、相對誤差、相輔相成、相互促進、相互關係、相互競爭、相互理解、相互瞭解、相互配合、相互信任、相互依存、相互依賴、相互影響、相互之間、相互指責、相互尊重、相互作用、相機行事、相繼問世、相敬如賓、相去甚遠、相去無幾、相提並論、相同之處、相信群眾、相信組織、相形見絀、相依為命、相應措施、相映成趣、互相愛護、互相幫助、兇相畢露、變相剝削、互相促進、真相大白、互相合作、遙相呼應、交相輝映、互相監督、大相徑庭、自相矛盾、互相配合、不相上下、不相適應、互相學習、變相漲價、互相照顧、互相支持、奔相走告、不盡相同、臭味相投、唇齒相依、大不相同、大體相當、短兵相接、反唇相譏、肝膽相照、剛柔相濟、各不相同、刮目相看、毫不相干、和睦相處、解囊相助、開誠相見、另眼相看、密切相關、面面相覷、旗鼓相當、恰好相反、恰恰相反、十分相似、世代相傳、素不相識、坦誠相待、同病相憐、文人相輕、息息相關、息息相通、狹路相逢、休戚相關、血肉相連、一脈相承、以誠相待、以禮相待、友好相處、與此相反、針鋒相對、不明真相、帝王將相、事實真相。

七殺：

殺場、殺害、殺菌、殺戮、殺人、殺傷、殺死、暗殺、被殺、捕殺、殘殺、仇殺、刺殺、扼殺、扣殺、抹殺、謀殺、槍殺、屠殺、兇殺、誘殺、宰殺、自殺、殺病毒、殺蟲劑、殺菌劑、殺雞取卵、殺人放火、殺人越貨、殺一儆百、一筆抹殺。

太陽：

陽臺、陽面、斜陽、陽春白雪、驕陽似火、遮陽帽、太陽能、太陽黑子、陽曆、陽宅、陽壽、殘陽、夕陽西下、太陽系、陽關大道、虎落平陽、太陽。

太陰：

陰晦、光陰荏苒、陰謀詭計、樹陰、歸陰、陰涼、陰毒、陰德、連陰雨。

陰謀、陰森、陰損、陰私、陰陽怪氣、陰冷、陰間、陰魂、陰壽、陰溝、陰曹地府、光陰似箭、連陰天、陰沉、陰風、陰險、陽奉陰違、陰鬱、陰魂不散、陰界、濃陰。

本書例題的錄入原則：

本書例題錄入貫徹這樣的原則：

你我，以及我的客戶都是生活在和平陽光下的幾代人，生活軌跡相對來說比較簡單，就是上學、結婚、找工作等，涉及到學歷、婚姻和事業等，生活經歷平凡樸實，大家經歷的事情大同小異，只不過同樣的事件出現在你我的不同年份了，僅此而已。但是要想把每個人的主要事件都論斷到位，卻不是一件容易的事情。

在實際預測過程中，當運算準確的時候，大部分客戶會立即給予肯定和美譽之詞，還會給你詳細講述很多當年的經歷細節，而這些細節往往帶有很多隱私資訊；同時，當運算到客戶的傷心之地，預測師會給予很多的勸勉和鼓勵之語，很多時候還會講一些典故和小故事來激發和安撫客戶的心靈。諸如此類的美譽之詞、隱私資訊、勸勉之語等等，都刪除掉了，保留基本的評價比如「對」、「不對」「是的」等等。這是寫作時的精練語言的需要，也是為了最大限度的保護求測者隱私。

1、去掉：預測過程中，預測師說出的勸勉性質的話語。

2、去掉：求測者給予預測師的讚賞、讚美之詞。

3、去掉：涉及到求測者隱私的部分內容。

4、保留：預測師的基本判斷詞語，並且通俗化。

5、保留：求測者對預測的肯定或者否定，並且簡化。

當然，本書所錄入的預測內容不表示命盤全部資訊，只是我看出來並且獲得了求測者回饋的內容，我沒有看出來的內容自然談不上回饋，也就無法展示給大家。這是習慣了把靠譜的知識傳達給大家。

另外，需要說明：

1、在判斷學歷、事業種類的時候，同樣的盤出生在不同國家或者地區，還是會有差異，但是大同小異。讀者在研究的時候要懂得變通類比，不可專持。

2、讀者在學習階段解讀流年的時候，你只管這樣做：斷那些你有把握的、斷那些明顯的內容。而有些內容可能你沒有把握就先不去管它，待日後慢慢消化。

3、本書採用的例題，一部分是生命盤，也就是命主的生辰紫微盤，另一部分是觸及時間盤，這裡的觸及時間指的是，客戶與預測師見面或者接觸後，請求預測並付費的那個有效時間。

4、本書的例題：第二章、第三章、第四章、第五章，都貫徹以上的原則。

第二章
單項事預測精簡例題

第二章 單項事預測精簡例題

單項內容的預測，這是從內容起手的分析，可能用到1—3個宮（三方四正）。比如婚姻分析、財運分析、工作分析等等。

一般求測者既然來預測，大部分都有既定的訴求，比如某求測者目前正在辦離婚，他主要想瞭解婚姻相關的內容，所以我們的解讀主要針對婚姻展開，抓住婚姻宮，然後從三方四正、大運流年等，仔細分析婚姻的狀況和吉凶走向，讓讀者能明晰運程的實際情況，並能遊刃有餘的運用和改善運氣狀態。

第一節 房產類例題（含房子有無、房子風水吉凶等）

天府天馬在遷移宮是搬家資訊

天府天馬 壽平 官寮　息神 82~91　財帛宮 辛巳　身宮	天太文对解天 同陰昌詔神空 陷不陷廟廟 身宮 辛巳 小耗　息神　病符 92~101　子女宮 壬午	武食地劫 曲狼空羅 廟廟廟廟 将軍 歳建 102~111　夫妻宮 癸未	太巨文天红天天孤劫 陽門曲鑾鸞刑福空辰煞 得廟得廟廟陷廟廟旺平 奏喜 112~121　兄弟宮 長生 甲申
擎八天天天陰德 羊座空宿煞 廟旺旺旺旺　廟 力士 華蓋 天德 72~81　疾厄宮 庚辰	坤造　乙　己　庚　庚　(日空寅、卯) 　　　　未　丑　戌　辰 1命宮　2兄弟　3夫妻　4子女　5財帛　6疾厄 7遷移　8交友　9官祿　10田宅　11福德　12父母		天相 陷 飛廉 災煞 2~11　命宮 沐浴 乙酉
康破左祿地鳳寡年 貞軍輔存劫閣宿解 平陷陷廟平旺　廟 博士 劫煞 白虎 62~71　遷移宮 己卯	甲干　廉貞-太陽　乙干　天機-太陰　丙干　天同-廉貞　丁干　太陰-巨門 戊干　貪狼-天機　己干　武曲-文曲 庚干　太陽-天同　辛干　巨門-文昌　壬干　天梁-武曲　癸干　破軍-貪狼		天天三輩 機梁台輔 利廟 化權 喜神 12~21　父母宮 冠帶 丙戌
陀鈴天天天 羅星貴傷月德 陷廟陷平平 官府 亡神 52~61　交友宮 戊寅	火破 星碎 伏兵 月煞 42~51　官祿宮 己丑	天天思天咸大月 魁鉞光貴池耗德 旺陷平平平旺 大耗　咸池　小耗 32~41　田宅宮 戊子　帝旺	紫七右龍天 微殺弼池巫哭 旺平平平平 化科 病符　指背　歲建 22~31　福德宮 臨官 丁亥

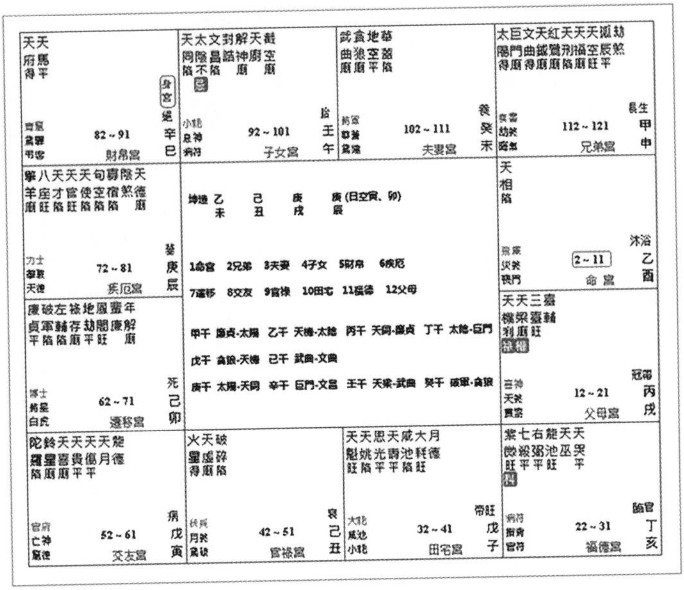

天府星，首先表示權威和財物，但是當與天馬組合在遷移宮的時候表示房子變化。天梁星，在田宅宮表示房子房屋等。

來看上面的盤：

命主2021年辛丑，大運命宮在未位，大運的田宅在戌位，天梁化權三台台輔星，說明會離開房子搬遷房屋等。

流年2021辛丑的命宮在亥位，紫微化科七殺龍池星，說明這一年會升小學。

流年 2021 的遷移宮在巳位天府天馬星，說明會有搬家的事情。

流年 2021 的田宅宮在寅位鈴星天喜，照巨門文曲天鉞紅鸞天福星等，說明會有突然的搬家或者必須換學校等。

事實上：這一年孩子升小學，換學校，並且隨家長搬家。

田宅宮劫煞太陰星房子被平分

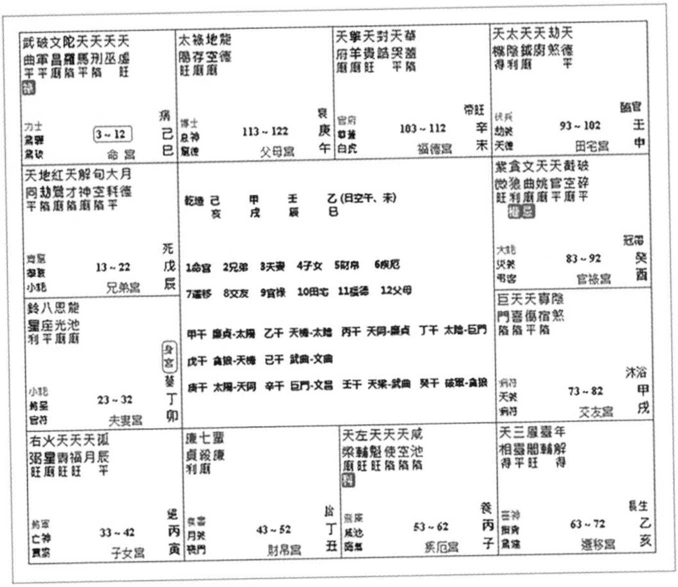
武破文陀天天天天
曲軍昌羅馬刑巫虛
3～12
命宮
己巳
太祿地龍
陽存空德
113～122
父母宮
庚午
天擎天封天華
府羊貴誥哭蓋
103～112
福德宮
辛未
天太天天劫天
機陰鉞廚煞德
93～102
田宅宮
壬申
天地紅天解旬大月
同劫鸞才神空耗德
13～22
兄弟宮
戊辰
紫貪文天天截破
微狼曲姚官空碎
83～92
官祿宮
癸酉
鈴八恩龍
星座光池
身宮
23～32
夫妻宮
丁卯
巨天天寡陰
門喜傷宿煞
73～82
交友宮
甲戌
右火天天天孤
弼星壽福月辰
33～42
子女宮
丙寅
廉七蜚
貞殺廉
43～52
財帛宮
丁丑
天左天天天咸
梁輔魁使空池
53～62
疾厄宮
丙子
天三屠臺年
相臺閣輔解
63～72
遷移宮
乙亥
乾造 己 甲 壬 乙(日空午、未)
亥 戌 辰 巳
1命宮 2兄弟 3夫妻 4子女 5財帛 6疾厄
7遷移 8交友 9官祿 10田宅 11福德 12父母
甲干 廉貞-太陽 乙干 天機-太陰 丙干 天同-廉貞 丁干 太陰-巨門
戊干 貪狼-天機 己干 武曲-文曲
庚干 太陽-天同 辛干 巨門-文昌 壬干 天梁-武曲 癸干 破軍-貪狼

家裡的房子面臨拆遷，父母去世了，房子登記的是父親姓名，但是房子是我和父親一起出錢蓋的，現在女兒提出平均分，房子真的被平分嗎？房子可是我出了錢的啊。

來看上面的盤：

命宮武曲化祿文昌天巫天虛星，說明會得到遺產，但是不在你的名下。

再看田宅宮太陰天鉞劫煞星，照右弼火星，說明因為房子和宅基地有糾紛，很無助或者沒有證據，會被奪走一部分財產。

再看兄弟宮天同星，說明平分的，嫁出去的等。

求測者回饋說：諮詢律師說，沒有遺囑的情況下兒女平分，出資建房需要出示證明，但我沒有證明，看來只能如此了。

天梁、華蓋、巨門都是房子的資訊

太祿鈴天思天孤劫 陽存星喜光空辰煞 旺廟平廟旺廟廟陷 博士 劫煞 歲驛 116~125　臨官 丁巳 兄弟宮	破擎地三鳳解天蜚年 軍羊劫臺閣神廚康解 廟陷陷旺廟旺平廟 力士 災煞 攀鞍 6~15　帝旺 戊午 命宮	天天 機鉞 陷旺 青龍 天煞 將星 天哭 天虛 16~25　衰 己未 父母宮	紫天天八龍 微府刑座池 旺得陷廟平 身宮 病 庚申 小耗 指背 26~35 福德宮
武陀地陰截 曲羅空煞 廟廟陷陷廟 官府 華蓋 息神 106~115　冠帶 丙辰 夫妻宮	乾造　己　丙　乙　癸（日空辰、日） 　　　巳　寅　未　未 　1命宮 2兄弟 3夫妻 4子女 5財帛 6疾厄 　7遷移 8交友 9官祿 10田宅 11福德 12父母		太火對咸月 陰星詫池德 旺陷平 將軍 歲驛 36~45　死 辛酉 田宅宮
天左右天天 同輔弼昌福 平陷利旺平 伏兵 亡神 96~105　沐浴 乙卯 子女宮	甲干　廉貞-太陽　乙干　天機-太陰　丙干　天同-廉貞　丁干　太陰-巨門 戊干　貪狼-天機　己干　武曲-文曲 庚干　太陽-天同　辛干　巨門-文昌　壬干　天梁-武曲　癸干　破軍-貪狼		貪旬天 狼空廚 廟陷陷 奏書 月煞 46~55　墓 壬戌 官祿宮
七天天天 殺馬月哭 廟旺平 大耗 將星 亡神 86~95　長生 甲寅 財帛宮	天天天蜚寡破天 梁魁壽輔宿碎德 旺旺平平陷廟 病符 攀鞍 76~85　養 乙丑 疾厄宮	廉天天天截 貞相姚喜空 平廟陷旺陷 喜神 歲驛 白虎 66~75　胎 甲子 遷移宮	巨右文紅天天大龍 門弼曲鸞貴巫耗德 旺旺廟旺廟陷 飛廉 亡神 貫索 56~65　絕 癸亥 交友宮

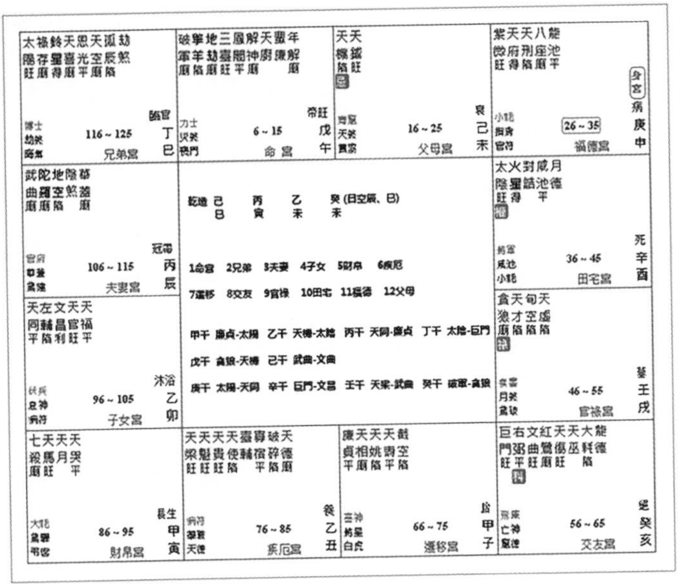

天梁星、華蓋星、巨門星等，這些星曜在問房子有關的主題的時候，可以直接做房子看。

來看上面的盤：

命主2021年辛丑。大運在午位，流年命宮在丑位，流年四化被合。

來看流年命宮在丑位：天梁天魁天貴星，說明這一年會因為一些事情與官府打交道，比如買房或者工作等。

再看流年的官祿宮在巳位，太

陽祿存鈴星天空劫煞天喜星，照巨門文曲，說明會因為房屋或者車輛的確權而與官府打交道。

再看流年的田宅宮在辰位，武曲陀羅華蓋星，因為房子或者車子而花費錢財。

事實上：命主這一年買房，因為孩子上學必須買一套學區房。

紫微星爆旺結果難以圓滿

康貪地地瓤天天戟天 貞狼劫空池福傷空哭 陷陷不廟陷旺平廟不 奏書 蜚廉 官符　53～62　病 癸巳 疾厄宮	巨左天天咸大月 門輔鉞廚池耗德 旺旺　　陷旺 小耗 咸池 小耗　43～52　衰 甲午 財帛宮	天三八天 相臺座虛 陷廟陷陷 青龍 亡神 貫索　33～42　帝旺 乙未 子女宮	天天右陀天封龍 同梁弼羅喜詁德 旺陷不陷旺　旺 力士 亡神 喪門　23～32　臨官 丙申 夫妻宮
太文鈴恩天句 陰昌星光月空 陷廟廟廟陷陷 飛廉 天煞 晦氣　63～72　死 壬辰 遷移宮	乾造　辛　壬　辛　甲（日空午、未） 　　　丑　辰　卯　午 1命宮　2兄弟　3夫妻　4子女　5財帛　6疾厄 7遷移　8交友　9官祿　10田宅　11福德　12父母 甲干 廉貞-太陽　乙干 天機-太陰　丙干 天同-廉貞　丁干 太陰-巨門 戊干 貪狼-天機　己干 武曲-文曲 庚干 太陽-天同　辛干 巨門-文昌　壬干 天梁-武曲　癸干 破軍-貪狼		武七祿火鳳天蜚年 曲殺存星閣官廚解 利旺廟旺旺平　廟 博士 將星 白虎　13～22　冠帶 丁酉 兄弟宮
天天天 府姚傷 旺廟陷 喜神 災煞 歲門　73～82　墓 辛卯 交友宮			太文擎天解陰天 陽曲羊貴神煞德 不陷廟旺旺陷陷 官府 攀鞍 龍德　3～12　命宮 身宮 沐浴 戊戌
天紅天天孤劫 魁鸞巫空辰煞 旺　　　平 將軍 劫煞 小耗　83～92　絕 庚寅 官祿宮	紫破破華 微軍碎蓋 廟旺陷陷 病符 華蓋 歲破　93～102　胎 辛丑 田宅宮	天臺 機輔 廟 大耗 息神 病符　103～112　養 庚子 福德宮	天天天天 馬刑才哭 平旺旺旺 伏兵 歲驛 弔客　113～122　長生 己亥 父母宮

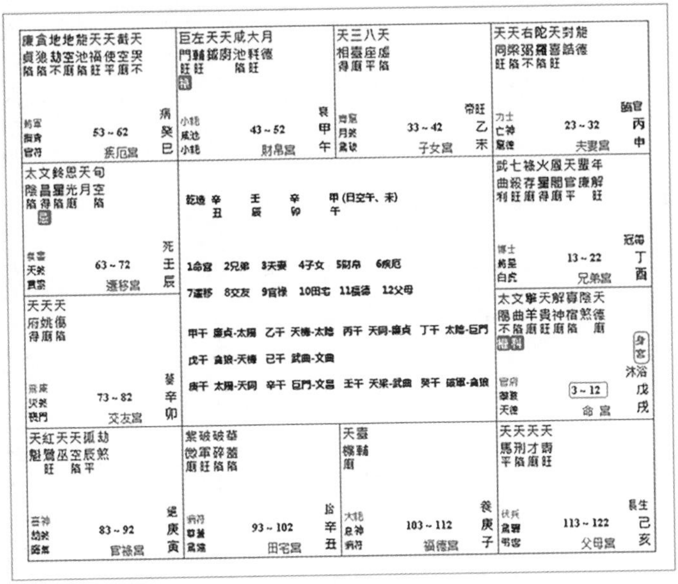

求測者說：打算買房，已經交了訂金，問最後能否買成。

來看上面的盤：

命宮文曲化科擎羊星同度，說明會毀約。

再看田宅宮，紫微星爆旺破軍同度，照天相星不旺，說明沒有圓滿完成，也就是說沒有買成。

事後求測者回饋說：確實沒有買成。

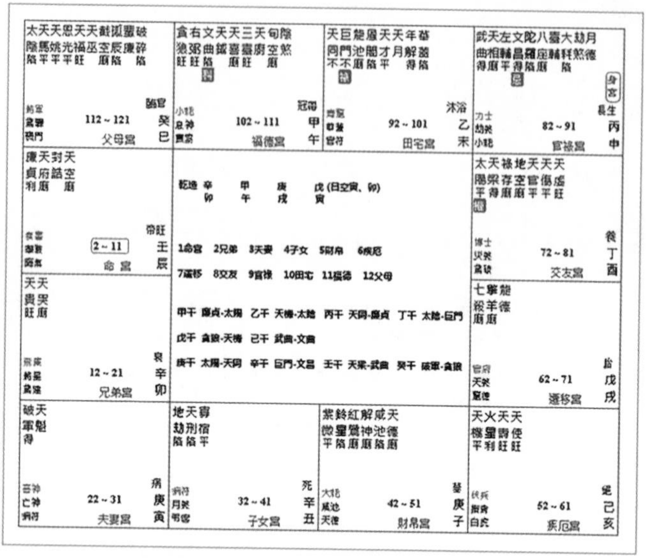

太陰 天馬 天姚 恩光 天福 天空 截空 地辰 蜚廉 破碎 陷平平旺廟 陷陷 博士 歲驛 亡神 112~121 父母宮 癸巳	貪狼 右弼 文昌 天鉞 天喜 三台 旬空 陰 旺 旺廟 廟旺 小耗 息神 102~111 福德宮 甲午 冠帶	天同 巨門 擎羊 天閒 天才 月解 天壽 不不廟 廟平旺陷 青龍 華蓋 92~101 田宅宮 乙未 沐浴	武曲 天相 左輔 陀羅 八座 天廚 大耗 劫煞 月德 廟廟 廟廟廟廟廟 力士 劫煞 82~91 官祿宮 丙申 長生　身宮
廉貞 天府 對宮 天刑 天空 平廟 廟廟 喜神 攀鞍 2~11 命宮 壬辰 帝旺	乾造 辛 甲 庚 戊（日空寅,卯） 　　　卯 午 戌 寅		太陽 天梁 祿存 地空 天貴 官符 輔科德 ? 平廟廟廟平廟 博士 災煞 72~81 交友宮 丁酉 養
天哭 天貴 旺廟 飛廉 將星 12~21 兄弟宮 辛卯	1命宮　2兄弟　3夫妻　4子女　5財帛　6疾厄 7遷移　8交友　9田宅　10福德　11父母　12父母 甲干：廉貞-太陽　乙干：天機-太陰　丙干：天同-廉貞　丁干：天陰-巨門 戊干：貪狼-天機　己干：武曲-文曲 庚干：太陽-天同　辛干：巨門-文昌　壬干：天梁-武曲　癸干：破軍-貪狼		七殺 擎羊 天德 廟廟 官府 天煞 62~71 遷移宮 戊戌
破軍 天魁 ? 奏神 亡神 病符 22~31 夫妻宮 庚寅 病	地劫 天刑 寡宿 陷陷平 病符 月煞 弔客 32~41 子女宮 辛丑 死	紫微 鈴星 紅鸞 解神 咸池 天德 平陷廟廟陷廟 大耗 咸池 天德 42~51 財帛宮 庚子	天機 火星 天鉞 天使 平平旺旺 伏兵 指背 白虎 52~61 疾厄宮 己亥

一個學員拿一個其他人的日課問我：這個時間建房怎麼樣？

來看上面的盤：

盤中命宮天府天空，照七殺擎羊，說明在建房的時候會遇到傷害危險的事情。

再看田宅宮龍池鳳閣巨門化祿天同天月星，說明是建房子，但是操作流程或者施工上有漏洞。

事實上：學員說這個施工時間，發生事故，有人受傷。

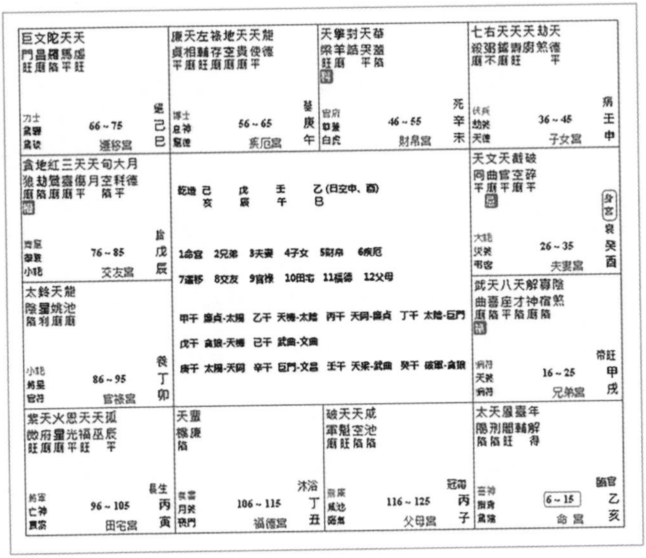

田宅宮七殺或火星，家宅不安

迁移宫（巳）
巨门陀罗天天
门昌羅馬成
旺廟陷陷旺
力士　岁驿　亡神　66~75　奏书 己巳

疾厄宫（午）
廉贞左祿地天天
贞相辅存空貴德
平廟旺平陷廟平
博士　息神　龙德　56~65　将 庚午

财帛宫（未）
天擎对天蜚
梁羊劫哭廉
旺廟平陷
官府　华盖　白虎　46~55　死 辛未

子女宫（申）
七右天天劫天
杀弼鉞寿廚德
廟不廟平平
伏兵　劫煞　天德　36~45　病 壬申

交友宫（辰）
贪地红三天旬大月
狼劫鸾傷使空月德
廟廟廟平陷平
青龙　攀鞍　小耗　76~85　衰 戊辰

夫妻宫（酉）
天文天截破
同曲官空碎
平廟平陷平
大耗　灾煞　吊客　26~35　胎 癸酉

官祿宫（卯）
太铃天天
阴星姚池
陷利廟廟
小耗　将星　官符　86~95　养 丁卯

兄弟宫（戌）
武文八天解寡
曲昌座才神宿煞
廟平平廟廟陷
病符　天煞　贯索　16~25　帝旺 甲戌

田宅宫（寅）
紫微火恩天天顶
微微星光福巫辰
旺旺廟平平旺
飞廉　亡神　丧门　96~105　长生 丙寅

福德宫（丑）
天蜚
機陷
喜神　月煞　晦气　106~115　沐浴 丁丑

父母宫（子）
破军天咸
军魁空池
廟廟陷陷
咸池　116~125　冠带 丙子

命宫（亥）
太天凰嘉年
阳刑阁解
陷平旺 得
指背　6~15　临官 乙亥

中宫：
乾造
己 戊 壬 乙（日空中、酉）
亥 辰 午 巳
1命宫 2兄弟 3夫妻 4子女 5财帛 6疾厄
7迁移 8交友 9官祿 10田宅 11福德 12父母
甲干 廉贞-太阳 乙干 天機-太陰 丙干 天同-廉贞 丁干 太陰-巨门
戊干 贪狼-天機 己干 武曲-文曲
庚干 太阳-天同 辛干 巨门-文昌 壬干 天梁-武曲 癸干 破军-贪狼

求測者說：家裡堂屋西北角，有洗澡間，懷疑洗澡間對風水有破壞。家人財運一直不好，父親摔斷過腿，2017年食道癌動過手術。

來看上面的盤：

這個盤的田宅宮在寅位，坐落了紫微天府火星天府天巫星，照七殺天鉞天廚劫煞星等。紫微天府星表示家裡的長輩或者老者，火星七殺組合表示會有意外傷害。劫煞七殺星表示會有財運損失。所以這個房子的風水是有問題的。

命宮太陽星陷落說明對家裡的男性不利，照巨門文昌說明這是自己家的房子、有房產證的房子。

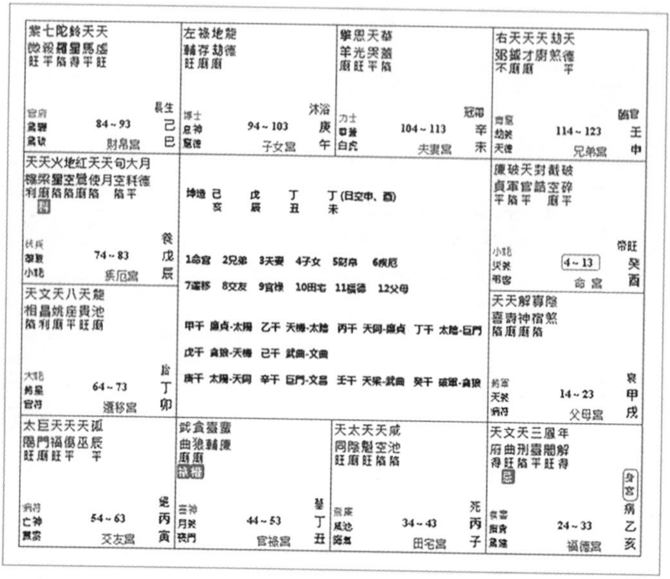

天同太陰左輔天魁的田宅宮，陰氣有點重

紫七陀鈴天天 微殺羅星馬壽 旺平陷平平旺 官府 飛廉　84~93　長生己巳 貫索　　　　　財帛宮	左祿地龍 輔存劫德 旺廟廟 博士 息神　94~103　沐浴庚午 官符　　　　　子女宮	擎恩天華 羊光哭蓋 廟旺平陷 力士 華蓋　104~113　冠帶辛未 白虎　　　　　夫妻宮	右天天劫天 弼鉞才廚煞德 不廟廟　平 青龍 劫煞　114~123　臨官壬申 天德　　　　　兄弟宮
天天火地紅天天旬大月 機梁星空鸞使月空科德 利廟陷陷陷廟陷陷平 忌 伏兵 歲驛　74~83　養戊辰 小耗　　　　疾厄宮	坤造　己　戊　丁　丁（日空申、酉） 　　　亥　辰　丑　未 1命宮　2兄弟　3夫妻　4子女　5財帛　6疾厄 7遷移　8交友　9官祿　10田宅　11福德　12父母		廉破天對截破 貞軍官誥空碎 平平平　廟平 小耗 災煞　4~13　帝旺癸酉 弔客　　　　命宮
天文天八天 相昌姚座貴池 陷利廟平旺廟 大耗 將星　64~73　胎丁卯 官符　　　　遷移宮	甲干　廉貞-太陽　乙干　天機-太陰　丙干　天同-廉貞　丁干　太陰-巨門 戊干　貪狼-天機　己干　武曲-文曲 庚干　太陽-天同　辛干　巨門-文曲　壬干　天梁-武曲　癸干　破軍-貪狼		天天解旬龍 喜壽神空煞 陷廟廟陷 將軍 天煞　14~23　衰甲戌 病符　　　　父母宮
太巨天天孤 陽門福巫辰 旺廟旺平 病符 亡神　54~63　絕丙寅 貫索　　　　交友宮	武貪嘉蜚 曲狼輔廉 廟廟 祿 喜神 月煞　44~53　墓丁丑 喪門　　　　官祿宮	天太天天咸 同陰馬貴池 旺廟平陷 飛廉 咸池　34~43　死丙子 晦氣　　　　田宅宮	天文天三鳳年 府曲刑臺閣解 得旺陷旺旺壽 權 奏書 指背　24~33　病乙亥 太歲　　　身宮病乙亥　福德宮

求測者說：一直感覺家裡風水有問題，最近老和老公吵架，家很小，剛裝修完，住在這裡不到一年，剛結婚，還沒孩子，動不動就吵。西南方是學校圍欄的大樹。我家東北方還是樓房。

來看上面的盤：

夫妻宮擎羊恩光天哭星，照貪狼武曲星。貪狼武曲說明感情纏綿，是新婚。貪狼武曲擎羊星說明吵架多、鬥嘴多，比較激烈。

再看田宅宮天同太陰天魁星，照左輔祿存地劫星，地劫星與太陰天魁星的組合說明陰氣重，陽光或者光照欠佳。地劫祿存星說明會不存財。這裡的太陰星爆旺同度天魁照地劫星，說明需要一些鏡子或者泰山石之類的陽剛之化煞物品。

破軍祿存八座，破財之宅

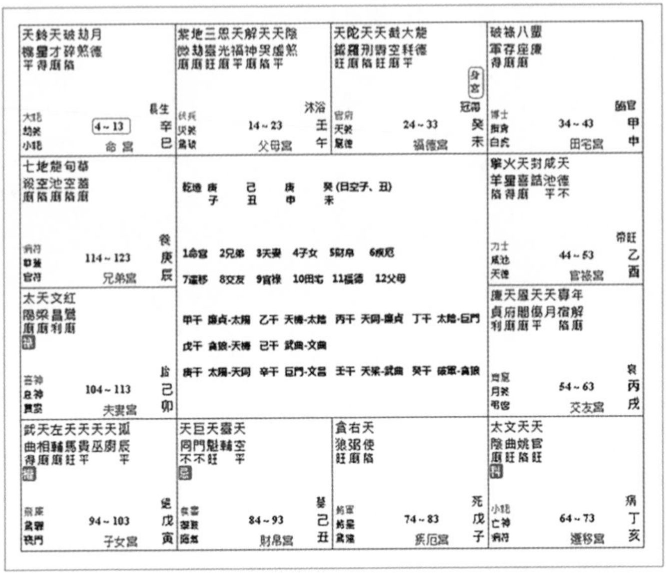
天鈴天破劫月
機星才碎煞德
平得廟陷
大耗
劫煞
小耗
4～13
長生
辛
巳
命宮
紫地三恩天解天天陰
微劫臺光福神哭虛煞
廟廟旺廟平廟陷平
伏兵
災煞
歲破
14～23
沐浴
壬
午
父母宮
天陀天天截大龍
鉞羅刑壽空耗德
旺廟陷旺廟平
身宮
官府
天煞
晦氣
24～33
冠帶
癸
未
福德宮
破祿八蜚
軍存座廉
得廟廟
博士
指背
白虎
34～43
臨官
甲
申
田宅宮
七地龍旬華
殺空池空蓋
廟陷廟陷廟
病符
攀鞍
官符
114～123
養
庚
辰
兄弟宮
乾造 庚子 己丑 庚申 癸未 (日空子、丑)
1命宮 2兄弟 3夫妻 4子女 5財帛 6疾厄
7遷移 8交友 9官祿 10田宅 11福德 12父母
甲干 廉貞-太陽 乙干 天機-太陰 丙干 天同-廉貞 丁干 太陰-巨門
戊干 貪狼-天機 己干 武曲-文曲
庚干 太陽-天同 辛干 巨門-文昌 壬干 天梁-武曲 癸干 破軍-貪狼
擎火天封咸天
羊星喜誥池德
陷得廟 平不
力士
咸池
天德
44～53
帝旺
乙
酉
官祿宮
太天文紅
陽梁昌鸞
廟廟利廟
喜神
息神
貫索
104～113
胎
己
卯
夫妻宮
廉天蜚天天寡年
貞府閣傷月宿解
利廟廟平 陷廟
青龍
月煞
弔客
54～63
衰
丙
戌
交友宮
武天左天天天天孤
曲相輔馬貴巫廚辰
得廟廟旺平 平
飛廉
歲驛
喪門
94～103
絕
戊
寅
子女宮
天巨天蠶天
同門魁輔空
不不旺 平
奏書
攀鞍
晦氣
84～93
墓
己
丑
財帛宮
貪右天
狼弼使
旺廟陷
將軍
將星
歲建
74～83
死
戊
子
疾厄宮
太文天天
陰曲姚官
廟旺陷旺
小耗
亡神
病符
64～73
病
丁
亥
遷移宮

求測者問：房子是2005年修建，住進來到現在，財運一直不好。家裡也經常吵架。

來看上面的盤：

盤中的田宅宮破軍祿存八座星，照天相武曲左輔天馬星，破軍祿存武曲星，說明破財、耗財、財運不好、積蓄少等。八座天馬星說明與過道有關係，左輔星說明是左側的過道。

再看命宮天機鈴星劫煞星，照太陰文曲星，說明破財、不存財。文曲鈴星說明口舌多。

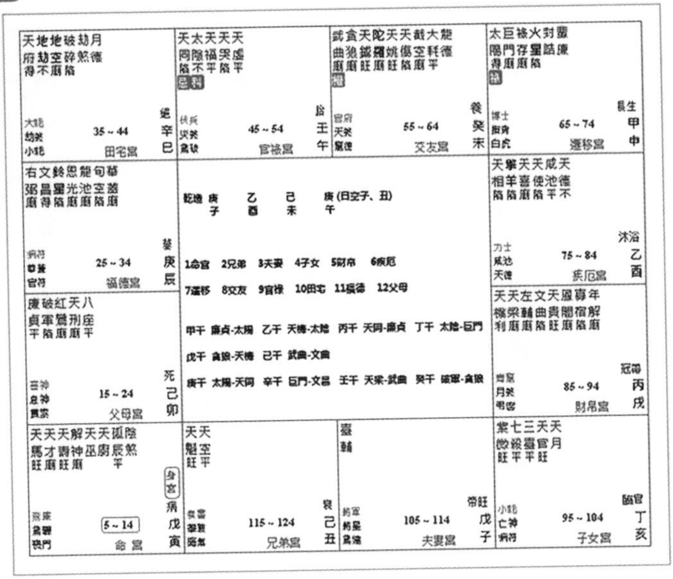

田宅宮天府地劫劫煞地空星，房子風水差不存財

天地地破劫月 府劫空碎煞德 得不廟陷陷 大耗 劫煞　35~44 小耗　癸辛巳　田宅宮	天太天天天 同陰福哭虛 廟廟旺陷陷 總科 伏兵 災煞　45~54 甲午　官祿宮	武貪天陀天截大耗 曲狼鉞羅姚空科德 廟廟旺旺陷廟廟 官府 劫煞　55~64 乙未　交友宮	太巨祿火對輩 陽門存星誥廉 旺廟廟陷陷 長生甲申 博士 亡神　65~74 丙申　遷移宮
右文鈴恩龍句華 弼昌星光池空蓋 廟得陷廟陷廟廟 病符　25~34 官符　庚辰　福德宮	乾造　庚　乙　己　庚 　　　子　酉　未　午　（日空子、丑） 1命宮　2兄弟　3夫妻　4子女　5財帛　6疾厄 7遷移　8交友　9官祿　10田宅　11福德　12父母		天擎天天咸天 相羊廚喜池德 陷平旺旺平不 沐浴乙酉 力士 將星　75~84 疾厄宮
陳破紅天八 貞軍鸞刑座 平廟廟陷廟 亡神　15~24 貫索　己卯　父母宮	甲干-廉貞-太陽　乙干-天機-太陰　丙干-天同-廉貞　丁干-太陰-巨門 戊干-貪狼-天機　己干-武曲-文曲 庚干-太陽-天同　辛干-巨門-文昌　壬干-天梁-武曲　癸干-破軍-貪狼		天天左文天鳳寡年 機梁輔昌貴閒宿解 利廟廟旺旺廟陷廟 冠帶丙戌 青龍 月空　85~94 財帛宮
天天天解陰劫 馬才廚神巫煞 旺廟旺廟　平 飛廉　5~14 晦氣　戊寅　命宮	天天 魁空 旺平 身宮 病戊寅 喜神 太歲　115~124 兄弟宮	臺輔 將軍 病符　105~114 戊子　夫妻宮	紫七三天天 微殺臺刑月 旺平旺平旺 臨官丁亥 小耗 亡神　病符　95~104 子女宮

田宅宮表示居住的房子、房產、家裡的陳設物品、家產等，它既有實體房屋的屬性，也有田產房產的意義。田宅宮如果有損財的星曜，比如地空劫煞等。一般會物質生活或者說財運不好。

來看上面的盤：

天府星表示財庫、財富、財產，在田宅宮自然是表示家底、積蓄等意義。天府星旺，同度了地劫地空劫煞月德星，說明是月光一族，沒有很多積蓄，破費多、耗財多。

求測者說：這裡住4年了，一直欠債，債臺高築，喘不過氣來。

第二節 合夥合作類例題

巨門化忌文曲天虛星表示口說無憑

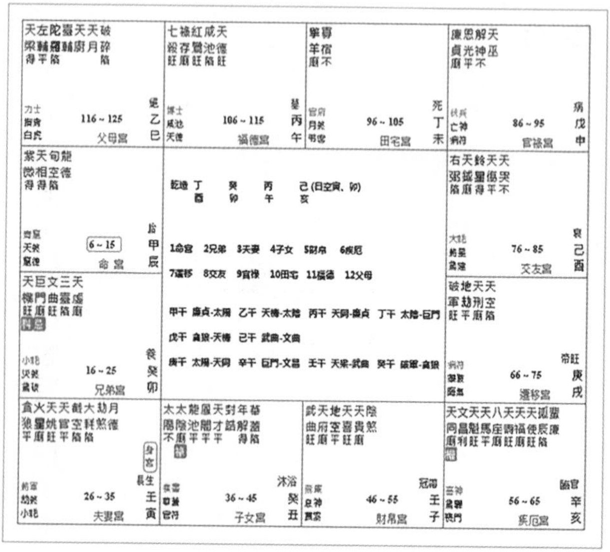

天左陀靈天天破 梁輔羅輔廚月碎 得平陷 陷
力士 指背 白虎 116～125 絕 乙巳 父母宮
七祿紅咸天 殺存鸞池德 旺廟旺陷旺
博士 咸池 天德 106～115 墓 丙午 福德宮
擎寡 羊宿 廟不
官府 月煞 弔客 96～105 死 丁未 田宅宮
廉恩解天 貞光神巫 廟平不
伏兵 亡神 病符 86～95 病 戊申 官祿宮
紫天旬龍 微相空德 得得陷
青龍 天煞 歲建 6～15 胎 甲辰 命宮
乾造 丁酉 癸卯 丙午 己亥 (日空寅、卯)
1命宮 2兄弟 3夫妻 4子女 5財帛 6疾厄
7遷移 8交友 9官祿 10田宅 11福德 12父母
甲干 廉貞-太陽 乙干 天機-太陰 丙干 天同-廉貞 丁干 太陰-巨門
戊干 貪狼-天機 己干 武曲-文曲
庚干 太陽-天同 辛干 巨門-文昌 壬干 天梁-武曲 癸干 破軍-貪狼
右天鈴天天 弼鉞星傷哭 陷廟得平不
大耗 76～85 衰 己酉 交友宮
天巨文三天 機門曲台虛 旺廟旺陷廟
小耗 16～25 養 癸卯 兄弟宮
破地天天 軍劫刑空 旺平廟陷
病符 66～75 帝旺 庚戌 遷移宮
貪火天天截大劫月 狼星姚官空耗煞德 平廟旺平陷陷
身宮 26～35 長生 壬寅 夫妻宮 小耗
太太龍鳳天封年華 陽陰池閣才誥解蓋 不廟平平平 得陷
36～45 沐浴 癸丑 子女宮
武天地天天陰 曲府空喜貴煞 旺廟平旺廟
息神 46～55 冠帶 壬子 財帛宮
天文天天八天天天孤蜚 同昌魁馬座壽福使辰廉 廟利旺平廟旺廟旺陷
喜神 56～65 臨官 辛亥 疾厄宮

巨門星，口舌星、出行星、法律星。喜鑽研，有辯才，喜吹牛，言詞銳利，口是心非。巨門化忌在較旺的時候一般表示吹牛、加油添醋，口說無憑。

來看上面的盤：

求測者說：2016年底開始和某政府單位洽談做資訊管理系統一事，說肯定要我做的系統，可是最近聯繫，我說簽個合作協定，他們沒有說簽也沒說不簽，感覺他們決策高層很猶豫的樣子。而我組織團隊研發和實施成本還是挺高的。想問問能不能合作成功。

我們來看命宮紫微天相星，照破軍天刑星，說明所問的事情，沒有成功。

再看交友宮右弼陷落天鉞鈴星天傷天哭星，照巨門化忌文曲天虛天機化科，天鉞鈴星說明對方沒有助益，巨門化忌文曲天虛星說明口說無憑，天機化科巨門化忌說明簽約這件事會變動或者難成。

事後，2017 年 7 月份的時候求測者回饋說：這事黃了，沒有簽成。

太陰化祿擎羊簽約難成

天陀天天破 梁羅才廚碎 旺陷廟　陷 力士 指背　35~44 白虎 臨官 乙巳 子女宮	七左祿鈴紅八咸天 殺輔存星鸞座池德 旺旺廟旺廟旺廟陷 博士 咸池 天德　25~34 冠帶 丙午 夫妻宮	擎地寡 羊劫宿 廟平不 官府 月煞　15~24 弔客 沐浴 丁未 兄弟宮	廉右三 貞弼臺 廟陷旺 伏兵 亡神 病符　5~14 命宮 長生 戊申
紫天天旬蜚 微相月空廉 旺旺　陷 喜神 天煞　45~54 貫索 帶旺 甲辰 財帛宮	乾造　丁　癸　丙　丙（日空子、丑） 　　　酉　卯　辰　申 1命宮　2兄弟　3夫妻　4子女　5財帛　6疾厄 7遷移　8交友　9官祿　10田宅　11福德　12父母		天天寡 鉞喜宿 廟廟不 大耗 將星　115~124 晦氣 衰 己酉 父母宮
天巨地天恩天天 機門空炎光使壽 旺廟平廟廟平廟 病符 災煞　55~64 喪門 小耗 癸卯 疾厄宮	甲干　廉貞-太陽　乙干　天機-太陰　丙干　廉貞-巨門　丁干　太陰-巨門 戊干　貪狼-天機　己干　武曲-文曲 庚干　太陽-天同　辛干　巨門-文昌　壬干　天梁-武曲　癸干　破軍-貪狼		破對解天際 軍誥神空煞 旺　廟陷 病符 歲驛　105~114 貫索 胎 庚戌 福德宮
貪文天喜天截大劫月 狼昌貴輔空空科煞德 平陷平　陷陷　陷陷 飛廉 劫煞　65~74 官符 小耗 臨官 庚寅 遷移宮	太太天魁陰年華 陽陰貴池間傷蓋 不陷旺平平平旺 奏書 華蓋　75~84 歲建 死 癸丑 交友宮	武天文天 曲府曲喜 旺廟平旺 身宮 將軍 息神　85~94 晦氣 墓 壬子 官祿宮	天天火天天天龍 同梁星馬刑福辰 平廟利平平廟旺 小耗 歲驛　95~104 病符 絕 辛亥 田宅宮

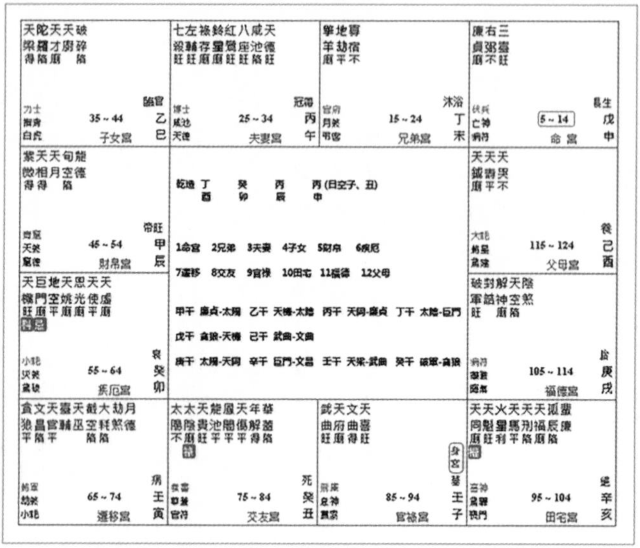

太陰星，為財庫星、藝術星，才華橫溢，博學多能，有涵養，貪名利。當與文曲文昌龍池鳳閣等文化星同度的時候，主要表現為文采和檔，比如合約等。若是化祿或者化科就更明顯。

來看上面的盤：

求測者問：某刊物約稿，和他們的負責人談的過程中，總覺得對方城府太深，擔心拿不到稿酬。不知道能否合作？交友宮太陽不旺，太陰化祿同度天貴龍池鳳閣華蓋星，照擎羊星，華蓋龍池鳳閣星說明這個刊物知名度不高。太陰化祿照擎羊說明難以拿到稿酬或者合作難成。

事後求測者回饋說：感覺對方誠意不夠，最終沒有合作。

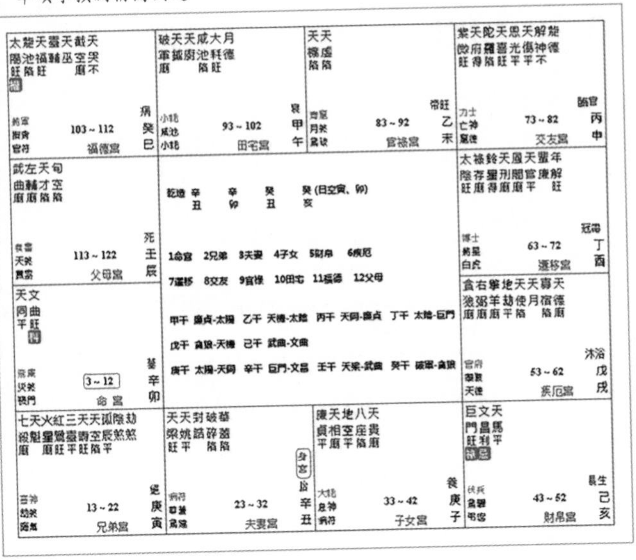
福德宮 103~112 癸巳
田宅宮 93~102 甲午
官祿宮 83~92 乙未
交友宮 73~82 丙申
父母宮 113~122 壬辰
遷移宮 63~72 丁酉
命宮 3~12 辛卯
疾厄宮 53~62 戊戌
兄弟宮 13~22 庚寅
夫妻宮 23~32 辛丑
身宮
子女宮 33~42 庚子
財帛宮 43~52 己亥
乾造 辛丑 辛卯 癸丑 癸亥 (日空寅、卯)
1命宮 2兄弟 3夫妻 4子女 5財帛 6疾厄
7遷移 8交友 9官祿 10田宅 11福德 12父母
甲干 廉貞-太陽 乙干 天機-太陰 丙干 天同-廉貞 丁干 太陰-巨門
戊干 貪狼-天機 己干 武曲-文曲
庚干 太陽-天同 辛干 巨門-文昌 壬干 天梁-武曲 癸干 破軍-貪狼

文昌化忌在財帛宮，財務文件出問題

求測者問：合夥做生意是否順利？

來看上面的盤：

我們來看交友宮。紫微天府星恩光星天喜星，照七殺天魁火星劫煞星，紫微天府天喜星同度說明兩個人還是挺努力的；照七殺火星劫煞，說明會遇到坎坷和不順利、意外等。再看財帛宮巨門化祿文昌化忌，說明因為錢出現口舌，與錢財資金有關係的檔出問題或者缺失等。

求測者說：開始一起做生意後，他把錢轉給了我。但是現在虧了，他要求我全部退還之前的錢，要不然就起訴我。但是我無法證明這筆錢用在了生意上，當初也沒有寫合作協定。

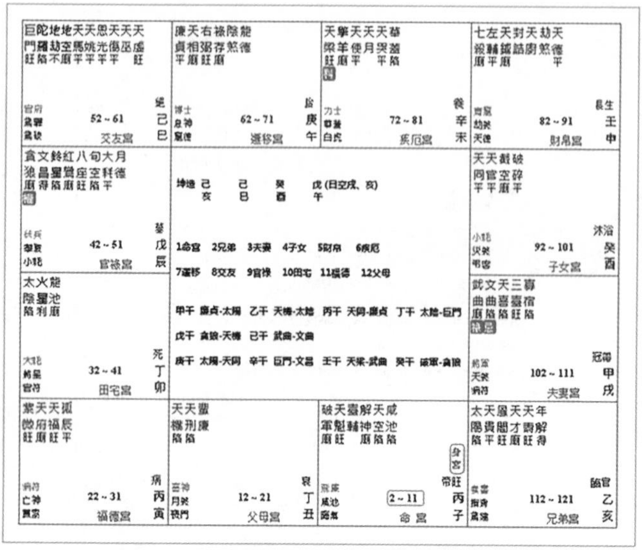

破軍天魁星照天相右弼祿存星，事情有反覆

巨陀地地天天恩天天天 門羅劫空馬姚光傷刃廚 旺陷陷不廟平平平旺 官府　　52~61　　絕 亡神　　　　　己巳 喪門　　交友宮	廉天右祿陰龍 貞箒弼存煞德 平廟旺廟　〔科〕 博士　　62~71　　胎 息神　　　　　庚午 貫索　　遷移宮	天擎天天華 梁羊使貴蓋 廟陷平平陷 力士　　72~81　　養 華蓋　　　　　辛未 白虎　　疾厄宮	七左天對天劫天 殺輔鉞詰廚煞德 廟平　陷　　　平 青龍　　82~91　長生 劫煞　　　　　壬申 天德　　財帛宮
貪文鈴紅八旬大月 狼昌星鸞座空耗德 廟寿廟廟陷陷平 伏兵　　42~51　　墓 將星　　　　　戊辰 小耗　　官祿宮	坤造　己　己　癸　戊（日空戌、亥） 　　　亥　巳　亥 1命宮　2兄弟　3夫妻　4子女　5財帛　6疾厄 7遷移　8交友　9官祿　10田宅　11福德　12父母		天天天破 同官空軍 平平廟廟 小耗　　92~101　沐浴 災煞　　　　　癸酉 喪門　　子女宮
太火龍 陰星池 陷利廟 大耗　　32~41　　死 攀鞍　　　　　丁卯 官符　　田宅宮	甲干　廉貞-太陽　乙干　天機-太陰　丙干　天同-廉貞　丁干　太陰-巨門 戊干　貪狼-天機　己干　武曲-文曲 庚干　太陽-天同　辛干　巨門-文昌　壬干　天梁-武曲　癸干　破軍-貪狼		武文文三寡宿 曲曲昌喜宿 廟陷廟旺　〔祿忌〕 將軍　102~111　冠帶 天煞　　　　　甲戌 病符　　夫妻宮
紫天天須 微府才辰福 旺廟旺平 病符　　22~31　　病 亡神　　　　　丙寅 貫索　　福德宮	天天天 機刑廉 陷陷 喜神　　12~21　　衰 月煞　　　　　丁丑 喪門　　父母宮	破天喜解天咸 軍魁神神空池 廟旺廟陷陷 〔分宮〕 飛廉　　2~11　　帝旺 咸池　　　　　丙子 晦氣　　命宮	太天恩天天年 陽貴閣才壽解 旺平廟旺旺寿 奏書　112~121　臨官 指背　　　　　乙亥 官符　　兄弟宮

求測者問：與人合作談判能否成功，之前一輪談判很不順利，幾乎崩潰，這次再談一次，看看是否逆轉。

來看上面的盤：

命宮破軍天魁星台輔星，照天相右弼祿存廉貞星，說明破而復成，有貴人幫助、有收穫等。

再看交友宮巨門地空地劫恩光星，說明對方口頭答應了，或者經過加價以後能通過。

事實上：第二輪談判成功逆轉了，合作成功了。

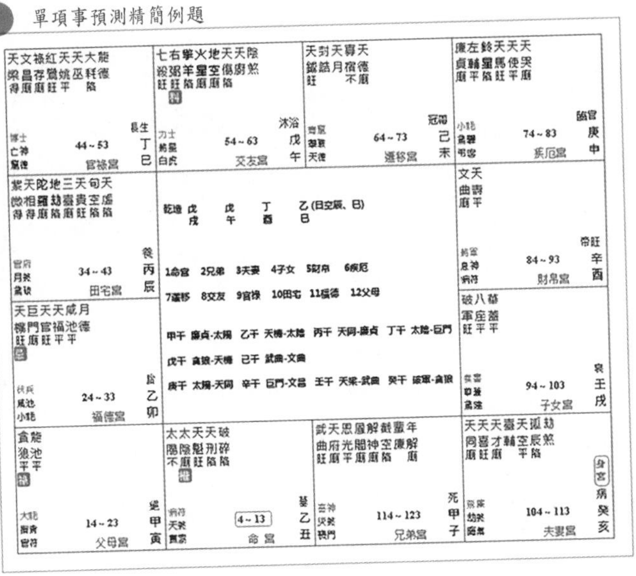

七殺火星地空陰煞，合作有欺騙

天文祿紅天天大耗 廚昌存鸞姚巫科德 　得廟廟旺平平 博士 亡神 喪門　　　44~53 　　　　官祿宮　長生 丁巳	天右擎火地天天陰 鉞弼羊星空傷廚煞 　旺旺陷陷廟陷 力士 將星 白虎　　　54~63 　　　　交友宮　沐浴 戊午	天封天寡天 鉞誥月宿德 　　不　廟 青龍 攀鞍 天德　　　64~73 　　　　遷移宮　冠帶 己未	廉左鈴天天天 貞輔星馬使哭 廟平旺旺廟 小耗 息神 弔客　　　74~83 　　　　疾厄宮　臨官 庚申
紫天陀天旬天 微相羅喜空廚 得得廟旺旺陷 官符 月煞 貫索　　　34~43 　　　　田宅宮　養 丙辰	乾造 戊　戊　丁　乙 (日空辰、巳) 　　　戌　午　酉　巳 1命宮 2兄弟 3夫妻 4子女 5財帛 6疾厄 7遷移 8交友 9官祿 10田宅 11福德 12父母		文天 曲空 廟平 絞空 息神 病符　　　84~93 　　　　財帛宮　帝旺 辛酉
天巨天天咸月 梁門官福池德 旺旺陷平平 伏兵 歲驛 小耗　　　24~33 　　　　福德宮　胎 乙卯	甲干 廉貞-太陽 乙干 天機-太陰 丙干 天同-廉貞 丁干 太陰-巨門 戊干 貪狼-天機 己干 武曲-文曲 庚干 太陽-天同 辛干 巨門-文昌 壬干 天梁-武曲 癸干 破軍-貪狼		破八華 軍座蓋 旺平 飛廉 華蓋 喪門　　　94~103 　　　　子女宮　衰 壬戌
太太天天破 陽陰魁刑碎 陷陷旺平陷 大耗 指背 官符　　　14~23 　　　　父母宮　絕 甲寅	病符 天煞 貫索　　　4~13 　　　　命宮　墓 乙丑	武天恩解截蜚年 曲府光間神空廉解 旺廟平廟陷　廟 喜神 災煞 喪門　　114~123 　　　　兄弟宮　死 甲子	天天天嘉天劫 同喜才輔空辰煞 旺旺廟旺平平 　　　　　　分宮病癸亥 病符 劫煞 晦氣　　104~113 　　　　夫妻宮　病 癸亥

七殺主殺伐、攻擊；火星主頑固、奸詐、破壞、刑獄；陰煞主暗算、欺詐等。這三顆星組合很容易被綁架或者塞進全套中。

來看下面的盤：

求測者問合作是否順利簽約等。

來看交友宮七殺右弼化科火星地空天廚陰煞，七殺火星陰煞地空星，說明是空手套白狼的，容易有欺詐。再看交友宮的官祿宮破軍星，照紫微陀羅三台星，說明沒有合作成功，沒有簽約，糾結再三，沒有圓滿達成結果。

事實上：求測者很慎重的在談判，後來發現對方有欺詐，果斷終止了。

巨門化忌文昌星，說出不再合作

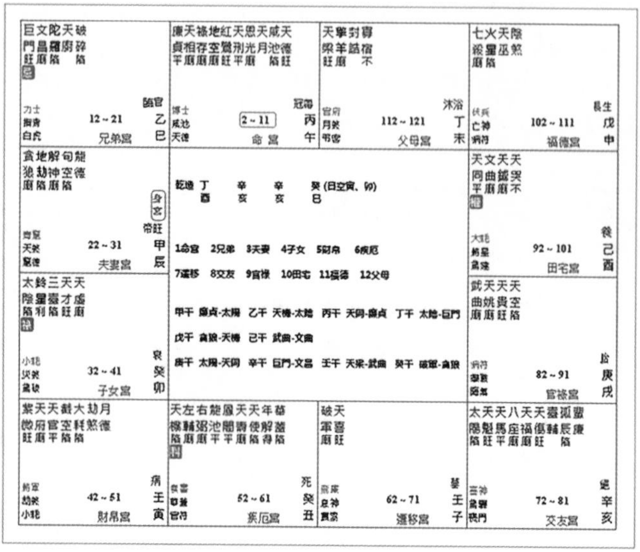
巨文陀天破 門昌羅廚碎
12～21 乙巳 兄弟宮
廉天祿地紅天恩天咸天 貞相存空鸞刑光月池德
2～11 丙午 命宮
天擎封寡 梁羊誥宿
112～121 丁未 父母宮
七火天陰 殺星巫煞
102～111 戊申 福德宮
貪地解旬龍 狼劫神空德
身宮
22～31 甲辰 夫妻宮
天文天天 同曲鉞哭
92～101 己酉 田宅宮
太鈴三天天 陰星臺才虛
32～41 癸卯 子女宮
武天天天 曲姚貴空
82～91 庚戌 官祿宮
紫天天截大劫月 微府官空耗煞德
42～51 壬寅 財帛宮
天左右龍鳳天天年華 機輔弼池閣壽使解蓋
52～61 癸丑 疾厄宮
破天 軍喜
62～71 壬子 遷移宮
太天天八天天臺孤蜚 陽魁馬座福傷輔辰廉
72～81 辛亥 交友宮
乾造 丁 辛 辛 癸 (日空寅、卯)
酉 亥 亥 巳
1命宮 2兄弟 3夫妻 4子女 5財帛 6疾厄
7遷移 8交友 9官祿 10田宅 11福德 12父母
甲干 廉貞-太陽 乙干 天機-太陰 丙干 天同-廉貞 丁干 太陰-巨門
戊干 貪狼-天機 己干 武曲-文曲
庚干 太陽-天同 辛干 巨門-文昌 壬干 天梁-武曲 癸干 破軍-貪狼

求測者問：在處理某些問題上，與合夥人產生摩擦，還能繼續合作嗎？

來看上面的盤：

命宮天相祿存地空紅鸞天刑天月恩光星等，照破軍天喜星，說明破財、撕毀面子、破壞了合作檔，也就是不能繼續合作了。

再看交友宮太陽陷落天魁星天馬八座天福天傷蜚廉台輔星，照巨門化忌文昌星，說明曾經有過幫助，現在糾紛多，要離開，說出不合作了。

事後求測者回饋說：2018年2月份鬧僵了，不再合作了。

紫微破軍左輔右弼天鉞天魁能成功

命盤：

廉貪祿紅大龍 貞狼存鸞耗德 陷陷廟旺旺 博士 亡神 官符　44~53 丁巳　官祿宮	巨擎天天天天 門羊刑姚廚月 旺陷平平 沐浴 力士 將星 白虎　54~63 戊午　交友宮	天天天寡天 相鉞壽宿德 得旺平不廟 冠帶 青龍 攀鞍 天德　64~73 己未　遷移宮	天天天天天陰 同梁馬使巫煞 旺旺旺平廟 小耗 歲驛 書宮 病符　74~83 庚申　疾厄宮
太陀臺解旬天 陰羅輔神空虛 陷廟廟陷陷 官府 月煞 貫索　34~43 丙辰　田宅宮	乾造 戊 癸 丙 戊（日空寅、卯） 　　　戌 亥 午 戌 1命宮　2兄弟　3夫妻　4子女　5財帛　6疾厄 7遷移　8交友　9官祿　10田宅　11福德　12父母 甲干 廉貞·太陽　乙干 天機·太陰　丙干 天同·巨門　丁干 太陰·巨門 戊干 貪狼·天機　己干 武曲·文曲 庚干 太陽·天同　辛干 巨門·文昌　壬干 天梁·武曲　癸干 破軍·貪狼		武七地 曲殺劫 利旺平 身宮 將軍 息神 晦氣　84~93 辛酉　財帛宮
天三天咸天月 府臺貴官福池德 得平平平平 伏兵 咸池 小耗　24~33 乙卯　福德宮			天天 陷姚蠲 不廟平 奏書 華蓋 喪門　94~103 壬戌　子女宮
文鈴 曲池 平平 大耗 指背 官符　14~23 甲寅　父母宮	紫破右左鈴地恩破 微軍弼輔星空光碎 廟旺廟旺平陷廟陷 病符 天煞 貫索　4~13 乙丑　命宮	天文鳳封截蜚年 機昌閣誥空廉解 廟得廟陷 陷廟 喜神 災煞 晦氣　114~123 甲子　兄弟宮	火天八天天孤劫 星刑座才辰空煞 利旺旺廟平陷 飛廉 劫煞 小耗　104~113 癸亥　夫妻宮

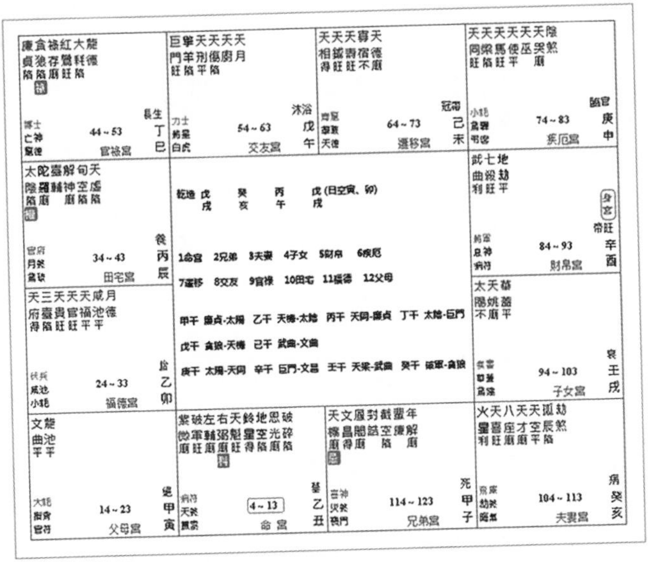

求測者問：在運作一個投資合作的專案，看看能否合作成功。

來看上面的盤：

命宮紫微破軍左輔右弼化科天魁恩光星，照天鉞天壽星，說明事情在朝著正面方向、有利的方向發展變化，並且幫助成功的因素很多。

再看交友宮巨門天廚星，照天機化忌文昌鳳閣封誥星，這裡的天機星旺勢，說明能有機會通過簽約。

2019年3月求測者回饋說：資金合作已經談妥，已經簽署協定。

廉貞星爆旺火星的組合，疑有心腦血管疾患

天文陀天天　同昌羅馬姚　廟廟陷平旺｜力士　亡神　貫索　66～75　遷移宮　絕 己巳

武天左祿地天龍　曲府輔存空使德　旺旺旺廟平｜博士　將星　官符　56～65　疾厄宮　墓 庚午

太太擎對天華　陰陽羊蜚哭蓋　旺不廟 平｜官府　白虎　46～55　財帛宮　死 辛未

貪右天天劫天　狼弼越廚煞德　平不廟旺 平｜伏兵　劫煞　天德　36～46　子女宮　病 壬申

破紅天天旬大月　軍鸞廚月空科德　旺陷廟廟平平｜青龍　攀鞍　小耗　76～85　交友宮　胎 戊辰

乾造　己亥　戊辰　戊寅　丁巳（日空申、酉）

1命宮　2兄弟　3夫妻　4子女　5財帛　6疾厄
7遷移　8交友　9官祿　10田宅　11福德　12父母

甲干　廉貞-太陽　乙干　天機-太陰　丙干　同陰-廉貞　丁干　太陰-巨門
戊干　貪狼-天機　己干　武曲-文曲
庚干　太陽-天同　辛干　巨門-文昌　壬干　天梁-武曲　癸干　破軍-貪狼

天巨天解寡破　機門開神宿碎　旺陷廟廟平平平｜身宮｜大耗　26～35　夫妻宮　衰 癸酉

鈴天龍　星姚池　利廟廟｜小耗　歲驛　貫索　86～95　官祿宮　養 丁卯

紫天天解蜚陰　微相喜光才神宿煞　尋陷陷廟廟陷陷｜病符　天哭　官符　16～25　兄弟宮　帝旺 甲戌

廉火八天天天鳳　貞星座貴福空辰　廟廟廟平旺 平｜將軍　亡神　貫索　96～105　田宅宮　長生 丙寅

七天三天咸　殺魁臺空池　旺旺不廟陷｜奏書　月煞　喪門　106～115　福德宮　沐浴 丁丑

截　破｜蜚廉　咸池　晦氣　116～125　父母宮　冠帶 丙子

天天鳳臺年　梁刑閣輔解　陷旺旺 尋｜飛廉　指背　官符　6～15　命宮　臨官 乙亥

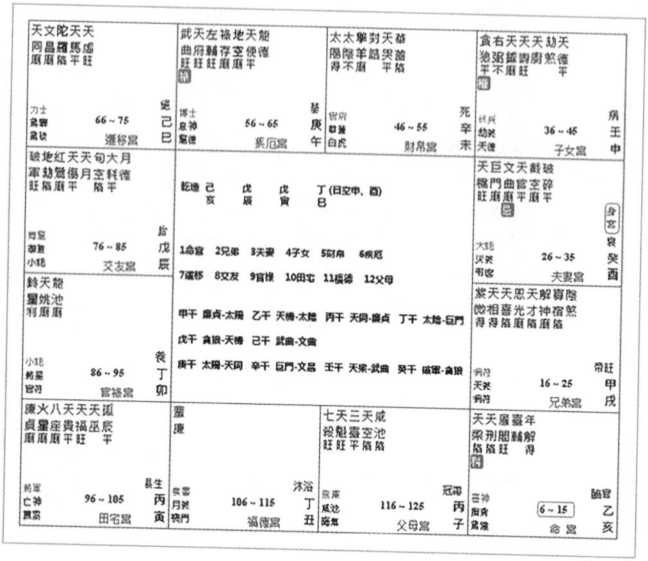

求測者說：買房子的時候看著戶型挺不錯的，住進來以後兩年得了心腦血管病，不知道是否與這個房子有關係呢？

來看上面的盤：

天梁星化科照天同文昌星，說明是買了房子，有房產證。

再看田宅宮廉貞星廟在丙寅位置，會爆旺而變成壞的資訊，同度火星八座天巫星，說明會莫名其妙發火、發脾氣、發病。八座廉貞星說明很多

次、很高的血壓或者血管心臟方面問題。

也就是說，身體的不適症狀確實與這個房子有關係，廉貞星表示化學、諮詢、資訊等含意，比如與這些有關係：所用的裝修材料中的化學成份有關係，或者房子距離發射塔、信號塔、電視轉播設施較近等。

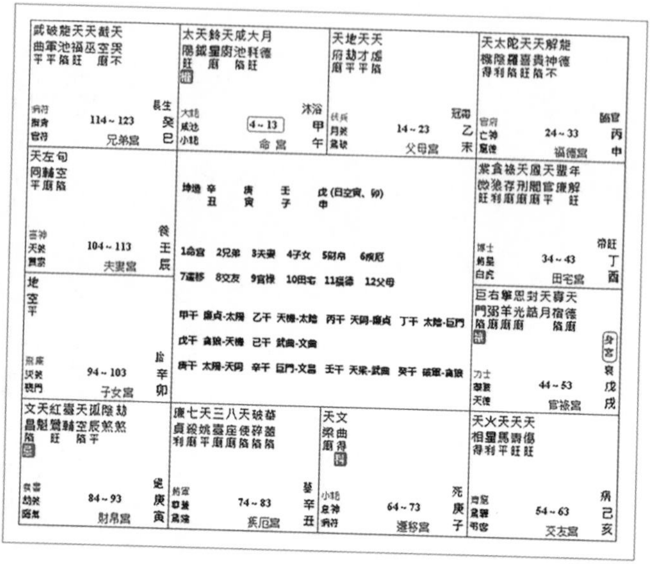

武破龍天越天 曲軍池福空巫 平平陷旺廟不 病符 奏書 官符 114~123 長生　癸巳 兄弟宮	太天鈴天咸大月 陰機星廚池耗德 旺旺廟　陷陷旺 大耗 小耗 4~13 沐浴　甲午 命宮	天地天天 府劫才壽 廟平平平 伏兵 月煞 14~23 冠帶　乙未 父母宮	天太陀天天解楚 機陰羅喜福神德 得利廟旺旺平旺 官府 亡神 24~33 臨官　丙申 福德宮
天左旬 魁輔空 平廟陷 喜神 天煞 104~113 養　壬辰 夫妻宮	坤造　辛　庚　壬　戊（日空寅、卯） 　　　丑　寅　子　申		紫貪祿思天鳳天蓋年 微狼存光貴閣官廉解 旺利廟旺廟貴神廟平旺 博士 咸池 34~43 帝旺　丁酉 田宅宮
地 空 平 飛廉 災煞 94~103 胎　辛卯 子女宮	1命宮 2兄弟 3夫妻 4子女 5財帛 6疾厄 7遷移 8交友 9官祿 10田宅 11福德 12父母 甲干 廉貞-太陽　乙干 天機-太陰　丙干 天同-廉貞　丁干 太陰-巨門 戊干 貪狼-天機　己干 武曲-文曲 庚干 太陽-天同　辛干 巨門-文昌　壬干 天梁-武曲　癸干 破軍-貪狼		巨右擊恩封天喜天 門弼羊光詔宿德 陷廟陷平廟旺廟 身宮 力士 指背 44~53 衰　戊戌 官祿宮
文天紅蜚天天陰劫 昌鉞鸞廉空辰煞煞 陷旺旺　陷平 食神 劫煞 84~93 絕　庚寅 財帛宮	廉七天三八天破華 貞殺姚臺座碎蓋 利廟平廟廟陷陷 病符 華蓋 74~83 墓　辛丑 疾厄宮	天文 梁曲 廟得 大耗 息神 64~73 死　庚子 遷移宮	天火天天天 相星馬壽傷 得利平平旺 奏書 歲驛 54~63 病　己亥 交友宮

求測者說：這次和客戶簽合約，客戶方提出了比較苛刻的要求，我這邊談不攏，後續能順利完成續簽嗎？在斡旋之中。

來看上面的盤：

問的是簽約主要看交友宮。交友宮坐落了天相火星天馬天壽天傷星，其中天相星旺勢，這個是合約書或者協議本身。火星得地，表示遇到障礙和阻力，進展不順利等。天馬較弱表示會有一個過程不會很快。天傷天壽星表示成敗在兩可之間，可能成也可能失敗，也就是談判進展中的僵持局面。但是天相主星旺，表示有希望成。

再看交友宮的官祿宮在卯位，坐落的地空星，照紫微祿存天刑星，說明會砍掉一些利益，但是也會成功。也就是讓利以後可以達成協議。

事後求測者說；後來修改了部分合約條款，我方賺得少了，但是簽約了。

貪狼紫微火星多豔麗美女

天陀八屬年 **相羅座閣解** 壽 陷廟廟旺 官府 指背 龍德 84~93 財帛宮 己巳 長生	**天祿蜚天咸** **梁存廉池** 廟旺 廟陷 博士 咸池 94~103 子女宮 庚午 沐浴	**廉七擎恩思天天** **貞殺羊光月廚** 利廟陷 旺 力士 月煞 104~113 夫妻宮 辛未 冠帶	**天天孤辰** **鉞姚陷廟** 廟平 青龍 亡神 貫索 114~123 兄弟宮 壬申 臨官
巨文天天寡 **門曲喜使宿** 陷陷平陷陷 忌 伏兵 天煞 病符 74~83 疾厄宮 戊辰 養	坤造 己巳 癸酉 癸酉 壬子 (日空戌,亥) 1命宮 2兄弟 3夫妻 4子女 5財帛 6疾厄 7遷移 8交友 9官祿 10田宅 11福德 12父母		**三龍天截破** **台池貴空碎** 廟廟 廟平 身宮 帝旺 小耗 將星 官符 4~13 命宮 癸酉
紫貪右火 **微狼弼星** 旺利陷利 大耗 災煞 弔客 64~73 遷移宮 丁卯 胎	甲干 廉貞·太陽 乙干 天機·太陰 丙干 天同·廉貞 丁干 太陰·巨門 戊干 貪狼·天機 己干 武曲·文曲 庚干 太陽·天同 辛干 巨門·文昌 壬干 天梁·武曲 癸干 破軍·貪狼		**天文鈴旬紅大月** **同昌星空鸞耗德** 陷廟陷 陷陷 平 將軍 攀鞍 小耗 14~23 父母宮 甲戌 衰
天太天天封劫天 **機陰才貴誥煞德** 陷旺 病符 劫煞 天德 54~63 交友宮 丙寅 絕	**天天天** **府貴壽** 廟 喜神 華蓋 白虎 44~53 官祿宮 丁丑 墓	**太陰龍** **陽 池** 陷 旺 飛廉 息神 龍德 34~43 田宅宮 丙子 死	**武破左地地天天** **曲軍輔空劫馬巫** 平平 陷平 平 奏書 歲驛 病符 24~33 福德宮 乙亥 病

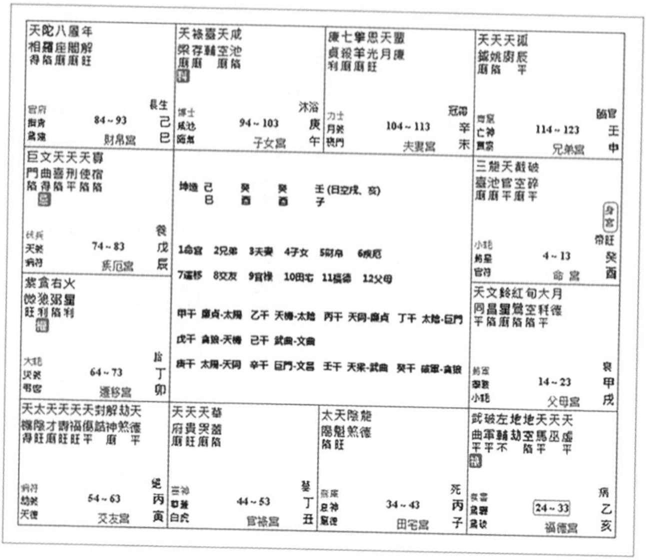

火星，主豔麗靈敏。紫微星，主軒昂從容、天庭高、雙目清澈。貪狼星，主豔麗圓滑、桃花面等。三星在命宮多為美女。

來看上面的命盤：

命宮三台、龍池、截空，說明臉部顴骨、額頭、鼻子都隆起，而眼睛黑睛飽滿。照紫微、貪狼、火星，說明豔麗，兩眼桃花。

再看疾厄宮，文曲化忌、天使、天喜星等，說明魔鬼身材。

事實上：命主是一個美女。

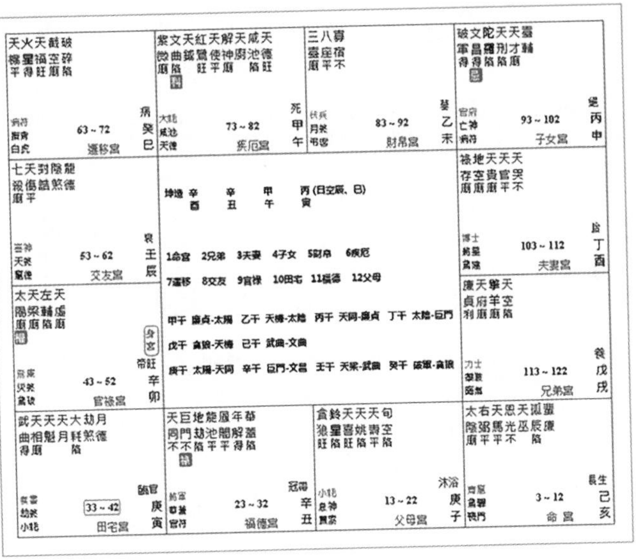
天火天截破 機星福空碎 平得旺廟陷
63～72 遷移宮 病 癸巳
紫文天紅天解天咸天 微曲鉞鸞使神廚池德 廟陷 旺平廟 陷旺
73～82 疾厄宮 死 甲午
三八寡 臺座宿 廟平不
83～92 財帛宮 墓 乙未
破文陀天天臺 軍昌羅刑才輔 得得陷陷廟
93～102 子女宮 絕 丙申
七天封陰龍 殺傷誥煞德 廟平
53～62 交友宮 衰 壬辰
祿地天天天 存空貴官哭 廟廟廟平不
103～112 夫妻宮 胎 丁酉
坤造 辛 辛 甲 丙 (日空辰、巳)
酉 丑 午 寅
1命宮 2兄弟 3夫妻 4子女 5財帛 6疾厄
7遷移 8交友 9官祿 10田宅 11福德 12父母
甲干 廉貞-太陽 乙干 天機-太陰 丙干 天同-廉貞 丁干 太陰-巨門
戊干 貪狼-天機 己干 武曲-文曲
庚干 太陽-天同 辛干 巨門-文昌 王干 天梁-武曲 癸干 破軍-貪狼
太天左天 陽梁輔虛 廟廟陷廟
身宮
43～52 官祿宮 帝旺 辛卯
廉天擎天 貞府羊空 利廟廟陷
113～122 兄弟宮 養 戊戌
武天天天大劫月 曲相魁月耗煞德 得廟 陷
33～42 田宅宮 臨官 庚寅
天巨地龍鳳年華 同門劫池閣解蓋 不不陷平平得陷
23～32 福德宮 冠帶 辛丑
貪鈴天天天旬 狼星喜姚壽空 旺陷旺陷平陷
13～22 父母宮 沐浴 庚子
太右天恩天孤蜚 陰弼馬光巫辰廉 廟平平不 陷
3～12 命宮 長生 己亥

紫微文曲紅鸞天使咸池長相好

紫微星，氣質軒昂，臉長圓，雙目明澈。

文曲紅鸞天使咸池星，都是桃花星。這些星組合在命宮或者疾厄宮，一般相貌好。

來看上面的命盤：

命宮太陰星，太陰星就是一個美人星。

再看疾厄宮，疾厄宮表示疾病、身體本身等。坐落了紫微、文曲、天鉞、紅鸞、天使、咸池、天德星，照貪狼、天喜星等。說明這是一個長相優雅而有魅力的女子。

事實上：命主是一個相貌姣好的女子。

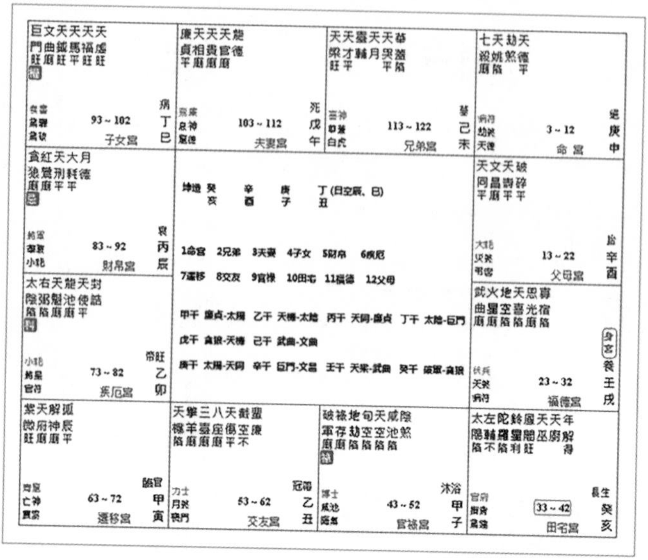
巨文天天天天
門曲鉞馬福虛
旺廟旺平旺旺
93～102 病 丁 巳 子女宮
廉天天天龍
貞相貴官德
平廟廟廟
103～112 死 戊 午 夫妻宮
天天臺天天華
梁才輔月哭蓋
旺平 平陷
113～122 墓 己 未 兄弟宮
白虎
七天劫天
殺姚煞德
廟陷 平
3～12 絕 庚 申 命宮
天德
貪紅天大月
狼鸞刑耗德
廟廟平平
83～92 衰 丙 辰 財帛宮
小耗
坤造 癸 辛 庚 丁(日空辰、巳)
亥 酉 子 丑
1命宮 2兄弟 3夫妻 4子女 5財帛 6疾厄
7遷移 8交友 9官祿 10田宅 11福德 12父母
甲干 廉貞-太陽 乙干 天機-太陰 丙干 天同-廉貞 丁干 太陰-巨門
戊干 貪狼-天機 己干 武曲-文曲
庚干 太陽-天同 辛干 巨門-文昌 壬干 天梁-武曲 癸干 破軍-貪狼
天文天破
同昌壽碎
平廟平平
13～22 胎 辛 酉 父母宮
大耗
太右天龍天封
陰弼魁池使誥
陷陷廟廟平
73～82 帝旺 乙 卯 疾厄宮
小耗
官符
武火地天恩寡
曲星空喜光宿
廟廟陷陷廟陷
身宮
23～32 養 壬 戌 福德宮
伏兵
天煞
病符
紫天解孤
微府神辰
旺廟廟平
63～72 臨官 甲 寅 遷移宮
亡神
天擎三八天截蜚
機羊臺座傷空廉
陷廟廟廟平不
53～62 冠帶 乙 丑 交友宮
力士
月煞
喪門
破祿地旬天咸陰
軍存劫空空池煞
廟廟陷陷陷陷
43～52 沐浴 甲 子 官祿宮
博士
咸池
晦氣
太左陀鈴鳳天天年
陽輔羅星閣巫廚解
陷不陷利旺 得
33～42 長生 癸 亥 田宅宮
官府
指背

七殺天姚冷豔美人

七殺星，其性爽朗剛毅、不服管束、喜冒險、不合群、有特色、很個性。其形稍高較瘦、氣質剛冷、長方臉、眼大。天姚表示豔麗漂亮等，七殺天姚組合表示冷豔。

來看上面的命盤：

命宮七殺天姚劫煞星，說明冷豔、奪人眼球，長相很有特色、很出眾等。再看疾厄宮，太陰化科、龍池、天使、右弼星，照文昌星。文昌太陰化科表示氣質文靜，龍池天使表示眼睛口部形狀完美，臉部高低有序而和諧。

事實上：命主是一個美女，個子瘦高、臉部中庭長、桃花眼，整體觀感是漂亮。

廉貪文祿天天天天破 貞狼曲存刑貴壽巫碎 陷陷廟廟陷平平　陷 祿 博士 亡神 病符　43~52　財帛宮　病 丁巳	巨擎天 門羊廚 旺陷 官府 將星 歲建　33~42　子女宮　衰 戊午	天天台天 相鉞輔空 得旺　陷 伏兵 攀鞍 晦氣　23~32　夫妻宮　帝旺 己未	天天天孤 同梁馬辰 旺陷旺平 大耗 歲驛 喪門　13~22　兄弟宮　臨官 庚申
太陀鈴鳳天解寡年 陰羅星閣使神宿解 陷廟陷陷陷廟陷廟 權 力士 月煞 弔客　53~62　疾厄宮　死 丙辰	坤造 戊午 辛酉 戊戌 癸丑 (日空辰、巳) 1命宮 2兄弟 3夫妻 4子女 5財帛 6疾厄 7遷移 8交友 9官祿 10田宅 11福德 12父母 甲干 廉貞-太陽 乙干 天機-太陰 丙干 天同-廉貞 丁干 太陰-巨門 戊干 貪狼-天機 己干 武曲-文曲 庚干 太陽-天同 辛干 巨門-文昌 壬干 天梁-武曲 癸干 破軍-貪狼		武七文紅天恩 曲殺昌鸞姚光 利旺廟旺廟陷 病符 息神 貫索　3~12　命宮　冠帶 辛酉
天天天天天封咸天 府喜才官福誥池德 得旺旺旺平　平平 青龍 咸池 天德　63~72　遷移宮　墓 乙卯			太地龍陰華 陽空池煞蓋 不陷陷　平 喜神 華蓋 官符　113~122　父母宮　沐浴 壬戌
右火天天蜚 弼星傷月廉 旺廟平 科 小耗 指背 白虎　73~82　交友宮　絕 甲寅	紫破天三八大龍 微軍魁台座耗德 廟旺旺廟廟平 將軍 天煞 龍德　83~92　官祿宮　胎 乙丑	天左地截旬天天 機輔劫空空哭虛 廟旺陷陷陷平陷 忌 奏書 災煞 歲破　93~102　田宅宮　養 甲子	劫月 煞德 身宮 飛廉 劫煞 小耗　103~112　福德宮　長生 癸亥

七殺文昌天姚紅鸞星，關不住的靚麗

七殺星，還有折服、令人佩服、無法超越、壓迫、壓力之意義。天姚紅鸞星表示輕俏、風騷、輕浮等。文昌星，表示文氣、文靜等，這幾顆星組合以後既有遠觀之美，亦有私玩之樂。

來看上面的命盤：

命宮武曲、七殺星說明骨架清朗，七殺文昌星說明讓人賞心悅目，天姚紅鸞星說明嫵媚、難以掩飾的嬌羞風韻。

再看疾厄宮，太陰化權、陀羅、天使等，說明眼睛圓、體質好等。

事實上：命主是一個浪漫的美女。

貪狼天使星美若天仙

<table>
<tr>
<td>巨鈴天截破
門星福空碎
旺得旺廟陷
祿
病符　臨官
指背　86～95　癸
白虎　財帛宮　巳</td>
<td>廉天左天地紅天天咸天
貞相輔鉞劫鸞才廚池德
平廟旺　廟旺旺　陷旺
大耗　帝旺
咸池　96～105　甲
天德　子女宮　午</td>
<td>天恩寡
梁光宿
旺旺不
伏兵　衰
月煞　106～115　乙
弔客　夫妻宮　未</td>
<td>七右陀天
殺弼羅壽
廟不陷旺
官府　病
亡神　116～125　丙
病符　兄弟宮　申</td>
</tr>
<tr>
<td>貪地天天龍
狼空使月德
廟陷陷
喜神　冠帶
天煞　76～85　壬
龍德　疾厄宮　辰</td>
<td colspan="2" rowspan="2">坤造　辛　壬　戊　己(日空子、丑)
　　　酉　辰　午　未

1命宮　2兄弟　3夫妻　4子女　5財帛　6疾厄
7遷移　8交友　9官祿　10田宅　11福德　12父母

甲干 廉貞-太陽　乙干 天機-太陰　丙干 天同-廉貞　丁干 太陰-巨門
戊干 貪狼-天機　己干 武曲-文曲
庚干 太陽-天同　辛干 巨門-文昌　壬干 天梁-武曲　癸干 破軍-貪狼</td>
<td>天祿天封天
同存官誥哭
平廟平　不
博士　死
將星　6～15　丁
歲建　命宮　酉</td>
</tr>
<tr>
<td>太文天八天天
陰昌姚座貴虛
陷利廟平旺廟
忌
飛廉　沐浴
災煞　66～75　辛
歲破　遷移宮　卯</td>
<td>武擎火解天陰
曲羊星神空煞
廟廟廟廟陷
力士　墓
攀鞍　16～25　戊
晦氣　父母宮　戌</td>
</tr>
<tr>
<td>紫天天天天大劫月
微府魁傷巫耗煞德
旺廟　平　陷
奏書　長生
劫煞　56～65　庚
小耗　交友宮　寅</td>
<td>天龍鳳臺年華
機池閣輔解蓋
陷平平　得陷
將軍　養
華蓋　46～55　辛
官符　官祿宮　丑</td>
<td>破天旬
軍喜空
廟旺陷
小耗　胎
息神　36～45　庚
貫索　田宅宮　子</td>
<td>太文天天三孤蜚
陽曲馬刑臺辰廉
陷旺平陷平陷
權科
身宮
青龍　絕
歲驛　26～35　己
喪門　福德宮　亥</td>
</tr>
</table>

貪狼星，是才藝星、桃花星、幻想星。其性善交際、話多而動聽、圓滑風趣、多才多藝、喜歡誇誇其談。其形身材中矮，性感、眼大、長臉。貪狼與天使星同度就說明美若天仙。

來看上面的命盤：

命宮天同、祿存、封誥、天官星，說明臉部圓滿、飽滿。再看疾厄宮貪狼、天使、天月星，照武曲、擎羊、火星。武曲、擎羊火星說明骨架不夠大，嬌小，或者身體有傷疤、斑、痣等。貪狼、天使說明能言善道、翩翩如天仙。

事實上：命主是一個漂亮的女子。

破軍左輔天相文昌星，表示優雅而不失獨特

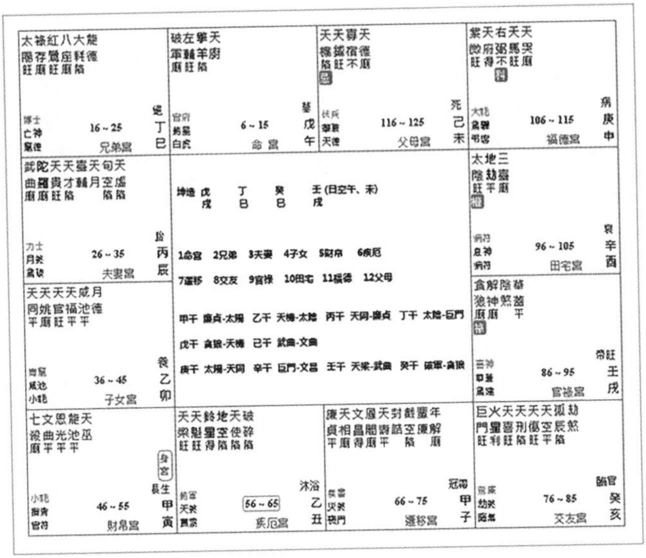
太祿紅八大龍
陽存鸞座耗德
旺廟旺廟陷
博士 16~25 絕 丁巳 兄弟宮
破左擎天
軍輔羊廚
廟旺陷
官府 6~15 墓 戊午 命宮
天天寡天
機鉞宿德
陷旺不廟
伏兵 116~125 死 己未 父母宮
紫天右天天
微府弼馬哭
旺得不旺廟
大耗 106~115 病 庚申 福德宮
武陀天天臺天旬天
曲羅貴才輔月空虛
廟廟旺陷 陷陷
力士 26~35 胎 丙辰 夫妻宮
坤造 戊 丁 癸 壬 (日空午、未)
戌 巳 巳 戌
1命宮 2兄弟 3夫妻 4子女 5財帛 6疾厄
7遷移 8交友 9官祿 10田宅 11福德 12父母
甲干 廉貞-太陽 乙干 天機-太陰 丙干 天同-廉貞 丁干 太陰-巨門
戊干 貪狼-天機 己干 武曲-文曲
庚干 太陽-天同 辛干 巨門-文昌 壬干 天梁-武曲 癸干 破軍-貪狼
太地三
陰劫臺
旺平廟
病符 96~105 衰 辛酉 田宅宮
天天天天咸月
同姚官福池德
平廟旺平平
青龍 36~45 養 乙卯 子女宮
貪解陰華
狼神煞蓋
廟廟 平
喜神 86~95 帝旺 壬戌 官祿宮
七文恩龍天
殺曲光池巫
廟平平平
身宮
小耗 46~55 長生 甲寅 財帛宮
天天鈴地天破
梁魁星空使碎
旺旺得陷陷陷
將軍 56~65 沐浴 乙丑 疾厄宮
廉天文鳳天封截蜚年
貞相昌閣壽誥空廉解
平廟得廟平 陷 廟
奏書 66~75 冠帶 甲子 遷移宮
巨火天天天天孤劫
門星喜刑傷空辰煞
旺利旺陷旺平陷
飛廉 76~85 臨官 癸亥 交友宮

破軍和七殺星，在表述相貌的時候一般長相大膽而冒險，部分臉部五官比較誇張突出，但是，若是照或同度天相、文昌等星曜，仍然不失一種優雅和氣質，顏值一般稍好。

來看上面的命盤：

命宮破軍、左輔、擎羊，加會七殺星，照天相、文昌、鳳閣星。破軍七殺左輔星說明長得有個性，有部分臉部五官誇張。擎羊破軍星說明臉部線條是稜角分明的。天相文昌鳳閣星說明氣質文雅、文靜、白

皙等。

再看疾厄宮，天梁、天魁、鈴星、天使星，說明身高中等而適度。

事實上：命主是一個漂亮優雅的女子。

太陽巨門左輔文曲星美麗而落落大方

紫七天截破 微殺福空碎 旺平旺廟陷陷 指背 白虎　33~42　病癸巳 田宅宮	天紅解天咸陷天 鉞鸞神廚池煞德 旺廟陷旺陷　廟 大耗 咸池　43~52　死甲午 天德　官祿宮	天天天寡 刑壽傷宿 陷旺陷不 伏兵 月煞　53~62　墓乙未 弔客　交友宮	陀鈴 羅星 陷陷 官府 亡神　63~72　絕丙申 病符　遷移宮
天天臺輩 機梁輔廉 利廟 天煞　23~32　衰壬辰 貫德　福德宮	坤造　辛　庚　辛　(日空子、丑) 　　　酉　子　酉　戌 1命宮　2兄弟　3夫妻　4子女　5財帛　6疾厄 7遷移　8交友　9官祿　10田宅　11福德　12父母		廉破祿地天天天 貞軍存劫官使哭 平廟廟平平陷陷 博士 將星　73~82　胎丁酉 歲建　疾厄宮
天三天 相臺刑 陷廟廟 帝旺 災煞　13~22　辛卯 父母宮	甲干　廉貞-太陽　乙干　天機-太陰　丙干　天同-廉貞　丁干　太陰-巨門 戊干　貪狼-天機　己干　武曲-文曲 庚干　太陽-天同　辛干　巨門-文昌　壬干　天梁-武曲　癸干　破軍-貪狼		擎天天 羊月空 廟　廟 力士 攀鞍　83~92　養戊戌 身宮　財帛宮
太巨左文天天大劫月 陽門輔曲貴壽耗煞德 旺廟旺平旺平　陷 雄 飛廉 喪門　3~12　命宮　臨官庚寅 官府	武貪火地祿年華 曲狼星空閣解蓋 廟廟得陷廟廟平 大耗 息神　113~122　冠帶辛丑 官符　兄弟宮	天太右文恩對旬 同陰弼昌光煞空 旺廟廟旺平　陷 小耗 歲驛　103~112　沐浴庚子 貫索　夫妻宮	天天天八孤蜚 府馬姚庭才辰廉 平旺廟陷廟陷 93~102　長生己亥 子女宮

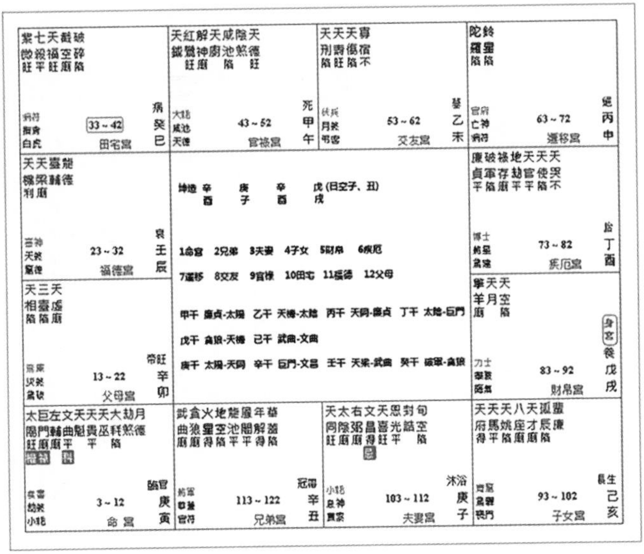

太陽星，是一顆政治星、名譽星。

其性能幹、公正、有忠心、守法度。

其形中等略胖、氣質壯實、活力四溢、有親和力。眼大而亮或者戴眼鏡，俊美。

太陽星是一顆公眾星曜，巨門星也是一顆對外的星曜，這兩顆星曜同度左輔、天魁、文曲、文昌、天巫、天使等星曜的時候，一般是對得起觀眾的，也就是形象較好。

來看上面的命盤：

命宮太陽化權、巨門化祿、左輔、文曲、天魁、天貴、天巫、劫煞星。太陽化權巨門化祿說明眼睛炯炯有神精力充沛。巨門化祿文曲左輔星，說明眼睛、嘴巴都是較大的而且秀氣靈性的。天魁天巫天使劫煞，說明很具有魔力、奪人眼球。

事實上：命主白皙漂亮，很吸引人。

天陀八鳳天年 機羅座閣廚解 平陷廟廟　旺 （祿） 官博士 指背　24~33　長生 乙巳 歲驛　　福德宮	紫祿解天咸陰 微存神空煞煞 廟廟廟陷 博士 咸池　34~43　沐浴 丙午 　　田宅宮	擎鈴天恩天龍 羊星刑光貴德 廟利陷旺旺 力士 月煞　44~53 巨門　官祿宮　冠帶 丁未	破地天天天 軍劫才傷哭 得陷平平 青龍 亡神　54~63　臨官 戊申 　　交友宮
七天寡 殺喜宿 廟陷陷 伏兵 天煞　14~23　衰 甲辰 晦符　父母宮	坤造 丁 壬 辛 丁（日空子、丑） 　　巳 子 酉 酉		天三雄破 鉞台池碎 廟廟廟平 身宮 小耗 將星　64~73　帝旺 己酉 官符　遷移宮
太天蜚 陽梁輔 廟廟 大耗 災煞　4~13　病 乙卯 喪門　命宮	1命宮 2兄弟 3夫妻 4子女 5財帛 6疾厄 7遷移 8交友 9官祿 10田宅 11福德 12父母 甲干 廉貞-太陽　乙干 天機-太陰　丙干 天同-巨門　丁干 太陰-巨門 戊干 貪狼-太陰　己干 武曲-文曲 庚干 太陽-天同　辛干 巨門-文昌　壬干 天梁-武曲　癸干 破軍-貪狼		廉天紅天天大月 貞府鸞使福德 利廟旺平 病 攀鞍　74~83　死 庚戌 貫索　疾厄宮
武天左地天截劫月 曲相輔空巫煞煞德 得廟廟旺平　平 （科） 將軍 劫煞　114~123　胎 壬寅 歲建　兄弟宮	天巨文文天 同門昌曲壽 不廟廟廟陷 （權） 奏書 華蓋　104~113　養 癸丑 白虎　夫妻宮	貪右火旬龍 狼弼星空德 旺廟陷陷 飛廉 息神　94~103 病符　子女宮　死王子	太天天天對天 陰魁馬姚福虛 旺旺廟廟 喜神 歲驛　84~93　絕 辛亥 病符　財帛宮

太陽天梁星符合傳統審美

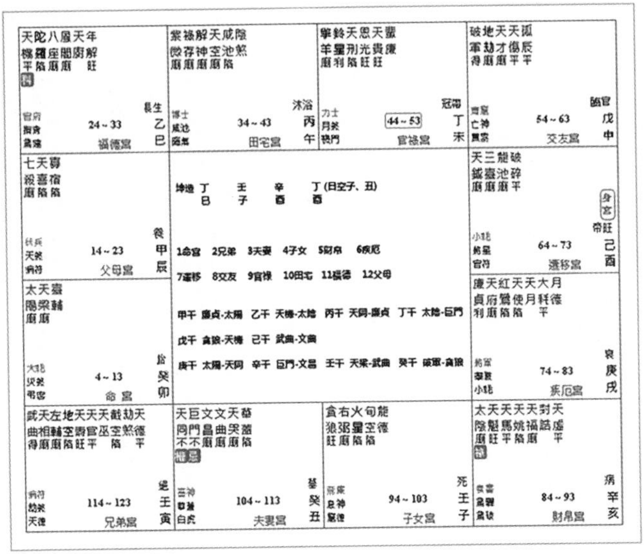

天梁星，長壽星、文星、法紀星。

其性溫和清高、思維細膩、莊重大方、分析及觀察能力強。其形中高、氣質老練、長臉、顴骨高。太陽星活躍熱情。太陽天梁星組合也是對得起觀眾的，一般形象較好。

來看上面的命盤：

命宮太陽、天梁、台輔星，說明個子較高，身材勻稱。模樣能拿得出手、能上檯面，精力充沛。

再看疾厄宮，天府、紅鸞、天使、

天月星，照七殺星，加會紫微、祿存星。天府天月星說明四方臉、面如滿月等。紅鸞天使七殺星，說明莊重冷豔。

事實上：命主身材中等，白皙、方臉、漂亮，但是給人威嚴感。

天同太陰天喜紅鸞星，長相出眾

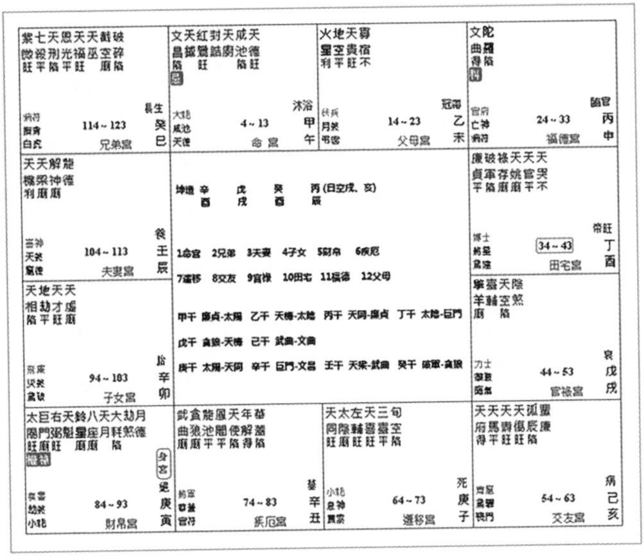

天同星，是一顆福星、壽星。其性溫順、隨和。謙恭，有人緣，多才多藝。

其形中等身材，方圓臉，眉目清秀。

天同星與太陰星同度就更加溫柔，而具有誘惑力。

來看上面的命盤：

命宮文昌化忌、紅鸞、咸池、天鉞星，照天同、太陰、左輔、天喜星。天同太陰星說明溫柔美麗。紅鸞天喜咸池天鉞左輔星，說明多情、嫵媚。再看疾厄宮，武曲、貪狼、龍池、鳳閣、天使星。武曲貪狼星說明身材骨架大而圓潤，有魅力。

事實上：命主是一個漂亮的女子。

第四節　財運類例題（含求財、要帳等）

火星祿存難以申請到專案經費

<table>
<tr>
<td>天陀天天
府羅馬虛
得陷平旺

力士　　　　　病
歲驛　113～122　己
歲破　　父母宮　巳</td>
<td>天太祿火解龍
同陰存星神德
陷不廟廟廟

博士　　　　　衰
息神　103～112　庚
龍德　　福德宮　午</td>
<td>武貪擎鈴天華
曲狼羊星哭蓋
廟廟廟利平陷
祿 權

官府　　　　　帝旺
華蓋　93～102　辛
白虎　　田宅宮　未</td>
<td>太巨天地天天劫天
陽門鉞劫刑廚煞德
得廟廟廟陷　　平

伏兵　　　　　臨官
劫煞　83～92　壬
天德　　官祿宮　申</td>
</tr>
<tr>
<td>紅旬陰大月
鸞空煞耗德
廟陷　平

青龍　　　　　死
攀鞍　3～12　戊
小耗　　命宮　辰</td>
<td colspan="2" rowspan="2">乾造　己　丁　戊　辛（日空子、丑）
　　　亥　丑　午　酉

1命宮　2兄弟　3夫妻　4子女　5財帛　6疾厄
7遷移　8交友　9官祿　10田宅　11福德　12父母

甲干　廉貞-太陽　乙干　天機-太陰　丙干　天同-廉貞　丁干　太陰-巨門
戊干　貪狼-天機　己干　武曲-文曲
庚干　太陽-天同　辛干　巨門-文昌　壬干　天梁-武曲　癸干　破軍-貪狼</td>
<td>天恩天天天天截破
相光貴壽官傷空碎
陷陷廟平平平廟平

大耗　　　　　冠帶
災煞　73～82　癸
弔客　　交友宮　酉</td>
</tr>
<tr>
<td>廉破左龍天臺
貞軍輔池才輔
平陷陷廟旺

小耗　　　　　墓
將星　13～22　丁
官符　　兄弟宮　卯</td>
<td>天天天寡
機梁喜宿
利廟陷陷
科
身宮
病符　　　　　沐浴
天煞　63～72　甲
病符　　遷移宮　戌</td>
</tr>
<tr>
<td>地八天天孤
空座福月辰
陷廟旺　平

將軍　　　　　絕
亡神　23～32　丙
貫索　　夫妻宮　寅</td>
<td>文文蜚
昌曲廉
廟廟
忌

奏書　　　　　胎
月煞　33～42　丁
喪門　　子女宮　丑</td>
<td>天天三天咸
魁姚臺空池
旺陷平陷陷

飛廉　　　　　養
咸池　43～52　丙
晦氣　　財帛宮　子</td>
<td>紫七右鳳天封天年
微殺弼閣使誥巫解
旺平平旺旺　　得

喜神　　　　　長生
指背　53～62　乙
歲建　　疾厄宮　亥</td>
</tr>
</table>

某博士問：申報的人文社科專案能否被立項。他說：這年頭，沒課題不行啊。真缺資金，只能靠申報國家級課題獲得，另外，省級及以下的課題，雖然也有資金，數目小，也沒有人脈關係。

來看上面的盤：

首先命宮紅鸞星照天梁星化科，說明這個專案是管理或者福利有關的課題。

再看財帛宮天空天魁星，照祿存火星，說明沒有獲得資助。

再看官祿宮巨門劫煞地劫太陽星，這裡的太陽星較弱說明沒有獲得官方認可；巨門太旺說明沒有通過審查；地劫和劫煞星說明沒有給予資金。

事後，這個博士回饋說：沒有成功。

太陰鈴星表示財務狀態亮起紅燈

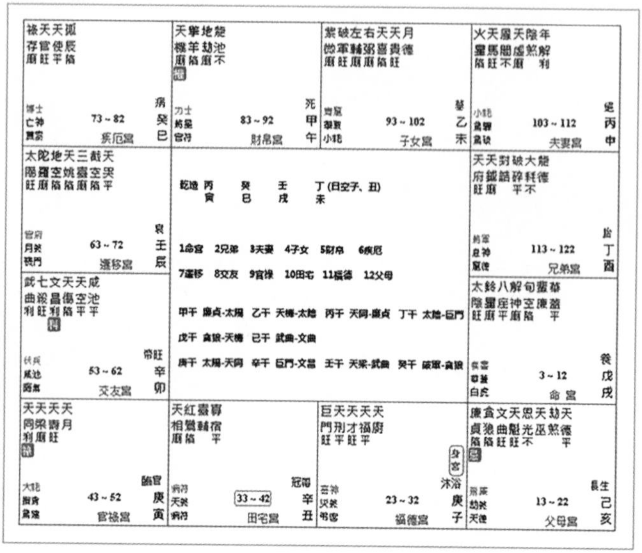

祿天天孤 存官使辰 廟旺平陷
博士 亡神 貫索 73～82 疾厄宮 病 癸 巳
天擎地蜚 機羊劫池 廟陷廟不
力士 將星 官符 83～92 財帛宮 死 甲 午
紫破左右天天月 微軍輔弼喜貴德 廟旺廟廟陷旺
青龍 攀鞍 小耗 93～102 子女宮 墓 乙 未
火天屢天陰年 星馬閣虛煞解 陷旺不廟 利
小耗 歲驛 歲破 103～112 夫妻宮 絕 丙 申
太陀地天三截天 陽羅空姚臺空哭 旺廟陷陷廟陷平
官府 月煞 喪門 63～72 遷移宮 衰 壬 辰
乾造 丙 癸 壬 丁 (日空子、丑)
寅 巳 戌 未
1命宮 2兄弟 3夫妻 4子女 5財帛 6疾厄
7遷移 8交友 9官祿 10田宅 11福德 12父母
甲干 廉貞-太陽 乙干 天機-太陰 丙干 天同-廉貞 丁干 太陰-巨門
戊干 貪狼-天機 己干 武曲-文曲
庚干 太陽-天同 辛干 巨門-文昌 壬干 天梁-武曲 癸干 破軍-貪狼
天天對破大龍 府鉞誥碎耗德 旺廟 平不
將軍 息神 龍德 113～122 兄弟宮 胎 丁 酉
武七文天天咸 曲殺昌傷空池 利旺利陷平平
伏兵 咸池 晦氣 53～62 交友宮 帝旺 辛 卯
太鈴八解旬蜚華 陰星座神空廉蓋 旺廟平廟陷 平
奏書 華蓋 白虎 3～12 命宮 養 戊 戌
天天天天 同梁壽月 利廟旺
大耗 指背 歲建 43～52 官祿宮 臨官 庚 寅
天紅蠻寡 相鸞輔宿 廟陷 平
病符 天煞 病符 33～42 田宅宮 冠帶 辛 丑
巨天天天天 門刑才福廚 旺平旺平
身宮
喜神 災煞 弔客 23～32 福德宮 沐浴 庚 子
廉貪文天恩天劫天 貞狼曲魁光巫煞德 陷陷旺旺不 平
飛廉 劫煞 天德 13～22 父母宮 長生 己 亥

太陰星在較多情況下可以直讀為財富。鈴星，打殺星，司災害，新突變，陰沉陰險，易犯小人，多災禍。兩顆星曜同度表示財運很差，財務狀態亮起紅燈，達到臨界狀態等。

來看上面的命盤：

流年 2012 年壬辰，在第三大運，大運己干天梁化科，流年四化被關閉。

流年 2012 年命宮在寅位，流年財帛宮在戌位，坐落鈴星太陰解神蜚廉星等，照太陽陀羅星。太陽星被陀羅星纏住，表示事業低迷。鈴星同度鈴星表示財務吃緊、破財、財運差等。

命主回饋說：這一年確實財運很差。還和女友分手、生病。

天相星陷落於財帛宮，生活窘迫

紫七左三龍天截天 微殺輔臺池福哭 旺平平旺 廟陷不 將前 指背 官符 24～33　長生癸巳 夫妻宮	天鈴天咸大月 鑽星廚池祿德 廟 陷旺 小耗 小耗 14～23 兄弟宮　養甲午	地天 劫虛 平陷 奏書 月煞 貫索 4～13　胎乙未 命宮	陀天天解天龍 羅喜才神巫德 陷旺廟廟 不 力士 亡神 官符 114～123 父母宮　絕丙申
天天旬 機梁空 利旺陷 蜚廉 天煞 喪門 34～43　沐浴壬辰 子女宮	乾造 辛　壬　甲　壬 (日空午、未) 　　　丑　辰　申　申 1命宮　2兄弟　3夫妻　4子女　5財帛　6疾厄 7遷移　8交友　9官祿　10田宅　11福德　12父母		廉破右祿八屬天蜚年 貞軍弼存座閣官傷解 平陷廟廟廟廟旺 平旺 博士 將星 白虎 104～113 福德宮　墓丁酉
天地 相空 陷平 喜神 災煞 晦氣 44～53 財帛宮　冠帶辛卯	甲干 廉貞-太陽　乙干 天機-太陰　丙干 天同-廉貞　丁干 太陰-巨門 戊干 貪狼-天機　己干 武曲-文曲 庚干 太陽-天同　辛干 巨門-文昌　壬干 天梁-武曲　癸干 破軍-貪狼		擎對寡宿 羊刑蓋復 廟 廟陷廟 官府 攀鞍 天德 94～103　死戊戌 田宅宮
太巨文天紅天蜚解劫孤 陽門昌魁鸞姚便輔空辰 旺廟陷旺旺平 [縮祿星] 病符 劫煞 太歲 54～63　臨官庚寅 疾厄宮	武貪恩破華 曲狼光碎蓋 廟廟 旺平 病符 華蓋 病符 64～73　帝旺辛丑 遷移宮	天太文天天陰 同陰曲貴壽煞 旺廟旺平陷 大耗 息神 病符 74～83　衰庚子 交友宮	天火天 府星馬貴 得旺平平 [身宮] 伏兵 歲驛 弔客 84～93　病己亥 官祿宮

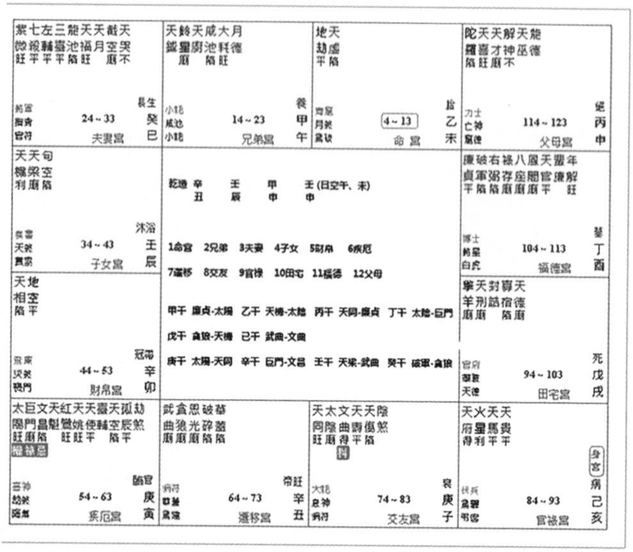

求測者問：借貸APP，審核通過貸款一萬元，但是一直沒有下款成功，現在卻有了還款帳單，聯繫客服沒有回覆，也沒有聯繫電話，會有法律糾紛嗎？

來看上面的盤：

財帛宮天相地空，照祿存八座蜚廉星，說明生活上捉襟見肘的，難以滿足日常需求，沒有錢，出現金錢糾紛等。再看官祿宮天府火星，照紫微天福截空星，說明有財務吃緊，沒有官司等法律糾紛。

事實上：求測者遇到了「套路貸款」，沒有拿到錢款，是不需要還款的。

70

天相照破軍容易毀約

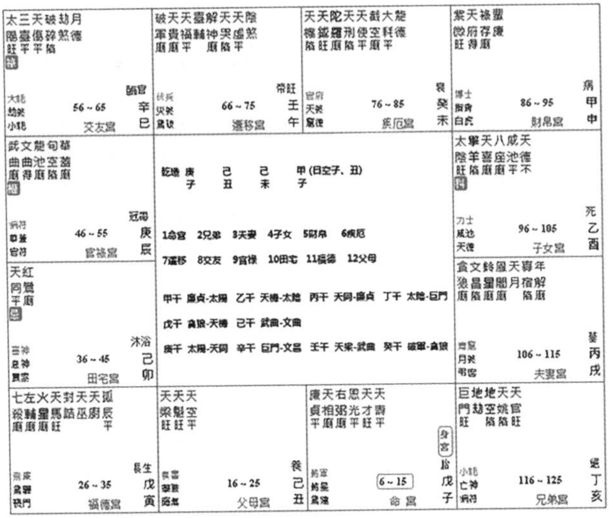

太三天破劫月
陽臺傷碎煞德
旺平平陷
56～65
辛巳
交友宮
破天天臺解天天陰
軍貴福輔神哭虛煞
廟廟平　廟陷平
帝旺
66～75
壬午
遷移宮
天天陀天天截大龍
機鉞羅刑使空耗德
陷旺廟陷平廟平
衰
76～85
癸未
疾厄宮
紫天祿蜚
微府存廉
旺得廟
病
86～95
甲申
財帛宮
武文龍旬華
曲曲池空蓋
廟得廟陷廟
冠帶
46～55
庚辰
官祿宮
乾造 庚 己 己 甲(日空子、丑)
子 丑 未 子
1命宮 2兄弟 3夫妻 4子女 5財帛 6疾厄
7遷移 8交友 9官祿 10田宅 11福德 12父母
甲干 廉貞-太陽 乙干 天機-太陰 丙干 天同-廉貞 丁干 太陰-巨門
戊干 貪狼-天機 己干 武曲-文曲
庚干 太陽-天同 辛干 巨門-文昌 壬干 天梁-武曲 癸干 破軍-貪狼
太擎天八咸天
陰羊喜座池德
旺陷廟廟平不
死
96～105
乙酉
子女宮
天紅
同鸞
平廟
沐浴
36～45
己卯
田宅宮
貪文鈴鳳天寡年
狼昌星閣月宿解
廟陷廟廟　陷廟
106～115
丙戌
夫妻宮
七左火天封天天孤
殺輔星馬誥巫廚辰
廟廟廟旺　　　平
長生
26～35
戊寅
福德宮
天天天
梁魁空
旺旺平
養
16～25
己丑
父母宮
廉天右恩天天
貞相弼光才壽
平廟廟平旺平
身宮
6～15
戊子
命宮
巨地地天天
門劫空姚官
旺　陷陷旺
116～125
丁亥
兄弟宮

求測者說：在網上選房，簽字了，交了2萬認籌金。但是後來不想買了，不知道錢能否退回來。

來看上面的盤：

命宮天相左輔右弼天才星，照破軍天貴解神星，說明不想履行合約了。

田宅宮天同化忌紅鸞星，說明不太喜歡這個房子。照太陰化科天喜八座，說明事情有反覆變化，能簽約。

再看交友宮太陽化祿劫煞星，照巨門

地劫星，說明對方不還錢而且有理有據。

再看財帛宮紫微天府祿存星，照七殺左輔火星天馬星，說明經濟上壓力很大，錢的數目較大等。

事後求測者說：對方說的認籌金是訂金，不能退了。後來反覆磋商很長時間，對方稍微降了點錢，就買下了。

紫微爆旺不顧及顏面

庚食靈破劫月 貞狼輔碎煞德 陷陷　陷 大耗　　35～44 喜神 小耗　　田宅宮　辛巳	巨天解天天 門福神巫處 旺平廟陷平 伏兵　　45～54 災煞 喪門　　官祿宮　壬午	天天陀天截大龍 相鉞羅傷空科德 得旺廟陷陷平 官府　　55～64 天煞 貫索　　交友宮　癸未	天天祿天鳳 同梁存刑廉 旺旺廟廟陷　忌 博士　　65～74　長生 指背　　　　　　甲申 白虎　　遷移宮
太左旬陰華 陰池空煞蓋 陷廟陷陷　祿 病符　　25～34 咸池 官符　　福德宮　庚辰	乾造　庚　己　壬　辛（日空戌、亥） 　　　子　丑　申　亥 1命宮　2兄弟　3夫妻　4子女　5財帛　6疾厄 7遷移　8交友　9官祿　10田宅　11福德　12父母		武七擎鈴恩天天咸 曲殺羊星光使池德 利旺陷得廟陷陷平　權 力士　　75～84　沐浴 咸池　　　　　　乙酉 　　　疾厄宮
天左文紅 府輔曲鸞 得陷廟旺 喜神　　15～24 亡神 貫索　　父母宮　死己卯	甲干　廉貞-太陽　乙干　天機-太陰　丙干　天同-廉貞　丁干　太陰-巨門 戊干　貪狼-天機　己干　武曲-文曲 庚干　太陽-天同　辛干　巨門-文昌　壬干　天梁-武曲　癸干　破軍-貪狼		天地孤寡年 陰劫辰宿解 平陷陷陷陷 官府　　85～94　冠帶 月煞　　　　　　丙戌 　　　財帛宮
天三天天孤 馬喜才廚月辰 旺平廟　平 飛廉　　5～14 將星 官符　　命宮　戊寅	紫天天天對 微魁刑貴詔空 廟旺旺得旺　平 奏書　　115～124 攀鞍 　　　兄弟宮　己丑	天地天八天 機空姚座壽 廟平陷陷平 　　　　　　身宮 將軍　　105～114 歲驛 　　　夫妻宮　戊子	右文天天 弼昌梁巫 旺得平　平 小耗　　95～104　臨官 亡神　　　　　　丁亥 病符　　子女宮

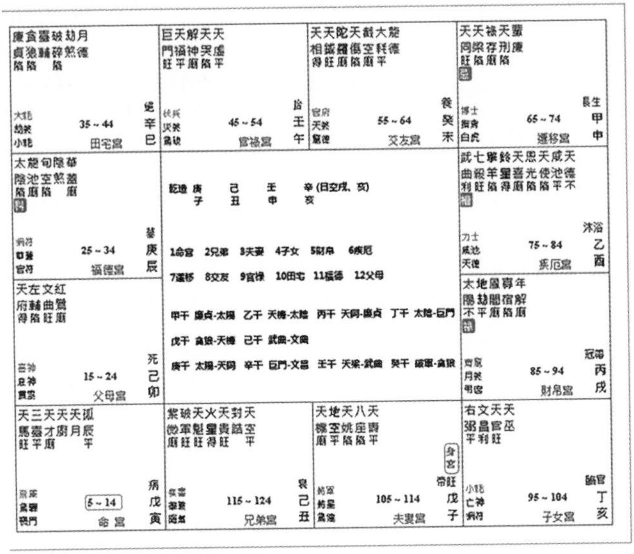

求測者問：借出去的錢能不能收回？

來看上面的盤：

命宮天馬天才星，照天同化忌祿存星，說明在錢上遇到麻煩。

再看交友宮天相得地天鉞陀羅截空星，照紫微火星天魁封誥星，天相得地紫微爆旺說明不顧及顏面，會經歷官司等；陀羅火星截空說明完全賴帳不還；天魁天鉞火星陀羅說明完全沒有幫助和配合。

再看財帛宮太陽化祿地劫鳳閣星，說明能經過努力要回來一小部分。

求測者說：我借給一個同學六千塊錢，有兩年了，他一直拖著不還錢，問他就說過兩三天就給，反覆多次。到最後我隨口說去法院起訴他，他卻說到法庭開庭前一天再給我，這分明是不想還錢，看來只能起訴他了。

天梁 地空 地劫 天鉞 龍德 天貴 天使 天空 截空 天哭 壽不廟平廟平廟平廟不 病符 指背 官符　　　病 癸巳 73～82 疾厄宮	七殺 左輔 天魁 天廚 咸池 大耗 月德 旺旺旺陷旺 陷 大耗 咸池 小耗　　　死 甲午 83～92 財帛宮	天 陷 伏兵 月煞 貫索　　　乙未 93～102 子女宮	廉貞 右弼 陀羅 天喜 天壽 解德 貞弱 喜 詰德 廟不陷旺 官府 亡神 病符　　　胎 丙申 103～112 夫妻宮
紫微 天相 文昌 鈴星 天旬 微相昌星月空 陷 得得得 陷 喜神 天哭 貫索　　　衰 壬辰 63～72 遷移宮	坤造 辛 壬 戊 戊（日空辰、巳） 　　丑 辰 戌 午 1命宮 2兄弟 3夫妻 4子女 5財帛 6疾厄 7遷移 8交友 9官祿 10田宅 11福德 12父母		祿存 火星 鳳閣 官祿 天德 存 鳳閣官 廚德 廟 得廟平 旺 博士 將星 白虎　　　官 丁酉 113～122 兄弟宮
天機 巨門 天梁 天姚 咸傷 祿機巨梁姚傷 旺陷廟陷 飛廉 災煞 喪門　　　帝旺 辛卯 53～62 交友宮	甲干 廉貞-太陽 乙干 天機-太陰 丙干 天同-廉貞 丁干 太陰-巨門 戊干 貪狼-天機 己干 武曲-文曲 庚干 太陽-天同 辛干 巨門-文昌 壬干 天梁-武曲 癸干 破軍-貪狼		破軍 擎羊 解神 寡宿 天 軍羊神宿德 旺陷廟陷 廟 身宮 衰戊戌 力士 攀鞍 天德　　　3～12 命宮
貪狼 天紅 三台 天巫 天姚 孤辰 天煞 狼魁 鸞台巫姚辰煞 平 旺旺 陷干 食神 劫煞 晦氣　　　臨官 庚寅 43～52 官祿宮	太陽 太陰 破碎 華蓋 陰陽 碎蓋 不廟陷陷 陷 伏兵 華蓋 歲破　　　墓 辛丑 33～42 田宅宮	武曲 天府 八座 嘉會 左輔 曲府 八座輔 旺廟陷旺 小耗 息神 龍德　　　冠帶 庚子 23～32 福德宮	天同 馬天 恩光 天才 壽 同馬 恩光才壽 廟 平陷不廟旺 青龍 歲驛 病符　　　長生 己亥 13～22 父母宮

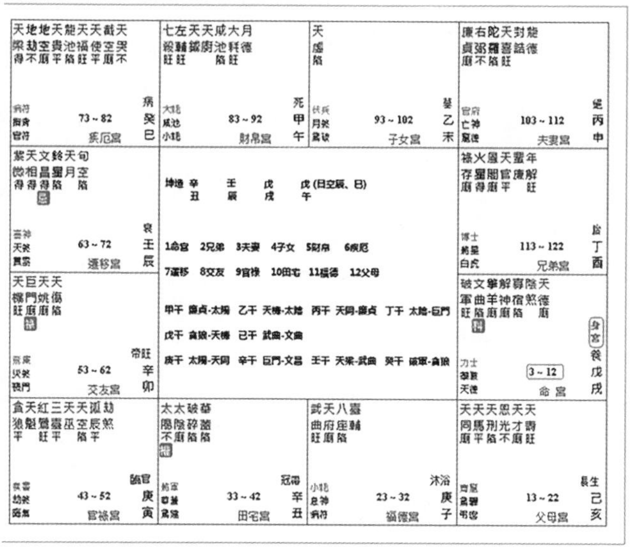

擎羊破軍破財借貸，巨門化祿滿口答應

求測者說：近來資金週轉困難，想向一個有錢的朋友借錢，他是否會借呢？

來看上面的盤：

盤中命宮破軍擎羊星，照紫微天相星，這裡的破軍星不旺，說明窘迫的局面能夠制止。

再看交友宮巨門化祿天機星，說明朋友滿口答應，照祿存火星，說明朋友會借給錢財。

事後求測者回饋說：答應了借錢並且及時的轉帳過來。

天同平勢同度天月，體彩無果

求測者問：這次買體彩能否中獎。

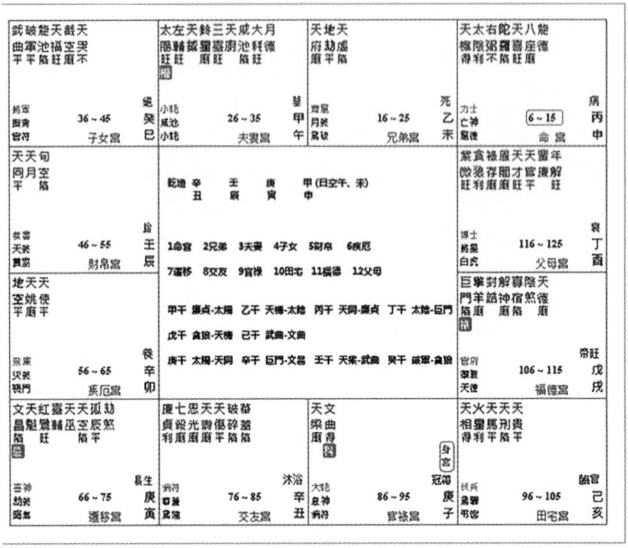
武曲 破軍 龍池 天福 截空 天哭
36~45 子女宮 癸巳
太陽 左輔 天鉞 鈴星 三台 天廚 咸池 大耗 月德
26~35 夫妻宮 甲午
天府 地劫 天虛
16~25 兄弟宮 乙未
天機 太陰 右弼 陀羅 天壽 八座 龍德
6~15 命宮 丙申
天同 天月 旬空
46~55 財帛宮 壬辰
紫微 貪狼 祿存 恩閣 天才 天官 年解
116~125 父母宮 丁酉
地空 天姚 天使
56~65 疾厄宮 辛卯
巨門 擎羊 封誥 解神 寡宿 陰煞 天德
106~115 福德宮 戊戌
文昌 天魁 紅鸞 天輔 天巫 天空 孤辰 劫煞
66~75 遷移宮 庚寅
廉貞 七殺 恩光 天壽 天傷 破碎 華蓋
76~85 交友宮 辛丑
天梁 文曲
身宮
86~95 官祿宮 庚子
天相 火星 天馬 天刑 天貴
96~105 田宅宮 己亥
乾造 辛丑 壬辰 庚寅 甲申 (日空午、未)
1命宮 2兄弟 3夫妻 4子女 5財帛 6疾厄
7遷移 8交友 9官祿 10田宅 11福德 12父母
甲干 廉貞-太陽 乙干 天機-太陰 丙干 天同-廉貞 丁干 太陰-巨門
戊干 貪狼-天機 己干 武曲-文曲
庚干 太陽-天同 辛干 巨門-文昌 壬干 天梁-武曲 癸干 破軍-貪狼

來看上面的盤：

命宮太陰星得地天機得地，照文昌化忌，說明沒有通過檔票據彩票之類的獲得收入。

再看財帛宮天同平勢天月星，照擎羊封誥解神陰煞星等，說明沒有娛樂的心情，很堵心，也就是沒有財運，沒有中獎。

事實上：求測者確實沒有中獎，花了一百多元。

紫微破軍創業之命，廉貞祿存生意火

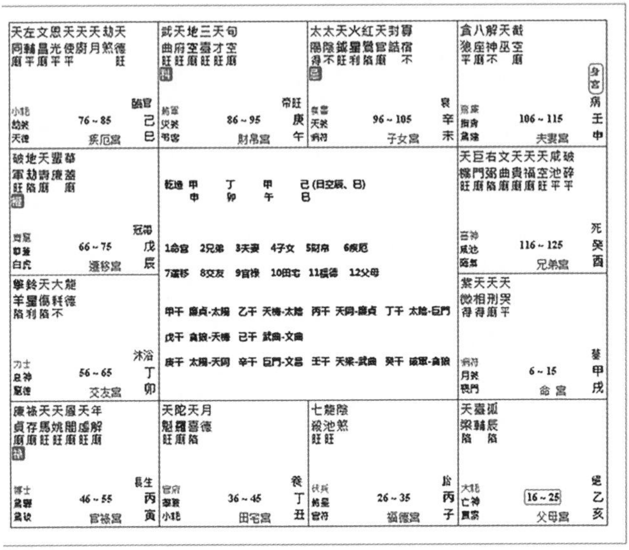
天同 左輔 文昌 恩光 天使 天廚 天月 劫煞 天德
76～85 己巳 疾厄宮
武曲 天府 地空 三台 天才 旬空
86～95 庚午 財帛宮
太陽 太陰 天鉞 火星 紅鸞 天官 封誥 寡宿
96～105 辛未 子女宮
貪狼 八座 解神 天巫 截空
身宮
106～115 壬申 夫妻宮
破軍 地劫 天壽 蜚廉 華蓋
66～75 戊辰 遷移宮
乾造 甲 丁 甲 己(日空辰、巳)
申 卯 午 巳
1命宮 2兄弟 3夫妻 4子女 5財帛 6疾厄
7遷移 8交友 9官祿 10田宅 11福德 12父母
甲干 廉貞-太陽 乙干 天機-太陰 丙干 天同-廉貞 丁干 太陰-巨門
戊干 貪狼-天機 己干 武曲-文曲
庚干 太陽-天同 辛干 巨門-文昌 壬干 天梁-武曲 癸干 破軍-貪狼
天機 巨門 右弼 文曲 天貴 天福 天空 咸池 破碎
116～125 癸酉 兄弟宮
擎羊 鈴星 天傷 大耗 龍德
56～65 丁卯 交友宮
紫微 天相 天刑 天哭
6～15 甲戌 命宮
廉貞 祿存 天馬 天姚 鳳閣 天虛 年解
46～55 丙寅 官祿宮
天魁 陀羅 天喜 月德
36～45 丁丑 田宅宮
七殺 龍池 陰煞
26～35 丙子 福德宮
天梁 台輔 孤辰
16～25 乙亥 父母宮

求測者問：開飯店能掙錢嗎？

來看上面的盤：

命宮紫微天刑天相星，照破軍，說明是辭職以後創業了。困難也不少。

再看財帛宮，武曲化科天府三台星，照龍池七殺星，說明工商執照已經拿到，財運還不錯。

再看官祿宮廉貞天馬祿存天姚鳳閣星，說明是娛樂或者餐飲場所。

事實上：求測者開店以後生意紅火，財運不錯。

太陽巨門，獲得較為滿意答覆

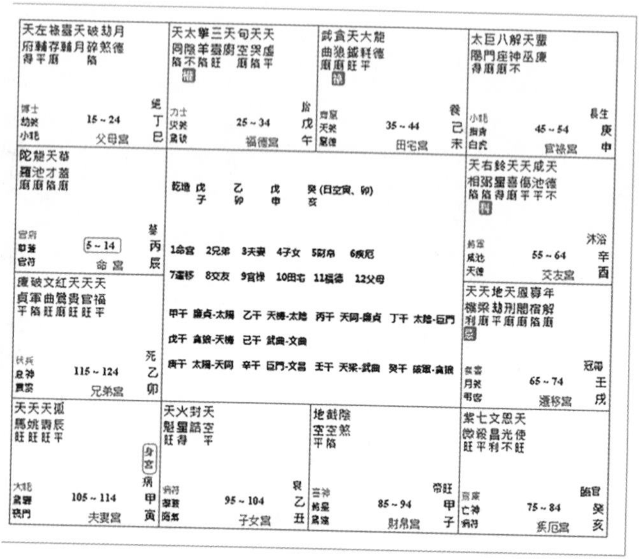

求測者問：要債能否要回錢。

來看上面的盤：

命宮陀羅龍池華蓋星，說明已經去要多次，糾纏很長時間。

再看財帛宮地空截空陰煞星，加會太陽巨門八座星，說明再次去要錢，能得到較為滿意的答覆。但是還是需要再次去的，也就是不能給全部，會給一部分錢。

事實上：求測者那時候要回來30萬元，但這只是給了一部分，還有餘款。

紫微天相擎羊，事業不景氣

天天天破 梁刑巫碎 尋陷　陷陷 奏書 白虎　35～44 田宅宮　姬辛巳	七鈴紅天截旬咸天 殺星鸞廚空池池德 旺廟旺　廟廟旺 小耗　　身宮 咸池 天德　45～54 官祿宮　壬午	地天寡宮不 劫廚宿　平 平 將軍 月煞 弔客　55～64 交友宮　癸未	廉天天福 貞相廚廟 廟廟 飛廉 亡神 病符　65～74 遷移宮　甲申　長生
紫微天相擎羊天解 微相羊官神德 尋陷廟廟旺 力士 天煞 歲破　25～34 福德宮　庚辰　養	坤造　乙　丙　甲　壬（日空辰、酉） 　　　酉　戌　戌　申 1命宮　2兄弟　3夫妻　4子女　5財帛　6疾厄 7遷移　8交友　9官祿　10田宅　11福德　12父母		天天天 姚使哭 廟陷不 喜神 指背 太歲　75～84 疾厄宮　乙酉　沐浴
天巨祿地地思天天 機門存空光貴廚 旺廟平廟陷廟陷陷 博士 災煞 龍德　15～24 父母宮　己卯　胎	甲干　廉貞-太陽　乙干　天機-太陰　丙干　天同-巨門　丁干　太陰-巨門 戊干　貪狼-天機　己干　武曲-文曲 庚干　太陽-天同　辛干　巨門-文昌　壬干　天梁-武曲　癸干　破軍-貪狼		破對天陰 軍誥空煞 旺 病符 咸池 晦氣　85～94 財帛宮　丙戌　冠帶
貪右文陀三台天大劫月 狼弼昌羅輔月科煞德 平旺廟陷平　廟平　陷 官府 劫煞 小耗　5～14 命宮　戊寅　絕	太太天楚鳳平華 陰陽姚池閣解蓋 不廟旺平　平尋 伏兵 華蓋 官符　115～124 兄弟宮　己丑　墓	武天左天天八 曲府輔曲魁喜座 旺廟旺廟旺旺 大耗 息神 貫索　105～114 夫妻宮　戊子　帝旺	天火天天孤寡 同星馬才辰陳 廟利平廟平 病符 歲驛 喪門　95～104 子女宮　丁亥　病

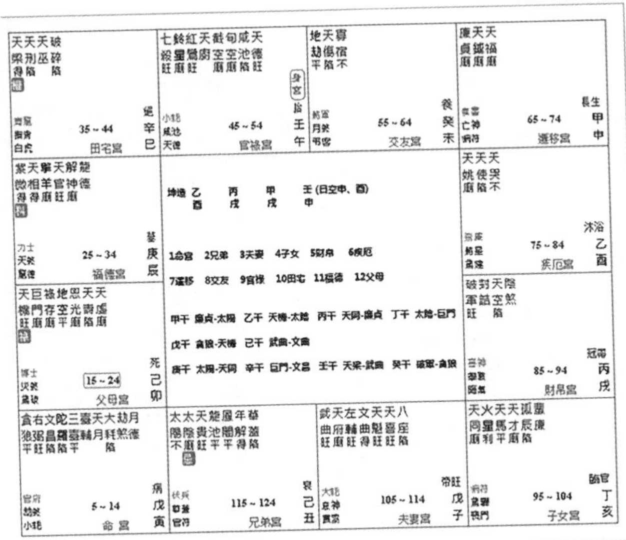

求測者問：開店財運如何？

來看上面的盤：

命宮貪狼右弼天月劫煞星，照廉貞天鉞星，說明是醫藥治療娛樂類的店面。

再看財帛宮破軍較弱封誥陰煞星，照紫微天相擎羊星，說明事業不景氣，財運不好。

再看官祿宮七殺鈴星天廚截空旬空星，照戊土天府左輔天魁星，說明事業上有人幫助介紹生意，但是壓力始終很大，財利微薄。

事實上：求測者開針灸按摩店，生意一直不景氣。

武破地地天天孤劫 曲軍劫空喜空辰煞 平平不廟廟廟廟 大耗 劫煞　　113~122　　病　辛 弔客　　兄弟宮　　　　　巳	太天天解龍陰年 陽間福神廉煞解 旺平平廟 伏兵 災煞　　　3~12 官門　　命宮　　　死　壬　午	天天陀天截 府鉞羅刑空 廟旺陷陷廟 官府 天煞　　　13~22 貫索　　父母宮　　衰　癸　未	天太祿火龍對句 機陰存星池煞空 得利廟廟陷平廟 博士 指背　　　23~32 官符　　福德宮　　胎　甲　申
天文龄思慕 同昌星光蓋 平平陷廟廟 病符 息神　　103~112　　衰　庚 貫索　　夫妻宮　　　　　辰	乾造　庚　戊　癸　戊（日空寅、卯） 　　　辰　子　丑　午 1命宮　2兄弟　3夫妻　4子女　5財帛　6疾厄 7遷移　8交友　9官祿　10田宅　11福德　12父母		紫貪擎咸月 微狼羊池德 旺利陷平 力士 咸池　　　33~42 小耗　　田宅宮　　　　乙　酉
三臺 陷 蜚神 息神　　93~102　　帝旺　己 病符　　子女宮　　　　　　卯	甲干　廉貞-太陽　乙干　天機-太陰　丙干　天同-廉貞　丁干　太陰-巨門 戊干　貪狼-天機　己干　武曲-文曲 庚干　太陽-天同　辛干　巨門-文昌　壬干　天梁-武曲　癸干　破軍-貪狼		巨文天天天天 門曲貴才壽廚 陷陷旺陷廟陷 奏書 將星　　　43~52 歲建　　官祿宮　　養　丙　戌
左天天天 輔馬巫廚 廟旺 飛廉 華蓋　　83~92　　臨官　戊 晦氣　　財帛宮　　　　　寅	廉七天天尊破天 貞殺魁傅宿碎德 利旺廟平陷廟 喜神 劫煞　　73~82　　冠帶　己 天德　　疾厄宮　　　　　丑	天右鳳 梁弼輔 廟廟廟 病室 息神　　　63~72 白虎　　遷移宮　　沐浴　戊　子	天紅天八天天大龍 相鸞姚座官傳耗德 旺廟廟廟旺旺陷 小耗 亡神　　　53~62 龍德　　交友宮　　長生　丁　亥

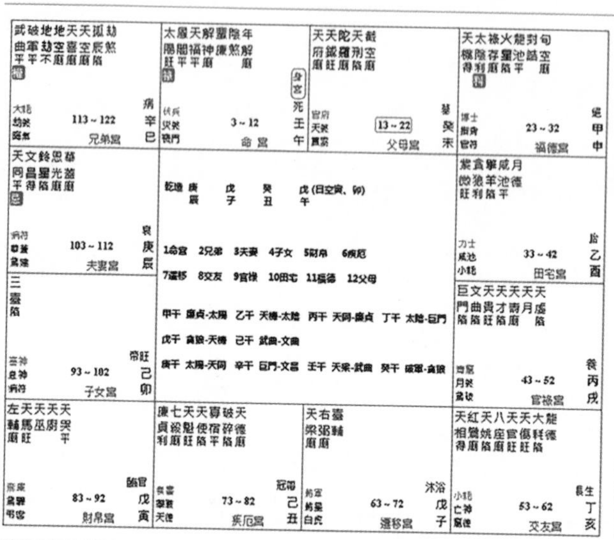

求測者問：今天下午能進財嗎？

來看上面的盤：

命宮太陽化祿，照天梁右弼星，說明順利進財。

再看財帛宮左輔天馬天巫天廚星，照祿存太陰星，說明很快收穫財物。

事後求測者說：確實進財了。

天相較弱同度擎羊，無法中標

廉貪陀龍天寡天 貞狼羅池壽哭 陷陷陷平　不 [忌] 力士 指背 官符 72～81　臨官 己巳 交友宮	巨祿天天旬咸大月 門存刑月空池科德 旺廟　平　廟陷陷 冠帶 博士 咸池 小耗 62～71　庚午 遷移宮	天擎天天 相羊使廚 得廟平陷 官府 月煞 貫索 52～61　辛未 疾厄宮	天天天天陰龍 同梁鉞喜巫廚德 旺陷廟　陷旺 沐浴 伏兵 亡神 喪門 42～51　壬申 財帛宮
太解 陰神 陷廟 奏書 天煞 貫索 82～91　帝旺 戊辰 官祿宮	乾造　己　丙　己　乙（日空午、未） 　　　丑　子　丑　亥		武七鈴鳳天魁罡 曲殺星閣傷官 利旺　得廟廟　旺 大耗 將星 白虎 32～41 子女宮　癸酉
天文左 府曲輔 得旺廟 小耗 災煞 喪門 92～101　衰 丁卯 田宅宮	1命宮　2兄弟　3夫妻　4子女　5財帛　6疾厄 7遷移　8交友　9官祿　10田宅　11福德　12父母 甲干-太陽　乙干-太陰　丙干-廉貞　丁干-巨門 戊干-貪狼　己干-武曲　庚干-天同　辛干-文昌 壬干-天梁　癸干-破軍		太地天寡天 陽劫姚宿德 不平廟陷陷 病符 指背 天德 22～31 夫妻宮　[身宮]甲戌
火紅八天天封劫 星鸞座福空辰煞 廟廟廟旺陷平 飛廉 劫煞 晦氣 102～111　病 丙寅 福德宮	紫破左右天天封蜚 微軍輔弼貴才誥廉 廟旺廟廟旺平 喜神 華蓋 歲建 112～121　死 丁丑 父母宮	天天地三 機梁空臺 廟廟平平 病符 息神 病符 2～11　命宮 丙子	文文馬壽 昌曲 利平旺 飛符 歲驛 弔客 12～21　絕 乙亥 兄弟宮

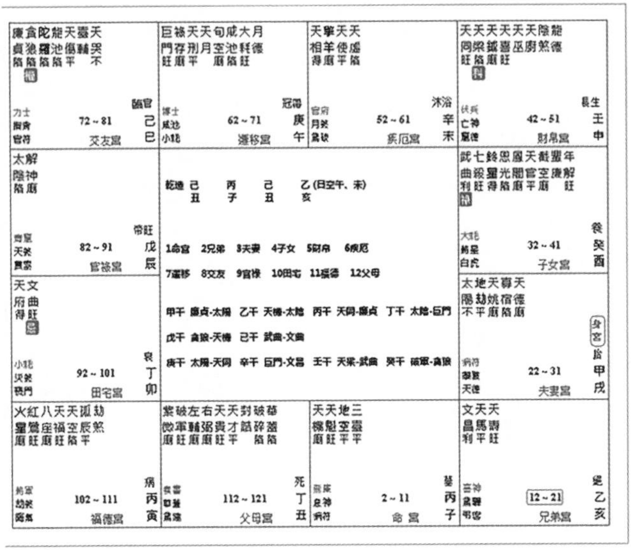

天相星表示檔、標書、通知書等。擎羊星表示破壞、廢棄等。兩顆星曜同宮表示無法通過審批或者沒有獲得錄用通知書。

來看上面的盤：

求測者問申報科研課題能中嗎？

命宮天機星天魁星，照巨門祿存星，說明是科研課題。再看官祿宮太陰解神星，說明沒有獲得課題基金。

再看父母宮紫微左輔右弼破軍星天貴封誥星，照天相擎羊星，說明雖然官方一部分人給予了較高評價，但是沒有通過錄用。

事實上：沒有被通過。

天機較弱而善變　巨門爆旺捨得花錢

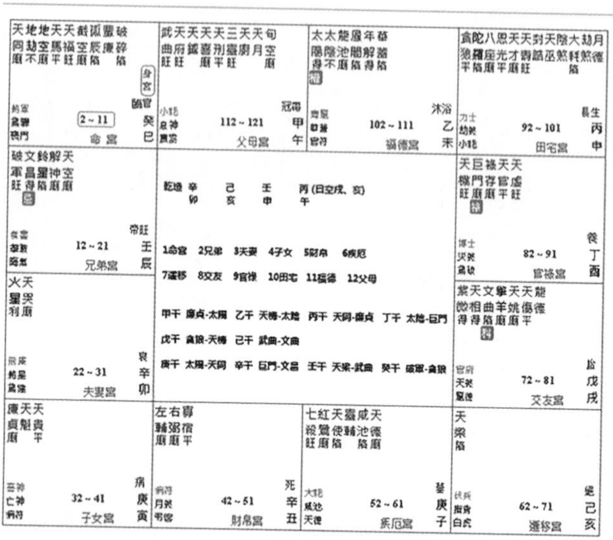

天地地天天截孤蜚破
同劫空馬福空辰廉碎
廟不廟平旺廟陷　陷
身宮
臨官
2～11
癸巳
命宮
武天天天天三天天旬
曲府鉞喜刑臺廚月空
旺旺　廟平旺　　廟
冠帶
112～121
甲午
父母宮
太太龍鳳年華
陽陰池閣解蓋
得不廟陷得陷
沐浴
102～111
乙未
福德宮
貪陀八恩天天封天陰大劫月
狼羅座光才壽誥巫煞耗煞德
平陷廟平廟旺　　　陷
長生
92～101
丙申
田宅宮
破文鈴解天
軍昌星神空
旺得陷廟廟
帝旺
12～21
壬辰
兄弟宮
乾造 辛 己 壬 丙(日空戌、亥)
卯 亥 申 午
1命宮 2兄弟 3夫妻 4子女 5財帛 6疾厄
7遷移 8交友 9官祿 10田宅 11福德 12父母
甲干 廉貞-太陽 乙干 天機-太陰 丙干 天同-廉貞 丁干 太陰-巨門
戊干 貪狼-天機 己干 武曲-文曲
庚干 太陽-天同 辛干 巨門-文昌 壬干 天梁-武曲 癸干 破軍-貪狼
天巨祿天天
機門存官虛
旺廟廟平旺
養
82～91
丁酉
官祿宮
火天
星哭
利廟
衰
22～31
辛卯
夫妻宮
紫天文擎天天龍
微相曲羊姚傷德
得得陷廟廟平
胎
72～81
戊戌
交友宮
廉天天
貞魁貴
廟　平
病
32～41
庚寅
子女宮
左右寡
輔弼宿
廟廟平
死
42～51
辛丑
財帛宮
七紅天蜚咸天
殺鸞使輔池德
旺廟陷　陷廟
墓
52～61
庚子
疾厄宮
天
梁
陷
絕
62～71
己亥
遷移宮

天機星，是一個智慧之星，但是一旦變成較弱就會見異思遷穩定性差，同時也會鑽牛角尖、醉心於某件事情。巨門化祿後爆旺，雖然有錢但是一定會揮霍錢財。

來看上面的盤：

盤中的財帛宮左輔右弼星，照龍池鳳閣太陽星，說明收入穩定而且來錢的管道多。再看夫妻宮火星天哭星，照巨門化祿、祿存天虛星，說明頑固激進的為了女人花錢，當然是討好女人，說明感情不穩定有桃花等。

事實上：求測者財運不錯，在外面花錢找女人，情人很多。

太陽天梁星入財帛宮並非掙錢

太鈴破劫月 陰星碎煞德 陷陷陷 大耗 劫煞 小耗　46～55 官祿宮　辛巳	食地三天天天天 狼劫台貴福傷哭德 旺旺旺平旺陷陷平 帝旺 伏兵 災煞 歲破　56～65 交友宮　壬午	天巨天陀天截大龍 同門擬羅姚空耗德 不旺旺廟陷廟平 衰 官府 　66～75 遷移宮	武天祿八天寡 曲相存座傷廉 旺廟廟廟平 博士 指背 白虎　76～85 疾厄宮　病甲申
庚天右左地地句 貞府弼空池空蓋 利廟廟廟廟陷陷 病符 息神 官符　36～45 田宅宮　庚辰	乾造　庚　甲　壬　丁 (日空辰、巳) 　　　子　申　寅　未 1命宮　2兄弟　3夫妻　4子女　5財帛　6疾厄 7遷移　8交友　9官祿　10田宅　11福德　12父母 甲干　廉貞-太陽　乙干　天機-太陰　丙干　天同-廉貞　丁干　太陰-巨門 戊干　貪狼-天機　己干　武曲-文曲 戊干　太陽-天同　辛干　巨門-文昌　壬干　天梁-武曲　癸干　破軍-貪狼		太天擎火天對咸天 陽梁羊星喜詰池德 平旺陷旺旺廟不 力士 天煞 天德　86～95 財帛宮　死乙酉
文紅天天 昌鸞刑壽 利廟陷陷 吊神 華蓋 貫索　26～35 福德宮　沐浴己卯			七左恩風寡年 殺輔光閣宿解 廟廟廟陷廟平 青龍 月煞 弔客　96～105 子女宮　墓丙戌
破天解天天孤陰 軍馬神巫廚辰煞 得旺廟　平 飛廉 亡神 病符　16～25 父母宮　長生戊寅	天天台天 魁才輔空 旺　廟平 奏書 將星 晦氣　6～15 命宮　養己丑	紫微平 將軍 攀鞍 歲建　116～125 兄弟宮　胎戊子	天文天祿 機曲鉞曲月 平旺旺 小耗 亡神 病符　106～115 夫妻宮　絕丁亥

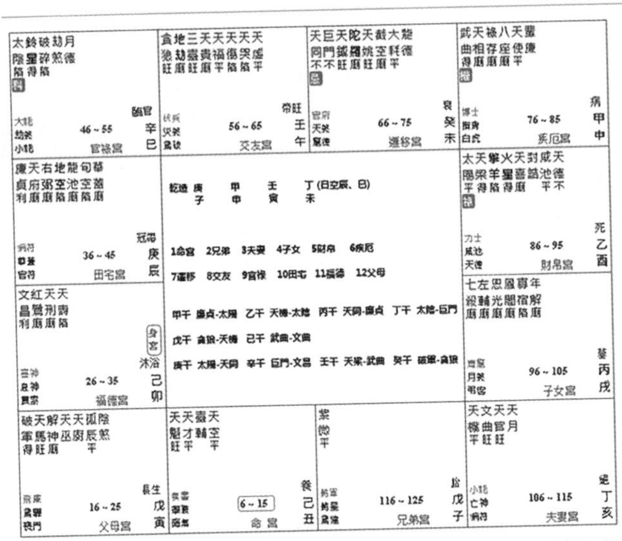

求測者說：2018 年洽談的專案，做企業專案策劃，我提報發展方案三個，我的創意策略，他們採用兩個，但是錢一直沒給。企業自身也處於發展緩慢或者停滯的狀態。我這邊投入很多精力、時間和資金。我不知道這個企業什麼時候能夠給我兌付，這個企業的老闆太會要套路，已兩三年了。透支了很多資金和精力。

來看上面的盤：

命宮台輔天魁，說明做輔佐性質工作，照陀羅說明被拖拉糾結。

再看財帛宮天梁星太陽星平勢化祿天喜封誥火星，火星天喜封誥說明，不高興、事情不圓滿等。火星太陽化祿，說明沒有獲得官方的錢。太陽天梁星，說明是散財、奉獻。

而官祿宮劫煞珀翠鈴星太陰星化科，照文曲星，說明企業官方確實採用過求測者的方案，但是企業沒有錢。

2021 求測者說：沒聯繫了，黃了。

第五節 災禍類例題（含官司、車禍、疾病、外傷、死亡等）

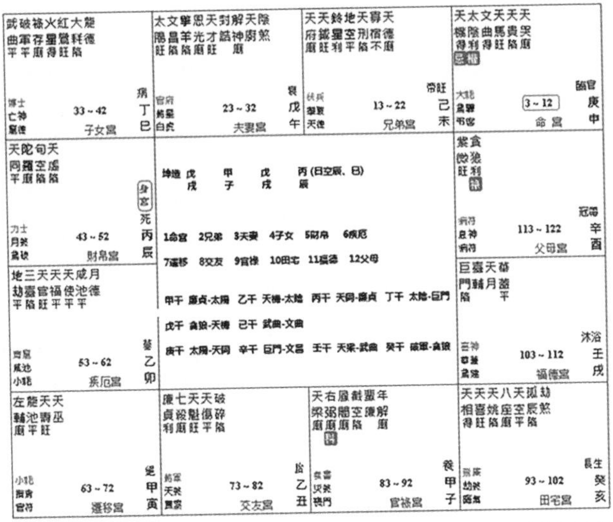
武曲 破軍 祿存 火星 紅鸞 大耗 龍德
33～42 丁巳 子女宮
太陽 文昌 擎羊 恩光 天才 封誥 解神 天廚 陰煞
23～32 戊午 夫妻宮
天府 天鉞 鈴星 地空 天刑 寡宿 天德
13～22 己未 兄弟宮
天機 太陰 文曲 天馬 天貴 天哭
3～12 庚申 命宮
天同 陀羅 旬空 天虛
身宮
43～52 丙辰 財帛宮
紫微 貪狼
113～122 辛酉 父母宮
地劫 三台 天官 天福 天使 咸池 月德
53～62 乙卯 疾厄宮
巨門 台輔 天月 華蓋
103～112 壬戌 福德宮
左輔 龍池 天壽 天巫
63～72 甲寅 遷移宮
廉貞 七殺 天魁 天傷 破碎
73～82 乙丑 交友宮
天梁 右弼 鳳閣 截空 年解
83～92 甲子 官祿宮
天相 天喜 天姚 八座 天空 孤辰 劫煞
93～102 癸亥 田宅宮
坤造 戊戌 甲子 戊戌 丙辰（日空辰、巳）
1命宮 2兄弟 3夫妻 4子女 5財帛 6疾厄
7遷移 8交友 9官祿 10田宅 11福德 12父母
甲干 廉貞-太陽 乙干 天機-太陰 丙干 天同-廉貞 丁干 太陰-巨門
戊干 貪狼-天機 己干 武曲-文曲
庚干 太陽-天同 辛干 巨門-文昌 壬干 天梁-武曲 癸干 破軍-貪狼

天府星照七殺星主手術，疾厄宮太陰文曲主婦科

天府星，延壽、解厄，勤儉忠誠。與紫微星相比較，缺乏決斷力和創新力，紫微以威制煞，天府以德化煞。但是天府星面對有勇有謀的七殺星就力不從心。

來看上面的盤：

盤中的母親宮在未位，天府天鉞鈴星，照七殺天魁星，說明母親性格溫和與人為善，天府鈴星照七殺星，這裡的天府星和七殺星都是爆旺的，說明肚腹上會被開刀或者留有傷疤等。

再看母親宮的疾厄宮在寅位，左輔龍池天巫星，照太陰文曲天馬天哭星，說明很苦惱的事情為婦科神經等方面。

求測者回饋說：母親 2019 年得子宮頸癌。

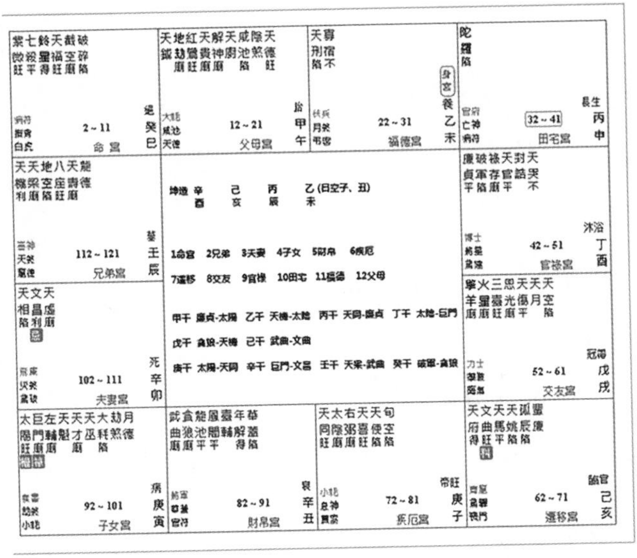

天梁星同度或者照擎羊火星有官司

紫七鈴天截破 微殺星福空碎 旺平　壽旺廟陷 病符 晦氣　2~11 白虎　　命宮　己癸巳	天地紅天解天咸陰天 鉞劫鸞貴神廚池煞德 廟旺廟廟　陷陷旺 大耗 池　　12~21 天德　　父母宮　甲午	天寡 刑宿 廟不 伏兵 歲辰月煞　22~31 書　　福德宮　乙未	陀羅陷 身宮 官府　　　　長生 小神　32~41　丙申 貫索　　田宅宮
天天地八天陰 機梁空座廚煞 利廟陷陷廟廟 奏神 天煞　112~121 龍德　　兄弟宮　壬辰			廉破祿天封天 貞軍存官誥哭 平陷廟平　不 博士 災煞　42~51　沐浴 丁酉 喪門　　官祿宮
天天地 相昌劫 陷利廟 飛廉 劫煞　102~111 奏書　　夫妻宮　辛卯			擎火三恩天天天 羊星台光傷月空 廟廟廟陷陷陷陷 力士 天煞　52~61　冠帶 戊戌 貫索　　交友宮
太巨左天天天大劫煞 陰門輔魁才巫科煞德 旺廟廟　陷 飛廉 息神　92~101 小耗　　子女宮　庚寅	武貪擎鳳嘉華 曲狼羊閣輔蓋 廟廟平平　陷 將軍 華蓋　82~91 官符　　財帛宮　辛丑	天太右天天旬 同陰弼貴壽空 旺陷旺廟旺陷 小耗 官神　72~81　帝旺 庚子 貫索　　疾厄宮	天文文孤寡 府曲昌辰姚 得旺旺平 青龍 亡神　62~71　臨官 己亥 官符　　遷移宮

中央：坤 辛 己 丙 乙（日空子、丑）　酉 亥 辰 未

1命宮　2兄弟　3夫妻　4子女　5財帛　6疾厄
7遷移　8交友　9官祿　10田宅　11福德　12父母

甲干 廉貞-太陽　乙干 天機-太陰　丙干 天同-廉貞　丁干 太陰-巨門
戊干 貪狼-天機　己干 武曲-文曲
庚干 太陽-天同　辛干 巨門-文昌　壬干 天梁-武曲　癸干 破軍-貪狼

天梁星，文星，法紀星。溫和清高，思想超然。有機謀，信仰宗教。同度或者會照了衝突星曜比如火星擎羊星的時候，就主要體現為法律糾紛或者官司。

來看上面的命盤：

流年2018年戊戌，在第四大運，大運命宮在午位，大運四化關閉。流年2018年，流年命宮在子位，流年戊干天機化忌。流年官祿宮在辰位，天機化忌天梁星等，照擎羊火星三台天月等，說明這一年會有官司是非糾紛等。

命主回饋說：是的，這年繼續之前的官司，還在打官司。

巨門祿存地劫車禍破財

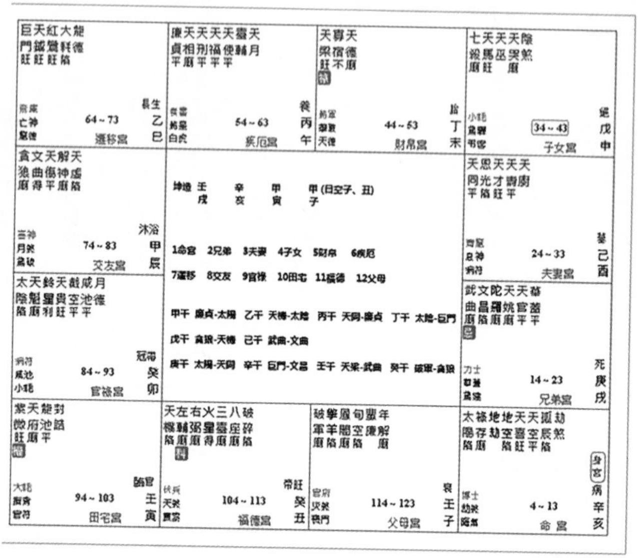

巨天紅大龍 門鉞鸞耗德 旺旺旺陷
64~73 乙巳 遷移宮
廉天天天天蜚天 貞相刑福使輔月 平廟平平平
54~63 丙午 疾厄宮
天寡天 梁宿德 旺不廟
44~53 丁未 財帛宮
七天天天陰 殺馬巫哭煞 廟旺 廟
34~43 戊申 子女宮
貪文天解天 狼曲傷神虛 廟得平廟陷
74~83 甲辰 交友宮
天恩天天天 同光才壽廚 平陷旺平
24~33 己酉 夫妻宮
太天鈴天截咸月 陰魁星貴空池德 陷廟利旺平平
84~93 癸卯 官祿宮
武文陀天天華 曲昌羅姚官蓋 廟陷廟廟平平
14~23 庚戌 兄弟宮
紫天龍封 微府池誥 旺廟平
94~103 壬寅 田宅宮
天左右火三八破 機輔弼星臺座碎 陷廟廟得廟廟陷
104~113 癸丑 福德宮
破擎屋旬蜚年 軍羊閣空廉解 廟陷廟陷 廟
114~123 壬子 父母宮
太祿地地天天孤劫 陽存劫空喜空辰煞 陷廟 陷旺平陷
身宮
4~13 辛亥 命宮
坤造 壬 辛 甲 甲 (日空子、丑)
戌 亥 寅 子
1命宮 2兄弟 3夫妻 4子女 5財帛 6疾厄
7遷移 8交友 9官祿 10田宅 11福德 12父母
甲干 廉貞-太陽 乙干 天機-太陰 丙干 天同-廉貞 丁干 太陰-巨門
戊干 貪狼-天機 己干 武曲-文曲
庚干 太陽-天同 辛干 巨門-文昌 壬干 天梁-武曲 癸干 破軍-貪狼

巨門星，其廣義中有道路、出入口、路上等含意。同度地劫與祿存，合而為之：路上破財，比如車禍或者被搶奪等。

來看上面的命盤：

流年2009年己丑，大運命宮在未位，流年命宮在亥位大運四化天梁星化科，流年四化天梁星化科，本命四化被關閉。

流年2009年命宮太陽陷落祿存地劫劫煞星，照巨門星，飛入天梁星化科，說明出行的時候不安全，會破財。

再看流年財帛宮在未位，天梁星爆旺，照左輔右弼三台八座，也是出行中容易破財或者是非。

事實上：2009 這一年命主發生車禍，破財了，還好沒有生命危險。

破軍陀羅本不吉，同度火星更嚴重

天天劫天 粱鉞煞德 壽旺　旺 指背 劫煞 天德 長生　乙巳　[24~33] 福德宮	七鈴天天 殺星刑福月 旺廟平平 咸神 災煞 弔客 沐浴　34~43　丙午 田宅宮	地紅寡宿 劫鸞宿 平陷不 月煞 天煞 病符 分宮　44~53　丁未 官祿宮	廉天陰煞 貞傷廟平 大耗 指背 天厄 臨官　54~63　戊申 交友宮
紫天解龍華 微相神康蓋 壽廟廟　廟 喪門 華蓋 白虎 14~23　養　甲辰 父母宮	乾造　壬　庚　丙　丙（日空戌、未） 　　　申　戌　戌 1命宮　2兄弟　3夫妻　4子女　5財帛　6疾厄 7遷移　8交友　9官祿　10田宅　11福德　12父母		天天咸破 廚空池碎 旺平平 伏兵 咸池 官符 帝旺　64~73　己酉 疾厄宮
天巨天地天截大龍 機門魁空貴空科德 旺廟平陷平不 病符 息神 龍德 4~13　貞　癸卯 命宮	甲干　廉貞-太陽　乙干　天機-太陰　丙干　天同-廉貞　丁干　太陰-巨門 戊干　貪狼-天機　己干　武曲-文曲 庚干　太陽-天同　辛干　巨門-文昌　壬干　天梁-武曲　癸干　破軍-貪狼		破陀火天天天對旬天 軍羅星姚貴使詔空哭 旺廟廟廟旺陷　陷不 官府 月煞 貫索 74~83　庚戌 遷移宮
貪文天八鳳臺天年 狼昌馬座輔輔感解 平旺旺廟廟　旺廟 小耗 歲驛 歲破 114~123　建　壬寅 兄弟宮	太左右天天月 陰陽輔弼喜德 不廟陷平陷 攀鞍 小耗 104~113　癸丑 夫妻宮	武文天三恩 曲曲喜臺光池 旺　旺平平旺 力士 將星 94~103　壬子 子女宮	天祿天孤 同存月辰 廟廟陷平 博士 亡神 貫索 84~93　辛亥 財帛宮

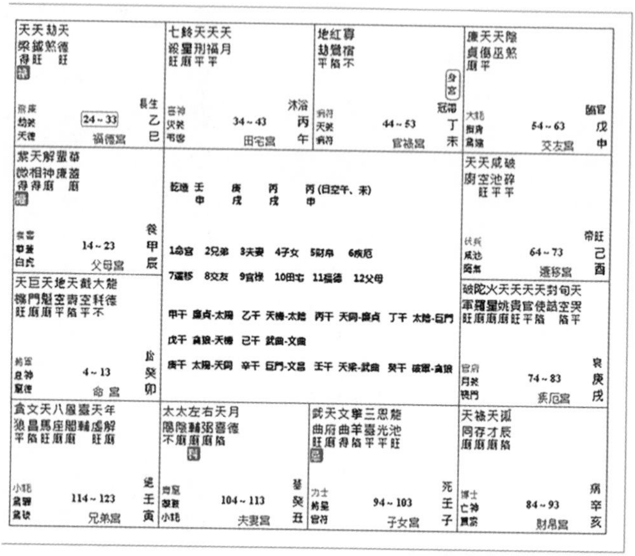

破軍星，主破壞、破敗、消耗、倒楣、奔波。陀羅星，主倔強、多是非糾紛、傷殘。火星，主破壞、災禍，傷殘、災厄、突發等。三星同度表示事情比較嚴重。

來看上面的命盤：

流年 2013 年，大運命宮在寅位，流年命宮在亥位，流年四化破軍化祿。

流年 2013 年母親宮在戌位，破軍化祿火星陀羅天使天哭星，照紫微星，破軍

加會七殺鈴星，說明這一年母親會有

手術等比較嚴重的問題。

再看母親宮的疾厄宮在卯位，巨門天機天壽星等，說明容易有外傷或者開刀等疾患。

事實上：命主的母親在這一年動婦科大手術。

天機巨門的財帛宮，錢財有較大出入

火紅大龍 星鸞科德 壽旺旺 大耗 亡神 喪門　4～13　昌生辛巳 命宮　白虎	天文天封 鉞昌福誥 廟旺旺旺 伏兵 肖星 白虎　14～23　父母宮　沐浴壬午	紫破天陀鈴地恩天截寡 微軍鉞星空光月空宿德 廟旺旺廟旺平平旺 官府 攀鞍 喪門　24～33　福德宮　冠帶癸未	文祿天天天 曲存馬姚哭 廟旺旺旺旺 博士 息神 貫索　34～43　田宅宮　臨官甲申
太天天 陽刑虛 旺平陷 病符 月煞 晦氣　114～123　兄弟宮　衰庚辰	乾造　庚　乙　庚　庚（日空寅,卯） 　　　戌　酉　戌　辰 1命宮　2兄弟　3夫妻　4子女　5財帛　6疾厄 7遷移　8交友　9官祿　10田宅　11福德　12父母		天寧天貴 府羊貴廟 旺旺廟 力士 華蓋 官符　44～53　官祿宮　帝旺乙酉
武七右地天成月 曲殺弼劫才池德 利旺陷平旺平平 喜神 咸池 小耗　104～113　夫妻宮　己卯	甲干　廉貞-太陽　乙干　天機-太陰　丙干　天同-廉貞　丁干　太陰-巨門 戊干　貪狼-天機　己干　武曲-文曲 庚干　太陽-天同　辛干　巨門-文昌　壬干　天梁-武曲　癸干　破軍-貪狼		太天臺輩 陰梁輔廉 旺廟 將軍 劫煞 病符　54～63　交友宮　泉丙戌
天天龍解天旬 陶梁池神廚空 利廟平廟　陷 飛廉 指背 官符　94～103　子女宮　建戊寅	天天三八破 相魁臺座碎 廟旺廟廟陷 奏書 天煞 貫索　84～93　財帛宮　養己丑　身宮	巨星天靈陰年 門閣使廉煞解 旺廟　廟 將軍 災煞 喪門　74～83　疾厄宮　死戊子	廉貪左天天天天孤劫 貞狼輔富官空姚煞 陷陷不旺旺　平旺 小耗 劫煞 晦氣　64～73　遷移宮　病丁亥

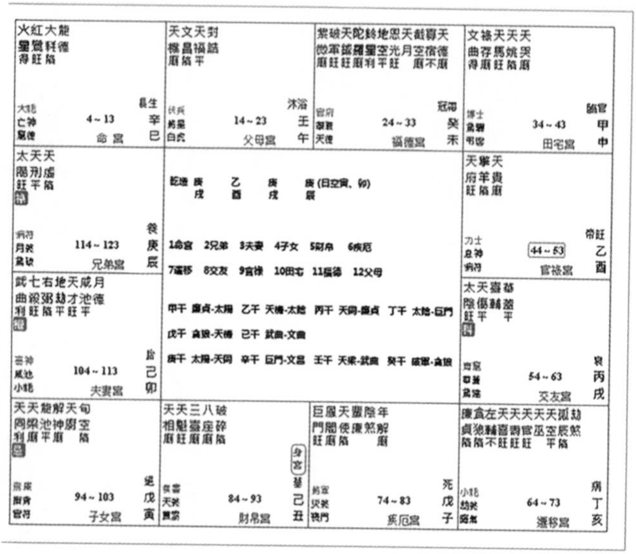

天機星，善於計畫、樂於助人，多動，善變，多愁善感，心機重，精明。巨門星表示巨大、很多。兩顆星曜在財帛宮的時候，表示計算、很大的數字等。

來看上面的命盤：

命主2016年丙申，大運命宮在未位，大運和本命四化失去權力。流年2016丙申天機化權、廉貞化忌。

來看流年命宮在戌位，太陰星較弱天傷星，照太陽星，說明這一年財運不太好。

再看流年的財帛宮在午位，天機星爆旺，照巨門星等，說明會有大宗的資金出入。

再看流年父母宮在亥位，廉貞化忌天巫天壽劫煞星，說明父母會花錢，比如父母健康情況不好等。

事實上：2016 年命主父母都患重病了，父母花費近百萬。

貪狼紫微三台鳳閣祿存表示古董古玩店

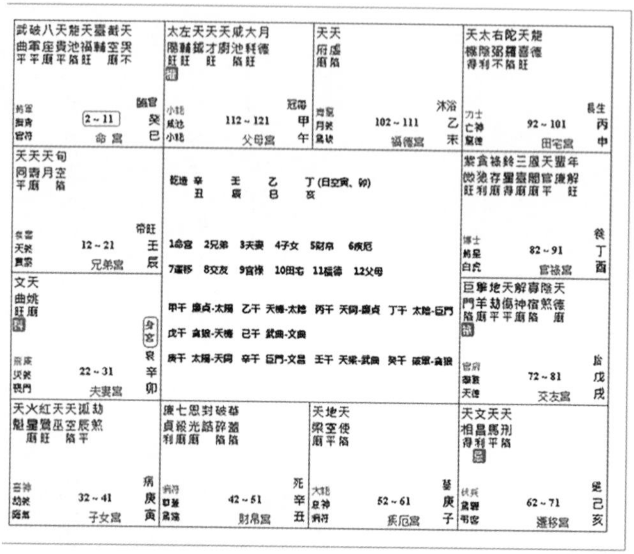
武破八天龍天壽截天
曲軍座貴池福輔空哭
平平廟平陷旺 廟不
臨官
2～11 癸
命宮 巳
太左天天天咸大月
陽輔鉞才廚池耗德
旺旺 旺 陷旺
冠帶
112～121 甲
父母宮 午
天天
府虛
廟陷
沐浴
102～111 乙
福德宮 未
天太右陀天龍
機陰弼羅喜德
得利不陷旺
長生
92～101 丙
田宅宮 申
天天天旬
同壽月空
平廟 陷
帝旺
12～21 壬
兄弟宮 辰
乾造 辛 壬 乙 丁(日空寅、卯)
丑 辰 巳 亥
1命宮 2兄弟 3夫妻 4子女 5財帛 6疾厄
7遷移 8交友 9官祿 10田宅 11福德 12父母
甲干 廉貞-太陽 乙干 天機-太陰 丙干 天同-廉貞 丁干 太陰-巨門
戊干 貪狼-天機 己干 武曲-文曲
庚干 太陽-天同 辛干 巨門-文昌 壬干 天梁-武曲 癸干 破軍-貪狼
紫貪祿鈴三恩天蜚年
微狼存星台閣官廉解
旺利廟得廟廟平 旺
82～91 丁
官祿宮 酉
文天
曲姚
旺廟
身宮
22～31 辛
夫妻宮 卯
巨擎地天解寡陰天
門羊劫傷神宿煞德
陷廟平平廟陷 廟
72～81 戊
交友宮 戌
天火紅天天孤劫
魁星鸞巫空辰煞
廟旺 陷平
病
32～41 庚
子女宮 寅
廉七恩封破華
貞殺光誥碎蓋
利廟廟 陷陷
死
42～51 辛
財帛宮 丑
天地天
梁空使
廟平陷
52～61 庚
疾厄宮 子
天文天天
相昌馬刑
得利平陷
62～71 己
遷移宮 亥

求測者問：女友現在的處境是否安全？

來看上面的盤：

夫妻宮文曲化科天姚星，說明女友很漂亮能言善道的。照紫微貪狼祿存三台鳳閣星，三台鳳閣說明是店鋪；紫微祿存貪狼說明是古玩古董玉器類型的店鋪；而同度鈴星說明這些玉器古董有問題有次品或者贗品，祿存鈴星說明會賠錢破財等。

再看夫妻宮的官祿宮在未位，天府星，合太陽化權左輔天鉞星，照七殺恩光星，天府太陽化權左輔天魁星，說明不會有嚴重問題。七殺恩光星，說明是非能解決。

求測者說：我女朋友在玉器店上班，是服務員，賣玉器、翡翠等。然後店被警察查封了，她也被帶走了，才擔心她的安危。

祿存蜚廉鳳閣天刑的疾厄宮表示肚腹疼痛

<table>
<tr>
<td>天龍天天截天
府池福巫空哭
得陷旺　廟不

將軍　　　　臨官
指背　2～11　癸
官符　命宮　巳</td>
<td>天太天天天咸大月
同陰鉞才廚池耗德
陷不　旺　陷旺

小耗　　　　冠帶
咸池　112～121　甲
小耗　父母宮　午</td>
<td>武貪鈴天
曲狼星虛
廟廟利陷

青龍　　　　沐浴
月煞　102～111　乙
歲破　福德宮　未</td>
<td>太巨陀地天恩天解龍
陽門羅劫喜光貴神德
得廟陷廟旺平陷不
權祿

力士　　　　長生
亡神　92～101　丙
龍德　田宅宮　申</td>
</tr>
<tr>
<td>左旬
輔空
廟陷

奏書　　　　帝旺
天煞　12～21　壬
貫索　兄弟宮　辰</td>
<td rowspan="2" colspan="2">乾造 辛　庚　辛　丁（日空寅、卯）
　　 丑　寅　亥　酉

1命宮　2兄弟　3夫妻　4子女　5財帛　6疾厄
7遷移　8交友　9官祿　10田宅　11福德　12父母

甲干 廉貞-太陽　乙干 天機-太陰　丙干 天同-廉貞　丁干 太陰-巨門
戊干 貪狼-天機　己干 武曲-文曲
庚干 太陽-天同　辛干 巨門-文昌　壬干 天梁-武曲　癸干 破軍-貪狼</td>
<td>天祿天鳳天蜚年
相存刑閣官廉解
陷廟廟廟平　旺

博士　　　　養
將星　82～91　丁
白虎　官祿宮　酉</td>
</tr>
<tr>
<td>廉破鈴
貞軍鉞
平陷

飛廉　　　　衰
災煞　22～31　辛
喪門　夫妻宮　卯</td>
<td>天天右擎天天寡天
機梁弼羊傷月宿德
利廟廟廟平　陷廟

官府　　　　胎
攀鞍　72～81　戊
天德　交友宮　戌</td>
</tr>
<tr>
<td>天地紅八天孤陰劫
魁空鸞座空辰煞煞
　陷旺廟陷平

喜神　　　　病
劫煞　32～41　庚
晦氣　子女宮　寅</td>
<td>文文天破蓄
昌曲姚碎蓋
廟廟平陷陷
忌科

病符　　　　死
華蓋　42～51　辛
歲建　財帛宮　丑</td>
<td>火三天天
星臺壽使
陷平平陷

大耗　　　　墓
息神　52～61　庚
病符　疾厄宮　子</td>
<td>紫七天封
微殺馬誥
旺平平

伏兵　　　身宮　絕
歲驛　62～71　己
弔客　遷移宮　亥</td>
</tr>
</table>

祿存星，有錢幣、食品、藥品之象。鳳閣星，有房子、教室、空間、肚腹之象。天刑星，有頑疾、刀傷、剛烈、打鬥之象，這幾顆星組合在疾厄宮，表示肚子痛。

來看上面的盤：

盤中子女宮天魁八座劫煞陰煞星，照太陽化權巨門化祿，而這裡的巨門星是爆旺的，所以是因為不擇食、貪嘴等關係造成的疾病。再看子女宮的疾厄宮在酉位，天刑祿存鳳閣星，說明滿滿的、疼痛的、肚腹痛等。

求測者回饋說：四歲女孩，經常肚子痛，沒胃口，主要是孩子自己習慣了零嘴，好吃甜的，每天糖不斷不想吃東西。

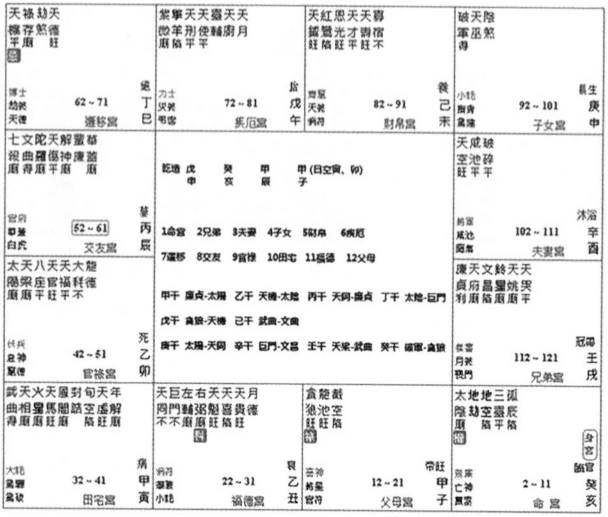

天機 祿存 劫煞 天德
平 廟 旺
博士 劫煞 天德 62～71 遷移宮 絕 丁巳
紫微 擎羊 天刑 天使 天輔 天廚 天月
廟 陷 平 平
力士 災煞 弔客 72～81 疾厄宮 胎 戊午
天鉞 紅鸞 恩光 天才 天壽 寡宿
旺 陷 旺 平 旺 不
青龍 天煞 病符 82～91 財帛宮 養 己未
破軍 天巫 陰煞
得
小耗 指背 92～101 子女宮 長生 庚申
七殺 文曲 陀羅 天傷 解神 蜚廉 華蓋
廟 得 廟 平 廟 廟
官府 華蓋 白虎 52～61 交友宮 墓 丙辰
乾造 戊 癸 甲 甲（日空寅、卯）
申 亥 辰 子
1命宮 2兄弟 3夫妻 4子女 5財帛 6疾厄
7遷移 8交友 9官祿 10田宅 11福德 12父母
甲干 廉貞-太陽 乙干 天機-太陰 丙干 天同-廉貞 丁干 太陰-巨門
戊干 貪狼-天機 己干 武曲-文曲
庚干 太陽-天同 辛干 巨門-文昌 壬干 天梁-武曲 癸干 破軍-貪狼
天空 咸池 破碎
旺 平 平
將軍 咸池 晦氣 102～111 夫妻宮 沐浴 辛酉
太陽 天梁 八座 天官 天福 天耗 龍德
廟 廟 平 旺 平 不
伏兵 息神 龍德 42～51 官祿宮 死 乙卯
廉貞 天府 文昌 鈴星 天姚 天哭
利 廟 陷 廟 廟 平
奏書 月煞 喪門 112～121 兄弟宮 冠帶 壬戌
武曲 天相 火星 天馬 鳳閣 封誥 旬空 天虛 年解
得 廟 廟 旺 廟 陷 旺 廟
大耗 歲驛 歲破 32～41 田宅宮 病 甲寅
天同 巨門 左輔 右弼 天魁 天喜 天貴 月德
不 不 廟 廟 旺 陷 旺
病符 攀鞍 小耗 22～31 福德宮 衰 乙丑
貪狼 龍池 截空
旺 旺 陷
喜神 將星 官符 12～21 父母宮 帝旺 甲子
太陰 地劫 地空 三台 孤辰
廟 陷 平 陷
身宮
飛廉 亡神 貫索 2～11 命宮 臨官 癸亥

太陰星爆旺同度地劫，腿腳上有疾患

太陰星是一顆安靜溫柔的星曜，這一點大家都知道，但是一旦爆旺也會出現很極端的事情，尤其是再同度或者照其他六煞星的時候。

來看上面的命盤：

命宮太陰星爆旺同度地劫星，照天機星化忌，說明財運不好，感情不順利。

再看疾厄宮紫微星天刑星天月星，說明容易有神經系統的疾患或者頭部疾患。

事實上：命主小時候患下了小兒麻痹症，是一個身帶殘障人（瘸子）。

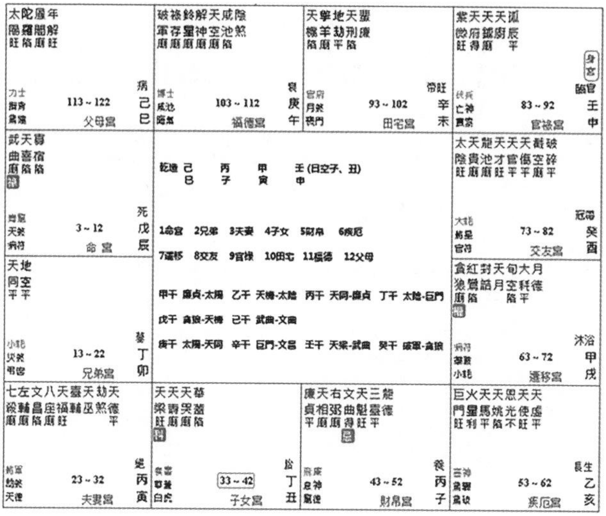

武曲為運動，入疾厄宮多外傷

太陀廉年 陽羅閣解 旺陷廟旺 力士 指背 喪煞 113～122 病 己巳 父母宮	破祿鈴解天咸陰 碎存星神空池煞 廟廟廟陷陷廟陷 博士 咸池 晦氣 103～112 衰 庚午 福德宮	天擎地天天 機羊劫廚廣 陷廟平陷 官府 月煞 喪門 93～102 帝旺 辛未 田宅宮	紫天天天恢 微府鉞鑄辰 旺廟廟平 身宮 伏兵 亡神 貫索 83～92 臨官 壬申 官祿宮
武天寡 曲喜宿 廟廟 神 青龍 天煞 病符 3～12 死 戊辰 命宮	乾造　己　丙　甲　壬(日空子、丑) 　　　巳　子　寅　申 1命宮　2兄弟　3夫妻　4子女　5財帛　6疾厄 7遷移　8交友　9官祿　10田宅　11福德　12父母 甲干 廉貞-太陽　乙干 天機-太陰　丙干 天同-廉貞　丁干 太陰-巨門 戊干 貪狼-天機　己干 武曲-文曲 庚干 太陽-天同　辛干 巨門-文昌　壬干 天梁-武曲　癸干 破軍-貪狼		太天龍天天截破 陰貴池才官空碎 旺廟陷平平廟陷 大耗 災煞 官符 73～82 冠帶 癸酉 交友宮
天地 同空 平平 小耗 災煞 弔客 13～22 墓 丁卯 兄弟宮			貪紅封天旬月天破 狼鸞詁哭空科碎 廟　陷廟平 病符 劫煞 小耗 63～72 沐浴 甲戌 遷移宮
七左文八天天劫天 殺輔昌座福輔巫德 廟陷陷廟陷廟旺 平 將軍 劫煞 天德 23～32 絕 丙寅 夫妻宮	天天八 梁鉞蠻 旺廟陷 奏書 華蓋 白虎 33～42 胎 丁丑 子女宮	廉右文天三龍 貞弼曲魁臺德 平廟廟得旺 飛廉 息神 龍德 43～52 養 丙子 財帛宮	巨火天天恩天 門星馬姚光德 旺利平旺旺平 喜神 歲驛 歲破 53～62 長生 乙亥 疾厄宮

武曲星的廣義中包含了肢體和運動的資訊。武曲本來就是動武的動刀的星曜，也算是一顆暴躁、暴力星曜。

來看上面的盤：

庚子年在第三部大運中，大運四化丙火天同化祿廉貞化忌。流年命宮在酉位，流年四化庚太陽化祿天同化忌。流年的疾厄宮在辰位，武曲化祿化權，本來就廟旺的武曲爆旺了，容易出現運動傷害或者肢體外傷等。

事實上：求測者說進入庚子年，我就頻繁受到各種外傷，加起來有15次左右了。雖然都是些小傷，但也不舒服，而且每次都流血了。

天右封破 機弼誥碎 平平 陷 科	紫火紅天蜚句咸天 微星鸞喜廉空池德 廟廟旺平 廟旺旺 祿	文文天寡 昌曲壽宿 利旺旺不	破天地天天 軍鉞空福巫 得廟廟廟
伏兵 指背 白虎　114～123　辛巳 父母宮	大耗 咸池 天德　104～113　庚午 福德宮	養 王 年　94～103 田宅宮	官府 亡神 病符　84～93　甲申 官祿宮
七擎天陰燉 殺羊官煞德 廟廟旺　官府 天煞 貫索　4～13 庚辰 命宮　沐浴	起造　乙　癸　己　丁（日空子、丑） 　　　酉　未　未　卯		左天龍天哭 輔僞貴空 陷平 不　博士 將星 亡神　74～83　乙酉 交友宮　衰
太天祿天天 陽梁存月虛 廟廟廟 廟　博士 災煞 喪門　14～23 己卯 兄弟宮　冠帶	1命宮 2兄弟 3夫妻 4子女 5財帛 6疾厄 7遷移 8交友 9官祿 10田宅 11福德 12父母 甲干 廉貞-太陽　乙干 天機-太陰　丙干 天同-廉貞　丁干 太陰-巨門 戊干 貪狼-天機　己干 武曲-文曲 庚干 太陽-天同　辛干 巨門-文昌　壬干 天梁-武曲　癸干 破軍-貪狼		廉天恩天天 貞府光貴空 利廟旺旺旺　身宮　死　丙戌　力士 咸池 官符　64～73 遷移宮
武天陀地天大劫月 曲相羅劫刑科煞德 得廟陷平廟陷　力士 劫煞 小耗　24～33 戊寅 夫妻宮　臨官	天巨鈴三八龍天華 同門星台座池才蓋 不不旺廟廟平平平廟　青龍 華蓋 官符　34～43 己丑 子女宮　帶旺	貪天解 狼魁神 旺旺廟　小耗 息神 貫索　44～53 戊子 財帛宮　衰	太天孤蜚 陰馬辰廉 陷平旺　將軍 歲驛 喪門　54～63 丁亥 疾厄宮　病

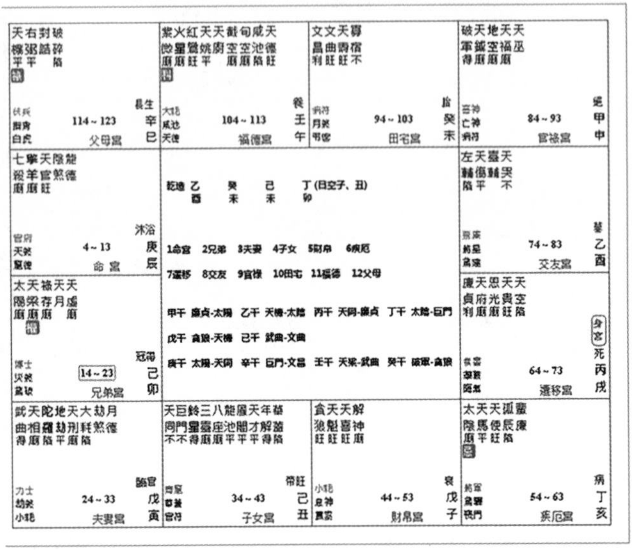

求測者問：弟弟的官司能否勝訴？

來看上面的盤：

兄弟宮太陽廟天梁星廟而化科祿存天虛星，加會太陰化忌，說明弟弟是在外地打官司，已經起訴，為了討回錢財而打官司，應該能獲得法律支持。

再看兄弟宮的官祿宮未位，文曲文昌星，照鈴星三台八座星，說明是在外地打官司，能勝訴並且獲得應得的錢。

事實上：求測者的弟弟在外國打官司，後來勝訴了。

天梁星截空陀羅，拖拉不起的官司

巨右天破劫月 門弼壽碎煞德 旺平平陷陷 【身宮】 大耗 劫煞 小耗　82~91 財帛宮　惹辛巳	廉天天天天 貞相姚哭虛 廟旺廟陷平 伏兵 災煞 歲建　92~101 子女宮　壬午	天陀截大龍 梁羅空科德 旺旺廟陷平 官府 天煞 晦建　102~111 夫妻宮　癸未	七祿終天輩 殺存煞巫廉 廟廟陷 博士 指背 白虎　112~121 兄弟宮　長生甲申
貪廉天龍句陰華 狼池使輔空煞蓋 廟廟陷陷陷廟 病符 華蓋 官符　72~81 疾厄宮　庚辰	陽男 庚 癸 丁 庚 （日空戌、亥） 　　　子 未 卯 戌 1命宮 2兄弟 3夫妻 4子女 5財帛 6疾厄 7遷移 8交友 9官祿 10田宅 11福德 12父母		天左擎地天成天 同輔羊劫喜才池德 平陷陷平平旺不 【身】 力士 咸池 　　2~11　命宮 沐浴乙酉
太紅八天天 陰鸞座貴月 陷廟廟旺 吉神 息神 貫索　62~71 遷移宮　死己卯	甲干 廉貞-太陽 乙干 天機-太陰 丙干 天同-巨門 丁干 太陰-巨門 戊干 貪狼-天機 己干 武曲-文曲 庚干 太陽-天同 辛干 巨門-文昌 壬干 天梁-武曲 癸干 破軍-貪狼		武鳳寡年 曲閣宿解 廟廟廟 青龍 將星 官符　12~21 父母宮　冠帶丙戌
紫天文天天天孤 微府曲馬刑傷廚辰 旺廟平旺旺平平 飛廉 歲驛 病符　52~61 交友宮　病戊寅	天天地陀天 機鉞空光空 陷旺陷廟平 奏書 攀鞍 晦氣　42~51 官祿宮　衰己丑	破文火對解 軍昌星誥神 廟得陷廟 將軍 將星 歲建　32~41 田宅宮　帶旺戊子	太三天 陽台壽 陷平旺 小耗 亡神 病符　22~31 福德宮　臨官丁亥

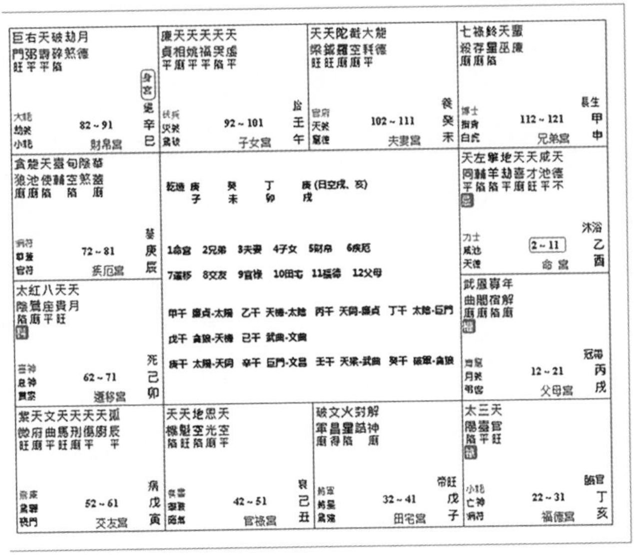

天梁星主法律法紀，但是同度截空和陀羅星以後，公正的法律就會遲遲不能到場，會拖拉起來最後落空。

來看上面的命盤：

求測者問官司，他是原告。

我們來分析：

命宮天同化忌，說明不愉快的事情和結局，天喜星爆旺表示不喜歡的結果。再看官祿宮天魁星恩光星天空星天機星陷落，照天梁星陀羅截空星，說明進展緩慢，一拖拖拉拉的，中間會落空，無法進展，不順利等。

事實上：

求測者最後撤訴了。

地劫廉貞天哭星，開除公職

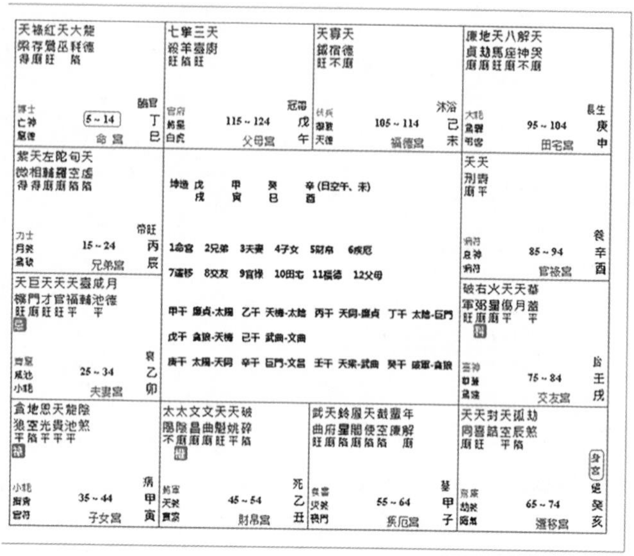

天祿紅天大龍 梁存鸞巫耗德
5～14 丁巳 命宮
七擎三天 殺羊臺廚
115～124 戊午 父母宮
天寡天 鉞宿德
105～114 己未 福德宮
廉地天八解天 貞劫馬座神哭
95～104 庚申 田宅宮
紫天左陀旬天 微相輔羅空虛
15～24 丙辰 兄弟宮
天天 刑壽
85～94 辛酉 官祿宮
坤造 戊戌 甲寅 癸巳 辛酉 (日空午、未)
1命宮 2兄弟 3夫妻 4子女 5財帛 6疾厄
7遷移 8交友 9官祿 10田宅 11福德 12父母
甲干 廉貞-太陽 乙干 天機-太陰 丙干 天同-廉貞 丁干 太陰-巨門
戊干 貪狼-天機 己干 武曲-文曲
庚干 太陽-天同 辛干 巨門-文昌 壬干 天梁-武曲 癸干 破軍-貪狼
天巨天天天臺咸月 機門才官福輔池德
25～34 乙卯 夫妻宮
破右火天天華 軍弼星傷月蓋
75～84 壬戌 交友宮
貪地恩天龍陰 狼空光貴池煞
35～44 甲寅 子女宮
太太文文天天破 陽陰昌曲魁姚碎
45～54 乙丑 財帛宮
武天鈴風天截蜚年 曲府星閣使空廉解
55～64 甲子 疾厄宮
天天封天孤劫 同喜誥空辰煞
身宮
65～74 癸亥 遷移宮

廉貞星很複雜，可正可邪，主強悍、狡猾、刑訟。同度地劫星，而地劫星表示疏狂、多變、頑劣、邪門歪道。兩個星組合以後會引導出廉貞星的「凶惡」一面。

來看上面的盤：

求測者問：前夫是否會坐牢，因為是當官的犯事了。

我們來分析：既然已經是前夫，不能用夫妻宮看了，頂多可以用交友宮來看。

交友宮破軍火星右弼化科天馬天哭八座，照紫微陀羅左輔星，破軍火星右弼化科，說明解除職務、開除公職了。紫微左輔右弼星，說明不會坐牢。陀羅星說明事情進展緩慢。天馬八座天哭說明很苦惱的離開了。

事實上：一直到 2020 年，求測者前夫被開除公職，沒有坐牢。

太陽星天梁星本不是聚財之星曜

天左文八龍天天截天 機輔昌座池使月空哭 平平旺廟陷陷陷平 病符 陶貴 73～82 病癸巳 疾厄宮	紫天地成大月 微鉞空池月德 廟廟陷廟陷旺 大耗 亡神 83～92 死甲午 財帛宮	封天 誥虛 陷陷 伏兵 月煞 93～102 墓乙未 子女宮	破陀火天恩解天龍 軍羅星貴光神巫德 旺陷陷旺旺平不 [身宮丙申] 官府 亡神 103～112 絕丙申 夫妻宮
七地旬 殺劫空 廟陷陷 喜神 天煞 63～72 衰壬辰 遷移宮	坤造 辛 辛 丙 癸 (日空申、酉) 　　丑 卯 子 巳 1命宮 2兄弟 3夫妻 4子女 5財帛 6疾厄 7遷移 8交友 9官祿 10田宅 11福德 12父母		右文祿三鳳天天蜚年 弼曲存閣閣官喜廉解 陷廟廟廟旺廟平平 旺 博士 將星 113～122 胎丁酉 兄弟宮
太陽鈴天 陽梁星廚 廟廟利陷 飛廉 災煞 53～62 帝旺辛卯 交友宮	甲干 廉貞-太陽 乙干 天機-太陰 丙干 天同-廉貞 丁干 太陰-巨門 戊干 貪狼-天機 己干 武曲-文曲 庚干 太陽-天同 辛干 巨門-文昌 壬干 天梁-武曲 癸干 破軍-貪狼		廉擎天喜天 貞羊刑宿德 利廟廟旺旺 力士 攀鞍 3～12 命宮 衰戊戌
武天天紅天孤劫 曲相魁鸞空辰煞 廟廟旺旺旺陷平 奏書 劫煞 43～52 臨官庚寅 官祿宮	天巨破華 同門碎蓋 不不陷旺 將軍 華蓋 33～42 冠帶辛丑 田宅宮	貪陰 狼煞 旺廟 小耗 息神 23～32 沐浴庚子 福德宮	太天台 陰馬才輔 陷平廟廟 青龍 歲驛 13～22 長生己亥 父母宮

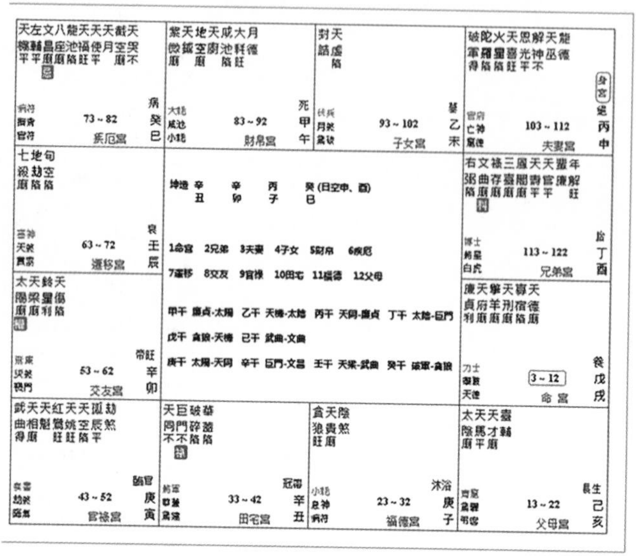

求測者說：從三月十日開始，我孩子在學校多次被同學欺負，最嚴重一次，打得頭出血，這事情搞得我疲憊不堪，現在真是心力交瘁，想給孩子轉班，指點迷津。

來看上面的盤：

命宮天刑擎羊天府廉貞，照七殺星，說明是是非官司或者打架鬥毆類型的事情。

再看子女宮封誥星，合紫微天鉞地空星，加會太陽天梁星。封誥地空太陽說明活躍度一般，天梁星太陽化權，說明對於熟識的人還是有很多話的。紫微天鉞天廚星，說明頭部方圓。紫微天梁太陽星說明是男孩。

再看子女宮的財帛宮在卯位，太陽化權天梁星鈴星，說明散財、花錢大方。

再看子女宮的福德宮在酉位，文曲祿存三台鳳閣星，說明孩子有文娛愛好。

再看子女宮的疾厄宮在寅位，天相武曲紅鸞天姚劫煞星，照破軍星，武曲星是武門之星曜，也是鼻面部。天相說明是臉部或者臉部的正面。紅鸞天姚說明多姿多彩的也就是出血狀態。

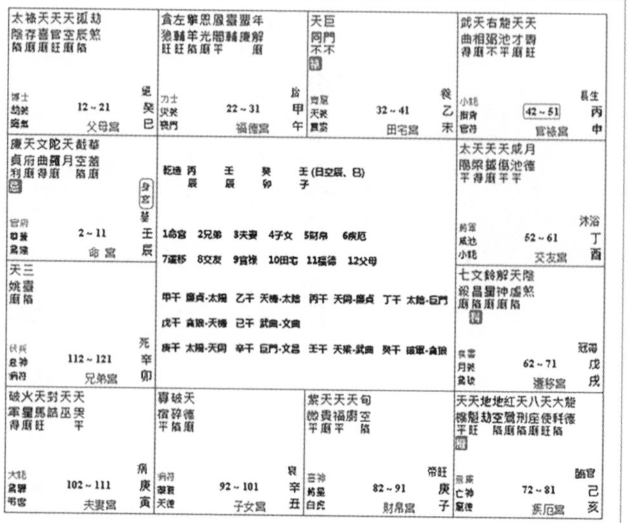
太祿天天天孤劫
陰存喜官空辰煞
陷廟廟旺廟陷
12～21
父母宮
癸巳
貪左擎恩鳳臺蜚年
狼輔羊光閣輔廉解
旺旺陷廟平 廟
22～31
福德宮
甲午
天巨
同門
不不
32～41
田宅宮
乙未
武天右龍天天
曲相弼池才壽
得廟不平廟旺
長生
42～51
官祿宮
丙申
廉天文陀天截華
貞府曲羅月空蓋
利廟得廟 陷廟
身宮
2～11
命宮
壬辰
乾造 丙 壬 癸 壬 (日空辰、巳)
辰 辰 卯 子
1命宮 2兄弟 3夫妻 4子女 5財帛 6疾厄
7遷移 8交友 9官祿 10田宅 11福德 12父母
甲干 廉貞-太陽 乙干 天機-太陰 丙干 天同-廉貞 丁干 太陰-巨門
戊干 貪狼-天機 己干 武曲-文曲
庚干 太陽-天同 辛干 巨門-文昌 壬干 天梁-武曲 癸干 破軍-貪狼
太天天天咸月
陽梁鉞傷池德
平得廟平平
沐浴
52～61
交友宮
丁酉
天三
姚臺
廟陷
死
112～121
兄弟宮
辛卯
七文鈴解天陰
殺昌星神虛煞
廟陷廟廟陷
冠帶
62～71
遷移宮
戊戌
破火天封天天
軍星馬誥巫哭
得廟旺 平
病
102～111
夫妻宮
庚寅
寡破天
宿碎德
平陷廟
衰
92～101
子女宮
辛丑
紫天天天旬
微貴福廚空
平廟平 陷
帝旺
82～91
財帛宮
庚子
天天地地紅天八天大龍
機魁劫空鸞刑座使耗德
平旺 陷廟陷廟旺陷
臨官
72～81
疾厄宮
己亥

天月陀羅在命宮，照七殺鈴星，壽命不長

天月星表示時間、疾病、漏洞、變化等。陀羅星表示糾纏、慢性等。七殺鈴星表示嚴重的、殘酷的、被殘害等。這幾顆星在命宮或者照命宮，必定命運多舛，甚至壽命短促。

來看上面的命盤：

本命宮廉貞化忌天府文曲陀羅天月星，照七殺鈴星陰煞星。天府星陀羅星天月星組合表示有慢性腸胃疾患。廉貞化忌表示疼痛或者急性等變化。照七殺鈴星陰煞，表示嚴重疾病、會有殘酷後果的疾病等。

再看疾厄宮天機星化權天魁星八座星，這裡的天機星旺勢，說明肝膽神經系統容易出現問題和疾病。天魁八座星說明疾病不是一個而是多個。

事實上：命主身體一直不好，於20歲左右病逝。

遷移宮財帛宮看車禍賠償

天祿紅三天大龍 相存鸞嘉才科德 尊廟旺平平陷 博士 亡神 飛廉　　106～115 　　　　夫妻宮 臨官 丁巳	天左擎天 梁輔羊廚 廟廟陷 力士 將星 白虎　　116～125 　　　　兄弟宮 帝旺 戊午	陳七天尊天 貞殺宿德廚 利廟旺廟 青龍 攀鞍 天德　　6～15 　　　　命宮 衰 己未	右地天天 弼劫馬哭 不廟廟平 小耗 歲驛 吊客　　16～25 　　　　父母宮 病 庚申
巨陀天旬天 門羅月空虛 陷廟 陷廟 陷 官府 月煞 晦氣　　96～105 　　　　子女宮 冠帶 丙辰	冠帶 戊 丙 己 癸 (日空午、未) 　　　戌 辰 丑 1命宮 2兄弟 3夫妻 4子女 5財帛 6疾厄 7遷移 8交友 9官祿 10田宅 11福德 12父母		八座廟 將軍 息神 病符　　26～35 　　　　福德宮 死 辛酉
紫貪天天鳳月 微狼姚福輔池德 旺利廟旺 平 平 伏兵 咸池 小耗　　86～95 　　　　財帛宮 沐浴 乙卯	甲干 廉貞-太陽　乙干 天機-太陰　丙干 天同-廉貞　丁干 太陰-巨門 戊干 貪狼-太陰　己干 武曲-文曲 庚干 太陽-天同　辛干 巨門-文昌　壬干 天梁-武曲　癸干 破軍-貪狼		天火解陰華 同星神煞蓋 廟廟 平 食神 華蓋 病符　　36～45 　　　　田宅宮 墓 壬戌
天太地龍天天 鉞陽空池使巫 廟陷平 平平 大耗 指背 官符　　76～85 　　　　疾厄宮 長生 甲寅	天文文天破 府昌曲魁碎 廟廟廟旺陷 身宮 病符 天煞 貫索　　66～75 　　　　遷移宮 養 乙丑	太鈴屋天截藍年 陰星閣傷空康解 陷廟廟陷陷 陷 喜神 災煞 喪門　　56～65 　　　　交友宮 胎 甲子	武破天天恩天天對天孤劫 曲軍喜刑光貴壽誥辰煞煞 平平旺旺不平旺 陷 平陷 奏書 劫煞 晦氣　　46～55 　　　　官祿宮 絕 癸亥

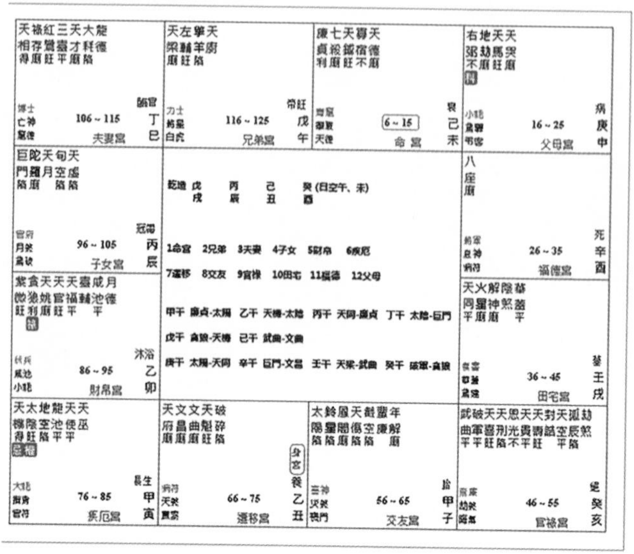

求測者問：要去交通隊處理車禍事宜，看是否能索回車損賠償金。

來看上面的盤：

遷移宮天府文曲文昌星天魁星，照七殺天鉞廉貞星，七殺廉貞說明是是非，遷移宮主出行，出行中的是非一般是車禍。天府星文昌星文曲星，說明是有理的一方，天府天魁星說明能獲得適當的補償。再看財帛宮紫微貪狼化祿台輔星，紫微台輔星說明是交通隊的處理意見，貪狼化祿說明獲得了賠償金。紫微星不旺說明數量不會很大。

事後求測者回饋說：對方給了賠償一千多元。

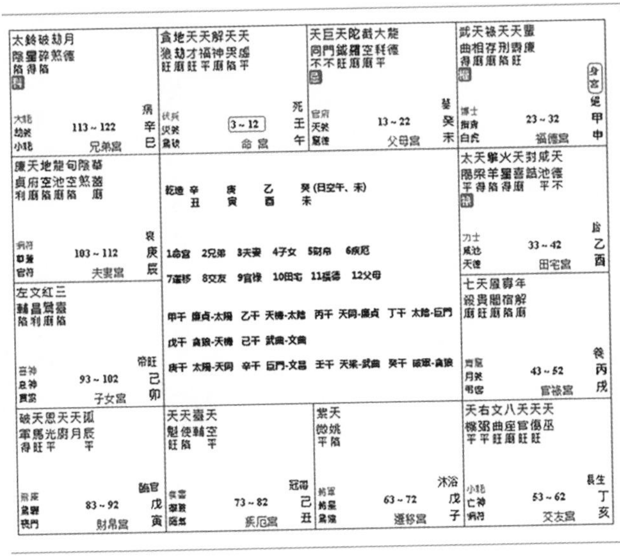

太鈴破劫月 陰星碎煞德 陷得陷
病 辛巳 113~122 兄弟宮
貪地天天解天天 狼劫才福神哭虛 旺廟旺平廟陷平
死 壬午 3~12 命宮
天巨天陀截大龍 同門鉞羅空耗德 不不旺廟廟平
墓 癸未 13~22 父母宮
武天祿天天蜚 曲相存刑壽廉 得廟廟陷旺
身宮 絕 甲申 23~32 福德宮
廉天地龍旬陰華 貞府空池空煞蓋 利廟陷廟陷 廟
衰 庚辰 103~112 夫妻宮
乾造 辛 庚 乙 癸(日空午、未) 丑 寅 酉 未
1命宮 2兄弟 3夫妻 4子女 5財帛 6疾厄
7遷移 8交友 9官祿 10田宅 11福德 12父母
甲干 廉貞-太陽 乙干 天機-太陰 丙干 天同-廉貞 丁干 太陰-巨門
戊干 貪狼-天機 己干 武曲-文曲
庚干 太陽-天同 辛干 巨門-文昌 壬干 天梁-武曲 癸干 破軍-貪狼
太天擎火天封咸天 陽梁羊星喜誥池德 平得陷得廟 平不
胎 乙酉 33~42 田宅宮
左文紅三 輔昌鸞臺 陷利廟陷
帝旺 己卯 93~102 子女宮
七天屋寡年 殺貴閣宿解 廟旺廟陷廟
養 丙戌 43~52 官祿宮
破天恩天天孤 軍馬光廚月辰 得旺平 平
臨官 戊寅 83~92 財帛宮
天天臺天 魁使輔空 旺陷 平
冠帶 己丑 73~82 疾厄宮
紫天 微姚 平陷
沐浴 戊子 63~72 遷移宮
天右文八天天天 機弼曲座官傷巫 平平旺廟旺旺
長生 丁亥 53~62 交友宮

天同巨門陷落化忌，天門打開

天同星表示另一個空間、另一個維度、另一個世界或者地域等等。而巨門星表示遠走高飛、冥冥之中、玄妙之境界等。天同巨門同宮而陷落或者化忌，表示天門開了，有死亡或者離開之意。

來看上面的盤：

父母宮陀羅巨門天同天煞星，照天魁星，這樣的星曜結構對於問父母疾病來說是不吉利的。因為陀羅表示久病而不是新病；天同巨門陷落而且化忌，說明有辭世之危險；天魁星有變成鬼魅之意。

再看父母宮的疾厄宮在寅位，天月、破

軍得地、恩光、截空、喪門、照武曲天相祿存天壽星等，破軍較弱說明改變現狀很難；恩光截空喪門天壽星說明壽命光陰用完；武曲天相星說明病在肺部或者陰虛等症；祿存是痰或者血。

後來求測者說：是老病，有十年病程，哮喘、呼吸衰竭，在兩日後去世。

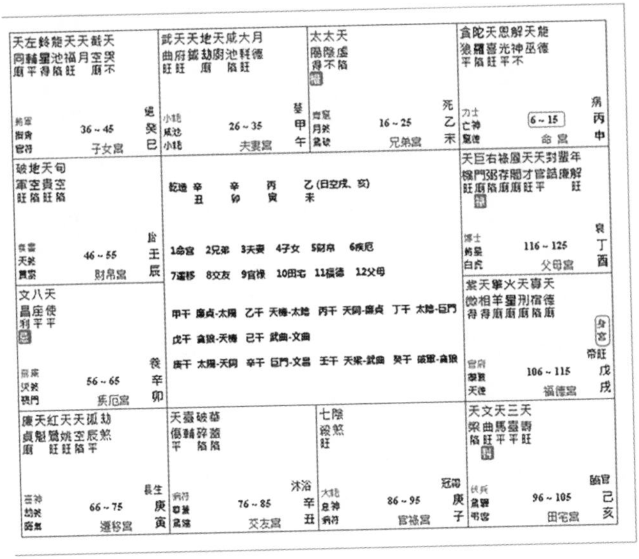

化祿在疾厄宮，同樣會出現疾病

天左鈴龍天天截天
同輔星池福月空廚
平平旺旺旺旺

將軍
病符
官符　　36～45　　妃癸巳
　　　　子女宮　　小耗

武天天地天咸大月
曲府鉞劫廚池輔廚
旺旺　旺　旺旺旺

小耗
咸池
小耗　　26～35　　壬甲午
　　　　夫妻宮

太太天
陽陰喜
旺陷廟

青龍
月煞
亡神　　16～25　　乙未
　　　　兄弟宮　　死

貪陀天解天煞德
狼羅喜光神
平平旺　旺　不

力士
亡神　　6～15
　　　　命宮　　丙申　　病

破地天旬
軍空貴空
旺陷旺陷

喜神
天煞
貫索　　46～55　　壬辰
　　　　財帛宮

辛　辛　丙　乙（日空戌、亥）
丑　卯　寅　未

1命宮	2兄弟	3夫妻	4子女	5財帛	6疾厄
7遷移	8交友	9官祿	10田宅	11福德	12父母

甲干　廉貞-太陽　　乙干　天機-太陰　　丙干　天同-廉貞　　丁干　太陰-巨門
戊干　貪狼-天機　　己干　武曲-文曲
庚干　太陽-天同　　辛干　巨門-文昌　　壬干　天梁-武曲　　癸干　破軍-貪狼

天巨右祿擎天天對蜚年
機門弼存羊刑貴誥廉解
旺廟陷廟陷平平　旺

博士
指背
白虎　　116～125　　丁酉
　　　　父母宮

文八天
昌座刑
利平陷　身宮

飛廉
災煞
喪門　　56～65　　辛卯
　　　　疾厄宮

紫天擎火天喜天
微相羊星宿德
帝旺　廟陷廟旺廟

官府
劫煞
官符　　106～115　　戊戌
　　　　福德宮　　身宮

廉天紅天天劫劫
貞魁鸞姚空辰煞
廟　旺旺陷陷平

奏書
劫煞
晦氣　　66～75　　庚寅
　　　　遷移宮　　長生

天紫破華
傷輔碎蓋
平　陷陷

76～85　　辛丑
交友宮　　沐浴

七陰
殺煞
廟

86～95　　庚子
官祿宮　　冠帶

天文天馬三天
梁曲昌壽臺貴
陷平平旺平　旺

伏兵
96～105　　己亥
田宅宮　　臨官

當天機巨門出現在疾厄宮的時候，天機星在人體中表示：肝膽、神經系統、腸胃、頭、耳、手指足趾等。巨門星在人體表示消化系統、脾胃、口腔、呼吸道、眼疾、抑鬱症、飲酒過度致病等。化祿出現在疾厄宮的時候，表示成串的、多發的、傳染的、蔓延的等，但是會相對減輕疾病的程度，實踐中並沒有發現化祿抵消疾病的情況，也就是說不管什麼星進入疾厄宮就一定出現相應的疾病，只是程度有所不同。

來看上面的盤：

本命盤的疾厄宮文昌化忌八座星等，表示會有疾病診斷書出現，而且不是一次。然後，照天機巨門化祿祿存鳳閣星等，說明頭部、手腳神經等會有症狀出現。比如出行或者酒醉後造成的傷害，或者車輛、機器造成的傷害等。

命主說：一個月之內頭部受傷、後來手也受傷，真是鬱悶。

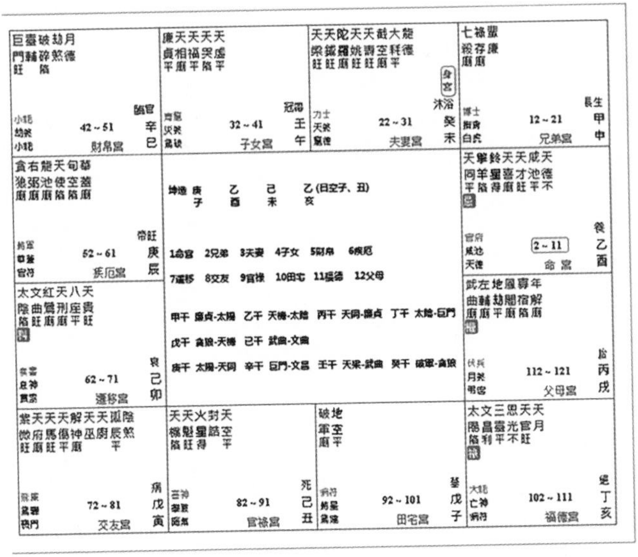
巨擎破劫月
門輔碎煞德
旺 陷
小耗 劫煞 小耗 42～51 財帛宮 臨官 辛 巳
廉天天天天
貞相福哭虛
平廟平陷平
青龍 災煞 歲破 32～41 子女宮 冠帶 壬 午
天天陀天天截大龍
梁鉞羅姚壽空耗德
旺旺廟旺旺廟平
身宮
力士 天煞 龍德 22～31 夫妻宮 沐浴 癸 未
七祿蜚
殺存廉
廟廟
博士 指背 白虎 12～21 兄弟宮 長生 甲 申
貪右龍天旬華
狼弼池使空蓋
廟廟廟陷陷廟
將軍 華蓋 官符 52～61 疾厄宮 帝旺 庚 辰
坤造 庚 乙 己 乙(日空子、丑)
子 酉 未 亥
1命宮 2兄弟 3夫妻 4子女 5財帛 6疾厄
7遷移 8交友 9官祿 10田宅 11福德 12父母
甲干 廉貞-太陽 乙干 天機-太陰 丙干 天同-廉貞 丁干 太陰-巨門
戊干 貪狼-天機 己干 武曲-文曲
庚干 太陽-天同 辛干 巨門-文昌 壬干 天梁-武曲 癸干 破軍-貪狼
天擎鈴天天咸天
同羊星喜才池德
平陷得廟旺平不
官府 咸池 天德 2～11 命宮 養 乙 酉
太文紅天八天
陰曲鸞刑座貴
陷旺廟廟平旺
奏書 息神 貫索 62～71 遷移宮 衰 己 卯
武左地風寡年
曲輔劫閣宿解
廟廟平廟陷廟
伏兵 月煞 弔客 112～121 父母宮 胎 丙 戌
紫天天天解天天孤陰
微府馬傷神巫廚辰煞
旺廟旺平廟 平
飛廉 歲驛 喪門 72～81 交友宮 病 戊 寅
天天火封天
機魁星誥空
陷旺得 平
喜神 攀鞍 晦氣 82～91 官祿宮 死 己 丑
破地
軍空
廟平
病符 將星 歲建 92～101 田宅宮 墓 戊 子
太文三恩天天
陽昌臺光官月
陷利平不旺
大耗 亡神 病符 102～111 福德宮 絕 丁 亥

天刑文曲主官司，火星天梁陀羅也主官司

天刑星本來就主官司是非，如果同度了文曲星，就更加明顯，因為打官司少不了訴狀檔，以及庭審辯論等程序。火星本來就是是非傷害等含意，同度了天梁星，就更加明顯了，因為天梁星也主司法、制度、律條等。同度了陀羅星表示官司糾纏多年等。

來看上面的盤：

官祿宮火星天魁星，照天梁星陀羅星天鉞截空星，表示有官司口舌糾纏，或者與車輛和房子有關係。而本命盤的官祿宮是父母宮的田宅宮，也有可能與父母的房子有關係。

再看父母宮的交友宮太陰化科文曲紅鸞天刑星，照天同化忌，說明父母的朋友、下屬、鄰里等關係不好，容易引發是非甚至官司。

命主說：從 2009 年開始，父母受到樓上嚴重噪音騷擾，樓上把房子當作庫房了。居委會調解無效，員警調解無效，打官司無效，到信訪辦、給市長寫信等等，能用的方法都用過了，樓上很無賴欺負父母，還在父母門口搞破壞，無奈搬出租房子，母親氣得幾次住院，一直這樣十幾年，已經不相信人生。另外，樓上那人是貪官早被開除黨籍，現在靠給人來貨生存。

天機火星照巨門易出現車禍

天天天地劫 喜貴空辰煞 廟平平陷陷 小耗 劫煞 亡神 4～13 長生 辛巳 命宮	天文火鳳天對蜚廉 機昌星閣福詰廉解 廟陷廟陷陷平平 青龍 伏兵 喪門 114～123 養 壬午 父母宮	紫破天陀地恩天截 微軍鉞羅空光月空 廟旺旺廟平旺 廟 力士 官符 104～113 胎 癸未 福德宮	文祿天龍旬 曲存池空 旺廟旺廟 博士 指背 94～103 絕 甲申 田宅宮
太天華 陽刑蓋 陷平廟 將軍 華蓋 息神 14～23 沐浴 庚辰 兄弟宮	坤造　庚　乙　乙　庚（日空午、未） 　　　辰　酉　酉　辰 1命宮　2兄弟　3夫妻　4子女　5財帛　6疾厄 7遷移　8交友　9官祿　10田宅　11福德　12父母		天擎天天成 府羊貴才池 旺陷旺旺平 官府 咸池 小耗 84～93 墓 乙酉 官祿宮
武七右地 曲殺弼劫 利旺旺平 奏書 息神 24～33 冠帶 己卯 夫妻宮	甲干 廉貞-太陽　乙干 天機-太陰　丙干 天同-廉貞　丁干 太陰-巨門 戊干 貪狼-天機　己干 武曲-文曲 庚干 太陽-天同　辛干 巨門-文昌　壬干 天梁-武曲　癸干 破軍-貪狼		太天嘉天 陰姚喜虛 平陷旺陷 伏兵 月煞 74～83 死 丙戌 交友宮
天天鈴天解天天 同梁馬神廚哭 廟廟旺陷平 平 飛廉 歲驛 34～43 臨官 戊寅 子女宮	天天三八寡破天 相魁臺座宿碎德 廟旺廟陷平陷廟 喜神 攀鞍 天德 44～53 帝旺 己丑 財帛宮	巨天陰 門使煞 旺 陷 （身宮） 病符 將星 白虎 54～63 衰 戊子 疾厄宮	廉貪左紅天大耗 貞狼巫鸞鷲官巫 陷陷不廟旺 陷 大耗 亡神 龍德 64～73 病 丁亥 遷移宮

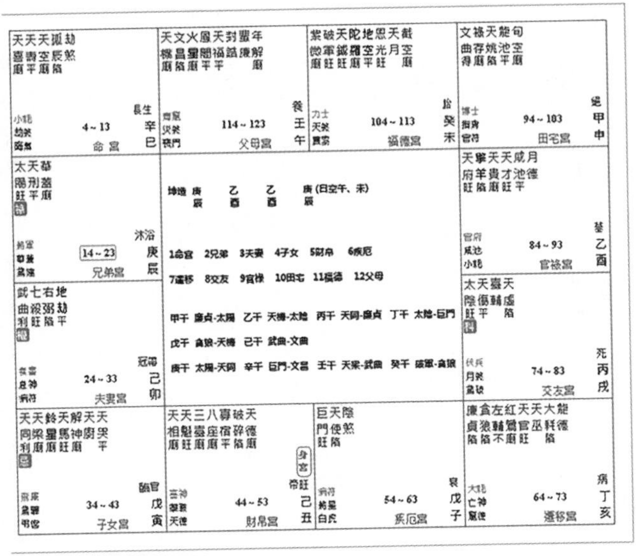

天機星除了表示聰明才智之外，還表示機器和車輛、電腦等，與火星同度容易發生機器故障或者車禍，如果再同度或者照巨門，那就會更嚴重。巨門表示是非、官非等，還表示路上、出門在外等。

來看上面的命盤：

命主的父母宮天機火星封誥蜚廉喪門星，天機封誥說明車輛出現故障。天機火星蜚廉星，說明因為車輛而出現是非官非等。喪門火星天機說明因為車輛出現災難災禍。天機火星照巨門喪門星，說明在外面發生車禍。

命主說：2006年父親死於車禍。

第六節 婚姻類例題（含感情、戀愛、婚姻、家庭、離婚、結婚等）

天相鈴星生活得不到保障

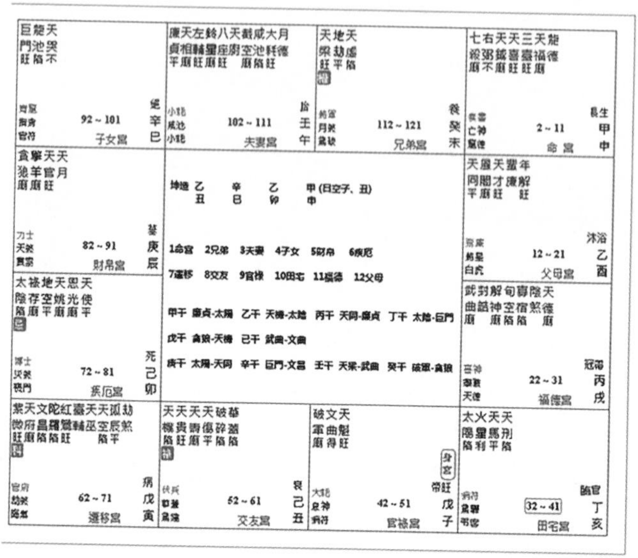

坤造 乙丑 辛巳 乙卯 甲申 (日空子、丑)
1命宮 2兄弟 3夫妻 4子女 5財帛 6疾厄
7遷移 8交友 9官祿 10田宅 11福德 12父母
甲干 廉貞-太陽 乙干 天機-太陰 丙干 天同-廉貞 丁干 太陰-巨門
戊干 貪狼-天機 己干 武曲-文曲
庚干 太陽-天同 辛干 巨門-文昌 壬干 天梁-武曲 癸干 破軍-貪狼
子女宮 92～101 絕 辛巳
夫妻宮 102～111 胎 壬午
兄弟宮 112～121 養 癸未
命宮 2～11 長生 甲申
財帛宮 82～91 墓 庚辰
父母宮 12～21 沐浴 乙酉
疾厄宮 72～81 死 己卯
福德宮 22～31 冠帶 丙戌
遷移宮 62～71 病 戊寅
交友宮 52～61 衰 己丑
官祿宮 42～51 帝旺 戊子
田宅宮 32～41 臨官 丁亥
身宮

天相星，本是貴星、福星、衣食星、印星。莊重，清秀，有正義感和同情心，高雅沉著。但是同度鈴星以後就會變得講享受，虛詐奸偽。物質和精神生活就會相對不足。

來看上面的命盤：

命宮七殺天鉞三台等星，說明是一個女強人。

再看夫妻宮廉貞天相鈴星左輔八

座截空星，照破軍天魁文曲星，廉貞陷落鈴星破軍說明是非多、糾紛多，容易破散的夫妻；再看八座左輔右弼左輔，說明容易二婚；再看天相鈴星截空星，說明生活不夠豐富，容易出現怨氣和分手。

事實上：命主確實是二婚的。

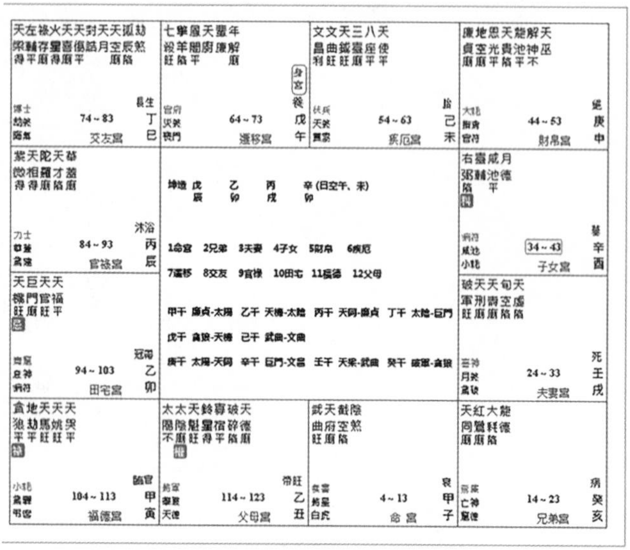

天左祿火天天天对天天劫 梁輔存星刑使廟魁貴辰煞 得平廟得廟廟　平　廟陷 博士 劫煞　74~83 指背　長生丁巳 交友宮	七擎屋天靈年 殺羊廟廚解廟 旺旺平　廟 身宮 官府 災煞　64~73 息神　養戊午 遷移宮	文文天三八天 昌曲鉞座座使 利旺旺廟平平 状所 天煞　54~63 華蓋　旅己未 疾厄宮	廉地思火魁解天 貞空貴光貴池神巫 廟平廟旺平平不 大耗 指背　44~53 咸池　胎庚申 財帛宮
紫天陀天鈴 微相羅才星 得得廟陷廟 力士 華蓋　84~93 咸池　沐浴丙辰 官祿宮	坤造　戊　乙　丙　辛　(日空午、未) 　　　辰　卯　戌　卯 1命宮　2兄弟　3夫妻　4子女　5財帛　6疾厄 7遷移　8交友　9官祿　10田宅　11福德　12父母 甲干　廉貞-太陽　乙干　天機-太陰　丙干　天同-廉貞　丁干　太陰-巨門 戊干　貪狼-天機　己干　武曲-文曲 庚干　太陽-天同　辛干　巨門-文昌　壬干　天梁-武曲　癸干　破軍-貪狼		右天恩天 弼鉞光德 陷平 病符 威池　34~43 月煞　子女宮 冠帶辛酉
天巨天天 機門官福 旺廟旺平 青龍 息神　94~103 病符　臨官乙卯 田宅宮			破天天旬陰 軍刑鉞空煞 旺廟廟陷陷 喜神 月煞　24~33 亡神　夫妻宮 死壬戌
貪地天天天 狼劫馬姚哭 平平旺旺平 小耗 歲驛　104~113 吊客　福德宮 帝旺甲寅	太太天蜚寡破天 陰陽梁廉宿碎德 不廟旺平廟平廟 將軍 攀鞍　114~123 天煞　父母宮 衰乙丑	武天截陰 曲府空煞 旺廟陷 奏書 將星　4~13 白虎　命宮 病甲子	天紅大截 同鸞耗空 廟廟平 飛廉 亡神　14~23 病符　兄弟宮 病癸亥

破軍星,司夫妻、子息、奴僕。冒險,創新,多糾紛,奔波,動盪多變。破軍星在夫妻宮如果沒有凶星一般不會很壞。天刑星,業力星,宗教星、醫藥星、主刑傷、官非、勞碌、孤高、剛烈。

二星同度夫妻宮,表示夫妻關係將是一生必須的修行。

來看上面的命盤:

命主命宮武曲星,一般來說比較孤剋,對親人不利。夫妻宮破軍天刑,照紫微陀羅星,說明夫妻感情多變,口舌多矛盾重重,但是一般會分居糾結,如果堅持下來,後半生將會平靜。

命主回饋說;結婚當時是閃婚,每年吵架,分居過、鬧過離婚。

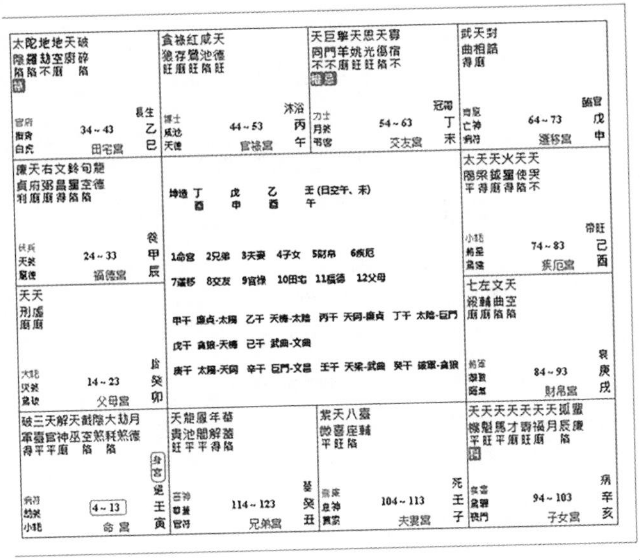

命盤

太陰地地天破 陰羅劫空廚辛 陷陷不廟　陷 官府　劍夆　白虎 咸池　天德 34~43　長生　乙巳 田宅宮	貪狼紅咸天 祿存鸞池德 旺廟旺旺 博士　月煞 44~53　沐浴　丙午 官祿宮	天巨擎天恩天寡 同門羊姚光優宿 不不廟旺旺陷不 力士 54~63　冠帶　丁未 交友宮	武天對 曲相誥 得廟 亡神 64~73　臨官　戊申 遷移宮
廉天右文終句恬 貞府弼昌星空德 利廟廟旺陷陷陷 伏兵　天煞 24~33　養　甲辰 福德宮	坤造　丁　戊　乙　壬（日空辛、未） 　　　酉　申　酉　午 1命身　2兄弟　3夫妻　4子女　5財帛　6疾厄 7遷移　8交友　9官祿　10田宅　11福德　12父母		太天天火天破 陽梁鉞星使不 平得旺得陷不 小耗　將星 74~83　帝旺　己酉 疾厄宮
天天 刑虛 廟廟 大耗 14~23　胎　癸卯 父母宮	甲干　廉貞-太陽　乙干　天機-太陰　丙干　天同-巨門　丁干　太陰-巨門 戊干　貪狼-天機　己干　武曲-文曲 庚干　太陽-天同　辛干　巨門-文昌　壬干　天梁-武曲　癸干　破軍-貪狼		七左天天 殺輔空空 廟廟陷陷 84~93　絕　庚戌 財帛宮
破三天解天截陰大劫月 軍臺空神巫空煞科煞德 旺平平廟　陷　陷 病符　劫煞　小耗 4~13　命宮　身宮　壬寅	天旬鳳年華 貴池閣解蓋 旺平平陷陷 114~123　兄弟宮	紫天八嘉 微喜座輔 旺旺旺 死　王子 104~113　夫妻宮	天天天天天孤 機鉞馬才哭福月辰廉 平旺平廟平陷陷 94~103　病　辛亥 子女宮

天同巨門擎羊的夫妻宮，表示夫妻感情不好，分居、吵架多等。

來看上面的盤：

流年2011年命宮在申位，流年2012年命宮在酉位。

流年2011年夫妻宮在午位，坐落貪狼祿存紅鸞咸池星，說明這一年有喜慶、結婚等。

流年2012年的夫妻宮在未位，坐落巨門化忌天同化權擎羊天姚星等，說明口舌多，不能在一起、分居等。

求測者回饋說：對，2011年結婚，2012年分居，矛盾多。

夫妻宮遇殺破狼結構同度凶星會多婚

太陰 天劫 天德 陷 傳哭 平 旺 【權】 大耗 劫煞 天使 56~65　辛巳 隨官　交友宮	破軍 鈴星 天廚 廟 廟 平 伏兵 災煞 天德 66~75　壬午 帶旺　遷移宮	天機 天鉞 陀羅 地劫 紅鸞 天使 天空 封誥 寡宿 旺 旺 廟 平 陷 平 旺 平 不 官府 天煞 病符 76~85　癸未 病　癸未　疾厄宮	紫微 天府 祿存 天才 旺 旺 廟 廟 博士 指背 龍德 86~95　甲申 病　甲申　財帛宮
武曲 右弼 蜚廉 輩蓋 廟 旺 【祿】 飛符 華蓋 白虎 46~55　庚辰 冠帶　官祿宮	乾造　庚　甲　己　壬(日空戌、亥) 　　　申　申　巳　申 身宮 庚辰 1命宮　2兄弟　3夫妻　4子女　5財帛　6疾厄 7遷移　8交友　9官祿　10田宅　11福德　12父母 甲干 廉貞-太陽　乙干 天機-太陰　丙干 天同-廉貞　丁干 太陰-巨門 戊干 貪狼-天機　己干 武曲-文曲 庚干 太陽-天同　辛干 巨門-文昌　壬干 天梁-武曲　癸干 破軍-貪狼		太陽 擎羊 天空 咸池 破碎 旺 陷 旺 平 平 力士 咸池 晦氣 96~105　乙酉 死　乙酉　子女宮
天同 地空 八座 大德 龍 平 廟 平 不 【忌】 奏神 息神 歲建 36~45　己卯 沐浴　己卯　田宅宮			貪狼 左輔 火星 對池 天哭 廟 廟 陷 平 青龍 月煞 喪門 106~115　丙戌 墓　丙戌　夫妻宮
七殺 文昌 恩光 寡宿 解神 天巫 天廚 天煞 陰煞 年解 廟 陷 平 平 廟 旺 旺 將軍 歲驛 貫索 26~35　戊寅 長生　戊寅　福德宮	天梁 天魁 天月 天德 旺 旺 旺 小耗 攀鞍 官符 16~25　己丑 養　己丑　父母宮	廉貞 天相 文曲 天貴 龍池 天廚 天空 句 平 廟 旺 得 廟 平 陷 病符 將星 小耗 6~15　戊子 胎　戊子　命宮	巨門 三臺 天官 孤辰 旺 旺 旺 陷 大耗 亡神 病符 116~125　丁亥 絕　丁亥　兄弟宮

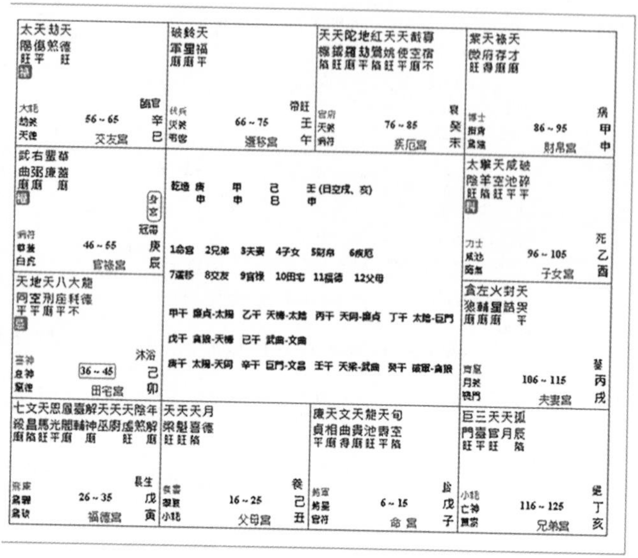

殺破狼結構是很極端的，若是同度了凶星，那就更加糟糕。若是婚姻宮坐落了殺破狼，婚姻生活就很不幸。

來看上面的命盤：

命主夫妻宮貪狼左輔火星封誥天哭星，加會破軍鈴星，照武曲化權右弼星，貪狼火星說明妻子愛玩、愛消費；破軍武曲說明妻子花錢厲害、消耗大；左輔右弼說明不是一次婚姻而是多次婚姻。看來遇到的女子都是一起玩樂享受的人，不滿足需求了就離開了。

事實上：命主經歷了兩次失敗的婚姻，都是女方背叛命主的。

紫微星貪狼天姚咸池，感情豐富容易離婚

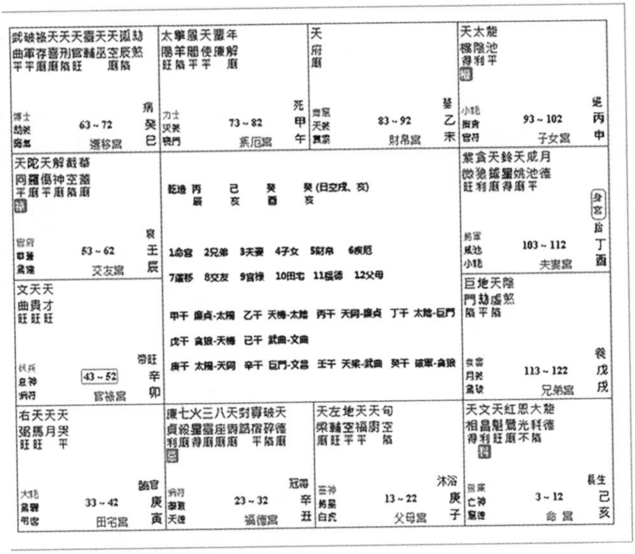
武破祿天天天蜚天天孤劫
曲軍存壽刑官輔巫空辰煞
平平廟廟陷旺 廟陷
63～72 病 癸 巳 遷移宮
太擎鳳天蜚年
陽羊閣使廉解
旺陷平平 廟
73～82 死 甲 午 疾厄宮
天
府
廟
83～92 墓 乙 未 財帛宮
天太龍
機陰池
得利平
93～102 絕 丙 申 子女宮
天陀天解截華
同羅傷神空蓋
平廟平廟陷廟
53～62 衰 壬 辰 交友宮
乾造 丙 己 癸 癸（日空戌、亥）
辰 亥 酉 亥
1命宮 2兄弟 3夫妻 4子女 5財帛 6疾厄
7遷移 8交友 9官祿 10田宅 11福德 12父母
甲干 廉貞-太陽 乙干 天機-太陰 丙干 天同-廉貞 丁干 太陰-巨門
戊干 貪狼-天機 己干 武曲-文曲
庚干 太陽-天同 辛干 巨門-文昌 壬干 天梁-武曲 癸干 破軍-貪狼
紫貪天鈴天咸月
微狼鉞星姚池德
旺利廟得廟平
身宮
103～112 胎 丁 酉 夫妻宮
文天天
曲貴才
旺旺旺
43～52 帝旺 辛 卯 官祿宮
巨地天陰
門劫虛煞
陷平陷
113～122 養 戊 戌 兄弟宮
右天天天
弼馬月哭
旺旺 平
33～42 臨官 庚 寅 田宅宮
廉七火三八天封寡破天
貞殺星台座壽誥宿碎德
利廟得廟廟廟 平陷廟
23～32 冠帶 辛 丑 福德宮
天左地天天旬
梁輔空福廚空
廟旺平平 陷
13～22 沐浴 庚 子 父母宮
天文天紅恩大龍
相昌魁鸞光耗德
得利旺廟不陷
3～12 長生 己 亥 命宮

夫妻宮兩個以上的桃花星，比如貪狼天姚咸池等，容易婚外情。就算這個時候同度了紫微星，也難以控制局面。

來看上面的命盤：

命主的夫妻宮紫微貪狼天姚鈴星咸池鈴星，說明感情豐富，婚後容易出軌。

再看夫妻宮的官祿宮在丑位，廉貞化忌七殺火星三台八座，說明夫妻糾紛多，最少兩次婚姻，容易分手。

事實上：命主已經是二婚，但是目前還有婚外情，感情複雜。

天相文昌紅鸞感情複雜

天天地地天天天天天 梁鉞劫空馬才恩福虛壽 得旺不廟平廟平旺旺平 伏兵 亡神 龍德 116～125 兄弟宮　癸巳	七天解陰龍 殺官神煞德 旺廟廟 **身宮** 帶旺 大耗 將星 6～15 命宮　戊午	天天天華 刑貴哭蓋 陷廟旺平 喜神 攀鞍 白虎 16～25 父母宮　己未	廉對劫天 貞煞煞德 廟　平 病符 歲驛 天德 26～35 福德宮　庚申
紫天文鈴紅大月 微相昌星鸞耗德 得得陷廟平 官府 月煞 小耗 106～115 夫妻宮　丙辰	坤造　癸　甲　戊　戊（日空午、未） 　　　亥　子　子　午 1命宮 2兄弟 3夫妻 4子女 5財帛 6疾厄 7遷移 8交友 9官祿 10田宅 11福德 12父母		破軍平 飛廉 息神 大耗 36～46 田宅宮　辛酉
天巨火天龍 機門星虛池 旺廟廟平陷 小耗 劫煞 官符 96～105 子女宮　乙卯	甲干 廉貞-太陽　乙干 天機-太陰　丙干 天同-廉貞　丁干 太陰-巨門 戊干 貪狼-天機　己干 武曲-文曲 庚干 太陽-天同　辛干 巨門-文昌　壬干 天梁-武曲　癸干 破軍-貪狼		破文右天寡 軍曲弼喜宿 陷陷陷 奏書 華蓋 病符 46～55 官祿宮　壬戌
貪左八天孤 狼輔座巫辰 平廟廟　平 青龍 亡神 貫索 86～95 財帛宮　甲寅	太太擎恩天截鳳 陰陽羊光空廚閣 不廟陷廟廟　不 力士 災煞 喪門 76～85 疾厄宮　乙丑	武右祿三喜旬天成 曲弼存臺喜空空池 旺廟廟平　陷陷 博士 威池 晦氣 66～75 遷移宮　甲子	天陀天天天劫天 同羅姚閣傷煞解 廟陷陷旺旺　得 官府 指背 晦氣 56～65 交友宮　癸亥

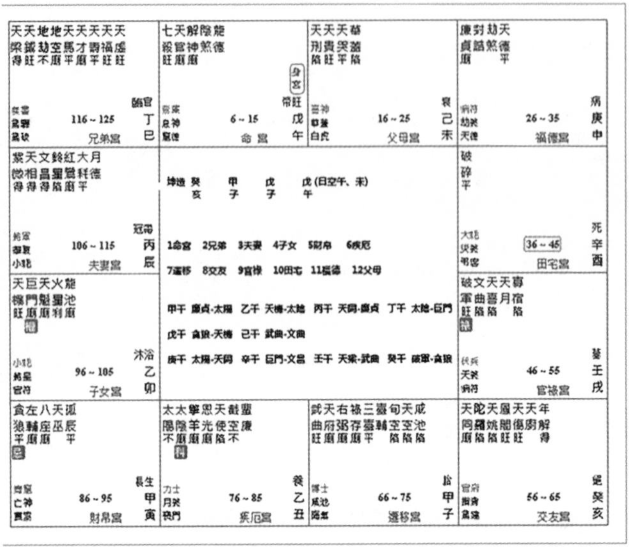

天相文昌都是文星，也同時都是感情豐富的星曜，同度紅鸞天喜一類的桃花星，就會出現桃花事件。

來看上面的命盤：

命主的夫妻宮紫微天相文昌鈴星紅鸞星，照破軍化祿天喜星，說明感情很複雜，夫妻感情好的時候如漆似膠的，但是丈夫也因感情豐富，容易出軌。

事實上：因為丈夫出軌而離婚。

火星同度爆旺的紫微難以成功

命宮 （巳）	父母宮 （午）	福德宮 （未）	田宅宮 （申）
天梁 祿存 天喜 天恩光 天空 天辰 孤 劫煞 平 廟 廟 平 平 廟 博士 劫煞 5～14　姪丁巳	紫微 文昌 擎羊 火星 鳳閣 對詔 天廚 蜚廉 廟 陷 陷 廟 平　廟 力士 災煞 15～24　臨戊午	天鉞 地空 天貴 天月 旺 平 平 旺 **25～34**　養己未	破軍 文曲 天陰 龍池 得 平 陷 平 小耗 指背 旺平 35～44　長生庚申
兄弟宮 （辰）	乾造　戊　辛　己　虎（日空戌、亥） 　　　　酉　巳　辰 1命宮 2兄弟 3夫妻 4子女 5財帛 6疾厄 7遷移 8交友 9官祿 10田宅 11福德 12父母		官祿宮 （酉）
七殺 陀羅 天哭 天刑 蜚 廟 廟 平 廟 官府 息神 115～124　菜丙辰			天成 天才 池德 旺 平 將軍 咸池 小耗 45～54　沐浴辛酉
夫妻宮 （卯）	甲干 廉貞·太陽　乙干 天機·太陰　丙干 天同·廉貞　丁干 太陰·巨門 戊干 貪狼·天機　己干 武曲·文曲 庚干 太陽·天同　辛干 巨門·文昌　壬干 天梁·武曲　癸干 破軍·貪狼		交友宮 （戌）
太陽 天梁 右弼 地劫 八座 天官 天福 廟 廟 平 平 平 旺 平 伏兵 華蓋 105～114　死乙卯			廉貞 天府 天姚 旬空 天虛 利 旺　陷 陷 飛廉 月煞 55～64　冠帶壬戌
子女宮 （寅）	財帛宮 （丑）	疾厄宮 （子）	遷移宮 （亥）
武曲 天相 天鈴 天馬 天解 平 廟 平 旺 廟 大耗 歲驛 95～104　病甲寅	天同 巨門 左輔 寡宿 破碎 天祿 不 旺 平 平 陷 廟 病符 攀鞍 85～94　衰乙丑	貪狼 天使 截空 陰煞 旺 陷 陷 **身宮** 奏書 將星 白虎 75～84　帝旺甲子	太陰 左輔 紅鸞 三台 天喜 天巫 科德 陷 不 廟 平 陷 平 喜神 亡神 65～74　臨官癸亥

紫微星在適度旺的時候表示強盛、亨達、順利、圓滿等。若是爆旺就失去了這些意義走向相反方面意義了。如果再同度火星，那就不會順利。

來看上面的命盤：

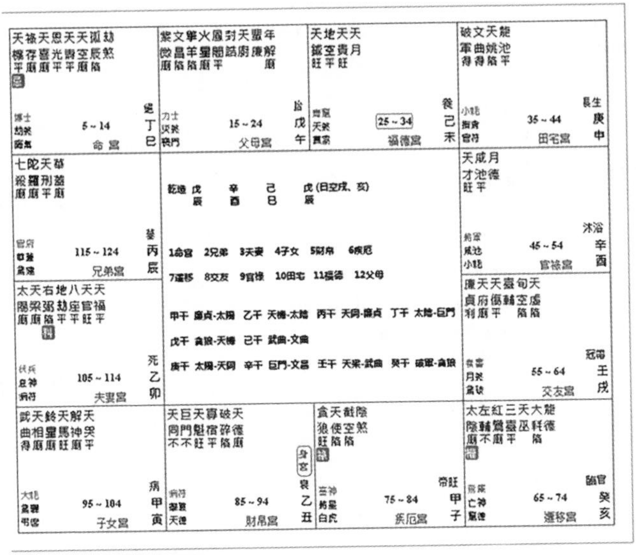

流年2015年乙未，大運命宮在巳位，大運四化文曲化科文昌化忌。流年2015年命宮在申位，流年四化被關閉。流年2015年命宮在申位，流年夫妻宮在午位，紫微星爆旺火星封誥蜚廉星，說明矛盾多，感情不順利，又分手。

事實上：命主確實在2015年分手的，戀愛四年分手了。

天天天天天天 相鉞馬姚福巫 壽旺平平旺旺 苦神 亡群 43~52 財帛宮 病 丁巳	天右火天陰龍 梁弼星空煞德 廟廟廟廟 將軍 息神 華蓋 [33~42] 子女宮 衰 戊午	廉七鈴恩天天天華 貞殺星光貴月哭蓋 利廟利旺旺 平平 奏書 攀鞍 白虎 23~32 夫妻宮 帝旺 己未	左地天劫天 輔劫空煞德 平廟廟 平 飛廉 歲驛 天德 13~22 兄弟宮 臨官 庚申
巨紅天天月 門鸞使福平 陷廟 平 病符 劫煞 小耗 53~62 疾厄宮 死 丙辰	紀遙 癸 戊 丁 己 （日空中、酉） 亥 午 丑 酉		破碎 平 喜神 災煞 弔客 3~12 命宮 冠帶 辛酉
紫貪天三墓臺 微狼魁喜池輔 旺利陷陷陷廟 大耗 將星 官符 63~72 遷移宮 身宮 乙卯	1命宮 2兄弟 3夫妻 4子女 5財帛 6疾厄 7遷移 8交友 9官祿 10田宅 11福德 12父母 甲干 廉貞·太陽　乙干 天機·太陰　丙干 天同·廉貞　丁干 太陰·巨門 戊干 貪狼·天機　己干 武曲·文曲 庚干 太陽·天同　辛干 巨門·文昌　壬干 天梁·武曲　癸干 破軍·貪狼		天天寡 同喜宿 陷陷 亡宮 天煞 病符 113~122 父母宮 沐浴 壬戌
天太地天天 機陰空貴辰 旺旺平旺平 伏兵 亡神 貫索 73~82 交友宮 絕 甲寅	天文文擎天截蜚 府昌曲羊刑空廉 廟廟廟廟旺陷不 官府 將星 喪門 83~92 官祿宮 墓 乙丑	太祿解旬天咸 陽存神空池 陷廟廟陷陷 博士 息池 晦氣 93~102 田宅宮 死 甲子	武破陀八鳳封天年 曲軍羅座閣誥解 平平廟廟廟 平 力士 指背 歲建 103~112 福德宮 長生 癸亥

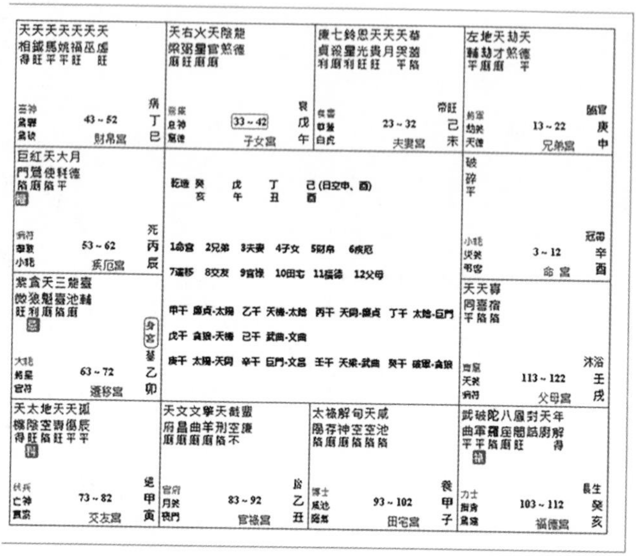

七殺擎羊天府星組合表示無情無義、打破溫柔的狀態或冷戰等。文曲文昌組合在夫妻宮表示兩度婚姻。

來看上面的命盤：

命主夫妻宮七殺鈴星廉貞恩光天鉞天貴星，說明夫妻有幫助但是糾紛也很多，容易吵架。照天府文曲文昌擎羊星，說明打破穩定的局面，結婚證被破壞等。也就是離婚。再看夫妻宮的官祿宮在亥位，破軍化祿八座鳳閣封誥星，說明官方紀錄中不止一次離婚經歷。

事實上：目前命主已經二婚。

七殺文昌星爆旺，撕毀證件

巨陀天三天孤靈破 門羅馬廚辰壽廉碎 旺平平　陷陷 官府 奏書　　85～94 喪門　　財帛宮 絕乙巳	康天文祿天天天 貞相曲存喜刑月 平廟陷廟廟廟平 博士 息神　　95～104 貫索　　子女宮 胎丙午	天擎龍鳳年華 梁羊池閣解蓋 旺廟陷陷廟廟 力士 華蓋　　105～114 官符　　夫妻宮 養丁未	七文鈴天劫大 殺昌輔巫煞耗 廟廟旺 青龍 劫煞　　115～124 小耗　　兄弟宮 長生戊申
貪天天對解天 狼壽使器神空 廟廟廟　廟廟 伏兵 歲驛　　75～84 晦氣　　疾厄宮 墓甲辰	坤造　丁　辛　庚　戊（日空午、未） 　　　卯　亥　寅　寅 1命宮　2兄弟　3夫妻　4子女　5財帛　6疾厄 7遷移　8交友　9官祿　10田宅　11福德　12父母		天天地八天天 同鉞空座貴廉 平廟廟廟旺旺 小耗 災煞　　5～14 歲建　　命宮 沐浴己酉
太天 陰哭 陷廟 大耗 將星　　65～74 喪門　　遷移宮 死癸卯	甲干　廉貞-太陽　乙干　天機-太陰　丙干　天同-廉貞　丁干　太陰-巨門 戊干　貪狼-天機　己干　武曲-文曲 庚干　太陽-天同　辛干　巨門-文昌　壬干　天梁-武曲　癸干　破軍-貪狼		武天旬龍 曲姚空德 廟廟　陷 將軍 天煞　　15～24 病符　　父母宮 冠帶庚戌
紫天天截 微府官空 旺廟平平 病符 亡神　　55～64 弔客　　交友宮 病壬寅	天左右地寡 機輔弼劫宿 陷廟廟平 喜神 月煞　　45～54 天德　　官祿宮 身宮　袁癸丑	破鈴紅天咸天 軍星鸞才池德 廟陷廟旺廟 飛廉 咸池　　35～44 白虎　　田宅宮 帝旺王子	太火天恩 陽鈴馬光福 旺利不旺 奏書 指背　　25～34 龍德　　福德宮 臨官辛亥

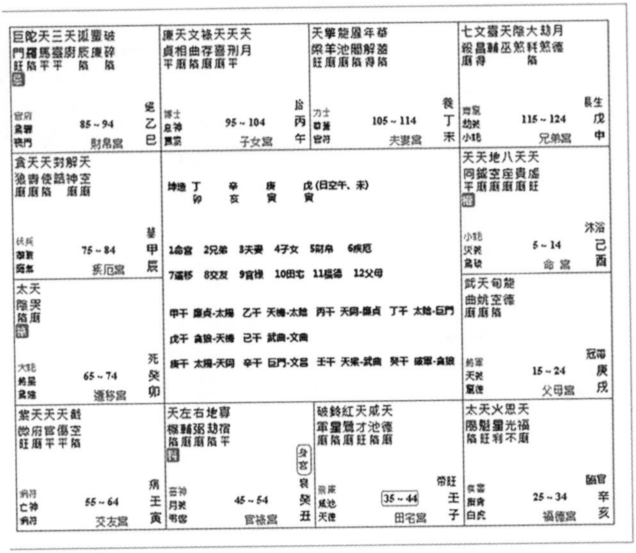

七殺星，孤剋之星，爆旺的時候會固執己見，獨斷專行，喜怒無常，暴躁，叛逆，易感情用事。文昌星，爆旺的時候表示心浮氣躁，孤僻，多情欲，喪禮、契約、證書等。二星組合表示撕毀證件。

來看上面的命盤：

父母宮的夫妻宮七殺文昌台輔劫煞星，說明父母的感情不好，有離異的可能。

再看父母宮的夫妻宮的官祿宮在子位，破軍紅鸞咸池星，照天相文曲天刑天喜星，說明會因為婚外感情出現矛盾甚至離婚了。

事實上：命主的父母感情不好離婚了。

太陰爆旺同度紅鸞星感情氾濫

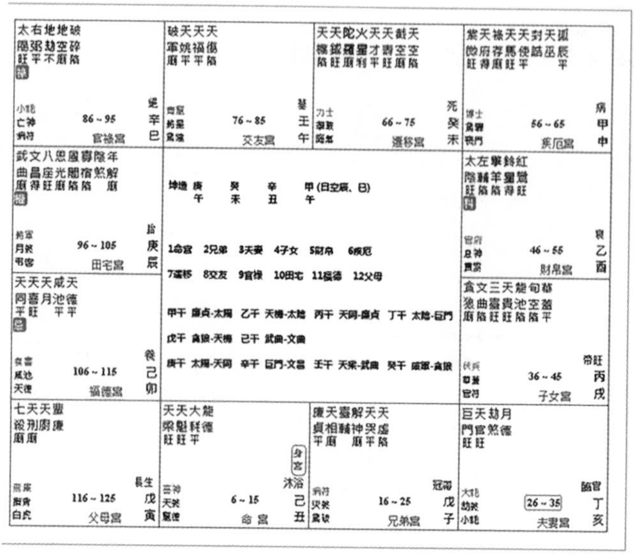

太右地地破
陽弼劫空碎
旺平不廟陷
86～95
官祿宮
絕 辛 巳
破天天天
軍姚福傷
廟平平陷
76～85
交友宮
墓 壬 午
天天陀火天天截天
機鉞羅星才壽空空
陷旺廟利平旺廟陷
66～75
遷移宮
死 癸 未
紫天祿天天封天孤
微府存馬使誥巫辰
旺得廟旺平 平
56～65
疾厄宮
病 甲 申
武文八恩鳳寡陰年
曲昌座光閣宿煞解
廟得旺廟陷陷 廟
96～105
田宅宮
胎 庚 辰
坤造 庚 癸 辛 甲(日空辰、巳)
午 未 丑 午
1命宮 2兄弟 3夫妻 4子女 5財帛 6疾厄
7遷移 8交友 9官祿 10田宅 11福德 12父母
甲干 廉貞-太陽 乙干 天機-太陰 丙干 天同-廉貞 丁干 太陰-巨門
戊干 貪狼-天機 己干 武曲-文曲
庚干 太陽-天同 辛干 巨門-文昌 壬干 天梁-武曲 癸干 破軍-貪狼
太左擎鈴紅
陰輔羊星鸞
旺陷陷得旺
46～55
財帛宮
衰 乙 酉
天天天咸天
同喜月池德
平旺 平平
106～115
福德宮
養 己 卯
貪文三天龍旬華
狼曲臺貴池空蓋
廟陷旺旺陷陷平
36～45
子女宮
帝旺 丙 戌
七天天蜚
殺刑廚廉
廟廟
116～125
父母宮
長生 戊 寅
天天大龍
梁魁耗德
旺旺平
身宮
6～15
命宮
沐浴 己 丑
廉天臺解天天
貞相輔神哭虛
平廟 廟平陷
16～25
兄弟宮
冠帶 戊 子
巨天劫月
門官煞德
旺旺
26～35
夫妻宮
臨官 丁 亥

太陰星爆旺，有這些含意：愛享受、懶散、猜疑心重、風流倜儻、易染桃花、多愁善感、縱慾、陰謀、隱患等。若是同度紅鸞天喜一類的桃花星，就會感情氾濫成災。

來看上面的命盤：

流年2017年丁酉，大運命宮在酉位，大運丁干太陰化祿天同化權巨門化忌，流年命宮在亥位，流年丁干太陰化祿天同化權巨門化忌。

流年2017年夫妻宮在酉位，太

陰星兩度化祿紅鸞星同度，照天喜天月天同化權，加會太陽星天梁星，說明會有異地戀，但是短暫，容易分手，對方不忠誠。

再看 2017 年夫妻宮的官祿宮在丑位，天梁天魁星，照天鉞陀羅截空星，這裡的天梁星也是爆旺的，說明感情沒有成功，來往一段時間就分手了。

事實上：命主這一年確實有戀愛並且分手了。

天梁封誥星此路不通

太陽天壽天喜截天 陽池福輔巫空哭 旺 廟 廟不旺 絕宮 甜資 官符 103～112 福德宮 房癸巳	破天恩天咸大月 軍鉞光廚池耗德 廟 廟 陷陷 衰宮 月煞 小耗 93～102 田宅宮 晏甲午	天天 機鉞 陷陷 齊宮 月煞 貫索 83～92 官祿宮 乙未	紫天陀天天解龍 微府羅喜慈神德 廟 廟旺旺不不 力士 亡神 官符 73～82 交友宮 臨官丙申
武左天旬 曲輔廚空 廟廟陷陷 食童 天煞 官符 113～122 父母宮 死壬辰	乾造 辛 庚 辛 己 (日空寅,卯) 丑 寅 亥		天祿鈴天陰天寡 陰存刑閒官廉解 旺廟平廟廟平旺 博士 將星 白虎 63～72 冠帶丁酉
天文 同曲 平旺 飛廉 災煞 晦氣 [3～12] 命宮 墓辛卯	1命宮 2兄弟 3夫妻 4子女 5財帛 6疾厄 7遷移 8交友 9官祿 10田宅 11福德 12父母 甲干 廉貞-太陽 乙干 天機-太陰 丙干 天同-廉貞 丁干 太陰-巨門 戊干 貪狼-天機 己干 武曲-文曲 庚干 太陽-天同 辛干 巨門-文昌 壬干 天梁-武曲 癸干 破軍-貪狼		貪右擎地天天喜天 狼弼羊劫貴使月德 廟廟廟平旺旺 陷陷 官府 攀鞍 天德 53～62 沐浴戊戌
七天火紅八天天頓陰劫 殺魁星鸞座貴空辰煞煞 廟 廟旺旺廟廟平 指神 劫煞 喪門 13～22 兄弟宮 絕庚寅	天天封破華 梁姚誥碎蓋 旺平 陷陷 病符 息神 晦氣 23～32 夫妻宮 [身宮] 辛丑	廉天地三 貞相空臺 平廟平平 大耗 華蓋 病符 33～42 子女宮 庚子	巨天地天天 門昌劫馬哭 旺廟 平旺 伏兵 歲驛 弔客 43～52 財帛宮 長生己亥

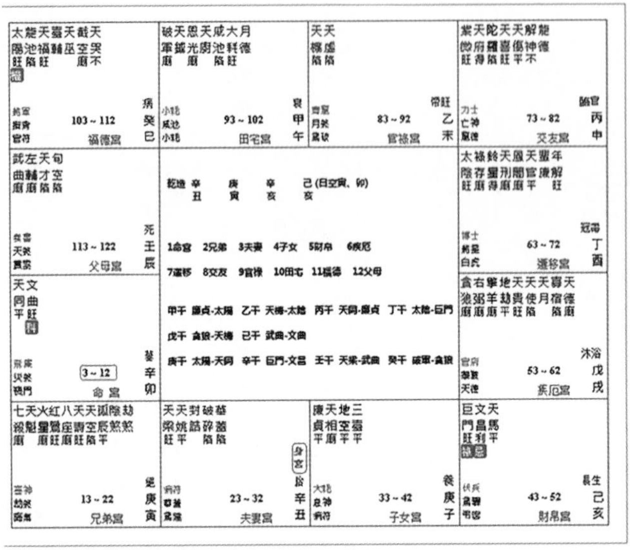

求測者問：家人介紹對象，過幾天約吃飯，是正緣嗎？

來看上面的盤：

命宮天同不旺同度文曲化科，表示不高興的結果。照太陰祿存鈴星天刑星，說明女孩不熱情、破財的事。

再看夫妻宮天梁封誥星，照破軍天鉞天廚大耗星，說明不能同意吃飯等。

事後求測者回饋說：已經約好的，介紹人說等兩人談得有意再約。然後我又發資訊給那女孩，無反應不理人。沒有成。

七殺天刑的夫妻宮感情不和睦

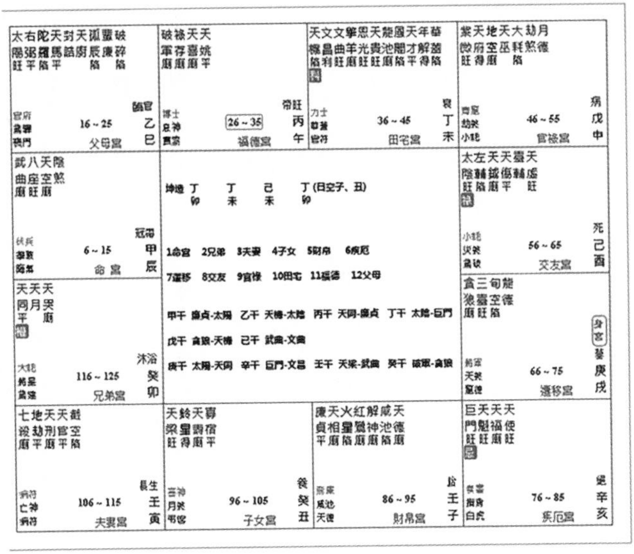
太陽 右弼 陀羅 天馬 封誥 天廚 孤辰 蜚廉 破碎
旺 平 陷 平 陷 陷
官府 歲驛 喪門 16～25 父母宮 臨官 乙巳
破軍 祿存 天喜 天姚
廟 廟 廟 平
博士 息神 貫索 26～35 福德宮 帝旺 丙午
天梁 文昌 文曲 擎羊 恩光 天貴 天池 鳳閣 天才 年解 華蓋
陷 利 旺 廟 旺 旺 廟 陷 平 得 陷
力士 華蓋 官符 36～45 田宅宮 衰 丁未
紫微 天府 地空 天巫 大耗 劫煞 月德
旺 得 廟 陷
青龍 劫煞 小耗 46～55 官祿宮 病 戊申
武曲 八座 天空 陰煞
廟 旺 廟
伏兵 攀鞍 晦氣 6～15 命宮 冠帶 甲辰
坤造 丁卯 丁未 己未 丁卯 (日空子、丑)
1命宮 2兄弟 3夫妻 4子女 5財帛 6疾厄
7遷移 8交友 9官祿 10田宅 11福德 12父母
甲干 廉貞-太陽 乙干 天機-太陰 丙干 天同-廉貞 丁干 太陰-巨門
戊干 貪狼-天機 己干 武曲-文曲
庚干 太陽-天同 辛干 巨門-文昌 壬干 天梁-武曲 癸干 破軍-貪狼
太陰 左輔 天鉞 天傷 台輔 天虛
旺 陷 廟 平 旺
小耗 災煞 歲破 56～65 交友宮 死 己酉
天同 天月 天哭
平 廟
大耗 將星 歲建 116～125 兄弟宮 沐浴 癸卯
貪狼 三台 旬空 龍德
廟 旺 陷
將軍 天煞 龍德 66～75 遷移宮 身宮 墓 庚戌
七殺 地劫 天刑 天官 截空
廟 平 廟 平 陷
病符 亡神 病符 106～115 夫妻宮 長生 壬寅
天梁 鈴星 天壽 寡宿
旺 得 廟 平
喜神 月煞 弔客 96～105 子女宮 養 癸丑
廉貞 天相 火星 紅鸞 解神 咸池 天德
平 廟 陷 廟 廟 陷 廟
飛廉 咸池 天德 86～95 財帛宮 胎 壬子
巨門 天魁 天福 天使
旺 旺 廟 旺
奏書 指背 白虎 76～85 疾厄宮 絕 辛亥

七殺星，孤剋、多變動、不服管束、喜冒險、獨斷專行。天刑星，刑傷、孤剋、多是非糾紛、剛烈、固執、刑剋、六親緣薄。兩顆星曜同度夫妻宮則會不和睦。

來看上面的命盤：

命主的夫妻宮七殺地劫天刑星，照紫微天巫劫煞星，合巨門化忌，七殺天刑星說明妻子剛烈固執，沒有一團和氣。巨門化忌說明口舌多、糾紛多，難以溝通等。紫微星天刑七殺星，說明獨斷愛使喚人。不過這裡的紫微星會合太陽星，所以七殺是能抵擋的，不至於離婚但是感情始終難以完美。

命主說：她思想出軌，欺負我父母，打孩子，對我也是冷言冷語，無法溝通，我快忍不住了，我已經很累了。

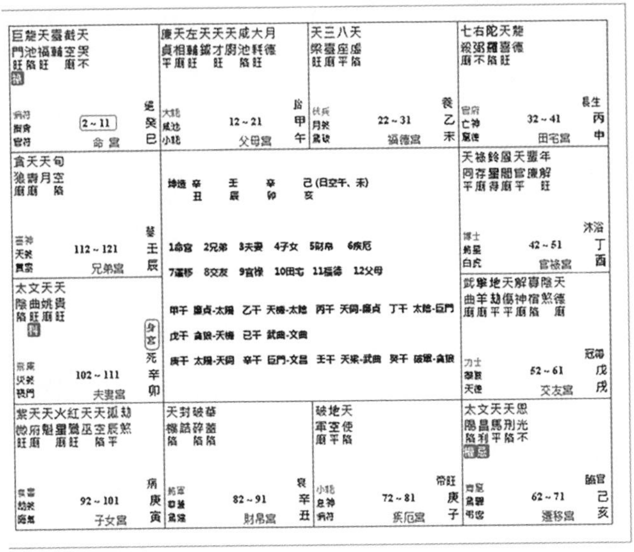

夫妻宮文曲化科天姚星，對方感情氾濫

文曲星，是口舌星、文藝星、娛樂星。文曲化科多才多藝，人會很感性，容易有拈花惹草的傾向。天姚星，是桃花星、藝術星，比較放縱。兩顆星曜同坐在夫妻宮感情就很差。

來看上面的盤：

夫妻宮文曲化科天姚天貴星，照鈴星祿存，說明丈夫揮霍錢財，拈花惹草。

再看夫妻宮的官祿宮，天梁星

三台八座星，說明在分居中，但是比較難以離婚，會有解決辦法。

求測者回饋：準備離婚，我倆在一起總是吵架、冷戰，他喜歡在微信撩騷。不止一次，他去ktv玩，我看到視頻上他那個猥瑣的樣子去摸人家，我真的就格外反胃。我內心接受不了感情不忠。

火星天同太陰化權沒有第二個女人

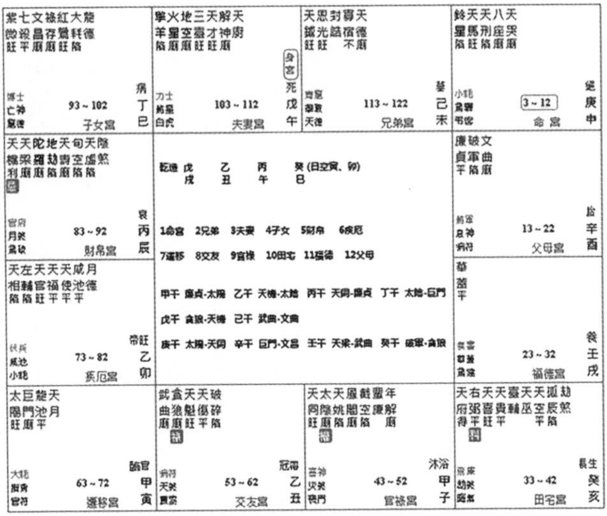
紫七文祿紅大龍
微殺昌存鸞耗德
旺平廟廟旺陷
93～102
子女宮
病
丁
巳
擎火地三天解天
羊星空臺才神廚
陷廟廟旺旺廟
身宮
103～112
夫妻宮
死
戊
午
天恩封寡天
鉞光誥宿德
旺旺 不廟
113～122
兄弟宮
墓
己
未
鈴天天八天
星馬刑座哭
陷旺陷廟廟
3～12
命宮
絕
庚
申
天天陀地天旬天陰
機梁羅劫壽空虛煞
利廟廟陷廟陷陷
83～92
財帛宮
衰
丙
辰
乾造 戊 乙 丙 癸 (日空寅、卯)
戌 丑 午 巳
1命宮 2兄弟 3夫妻 4子女 5財帛 6疾厄
7遷移 8交友 9官祿 10田宅 11福德 12父母
甲干 廉貞-太陽 乙干 天機-太陰 丙干 天同-廉貞 丁干 太陰-巨門
戊干 貪狼-天機 己干 武曲-文曲
庚干 太陽-天同 辛干 巨門-文昌 壬干 天梁-武曲 癸干 破軍-貪狼
廉破文
貞軍曲
平陷廟
13～22
父母宮
胎
辛
酉
天左天天天咸月
相輔官福使池德
陷陷旺平平平
73～82
疾厄宮
帝旺
乙
卯
23～32
福德宮
養
壬
戌
太巨龍天
陽門池月
旺廟平
63～72
遷移宮
臨官
甲
寅
武貪天天破
曲狼魁傷碎
廟廟旺平陷
53～62
交友宮
冠帶
乙
丑
天太天鳳截蜚年
同陰姚閣空廉解
旺廟陷廟陷 廟
43～52
官祿宮
沐浴
甲
子
天右天天臺天天孤劫
府弼喜貴輔巫空辰煞
得平旺平 平陷
33～42
田宅宮
長生
癸
亥

天同太陰一般表示地位或者身分相同的兩個女人，如果同度或者相照了火星表示沒有第二個女人。火星主破壞、爆炸、勇猛激進、頑固、破壞力強，見到什麼就破壞什麼。

來看上面的盤：

命主的命宮是天馬八座星，照太陽巨門星，說明有公職或者經常出門等。

再看夫妻宮火星地空星天才

星，照天同太陰化權。火星地空，說明爭執糾紛多發，但是會慢慢消除。天同太陰化權說明有女人味、有才華、性格淡薄。火星與天同太陰化權組合表示沒有第二個女人、沒有同地位的其他異性等，妻子脾氣急躁等。

事實上：在 2019 年命主曾經說受不了老婆，對目前的婚姻感到失望。老婆原本是報社編輯，由於頂撞領導被調崗直至辭職，在家閒五年，老吵架。但是到 2020 年回饋說：沒有離婚，她找不到工作也無所謂的。

夫妻宮桃花星多或旺，絕非夫妻之福份

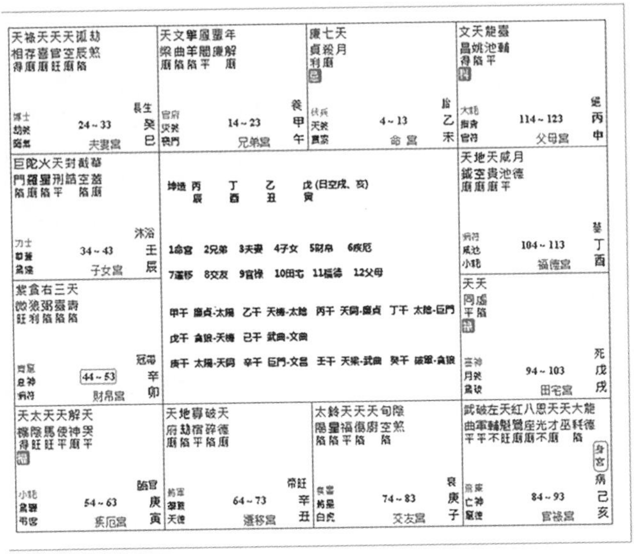

天祿天天天劫 相存官官空辰煞 身廟廟旺廟陷 博士 劫煞　24～33　長生 吳 夫妻宮　　巳	天文擎鳳蜚年 梁曲羊閣廉解 廟陷陷平廟 官府 災煞　14～23　養 甲午 喪門　兄弟宮	廉七天 貞殺月 利廟 伏兵 天煞　4～13　胎 乙未 貫索　命宮	文天天輩 昌姚鉞輔 身廟 大耗 指背　114～123　絕 丙申 父母宮
巨陀火天封華 門羅星刑詰蓋 陷廟廟平　陷 力士 華蓋　34～43　沐浴 壬辰 子女宮	坤造　丙　丁　乙　戊（日空戌、亥） 　　　辰　酉　丑　寅 1命宮　2兄弟　3夫妻　4子女　5財帛　6疾厄 7遷移　8交友　9官祿　10田宅　11福德　12父母		天地天咸德 鉞空貴池德 廟廟廟平 病符 咸池　104～113　墓 丁酉 小耗　福德宮
紫貪右三天 微狼弼臺壽 旺利陷廟陷 青龍 息神　44～53　冠帶 辛卯 財帛宮	甲干　廉貞-太陽　乙干　天機-太陰　丙干　天同-廉貞　丁干　太陰-巨門 戊干　貪狼-天機　己干　武曲-文曲 庚干　太陽-天同　辛干　巨門-文昌　壬干　天梁-武曲　癸干　破軍-貪狼		天 同 廟 喜神 月煞　94～103　死 戊戌 田宅宮
天太天天解天 機陰馬傷神哭 廟旺旺旺廟平 小耗 亡神　54～63　臨官 庚寅 疾厄宮	天天寡破天 府魁宿碎德 廟平陷廟廟 將軍 將星　64～73　帝旺 辛丑 天德　遷移宮	太鈴天天旬陰 陽星福傷空煞 陷陷廟陷陷 奏書 攀鞍　74～83　衰 庚子 白虎　交友宮	武破左天紅八恩天天大龍 曲軍輔鸞座光才巫耗德 平平不旺廟廟陷 飛廉 亡神　84～93　病 己亥 病符　官祿宮　身宮

天相星，是貴星、福星、衣食星；高雅、清秀。受環境支配，虛詐奸偽，喜聽逢迎之話；逢善則善，逢惡則惡。當天相星遇到紅鸞天喜星，桃花性質爆增。祿存星，是財富星、孤剋星，入夫妻宮表示緣薄，當祿存遇到天空地空星尤甚。

來看上面的命盤：

命主的命宮七殺星廉貞化忌，照天府星，說明自尊心強，爭強好勝，易有口舌糾紛。

再看夫妻宮天相祿存天喜天官孤辰天空劫煞星，說明丈夫桃花運強，兩人感情先濃後淡。

再看夫妻宮的官祿宮在酉位，天鉞地空天貴星，說明官方無助於兩人的感情維護，失去官方協議的約束，也就是會離異等。

事實上：命主 2010 年和丈夫離婚。

天同化權火星天魁，三台八座擎羊，主分離

天同廟　天陀羅廟　火星廟　天刑平　天壽陷　天巫　天廚陷　天虛旺 官府　 奏罪　34~43 飛廉　田宅宮　長生 乙巳	武曲旺　天府旺　祿存廟　鈴星廟　旬空廟　蜚廉廟　　身宮 博士　 良神　44~53 貫索　官祿宮　沐浴 丙午	太陰陷　太陽不　擎羊廟　地劫陷　天姚平　天哭陷　蜚廉平 力士　 甲廉　54~63 白虎　交友宮　冠帶 丁未	貪狼平　劫煞　天德平 青龍　劫煞　64~73 天德　遷移宮　臨官 戊申
破軍旺　紅鸞廟　解神廟　大耗平　月 伏兵　 晦氣　24~33 小耗　福德宮　養 甲辰	坤造　丁　庚　癸　庚　（日空辰、巳） 　　　亥　戌　卯　申 1命宮　2兄弟　3夫妻　4子女　5財帛　6疾厄 7遷移　8交友　9官祿　10田宅　11福德　12父母		天機旺　巨門廟　天鉞廟　天姚廟　破陷 小耗　 災煞　74~83 弔客　疾厄宮　帝旺 己酉
地空平　天魁廟 大耗　箭星 亡神　官符　14~23（框） 　　父母宮　癸卯	甲干　廉貞-太陽　乙干　天機-太陰　丙干　天同-廉貞　丁干　太陰-巨門 戊干　貪狼-太陰　己干　武曲-文曲 庚干　太陽-天同　辛干　巨門-文昌　壬干　天梁-武曲　癸干　破軍-貪狼		紫微　天府　對寶陷 將軍　 華蓋　84~93 　　財帛宮　衰 庚戌
廉右文思天截天孤 貞弼昌輔官辅空辰 旺陷陷平　陷平 病符　 亡神　4~13 貫索　命宮　絕 壬寅	三八天 台座才 廟廟廟 喜神　 月煞　114~123 喪門　兄弟宮　胎 癸丑	七左文天天天 殺輔曲貴空池 旺旺陷廟廟廟 飛廉　 咸池　104~113 晦氣　夫妻宮　死 壬子	天天星天年 梁魁閣福解 陷旺旺廟得 奏書　 指背　94~103 歲建　子女宮　病 辛亥

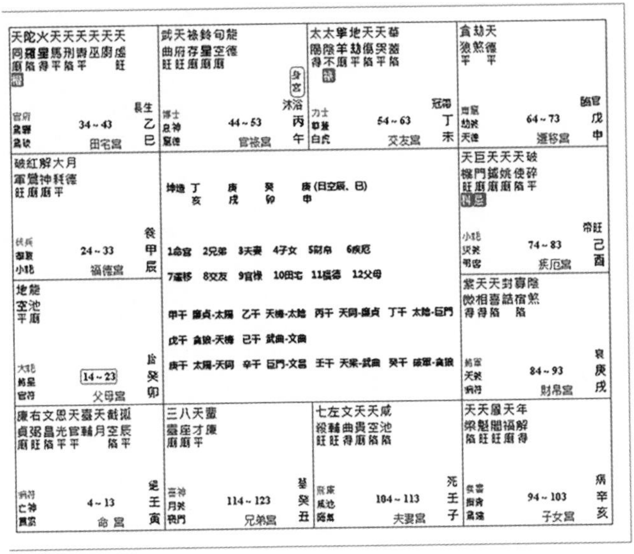

天魁星在夫妻宮是一把雙刃劍，是一種幫助的力量，同時也會把幫助夫妻成功離異，這樣的情況比比皆是。如果再次同度火星天同星，那就更嚴重了，因為天同星示平行線，火星表示決裂。三台八座表示出行、車輛等，也表示離開，如果同度擎羊，表示打架或者矛盾到無法在一起而離開。

來看上面的盤：

本命盤的父母宮在卯位，父母宮的夫妻宮在丑位，三台八座星照擎羊星，表示父母關係很僵以致於分離。

再看母親宮的夫妻宮在亥位，天魁星鳳閣星，照天同化權火星，表示不能一起生活，和其他人一起生活了，也就是離婚了。

事實上：求測者的父母在 2011 年離婚了。

八座紅鸞天府紫微，婚外感情

天梁紅八天天天大龍 府存鸞座才官巫料德 旬　廟廟旺旺旺　陷 博士 亡神　24～33 貫德 長生　癸巳　夫妻宮	天太擎地旬 同陰羊劫空 　不陷陷廟廟 官府 將星　14～23 白虎 養　甲午　兄弟宮	武貪恩天寡天 曲狼光壽宿德 廟廟旺旺不陷 伏兵 攀鞍　4～13 天德 胎　乙未　命宮	太巨火天解天 陽門星馬神哭 旺廟陷旺旺不陷 大耗 歲驛　114～123 弔客 絕　丙申　父母宮
左陀地截天 輔羅空空廚 廟廟陷陷陷 力士 月煞　34～43 貪破 沐浴　壬辰　子女宮	坤造　丙　庚　丁　丁（日空午、未） 　　　戌　寅　亥　未 1命宮　2兄弟　3夫妻　4子女　5財帛　6疾厄 7遷移　8交友　9官祿　10田宅　11福德　12父母 甲干　廉貞-太陽　乙干　天機-太陰　丙干　天同-廉貞　丁干　太陰-巨門 戊干　貪狼-天機　己干　武曲 庚干　太陽-天同　辛干　巨門-文昌　壬干　天梁-武曲　癸干　破軍-貪狼		天天天三封 相刑臺誥 陷廟廟廟 病符 息神　104～113 病符 墓　丁酉　福德宮　身宮 基丁酉
廉破文天貴陰 貞軍昌貴德 平陷旺旺旺 青龍 咸池　44～53 小耗 冠帶　辛卯　財帛宮			天天右鈴天華 機梁弼星月蓋 利廟廟廟　平 喜神 華蓋　94～103 歲建 死　戊戌　田宅宮
龍天陰 池傷煞 平平 小耗 指背　54～63 官符 臨官　庚寅　疾厄宮	天喜破 姚輔碎 平陷 將軍 天煞　64～73 貫索 帝旺　辛丑　遷移宮	廉天天天蜚年 貞福傷廚康解 廟旺旺廟陷　廟 奏書 災煞　74～83 喪門 衰　庚子　交友宮	紫七天天天孤劫 微殺空魁喜空煞 旺旺旺旺旺平平 飛廉 劫煞　84～93 晦氣 病　己亥　官祿宮

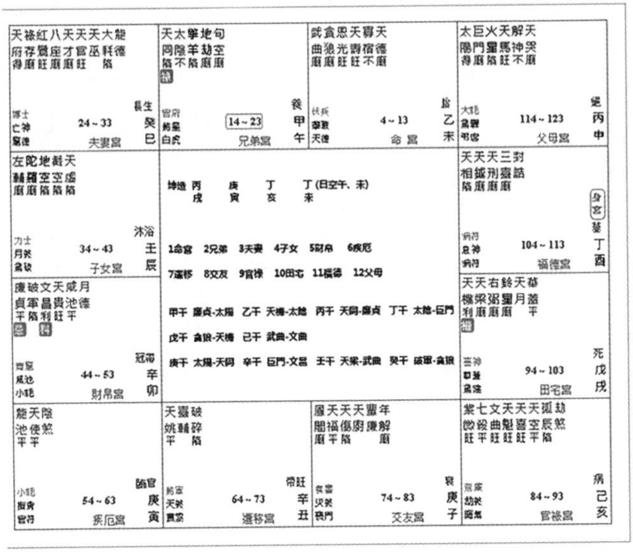

紫微星和天府星是兩顆北斗星和南斗星的領頭羊，都是有領導地位的星，處在夫妻宮的時候表示兩個人都很強勢、都有能力，但是也容易出現婚外情，不過這需要看其他星曜的配合才能斷定。

來看上面的盤：

盤中的命宮武曲貪狼恩光星，說明興趣高漲、精力充沛。具有了婚外情的前提。

再看交友宮，鳳閣星天福天廚星，加會巨門星，說明在外的房子裡面吃東西享受，這是交往和在娛樂場所的影子。

再看夫妻宮天府祿存紅鸞八座天官天巫星，照紫微文曲天魁天喜星，說明有兩個男人進入生活，有桃花運，對方有地位有錢，很風流。

事實上：求測者是個有家室的女子，在搞婚外情。

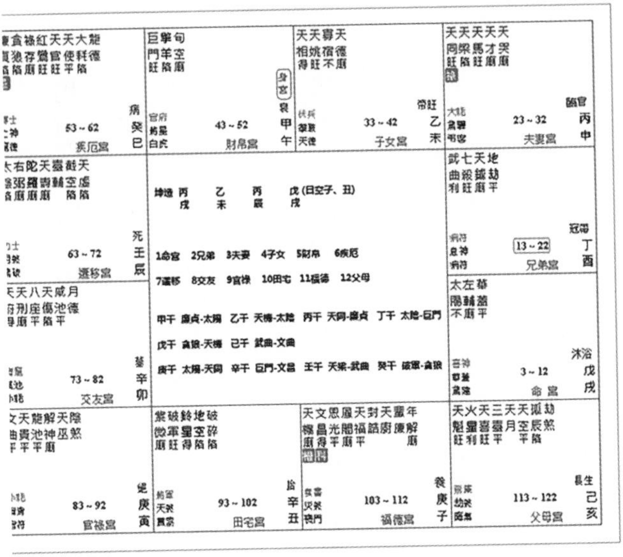

左輔右弼陀羅太陽陷落，為感情糾結猶豫

廉貪祿紅天天大龍 貞狼存鸞官使耗德 旺陷廟旺平陷平 亡神 貫索 53~62　廉癸巳 疾厄宮	巨擊句 門羊空 旺陷陷 身宮 官府 病符 43~52　甲午 財帛宮	天天寡天 相姚宿德 得旺不廟 伏兵 晦氣 33~42　乙未 子女宮	天天天天 同梁馬才 旺旺旺廟 大耗 歲建 23~32　丙申 夫妻宮
太右陀天臺越天 陰弼羅輔空虛廚 廟廟廟　陷陷 大耗 63~72　壬辰 遷移宮	坤造　丙　乙　丙　戊（日空子、丑） 　　　戌　未　辰　戌		武七天地 曲殺擄劫 利旺廟平 飛廉 貫索 13~22　丁酉 兄弟宮
天天八咸月 府刑座池德 得廟平平平 官符 73~82　辛卯 交友宮	1命宮　2兄弟　3夫妻　4子女　5財帛　6疾厄 7遷移　8交友　9官祿　10田宅　11福德　12父母 甲干　廉貞-太陽　乙干　天機-太陰　丙干　天同-廉貞　丁干　太陰-巨門 戊干　貪狼-天機　己干　武曲-文曲 庚干　太陽-天同　辛干　巨門-文昌　壬干　天梁-武曲　癸干　破軍-貪狼		太天蜚 陽輔廉 陷不不 白虎 喪門 3~12　戊戌 命宮
文左天天陰 曲輔池神巫煞 平平平廟 貫索 83~92　庚寅 官祿宮	紫破鈴地破 微軍星空碎 廟旺　陷陷 勾絞 93~102　辛丑 田宅宮	天文恩擄天封天寡年 機昌光詡福廚廟康解 廟旺平廟平廟 103~112　庚子 福德宮	天火天三天孤劫 魁星喜臺月辰煞 旺旺旺　平 113~122　己亥 父母宮

左輔右弼星是幫助星，但是當兩顆星同度或者相照的時候，也表示左右為難，若是再同度陀羅就更明顯的糾結猶豫。為什麼事情糾結？看同度的其他星曜。

來看上面的盤：

求測者未開口，但是盤中命宮太陽陷落，左輔星照右弼陀羅星，說明這是為了男人或者說對象，也就是感情的事情而來的，左輔右弼顯示心

理的搖擺不定、陀羅顯示糾結難斷的心態。

再看交友宮，廉貞化忌貪狼紅鸞星祿存星，說明有感情，但是目前在鬧矛盾，已經有過同居情況。

再看夫妻宮天同化祿天梁星陷落天馬天哭星，說明很苦惱，對方走了，分道揚鑣了。

事實上：求測者交往的是一個有婦之夫，對方長相一般，但是捨得花錢，對她還不錯，目前在鬧矛盾。

夫妻宮左輔右弼兩次婚姻

天天火龍天天天天 目廚星池福傷哭巫 旺旺陷陷 不 喜神 54~63 病符 交友宮 長生 丁巳	天文八天咸月 梁曲座官池耗德 廟陷旺平旺旺 飛廉 64~73 小耗 遷移宮 沐浴 戊午	廉七天 貞殺廚 利廟平 奏書 74~83 歲驛 疾厄宮 冠帶 己未	文天三蜚解龍 昌喜臺廉神德 得旺旺 不 亡神 84~93 亡神 財帛宮 臨官 庚申
巨左封 門輔誥 旺 廟 將軍 大耗 官祿宮 養 丙辰 44~53 身宮	坤造 癸 甲 丙 庚 (日空午、未) 　　　丑 寅 戌 寅 1命宮 2兄弟 3夫妻 4子女 5財帛 6疾厄 7遷移 8交友 9官祿 10田宅 11福德 12父母 甲干 廉貞-太陽 乙干 天機-太陰 丙干 天同-廉貞 丁干 太陰-巨門 戊干 貪狼-天機 己干 武曲-文曲 庚干 太陽-天同 辛干 巨門-文昌 壬干 天梁-武曲 癸干 破軍-貪狼		地天天鳳蜚年 空刑貴閣廉解 廟廟廟廟 旺 病符 94~103 白虎 子女宮 帝旺 辛酉
貪食天天 狼食魁刑 平 平 小耗 病符 田宅宮 胎 乙卯 34~43			天右天寡天 同弼壽宿德 平廟 廟廟 喜神 104~113 龍德 夫妻宮 衰 壬戌
太天紅旬陰劫 陰機鸞空煞煞 旺旺旺陷陷 青龍 24~33 天德 福德宮 絕 甲寅	天天地天截破華 府羊空才空碎蓋 廟陷平平平陷 力士 14~23 弔客 父母宮 墓 乙丑	太祿鈴 陽存星 陷廟陷 博士 4~13 病符 命宮 死 甲子	武破陀天思天 曲軍羅馬光廚 平平陷旺旺 官府 114~123 歲建 兄弟宮 病 癸亥

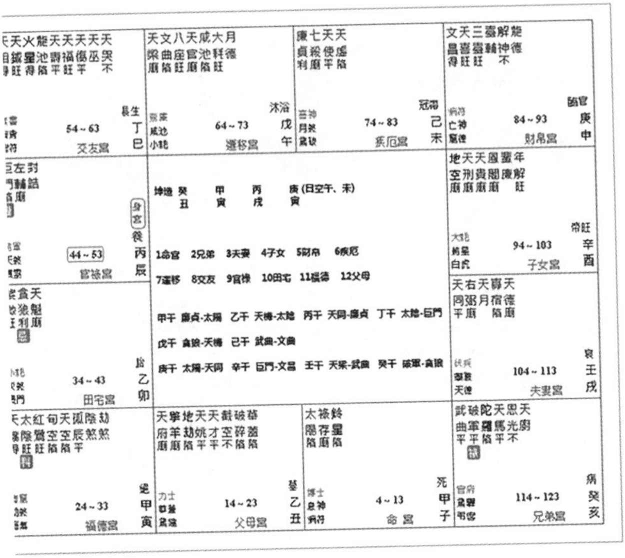

左輔右弼在夫妻宮或者照夫妻宮，容易夫妻分離，若是異地分居才會稍好一些。

來看上面的命盤：

本命主夫妻宮天同星天月天德右弼星，照左輔封誥星。說明感情狀態欠佳，會異地分居或者離異。但是夫妻之間是有互助作用的。

再看夫妻宮的官祿宮在寅位，太陰化科天機星劫煞陰煞星，說明會變化更換結婚證，也就是二次婚姻。

事實上：命主二次婚姻，2008年離異。

八座天馬天機，夫妻分分合合

天目 天嘉 天姚 天使 天空 天辰 劫煞 旺 旺 廟 平 廟 陷	天哭 右弼 鈴星 三臺 天旬 天陰 年解 廟 弱 廟 廟 旺 廟 平 平	廉貞 七殺 地月 天福 利 廟 平 旺	左輔 八座 恩光 月 廟 平
長生 指背 病符 54~63 乙巳 疾厄宮	貫索 災煞 喪門 44~53 財帛宮 丙午	養 天煞 貫索 34~43 子女宮 丁未	胎 指背 官府 24~33 夫妻宮 戊申
天福 台輔 廟			天同 天鉞 天廚 池德 廟 平
沐浴 攀鞍 貫索 64~73 甲辰 遷移宮	坤造 壬 丙 辛 丙（日空辰、丑） 辰 午 酉 申 1命宮 2兄弟 3夫妻 4子女 5財帛 6疾厄 7遷移 8交友 9官祿 10田宅 11福德 12父母		齋驛 威池 小耗 14~23 兄弟宮 己酉
武曲 貪狼 天魁 地空 封空 利 廟 平 平	甲干 廉貞-太陽 乙干 天機-太陰 丙干 天同-廉貞 丁干 太陰-巨門 戊干 貪狼-天機 己干 武曲-文曲 庚干 太陽-天同 辛干 巨門-文昌 壬干 天梁-武曲 癸干 破軍-貪狼		天陀 火天 封天 同羅 星 官誥虛 廟 廟 平 平
冠帶 歲驛 吳卯 交友宮 74~83			力士 4~13 庚戌 命宮
天太 文 天輔 天 臺 天突 旺 旺 旺 旺 廟 平	天天 寡破天 府刑 宿碎德 廟 平 陷 廟	太文擎解 陽曲羊神 陷 得 陷 廟	武破祿恩天 曲軍存鸞光料德 平 平 旺 廟 廟 不 陷
身宮 隨官 將星 官祿宮 84~93 王寅	伏兵 息神 94~103 乙丑 田宅宮	帶旺 喜神 104~113 甲子 福德宮	博士 亡神 114~123 父母宮 辛亥

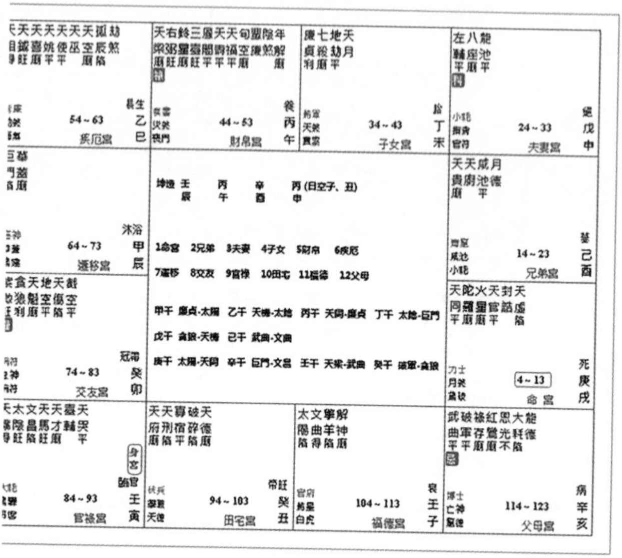

夫妻宮是一個需要穩定的宮位，如果落或者照很多動態星情的星曜，就會出現感情不穩定，分分合合或者遠走高飛等。

來看上面的盤：

求測者問婚姻，我們來看命宮陀羅火星封誥，說明出現極端的意外情況，比如車禍類型的等。

再看夫妻宮，左輔八座星，照天機太陰太納悶台輔星，說明夫妻感情時好時壞、分分合合，不穩定。

再看夫妻宮的官祿宮文曲太陽陷落解神星，照天梁星化祿鈴星三台蜚廉星，說明離婚、不止一次婚姻。

事實上：求測者和丈夫結婚四年後，一直感情不好，後來離婚，但是之後又再次住在一起，兩年後再次分開。

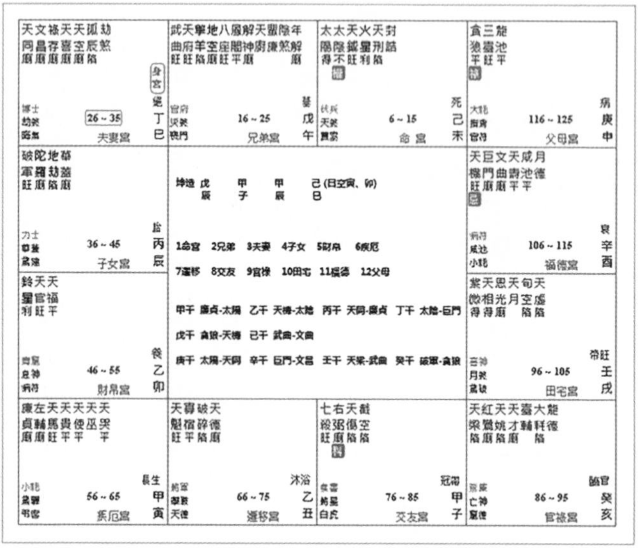
天文祿天天孤劫
同昌存喜空辰煞
廟廟廟廟廟陷
身宮
絕 丁巳
26 ~ 35
夫妻宮
武天擎地八鳳解天蜚陰年
曲府羊空座閣神廚廉煞解
旺旺陷廟旺平廟 廟
墓 戊午
16 ~ 25
兄弟宮
太太天火天封
陽陰鉞星刑誥
得不旺利陷
死 己未
6 ~ 15
命宮
貪三龍
狼臺池
平旺平
病 庚申
116 ~ 125
父母宮
破陀地華
軍羅劫蓋
旺廟陷廟
胎 丙辰
36 ~ 45
子女宮
坤造 戊 甲 甲 己(日空寅、卯)
辰 子 辰 巳
1命宮 2兄弟 3夫妻 4子女 5財帛 6疾厄
7遷移 8交友 9官祿 10田宅 11福德 12父母
甲干 廉貞-太陽 乙干 天機-太陰 丙干 天同-廉貞 丁干 太陰-巨門
戊干 貪狼-天機 己干 武曲-文曲
庚干 太陽-天同 辛干 巨門-文昌 壬干 天梁-武曲 癸干 破軍-貪狼
天巨文天咸月
機門曲壽池德
旺廟廟平平
衰 辛酉
106 ~ 115
福德宮
鈴天天
星官福
利旺平
養 乙卯
46 ~ 55
財帛宮
紫天恩天旬天
微相光月空虛
得得廟 陷陷
帝旺 壬戌
96 ~ 105
田宅宮
廉左天天天天天
貞輔馬貴使巫哭
廟廟旺平平 平
長生 甲寅
56 ~ 65
疾厄宮
天寡破天
魁宿碎德
旺平陷廟
沐浴 乙丑
66 ~ 75
遷移宮
七右天截
殺弼傷空
旺廟陷陷
冠帶 甲子
76 ~ 85
交友宮
天紅天天臺大龍
梁鸞姚才輔耗德
陷廟陷廟 陷
臨官 癸亥
86 ~ 95
官祿宮

太陰太陽火星天鉞，風風火火能幹

兩個人離婚的原因往往不只一種，甚至也不是某一個人的原因，居多的時候是雙方都有缺點並且互不買帳。

來看上面的命盤：

命主的命宮太陽旺勢太陰較弱天鉞火星，說明這個女人能幹，風風火火的幹勁。

再看她的官祿宮天梁星紅鸞天才台輔星，照天同文昌祿存星等，說明很熱愛工作並享受工作帶來的樂趣，經常出門做業務等。

再看夫妻宮天同文昌天喜天空劫煞星，說明丈夫花錢多、揮霍，有桃花，這個夫妻關係會破裂成為平行線。

事實上：丈夫喜歡拈花惹草，妻子是個工作狂，兩人在一起生活五年後最終離婚了。

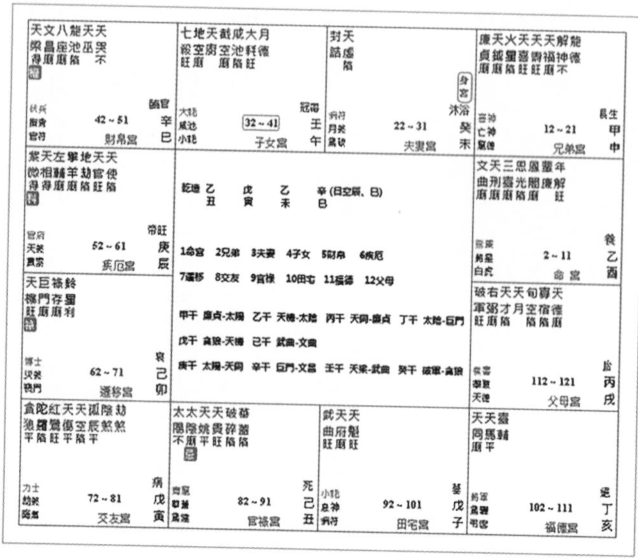

七殺太陰化忌的夫妻宮，家裡妻子缺乏女人味

天文八龍天天 梁昌座池巫哭 壽廟廟廟 不	七地天截成大月 殺空廚空池耗德 旺廟 陷陷旺	封天 誥感 陷	廉天火天天解歲 貞搖嘉喜貴神破 廟廟陷旺廟廟 不
伏兵 沐浴 指背 42~51 辛巳 歲驛 財帛宮	冠帶 大耗 咸池 [32~41] 壬午 小耗 子女宮	沐浴 身宮 病符 月煞 22~31 癸未 亡神 夫妻宮	長生 官符 亡神 12~21 甲申 七煞 兄弟宮
紫天左擎地天天 微相輔羊劫官使 旺廟廟陷廟旺陷			文天三思鳳龍蜚 曲刑臺光閣德廉 廟廟陷 旺
帝旺 官府 天煞 52~61 庚辰 息神 疾厄宮	乾造 乙 戊 乙 辛（日空辰、日） 丑 寅 未 巳		養 飛廉 劫煞 2~11 乙酉 白虎 命宮
天巨祿鈴 機門存星 旺廟廟利	1命宮 2兄弟 3夫妻 4子女 5財帛 6疾厄 7遷移 8交友 9官祿 10田宅 11福德 12父母		破右天天旬尊天 軍弼喜貴空宿德 旺陷 陷陷廟
衰 博士 災煞 62~71 己卯 劫煞 遷移宮	甲干 廉貞-太陽 乙干 天機-太陰 丙干 天同-廉貞 丁干 太陰-巨門 戊干 貪狼-天機 己干 武曲-文曲 庚干 太陽-天同 辛干 巨門-文昌 壬干 天梁-武曲 癸干 破軍-貪狼		胎 奏書 災煞 112~121 丙戌 天德 父母宮
貪陀紅天天陰劫 狼羅鸞傷才煞然 平陷旺陷旺 平	太太天破蜚 陽陰姚碎廉 不廟旺陷	武天天 曲府魁 旺廟旺	天天鳳 同馬閣 廟平 平
病 力士 劫煞 72~81 戊寅 華蓋 交友宮	死 青龍 華蓋 82~91 己丑 歲驛 官祿宮	墓 小耗 息神 92~101 戊子 攀鞍 田宅宮	絕 將軍 歲驛 102~111 丁亥 將星 福德宮

夫妻宮坐落或者會照太陰星的時候，太陰星在適度旺的時候，是很多情、多才藝的，感情也很溫柔賢慧，但是太陰化忌以後就會變得不那麼可愛。如果再加會或者同度七殺那就很彪悍，讓人畏懼，難以有很好的夫妻關係了。

來看上面的命盤：

本命夫妻宮封誥星，照太陰化忌，合七殺地空截空星。封誥地空截空說明在一起的時候少或者沒有共同

語言。七殺星表示兇悍或者說相互對待上比較冷漠。太陰化忌說明缺乏女人的溫情。

再看夫妻宮的夫妻宮在巳位，文昌八座天巫星照天同星，說明不止一份結婚證，可見離婚是遲早的事情。

再看交友宮貪狼紅鸞星，照廉貞星，說明命主善於交際，有異性朋友等。稍有不慎會有婚外情人。

事實上：命主和妻子婚後分居兩地多年，後來調動一起了，但是感情卻越來越差，2016年命主出軌，和情人在一起有幾年了。命主說妻子性格兇狠，朋友們都怕她。

文曲文昌三台八座的夫妻宮，兩度新娘遠嫁他鄉

夫妻宮有文曲文昌星表示夫妻感情好的時候會很夫唱婦隨，但是也容易有兩個結婚證，也就是二婚。三台八座表示車輛、出行，也表示離開、分裂，在夫妻宮容易造成分道揚鑣，同時也容易遠嫁他鄉或者和外國人結婚。

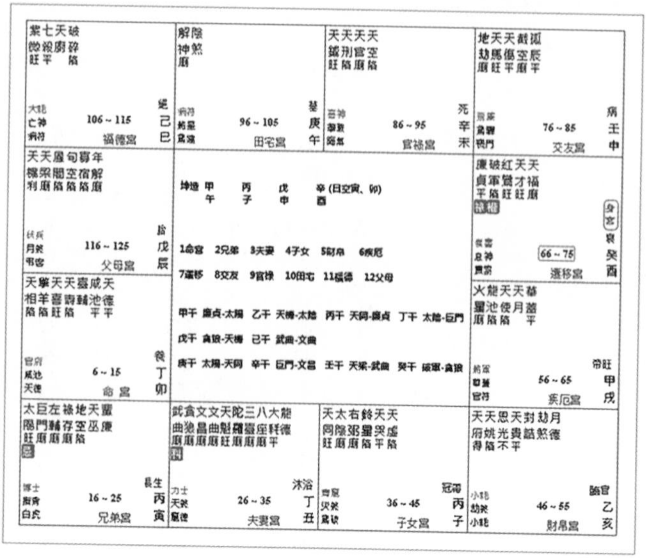
紫微 七殺 天廚 破碎
106 ~ 115 己巳 福德宮
解神 陰煞
96 ~ 105 庚午 田宅宮
天鉞 天刑 天官 天空
86 ~ 95 辛未 官祿宮
地劫 天馬 天傷 截空 孤辰
76 ~ 85 壬申 交友宮
天機 天梁 恩閣 旬空 寡宿 年解
116 ~ 125 戊辰 父母宮
坤造 甲午 丙子 戊申 辛酉 (日空寅、卯)
1命宮 2兄弟 3夫妻 4子女 5財帛 6疾厄
7遷移 8交友 9官祿 10田宅 11福德 12父母
甲干 廉貞-太陽 乙干 天機-太陰 丙干 天同-廉貞 丁干 太陰-巨門
戊干 貪狼-天機 己干 武曲-文曲
庚干 太陽-天同 辛干 巨門-文昌 壬干 天梁-武曲 癸干 破軍-貪狼
廉貞 破軍 紅鸞 天才 天福
身宮
66 ~ 75 癸酉 遷移宮
天相 擎羊 天喜 天壽 台輔 咸池 天德
6 ~ 15 丁卯 命宮
火星 龍池 天使 天月 華蓋
56 ~ 65 甲戌 疾厄宮
太陽 巨門 左輔 祿存 地空 天巫 天廚
16 ~ 25 丙寅 兄弟宮
武曲 貪狼 文昌 文曲 天魁 陀羅 三台 八座 大耗 龍德
26 ~ 35 丁丑 夫妻宮
天同 太陰 右弼 鈴星 天哭 天虛
36 ~ 45 丙子 子女宮
天府 天姚 恩光 天貴 封誥 劫煞 月德
46 ~ 55 乙亥 財帛宮

來看上面的命盤：

命主的夫妻宮武曲貪狼文曲文昌三台八座星，武曲貪狼說明經濟條件不錯，也說明夫妻感情好的時候如漆似膠，也會說明丈夫精力充沛。文曲文昌表示夫唱婦隨，也表示離婚。三台八座表示出走離開離婚等。

事實上：命主第一任丈夫是日本人。

貪狼化祿陀羅龍池的夫妻宮，妻子容易出軌

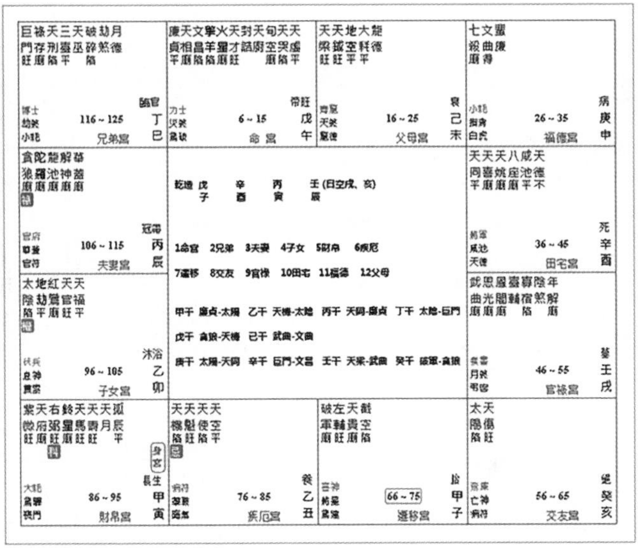
巨祿天三天破劫月
門存刑壽巫碎煞德
旺廟陷平 陷
博士 116～125 臨官 丁 巳 兄弟宮
廉天文擎火天封天旬天天
貞相昌羊星才誥廚空哭虛
平廟陷陷廟旺 廟陷平
力士 6～15 帝旺 戊 午 命宮
天天地大龍
梁鉞空耗德
旺旺平平
16～25 衰 己 未 父母宮
七文蜚
殺曲廉
廟得
小耗 26～35 病 庚 申 福德宮
貪陀龍解華
狼羅池神蓋
廟廟廟廟廟
官府 106～115 冠帶 丙 辰 夫妻宮
乾造 戊 辛 丙 壬 (日空戌、亥)
子 酉 寅 辰
1命宮 2兄弟 3夫妻 4子女 5財帛 6疾厄
7遷移 8交友 9官祿 10田宅 11福德 12父母
甲干 廉貞-太陽 乙干 天機-太陰 丙干 天同-廉貞 丁干 太陰-巨門
戊干 貪狼-天機 己干 武曲-文曲
庚干 太陽-天同 辛干 巨門-文昌 壬干 天梁-武曲 癸干 破軍-貪狼
天天天八咸天
同壽姚座池德
平廟廟廟平不
36～45 死 辛 酉 田宅宮
太地紅天天
陰劫鸞官福
陷平廟旺平
伏兵 96～105 沐浴 乙 卯 子女宮
武恩鳳臺寡陰年
曲光閣輔宿煞解
廟廟廟 陷 廟
46～55 墓 壬 戌 官祿宮
紫天右鈴天天天孤
微府弼星馬壽月辰
旺廟旺廟旺旺 平
身宮
大耗 86～95 長生 甲 寅 財帛宮
天天天天
機魁使空
陷旺陷平
病符 76～85 養 乙 丑 疾厄宮
破左天截
軍輔貴空
廟旺廟陷
喜神 66～75 胎 甲 子 遷移宮
太天
陽傷
陷旺
56～65 絕 癸 亥 交友宮

貪狼星是一個典型的色情星曜，實際上還是弱點比較合適，但是廟旺的貪狼若是同度陀羅星，就會醉心於夫妻之事，熱衷於那女那點事，在夫妻宮的話，容易有夫妻出軌或者二婚經歷。

來看上面的命盤：

本命夫妻宮貪狼化祿陀羅龍池解神華蓋星，貪狼化祿，有聰明和金錢上的優勢，但是同度陀羅龍池星卻表示很好色，是一種主動的好色。解神表示解除，華蓋表示孤獨等。可見婚姻不順利，容易離婚或者妻子鬧出緋聞。

事實上：命主妻子出軌，然後才離婚的。

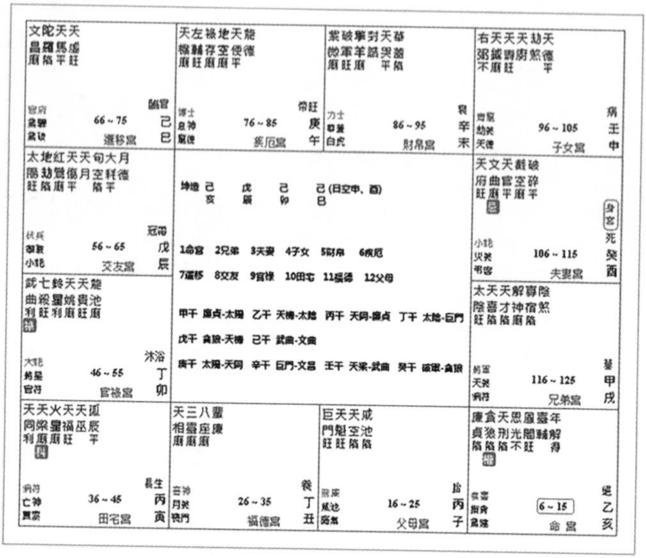
文陀天天
昌羅馬虛
廟陷平旺
66～75 己巳 臨官
遷移宮
天左祿地天龍
機輔存空使德
廟旺廟廟平
76～85 庚午 帝旺
疾厄宮
紫破擎封天華
微軍羊誥哭蓋
廟旺廟 平陷
86～95 辛未 衰
白虎
財帛宮
右天天天劫天
弼鉞壽廚煞德
不廟旺 平
96～105 壬申 病
天德
子女宮
太地紅天天旬大月
陽劫鸞傷月空耗德
旺陷廟平 陷平
56～65 戊辰 冠帶
小耗
交友宮
坤造 己亥 戊辰 己卯 己巳(日空申、酉)
1命宮 2兄弟 3夫妻 4子女 5財帛 6疾厄
7遷移 8交友 9官祿 10田宅 11福德 12父母
甲干 廉貞-太陽 乙干 天機-太陰 丙干 天同-廉貞 丁干 太陰-巨門
戊干 貪狼-天機 己干 武曲-文曲
庚干 太陽-天同 辛干 巨門-文昌 壬干 天梁-武曲 癸干 破軍-貪狼
天文天截破
府曲官空碎
旺廟平廟平
忌
身宮
106～115 癸酉 死
小耗
弔客
夫妻宮
武七鈴天天龍
曲殺星姚貴池
利旺利廟旺廟
祿
46～55 丁卯 沐浴
大耗
官符
官祿宮
太天天解寡陰
陰喜才神宿煞
旺陷陷廟陷
116～125 甲戌 墓
天煞
病符
兄弟宮
天天火天天孤
同梁星福巫辰
利廟廟旺 平
科
36～45 丙寅 長生
病符
亡神
田宅宮
天三八蜚
相臺座廉
廟廟廟
26～35 丁丑 養
月煞
福德宮
巨天天咸
門魁空池
旺旺陷陷
16～25 丙子 胎
咸池
父母宮
廉貪天恩鳳臺年
貞狼刑光閣輔解
陷陷陷不旺 得
權
6～15 乙亥 絕
指背
命宮

七殺天姚星主驚險桃花；天府文曲化忌主夫妻冷戰

天府星在表達性格的時候是沉默寡言、不善於表達等，文曲星本來是一顆能言善道的星曜，但是化忌的文曲星表示口舌。天府星與文曲化忌組合就是沉默的口舌，其實質就是冷戰、不理睬、不關心等形式的反抗。

來看上面的盤：

求測者問：生活不順，是否與這個房子有關係。

先看本命的夫妻宮，天府星表示

在夫妻生活中兩人的相互對待關係是沉默的、互相不關心的。文曲化忌，表示口舌，但是文曲化忌在癸酉位，是有口舌之實質但是無口舌之聲，所以天府與文曲化忌表示冷戰。截空就是減少回家的時間或者很少回家等。

看對照的七殺星天姚星，說明夫妻關係不好是因為在外面有桃花了。

再看田宅宮天同天梁化科火星天巫星等，天同星利勢，表示這個房子中不愉快。而天梁星化科火星天巫星表示突然的變壞、毀約、失信、落選、考試不及格、涉及法律、改變檔、修改文書等。天巫星表示錯誤的風水佈局或者神祕力量等。

總之判斷這個房子的風水是有問題的。

事實上：在這個房子居住的女主人，婚姻一塌糊塗，丈夫出軌、破財。自己帶孩子在家，孩子上學成績差。冷戰一年多，離了。

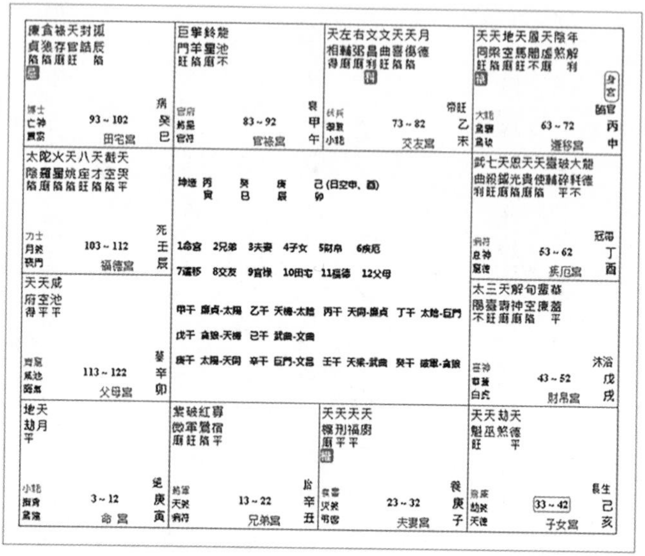

夫妻宮巨門鈴星天刑星，會有婚變

廉貪祿存天孤 貞狼存馬辰 陷陷旺旺陷 忌 博士 亡神 貫索 93～102 田宅宮　病癸巳	巨擎鈴天 門羊星池 旺陷廟不 官府 將星 官符 83～92 官祿宮　衰甲午	天左右文文天月 相輔弼昌曲喜傷德 廟廟廟旺旺旺陷 祿 伏兵 攀鞍 小耗 73～82 交友宮　帝旺乙未	天天地天陰年 同梁空間虛解 旺廟旺不廟利 科 大耗 歲驛 病符 63～72 遷移宮　臨官丙申　身宮
太陀火天八天蜚 陰羅星姚座才廉 陷陷旺旺旺旺陷 力士 月煞 喪門 103～112 福德宮　死壬辰	坤造　丙　癸　庚　己（日空申、酉） 　　　寅　巳　辰　卯 1命宮　2兄弟　3夫妻　4子女　5財帛　6疾厄 7遷移　8交友　9官祿　10田宅　11福德　12父母		武七天恩天天喜破大龍 曲殺貴光貴使輔碎耗德 利旺廟廟 病符 息神 貫索 53～62 疾厄宮　冠帶丁酉
天天咸 府空池 旺平陷 青龍 咸池 晦氣 113～122 父母宮　墓辛卯	甲干 廉貞-太陽　乙干 天機-太陰　丙干 天同-廉貞 戊干 貪狼-天機　己干 武曲-文曲 丁干 太陰-巨門 庚干 太陽-天同　辛干 巨門-文昌　壬干 天梁-武曲　癸干 破軍-貪狼		太三天解旬寡華 陽台空神空宿蓋 不旺廟廟陷 喜神 華蓋 白虎 43～52 財帛宮　沐浴戊戌
地天劫月 平 小耗 指背 喪門 3～12 命宮　絕庚寅	紫破紅寡 微軍鸞宿 廟旺陷平 將軍 天煞 病符 13～22 兄弟宮　胎辛丑	天天天天 機刑福廚 廟平平 權 奏書 災煞 弔客 23～32 夫妻宮　養庚子	天天劫天 魁鉞煞德 旺 飛廉 劫煞 天德 33～42 子女宮　長生己亥

鈴星，表示嚴重到一定程度、亮起紅燈，多爭執矛盾和是非。巨門星表示口舌、口才等。天刑星，表示刑法、刑剋、是非糾紛等。這三顆星曜同宮或者會照一般會有不順利，嚴重的就是官司是非了。若出現在夫妻宮，那就是離婚。

來看上面的命盤：

命宮天同天馬地空星，都是一些不穩定的星曜。

再看夫妻宮天機化權、天刑

154

星，照巨門鈴星，說明多變動，會有口舌、是非和官非等涉及法律的事情。也就是婚變。

再看交友宮天相文曲文昌左輔右弼等，說明好交往、有多個異性朋友等，也是容易有桃花星情況。

命主說：2016年因為前女友給攪局而離婚，

天同星表示平行線，在夫妻宮容易出軌

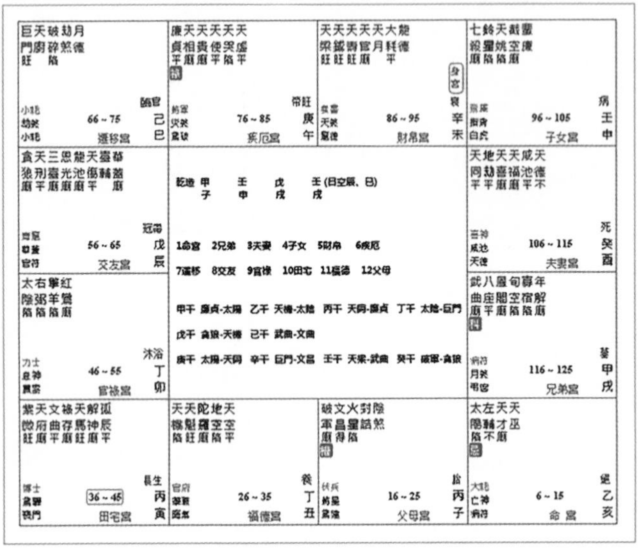
巨天破劫月
門廚碎煞德
旺 陷
臨官
66 ~ 75
遷移宮
己巳
廉天天天天天
貞相貴使哭虛
平廟廟平陷平
帝旺
76 ~ 85
疾厄宮
庚午
天天天天天大龍
梁鉞壽官月耗德
旺旺旺廟 平
身宮
衰
86 ~ 95
財帛宮
辛未
七鈴天截蜚
殺星姚空廉
廟陷陷廟
病
96 ~ 105
子女宮
壬申
貪天三恩龍天臺蓋
狼刑臺光池傷輔蓋
廟平廟廟廟平 廟
冠帶
56 ~ 65
交友宮
戊辰
乾造 甲 壬 戊 壬 (日空辰、巳)
子 申 戌 戌
1命宮 2兄弟 3夫妻 4子女 5財帛 6疾厄
7遷移 8交友 9官祿 10田宅 11福德 12父母
甲干 廉貞-太陽 乙干 天機-太陰 丙干 天同-廉貞 丁干 太陰-巨門
戊干 貪狼-天機 己干 武曲-文曲
庚干 太陽-天同 辛干 巨門-文昌 壬干 天梁-武曲 癸干 破軍-貪狼
天地天天咸天
同劫喜福池德
平平廟廟平不
死
106 ~ 115
夫妻宮
癸酉
太右擎紅
陰弼羊鸞
陷陷陷廟
沐浴
46 ~ 55
官祿宮
丁卯
武八恩旬寡年
曲座閣空宿解
廟平廟陷陷廟
墓
116 ~ 125
兄弟宮
甲戌
紫天文祿天解孤
微府曲存馬神辰
旺廟平廟旺廟平
長生
36 ~ 45
田宅宮
丙寅
天天陀地天
機魁羅空空
陷旺廟陷平
養
26 ~ 35
福德宮
丁丑
破文火封陰
軍昌星誥煞
廟得陷
胎
16 ~ 25
父母宮
丙子
太左天天
陽輔才巫
陷不廟
絕
6 ~ 15
命宮
乙亥

天喜紅鸞星與咸池星同度，發生戀愛、私情、偷情的機率相當高，一旦進入夫妻宮，一般會出現婚後出軌事件。若是再次同度了天同星，那就更明顯了。天同星表示自娛自樂、平等博愛、自由自在等，也表示平行線、同等地位和身分等。在夫妻宮的天同星表示會出現一個和妻子同等地位的女子，或者說會有兩份結婚證等，簡言之會離婚。

來看上面的命盤：

命宮太陽化忌，說明很不陽光、不愛說話、性格比較內向。照巨門星，說明很直來直去、思路多、點子多等，太陽化忌照巨門星，說明是一種外表不愛說話但是內心很波瀾壯闊的性格。

再看夫妻宮天同地劫天喜咸池星，地劫星就是地下活動，在夫妻宮表示有私情。幾顆星組合以後就是會有小三、偷情、出軌等情況出現。

命主回饋說：是自己有婚外情，保持關係一年多，然後藕斷絲連，於 2020 年被妻子發現並且離婚。

貪狼武曲紅鸞的夫妻宮，容易出軌或者家暴

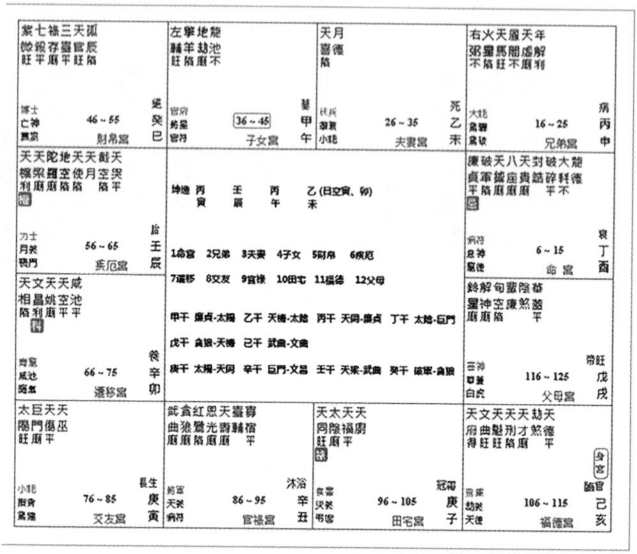
紫七祿三天孤
微殺存臺官辰
旺平廟平旺陷
博士
亡神 46～55 絕
貫索 財帛宮 癸巳
左擎地龍
輔羊劫池
旺陷廟不
官府
將星 36～45 墓
官符 子女宮 甲午
天月
喜德
陷
伏兵
攀鞍 26～35 死
小耗 夫妻宮 乙未
右火天蜚天年
弼星馬閒虛解
不陷旺不廟利
大耗
歲驛 16～25 病
歲破 兄弟宮 丙申
天天陀地天天截天
機梁羅空使月空哭
利廟廟陷陷 陷平
力士
月煞 56～65 胎
喪門 疾厄宮 壬辰
坤造 丙 壬 丙 乙(日空寅、卯)
寅 辰 午 未
1命宮 2兄弟 3夫妻 4子女 5財帛 6疾厄
7遷移 8交友 9官祿 10田宅 11福德 12父母
甲干 廉貞-太陽 乙干 天機-太陰 丙干 天同-廉貞 丁干 太陰-巨門
戊干 貪狼-天機 己干 武曲-文曲
庚干 太陽-天同 辛干 巨門-文昌 壬干 天梁-武曲 癸干 破軍-貪狼
廉破天八天封破大龍
貞軍鉞座貴誥碎耗德
平陷廟廟廟 平不
病符
息神 6～15 衰
歲建 命宮 丁酉
天文天天咸
相昌姚空池
陷利廟平平
青龍
咸池 66～75 養
晦氣 遷移宮 辛卯
鈴解旬蜚陰華
星神空廉煞蓋
廟廟陷 平
喜神
華蓋 116～125 帝旺
白虎 父母宮 戊戌
太巨天天
陽門傷巫
旺廟平
小耗
指背 76～85 長生
龍德 交友宮 庚寅
武貪紅恩天臺寡
曲狼鸞光壽輔宿
廟廟陷廟廟 平
將軍
天煞 86～95 沐浴
病符 官祿宮 辛丑
天太天天
同陰福廚
旺廟平
奏書
災煞 96～105 冠帶
弔客 田宅宮 庚子
天文天天天劫天
府曲魁刑才煞德
得旺旺陷廟 平
身宮
飛廉
劫煞 106～115 臨官
天德 福德宮 己亥

它無法控制自己的私慾，感情用事，這裡的感情用事指的是按照自己的感受去做事，不考慮後果，肆意妄為，非常不理智，對待事業和感情以及人際交往都是如此的，所以才「貪」，貪婪得像狼一樣。當然，並不是僅僅在兒女情場的事情上貪婪，也會兇狠無比，一旦阻礙了它的想法，就會做出回應。若是貪狼同度了武曲星，武

曲星是一顆行動星，實幹派，做事果斷勇敢剛毅，義無反顧等。兩顆星一旦組合就會立刻行動，愛恨情仇都是立刻表現在臉上的，並且立刻付諸行動。貪狼武曲與紅鸞天姚一類的桃花星組合以後，桃花屬性就更加旺，會瘋狂的找異性解決飢渴，若是入駐了夫妻宮，一般會婚後出軌，感情好的時候熱烈得像是火焰，冷卻以後容易家暴，因為武曲也表示肢體動作、武功、打架等含意。

來看上面的命盤：

命主夫妻宮天喜，照武曲貪狼紅鸞星恩光星，可見丈夫是一個很感性的人，開始追求的時候會很瘋狂，但是婚後容易移情別戀。當然精力旺盛、體質好、形象也不錯，有很強的異性緣份，對異性有明顯的感染力和吸引力。

命主說：前夫能力還不錯，酗酒，異性緣旺盛，出軌，家暴，2017 年離婚了。

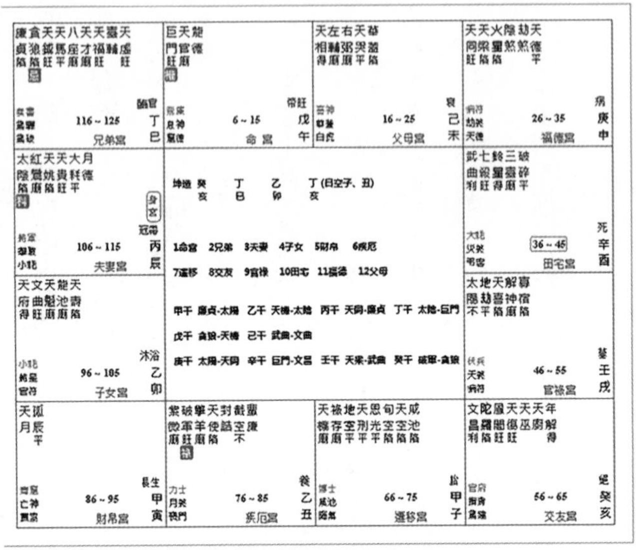

紅鸞天姚絕主分離，天同劫煞沒有歡樂

廉貪天天八天天龍 貞狼鉞馬座才福輔 忌陷 陷陷平旺廟旺旺旺 飛廉 116~125 亡神 歲破　　兄弟宮 臨官 丁巳	巨天龍 門官德 旺旺陷 喜神 6~15 將星 官符　　命宮 帝旺 戊午	天左右天輩 相輔弼壽廉 得廟廟旺陷 官神 16~25 月煞 白虎　　父母宮 衰 己未	天天火陰劫天 同梁星煞煞德 旺旺旺陷陷平 病符 26~35 亡神 龍德　　福德宮 病 庚申
太紅天天大月 陰鸞姚貴科德 陷廟廟陷旺平 【身宮】 奏書 106~115 將星 小耗　　夫妻宮 冠帶 丙辰	坤造　癸　丁　乙　丁（日空亡、丑） 　　　亥　巳　卯　亥 1命宮　2兄弟　3夫妻　4子女　5財帛　6疾厄 7遷移　8交友　9官祿　10田宅　11福德　12父母 甲干　廉貞-太陽　乙干　天機-太陰　丙干　天同-廉貞　丁干　太陰-巨門 戊干　貪狼-天機　己干　武曲-文曲 庚干　太陽-天同　辛干　巨門-文昌　壬干　天梁-武曲　癸干　破軍-貪狼		武七鈴三破 曲殺星臺碎 利旺得廟陷 大耗 36~45 災殺 天德　　田宅宮 死 辛酉
天文天魁池天 府曲魁池壽 得旺廟廟陷 小耗 96~105 攀鞍 官符　　子女宮 沐浴 乙卯			太地天解喜 陰空喜神宿 不平廟廟陷 伏兵 46~55 天殺 弔客　　官祿宮 墓 壬戌
天孤 刑辰 月 平 喜神 86~95 亡神 貫索　　財帛宮 長生 甲寅	紫破擎天對截蜚 微軍羊使鉞廉 廟旺廟陷 不 力士 76~85 月煞 喪門　　疾厄宮 養 乙丑	天祿地天恩天成 梁存空刑光空池 廟平平平陷陷陷 博士 66~75 咸池 晦氣　　遷移宮 　 甲子	文陀鳳天天天年 昌羅閣傷巫廚解 利陷廟旺旺 壽 官府 56~65 指背 病符　　交友宮 絕 癸亥

夫妻宮紅鸞天姚星，會遇到長相較好的丈夫，但是同時丈夫也會很好色。天同星本是一顆自娛自樂、與世無爭的星曜，但是同度了劫煞，這種好心境就會被奪走。

來看上面的命盤：

夫妻宮太陰化科紅鸞天姚星，說明丈夫有異性緣份，好色之徒等。

再看夫妻宮的官祿宮天同陰煞劫煞星，說明婚姻的結果是被逼迫離

婚。

流年2018年命宮在未位，而流年夫妻宮在巳位，廉貞貪狼天馬八座，說明丈夫出軌，好色而不知廉恥，在外鬼混。

再看流年夫妻宮的官祿宮在酉位，七殺鈴星三台星，照文曲天魁星，說明無情的刪改婚姻狀態，也就是離婚或者辦理離婚手續等。

命主說：2010年經由朋友介紹認識，2011年底訂婚、結婚，他當時沒房子、沒存款，有外債。擠著住在他父母六十平米的小房子裡。婚後他出軌，2019年在經過多次掙扎以後，我頂不住他的逼迫才離婚，孩子跟我。離婚後他也沒有給撫養費。

太陽陷落太陰化權的夫妻宮，容易是妻管嚴

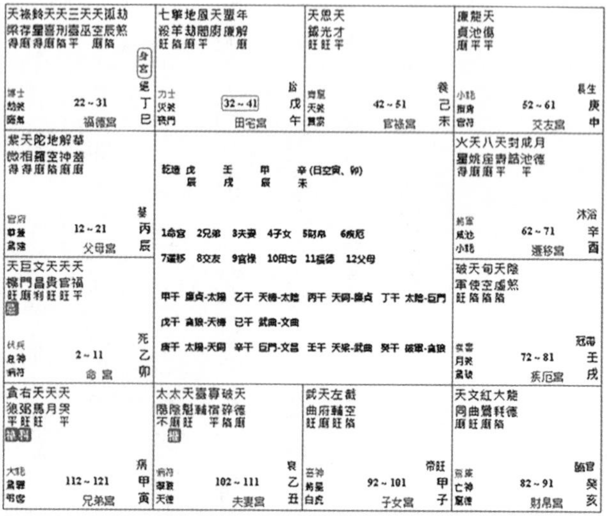
天祿鈴天天三天天孤劫
梁存星喜刑蠱巫空辰煞
得廟得廟陷平　廟陷
身宮
22～31
福德宮
絕　丁巳
七擎地風天蜚年
殺羊劫閣廚廉解
旺陷廟平　廟
32～41
田宅宮
胎　戊午
天恩天
鉞光才
旺旺平
42～51
官祿宮
養　己未
廉龍天
貞池傷
廟平平
52～61
交友宮
長生　庚申
紫天陀地解華
微相羅空神蓋
得得廟陷廟廟
12～21
父母宮
墓　丙辰
乾造 戊 壬 甲 辛（日空寅、卯）
辰 戌 辰 未
1命宮 2兄弟 3夫妻 4子女 5財帛 6疾厄
7遷移 8交友 9官祿 10田宅 11福德 12父母
甲干 廉貞-太陽 乙干 天機-太陰 丙干 天同-廉貞 丁干 太陰-巨門
戊干 貪狼-天機 己干 武曲-文曲
庚干 太陽-天同 辛干 巨門-文昌 壬干 天梁-武曲 癸干 破軍-貪狼
火天八天封咸月
星姚座壽誥池德
得廟廟平　平
62～71
遷移宮
沐浴　辛酉
天巨文天天天
機門昌貴官福
旺廟利旺旺平
2～11
命宮
死　乙卯
破天旬天陰
軍使空盧煞
旺陷陷陷
72～81
疾厄宮
冠帶　壬戌
貪右天天天
狼弼馬月哭
平旺旺　平
112～121
兄弟宮
病　甲寅
太太天蜚寡破天
陽陰魁輔宿碎德
不廟旺　平陷廟
102～111
夫妻宮
衰　乙丑
武天左截
曲府輔空
旺廟旺陷
92～101
子女宮
帝旺　甲子
天文紅大龍
同曲鸞耗德
廟旺廟陷
82～91
財帛宮
臨官　癸亥

太陰太陽兩顆星在丑未兩個位置有同宮機會，但是這丑位置太陽星是陷落的，如果這個宮是夫妻宮，那麼這裡的太陽就是男的是丈夫，而太陰星就是女的是妻子。如果這個時候太陰星再化權，那就很明顯妻子強勢，有妻管嚴傾向，一般來說在家裡都是女的說了算的。同理，如果以上的情況遇到的是父母宮那就是母親在家裡說了算。

來看上面的命盤：

這個命主的夫妻宮是太陽太陰天魁

星台輔星寡宿星，天魁台輔星說明妻子還是有能力的、對自己也有幫助；寡宿星太陽陷落說明經常的被妻子冷落獨守空房的樣子；太陰星廟旺化權說明妻子很強勢，在家裡也是很獨斷的。

命主說：2019年一度想離婚，妻子太強勢，欺負我家人，太憋屈了，被她折磨得不行了，我沒有外遇，只是被她逼得喘不過氣來了。

巨右文天紅天大截 門弼昌曲鸞貴魁德 旺平旺平旺旺平旺 飛廉 亡神 喪門 12~21 兄弟宮 臨官 乙巳	廉天天天天 貞相梁宿德 平廟旺平平 奏書 白虎 2~11 命宮 冠帶 丙午	天臺寡天 梁輔宿德 不廟 將軍 天德 112~121 父母宮 沐浴 丁未	七天天 殺馬巫 廟旺廟 小耗 貫索 司空 102~111 福德宮 長生 戊申 身宮
貪鈴八天天陰 狼星座才虛煞 廟陷廟旺陷 喜神 月煞 貫索 22~31 夫妻宮 帝旺 甲辰	坤造 壬 戊 庚 丁（日空戌、亥） 戌 申 午 丑 1命宮 2兄弟 3夫妻 4子女 5財帛 6疾厄 7遷移 8交友 9官祿 10田宅 11福德 12父母		天左文思天 同輔昌光廚 平廟廟廟陷 病符 飛廉 92~101 田宅宮 養 己酉
太天對天截成月 陰魁拱曲空德 陷廟 平 平 病符 咸池 小耗 32~41 子女宮 衰 癸卯	甲干 廉貞·太陽 乙干 天機·太陰 丙干 天同·廉貞 丁干 太陰·巨門 戊干 貪狼·太陰 己干 武曲·文曲 庚干 太陽·天同 辛干 巨門·文昌 壬干 天梁·武曲 癸干 破軍·貪狼		武陀地三天蜚 曲羅空臺官廉 廟廟陷廟廟 刀士 82~91 官祿宮 胎 庚戌
紫火天天 微府星刑池 旺廟廟平 大耗 指背 官符 42~51 財帛宮 病 壬寅	天天破 機使碎 陷陷陷 伏兵 天煞 貫索 52~61 疾厄宮 死 癸丑	破擎地陰解句華年 軍羊劫閣神空煞解 廟陷平廟廟 廟 官府 災煞 喪門 62~71 遷移宮 墓 壬子	太祿天天孤劫 陽存廉傷辰煞 陷廟旺陷陷陷 博士 劫煞 晦氣 72~81 交友宮 絕 辛亥

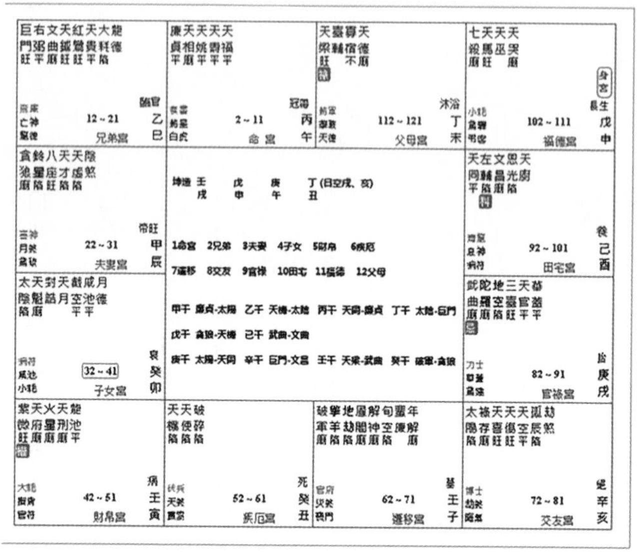

夫妻宮遇到殺破狼結構的，若是殺破狼沒有吉星同度，那婚姻就很不穩定，稍有不慎就會離婚，尤其是貪狼和破軍的夫妻宮。貪狼好色、好玩、好吹牛，雖然聰明但是結構不好的時候容易不務正業或者多情多慾。

來看上面的命盤：

夫妻宮貪狼八座陰煞星，加會破軍，照武曲化忌陀羅星，貪狼陀羅星說明喜歡男女肉慾之事，對肉體體驗比較看重。

貪狼武曲化忌說明因為好色而破財；武曲陀羅說明因為好色而家裡常常打架。

再看夫妻宮的官祿宮在申位，七殺星天哭星天馬星，照紫微天府火星天刑星，七殺天哭星說明被逼迫強迫離婚；七殺火星天刑星說明會對簿公堂的離婚；天馬七殺星說明沒有感情、離婚速度較快，沒有過幾年就離婚了；天府火星天刑星說明離婚沒有獲得很多經濟上的補償。

流年 2013 年夫妻宮在亥位，祿存天喜劫煞天空星，照巨門文曲天鉞紅鸞星，祿存劫煞說明感情蕩然無存；巨門紅鸞文曲，說明丈夫大搖大擺的與婚外情人在一起並且懷孕，因此而離婚。

命主回饋：是的。2013 年無奈離婚。

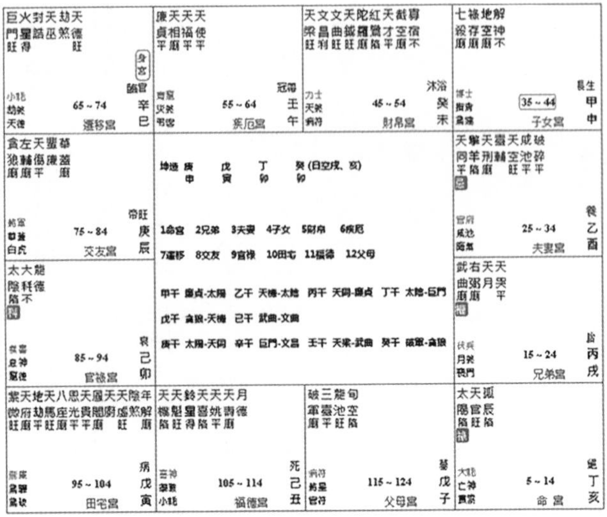

夫妻宮天梁文曲文昌陀羅紅鸞星，配偶好色

巨門 火星 封誥 天巫 劫德 天刑 旺旺 廟旺 小耗 劫煞 天德 65~74 遷移宮 辛巳 身宮 臨官	廉貞 天相 天福 天使 平廟平平 冠帶 力士 天煞 官符 55~64 疾厄宮 壬午	天梁 文昌 文曲 陀羅 紅鸞 天才 截空 寡宿 旺旺旺廟廟平空不 沐浴 博士 指背 貫索 45~54 財帛宮 癸未	七殺 祿存 地空 解神 廟廟廟不 長生 伏兵 咸池 晦氣 35~44 子女宮 甲申
貪狼 左輔 天傷 蜚廉 華蓋 廟廟平 廟 帝旺 將軍 華蓋 白虎 75~84 交友宮 庚辰	坤造　庚　戊　丁　癸（日空戌、亥） 　　　　申　寅　卯　卯 1命宮 2兄弟 3夫妻 4子女 5財帛 6疾厄 7遷移 8交友 9官祿 10田宅 11福德 12父母		天鉞 擎羊 天刑 龍德 天池 破碎 陷陷 旺平不 官府 威池 喪門 25~34 夫妻宮 乙酉
太陰 大耗 龍德 化科 陷不 衰 奏書 息神 龍德 85~94 官祿宮 己卯	甲干 廉貞-太陽　乙干 天機-太陰　丙干 天同-廉貞　丁干 太陰-巨門 戊干 貪狼-天機　己干 武曲-文曲 庚干 太陽-天同　辛干 巨門-文昌　壬干 天梁-武曲　癸干 破軍-貪狼		武曲 右弼 天月 天哭 廟旺 平 伏兵 月煞 弔客 15~24 兄弟宮 丙戌
紫微 天府 地劫 天馬 八座 恩光 天閣 天喜 陰煞 年解 旺廟平旺廟平平平 廟 病 喜神 歲驛 小耗 95~104 田宅宮 戊寅	天機 天梁 鈴星 天姚 天哭 天德 天月 陷旺陷旺旺平平 死 飛廉 攀鞍 105~114 福德宮 丁丑	破軍 三臺 蜚廉 旬空 廟廟 旺 病符 將星 官符 115~124 父母宮 丙子	太陽 火星 陷 辰煞 陷陷 化祿 大耗 亡神 病符 5~14 命宮 丁亥

文曲文昌是是藝術星，同時也是桃花星，不過這裡的桃花會文雅一點，顯示暗戀或者羅曼蒂克的戀愛。

但是同度陀羅和紅鸞，這種愛情就會朝向肉慾發展，醉心於肉體的接觸和體驗，天梁星表示奉獻，所以這樣的夫妻宮一般是丈夫很風流好色的。

來看上面的命盤：

命宮天同星化忌天刑星天空星，說明夫妻關係不愉快、感情不和，夜

166

不歸宿等。

再看夫妻宮的夫妻宮在未位，天梁星文曲文昌紅鸞陀羅星，說明丈夫不忠誠、喜歡拈花惹草、喜歡酒宴美色等。天鉞星表示會出軌、婚外有感情。

再看夫妻宮的官祿宮在丑位，天機陷落天魁鈴星天喜天姚星，照天梁文曲文昌紅鸞陀羅星，說明會因為婚外情而離婚，只是離婚的時間會在中年或者中晚年，因為陀羅星表示糾結和糾纏，會在44歲以後離婚。

命主說：2016年我發現他出軌，2017年都商量離婚了，整天夜不歸宿，十天半月不回家一次，這些年一直在拖著、容忍著，我一個人拉拔著孩子，他自己在外面瀟灑，想想頭都大，累得不行，沒人心疼，他在外面養小三。不過一直到2021年還沒有離婚。

十二宮命盤：

- 財帛宮（空亡巳）46～55：武曲 破軍 左輔 地劫 地空 三臺 龍煞 天福 天月 截空 天哭／病符 貪狼 官符
- 子女宮（蜚甲午）36～45：太陽 天鉞 天傷 咸池 大耗 月德／小耗 咸池 小耗
- 夫妻宮（死乙未）26～35：天府 天虛／喪門 月煞 貫索
- 兄弟宮（病丙申）16～25：天機 太陰 陀羅 天刑 對解 解神 天巫 天德／力士 亡神 龍德
- 疾厄宮（墓壬辰）56～65：天同 文昌 鈴星 天句 空空／奏書 天煞 貫索
- 命宮（身宮 衰丁酉）6～15：紫微 貪狼 右弼 祿存 火星 八座 天閣 天貴 龍閣 蜚廉 年解／博士 將星 白虎
- 遷移宮（死辛卯）66～75：恩光 思陀／飛廉 災煞 晦門
- 父母宮（帝旺戊戌）116～125：巨門 文曲 擎羊 天刑 天才 天壽 寡宿 天傷／官府 攀鞍 天德
- 交友宮（長生庚寅）76～85：天魁 紅鸞 天姚 天傷 地空 劫煞／喜神 劫煞 喪門
- 官祿宮（養辛丑）86～95：廉貞 七殺 祿存 華蓋／病符 指背 貫索
- 田宅宮（沐浴庚子）96～105：天梁 鳳閣 陰煞 天廚／大耗 咸池
- 福德宮（臨官己亥）106～115：天相 天馬／伏兵 息神 官符

中央：飛廉　辛丑　辛卯　庚申　壬午（日空子、丑）

1命宮　2兄弟　3夫妻　4子女　5財帛　6疾厄
7遷移　8交友　9官祿　10田宅　11福德　12父母

甲干 廉貞-太陽　乙干 天機-太陰　丙干 天同-廉貞　丁干 太陰-巨門
戊干 貪狼-天機　己干 武曲-文曲
庚干 太陽-天同　辛干 巨門-文昌　壬干 天梁-武曲　癸干 破軍-貪狼

七殺天府是財務耗散帶來壓力而非劫奪

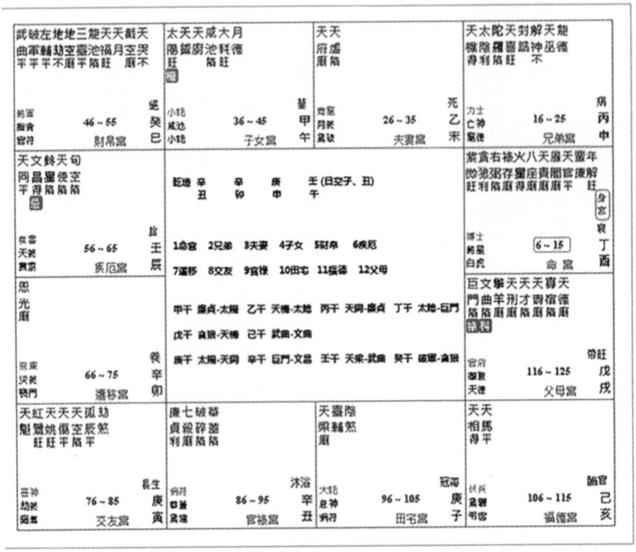

一個求測者說：認識一個女朋友，相貌不差，花費大，人開朗、脾氣大，很擔心她會欺騙我的錢財，擔心是衝著錢來的。

來看上面的盤：

命宮紫微貪狼祿存鳳閣火星，說明已經戀愛或者同居。火星祿存星說明花錢多、消費大。夫妻宮天府天虛星照七殺星，說明愛花錢、大手大腳，不善於理財。但是七殺星剛猛、義氣、有魄力，對於財物，七殺只是耗散而造成壓力並沒有劫奪之意。所以天府財庫還是安全的，不至於受騙上當。

168

天機同度天姚容易出軌

廉貪祿天寡天孤劫 貞狼存喜輔空辰煞 陷廟廟　廟　陷陷 博士 劫煞　92～101 蜚廉 田宅宮　　臨官 丁巳	巨擎鳳天解天罡年 門羊閣才神廚廚解 旺陷旺旺廟　廟 官府 災煞　82～91 喪門 官祿宮　　冠帶 戊午	天天天 相鉞傷 得旺陷 伏兵 天煞　72～81 貫索 交友宮　　沐浴 己未	天天天龍 同梁刑池 旺陷陷平 大耗 指背　62～71 邏移宮　　長生 庚申
太陀天華 陰羅壽蓋 陷廟廟陷 力士 華蓋　102～111 晦氣 福德宮　　帝旺 丙辰	坤造　戊　乙　戊　癸（日空戌、亥） 　　　辰　丑　辰　亥 1命宮　2兄第　3夫妻　4子女　5財帛　6疾厄 7遷移　8交友　9官祿　10田宅　11福德　12父母		武七鈴天咸月 曲殺星使池德 利旺旺　平 病符 咸池　52～61 小耗 疾厄宮　　衰 辛酉
天左文三天天 府輔曲台壽官福 得旺旺旺旺干 青窹 息神　112～121 父母宮　　衰 乙卯	甲干 廉貞·太陽　乙干 天機·太陰　丙干 天同·廉貞　丁干 太陰·巨門 戊干 貪狼·天機　己干 武曲·文曲 庚干 太陽·天同　辛干 巨門·文昌　壬干 天梁·武曲　癸干 破軍·貪狼		太地旬句天 陽劫光空感 不平廟廟陷陷 吊神 月煞　42～51 官符 財帛宮　　胎 壬戌
天天天 馬貴月哭 旺平　平 小耗 歲驛　2～11 弔密 命宮　　病 甲寅	紫破天火封寡天 微軍魁星誥宿德 廟旺旺旺壽 平陷廟 將軍 攀鞍　12～21 死 兄弟宮 乙丑	天地天截 機空姚空 旺平陷陷 奏書 將星　22～31 白虎 夫妻宮　身宮 甲子	右天紅八八大龍 弼晶鸞座輔巫科德 平利旺廟陷 飛廉 亡神　32～41 龍德 子女宮　　絕 癸亥

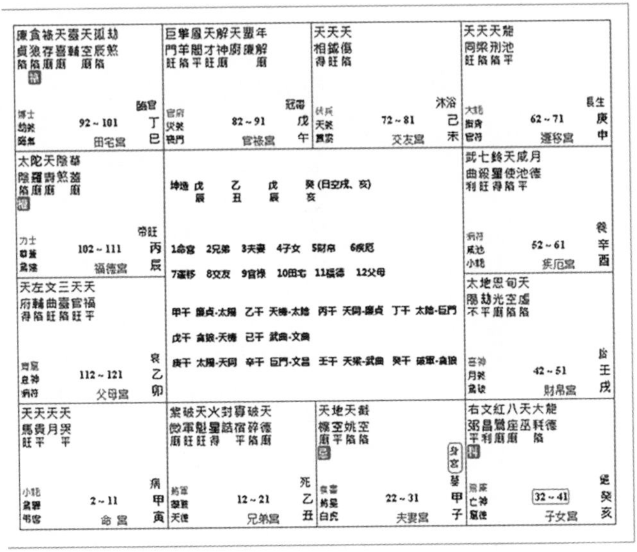

天機星本是一顆聰明才智的星曜，但是一旦化忌就會昏頭轉向、容易失去理智，感性就會增加，如果再同度天姚星紅鸞星一類的桃花星，出軌的機率就會增加。天機因為畢竟是一顆仁慈和聰明的星，所以出軌以後的表現也與眾不同，踏實反反覆覆的自我檢討，然後反反覆覆的再次犯錯誤。現代人吃飽飯如果沒什麼憂愁也沒什麼理想，就會自己找點新鮮來刺激一下，比如出軌，直到終於離婚或者分手。

來看上面的命盤：

命主的命宮天馬天貴照天同星，說明這個女子還是比較溫和的性格，能容忍，能知足，有較平穩的工作。

再看夫妻宮天機星化忌同度地空天姚截空星，說明感情會在結婚後冷淡下來，直到丈夫出軌。

再看夫妻宮的官祿宮在辰位，太陰化權同度陀羅天壽，說明女人的努力挽留而糾結較長時間，但是最後還是越來越差而分手。

事實上：命主在一個單位工作十年了，工作穩定。但是丈夫確實在婚後不久就出軌了，2020年開始鬧離婚，丈夫反反覆覆的悔過又再次犯錯，直到丈夫要求離婚。

七殺火星閨房冷落，廉貞文曲容易出軌

天天破劫月 梁廚碎煞德 得　　陷	七文火對解天天陰 殺昌星誥神哭煞 旺陷　廟　陷平	天地天恩天天鈴 鉞空刑光官科德 旺平　廟旺平	廉文天截靈 貞曲才空煞 廟(祿)廟廟
小耗 劫煞 小耗　　94~103 長生 己巳 子女宮	將軍 災煞 歲破　　104~113 沐浴 庚午 夫妻宮	奏書 天煞 龍德　　114~123 冠帶 辛未 兄弟宮	飛廉 指背 白虎　　4~13 臨官 壬申 命宮
紫天三鳳天華 微相臺池壽蓋 得得廟廟　得	乾造 甲　丙　乙　庚　(日空申、酉) 　　　子　子　亥　辰		天天天咸天 喜貴福池德 廟廟　平平平
青龍 咸池 官符　　84~93 養 戊辰 財帛宮	1命宮 2兄弟 3夫妻 4子女 5財帛 6疾厄 7遷移 8交友 9官祿 10田宅 11福德 12父母		喜神 威池 天德　　14~23 帝旺 癸酉 父母宮
天巨擎地紅天 機門羊劫鸞使 旺廟陷平廟平	甲干 廉貞-太陽 乙干 天機-太陰 丙干 天同-廉貞 丁干 太陰-巨門 戊干 貪狼-天機 己干 武曲-文曲 庚干 太陽-天同 辛干 巨門-文昌 壬干 天梁-武曲 癸干 破軍-貪狼		破八風嘉天旬寡年 軍座閣輔月空宿解 旺平　陷陷平
力士 息神 貫索　　74~83 胎 丁卯 疾厄宮			病符 月煞 弔客　　24~33 衰 甲戌 福德宮
貪左祿鈴天孤 狼輔存星馬辰 平廟廟旺旺　平	太太天陀天天 陽陰魁羅傷空 不廟旺廟平平	武天右 曲府弼 旺廟廟(權)	天天 同姚 廟廟
博士 歲驛 喪門　　64~73 絕 丙寅 遷移宮	官府 攀鞍 晦氣　　54~63 墓 丁丑 交友宮	伏兵 將星 歲建　　44~53 死 丙子 官祿宮	大耗 亡神 病符　　(34~43) 病 乙亥 田宅宮

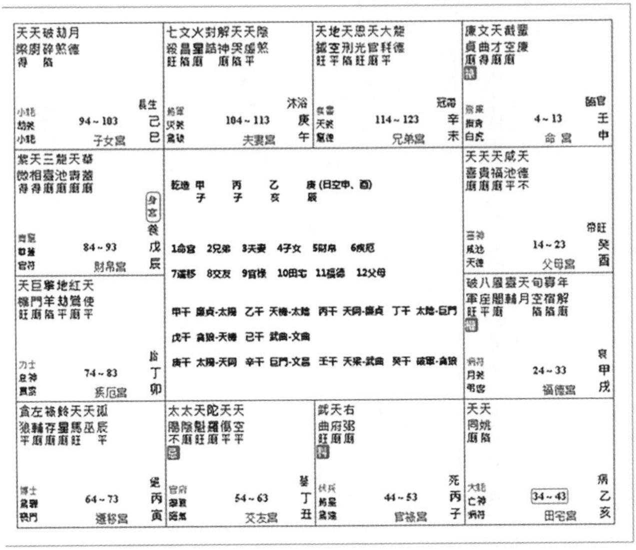

七殺是一顆打打殺殺的星曜，有能力、勇敢有毅力，也很聰明，但是過於剛烈。如果同度了火星，七殺本來是一個有智慧的星曜，突然就變得粗魯和不可一世，很暴躁或者很冷酷無情。如果七殺火星落入夫妻宮，那夫妻感情不會很好，冷戰時常發生，動不動就吵架甚至動手。

廉貞星本來是一顆多情的星曜，如果同度了文曲星，雖然多才多藝，風流性質就更加明顯，很容易出軌。

但是這種出軌不會是玩玩而已，是一

種動情的出軌，所以離婚機率很高。

來看上面的命盤：

命宮是廉貞化祿蜚廉文曲天才，說明命主有才藝，愛好文藝和娛樂，才情並茂，容易交往異性朋友，也容易出軌。

再看夫妻宮七殺文昌火星封誥陰煞天哭星，說明和妻子溝通不暢，共同語言少，感情冷淡甚至冷戰，容易離婚或者打官司。

再看夫妻宮的官祿宮在戌位，破軍星較旺，所照的紫微天相星較弱，容易破裂感情。

事實上：命主是 2008 年結婚，2019 年出軌，然後夫妻冷戰，僵持時間較長，但是結果會在 2022 年出現，難以如初。

第七節　六親類例題（含親人的數量、性別、吉凶等）

命盤：

天陀星對年 祿閣解 尋 陷廟旺 官府 36～45 奏書　田宅宮 旺　　　　己巳	七祿火天成 殺存星空池 旺廟廟陷陷 博士 46～55 庚午 蜚廉　官祿宮 帶旺	左右文文擎天天靈 輔弼昌曲羊才傷使 廟廟利旺旺陷平陷 力士 56～65 月煞　交友宮 旺	廉天地天孤陰 貞擄空廚辰煞 廟廟陷　平 身宮 庚 壬申 亡神 遷移宮
紫天天天八幕 微相喜姚座宿 尋陷陷陷旺廟 伏辰 26～35 病符　福德宮 冠帶　　　戊辰	坤造　己　己　戊　乙（日空戌、亥） 　　　巳　巳　辰　卯		恩天雄天天鼙破 光貴廉官便輔碎 陷廟旺平陷　廟平 小耗 76～85 官符　疾厄宮 死　　癸酉
天巨 機門 旺廟 大耗 16～25 哥客　父母宮 沐浴　丁卯	1命宮 2兄弟 3夫妻 4子女 5財帛 6疾厄 7遷移 8交友 9官祿 10田宅 11福德 12父母 甲干 廉貞-太陽　乙干 天機-太陰　丙干 擄貞　丁干 太陰-巨門 戊干 貪狼-天機　己干 武曲-文曲 庚干 太陽-天同　辛干 巨門-文昌　壬干 天梁-武曲　癸干 破軍-貪狼		破紅三解旬大月 軍鸞喜神空科德 旺陷旺陷陷平 將軍 86～95 小耗　財帛宮 墓　　甲戌
貪地天天劫 狼劫福月煞德 平旺旺　平 病符 6～15 劫煞　命宮 長生　丙寅	太太鈴天天慕 陽陰星壽哭煞 不廟尋廟旺平 吉神 116～125 白虎　兄弟宮 養　　丁丑	武天天天蜚 曲府魁別德 廟平旺陷平 飛廉 106～115 龍德　夫妻宮 胎　　丙子	天天天 同馬巫 廟旺 喜神 96～105 歲建　子女宮 絕　　乙亥

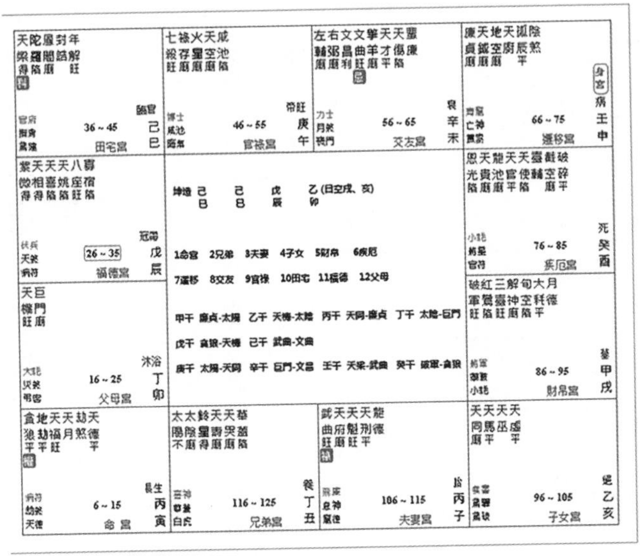

子女宮天同星廟旺生男孩

天同星，廟旺的情況下，在判斷子女性別的時候是男孩。

來看上面的命盤：

子女宮天同天巫天馬天虛星，說明後代為男孩。

再看子女宮的官祿宮在卯位，天機巨門星，而天機星五行木受到巨門水的生，所以頭胎孩子是男孩。

事實上：命主頭胎孩子確實是男孩。

天機太陰火星同度太陰受傷

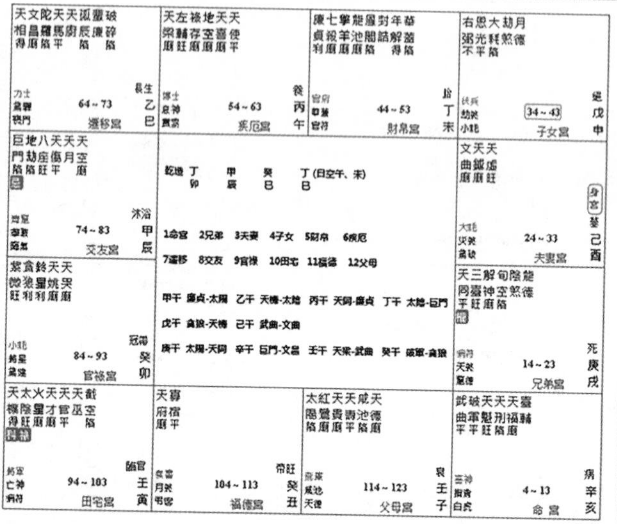

天文陀天天孤蜚破
相昌羅馬廚辰廉碎
得廟陷平　陷　陷
力士
長生
64~73
乙
巳
遷移宮
天左祿地天天
梁輔存空喜使
廟旺廟廟廟平
博士
養
54~63
丙
午
疾厄宮
廉七擎龍鳳封年蓄
貞殺羊池閣誥解蓋
利廟廟廟陷　得陷
官府
44~53
丁
未
財帛宮
右恩大劫月
弼光耗煞德
不平陷
伏兵
34~43
戊
申
子女宮
巨地八天天天
門劫座傷月空
陷陷旺平　廟
沐浴
74~83
甲
辰
交友宮
乾造 丁 甲 癸 丁(日空午、未)
卯 辰 巳 巳
1命宮 2兄弟 3夫妻 4子女 5財帛 6疾厄
7遷移 8交友 9官祿 10田宅 11福德 12父母
甲干 廉貞-太陽 乙干 天機-太陰 丙干 天同-廉貞 丁干 太陰-巨門
戊干 貪狼-天機 己干 武曲-文曲
庚干 太陽-天同 辛干 巨門-文昌 壬干 天梁-武曲 癸干 破軍-貪狼
文天天
曲鉞虛
廟廟旺
身宮
大耗
24~33
己
酉
夫妻宮
紫貪鈴天天
微狼星姚哭
旺利利廟廟
小耗
冠帶
84~93
癸
卯
官祿宮
天三解旬陰龍
同臺神空煞德
平旺廟陷
病符
死
14~23
庚
戌
兄弟宮
天太火天天天截
機陰星才官巫空
得旺廟廟平　陷
臨官
94~103
壬
寅
田宅宮
天寡
府宿
廟平
帝旺
104~113
癸
丑
福德宮
太紅天天咸天
陽鸞貴壽池德
陷廟廟平陷廟
衰
114~123
壬
子
父母宮
武破天天天臺
曲軍魁刑福輔
平平旺陷廟
喜神
病
4~13
辛
亥
命宮

同等情況下，天機太陰火星同度的時候，最先受傷的是太陰星，因為兩者五行相反。

來看上面的命盤：

命主的子女宮宮氣陷落，照太陰天機火星天才天巫星，天巫天機天才星火星都是智慧之星。太陰化祿與火星同宮受傷，所以頭胎不是女孩是男孩。

我們再來看子女宮的官祿宮在子位，太陽星陷落照天亮左輔星等，也說明是男孩。

事實上：命主頭胎孩子確實是男孩。

天府星夠旺不懼七殺

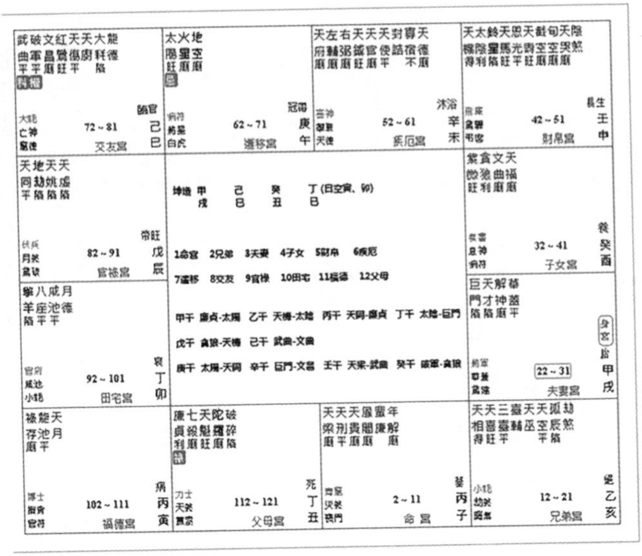

武破文紅天天大龍
曲軍昌鸞傷廚耗德
平平廟旺平　陷
72～81　交友宮　己巳
太火地
陽星空
旺廟廟
62～71　遷移宮　庚午
天左右天天天封寡天
府輔弼鉞官使誥宿德
廟廟廟旺廟平　不廟
52～61　疾厄宮　辛未
天太鈴天恩天截旬天陰
機陰星馬光壽空空哭煞
得利陷旺平旺廟廟廟
42～51　財帛宮　壬申
天地天天
同劫姚虛
平陷陷陷
82～91　官祿宮　戊辰
坤造 甲 己 癸 丁（日空寅、卯）
戌 巳 丑 巳
1命宮 2兄弟 3夫妻 4子女 5財帛 6疾厄
7遷移 8交友 9官祿 10田宅 11福德 12父母
甲干 廉貞-太陽 乙干 天機-太陰 丙干 天同-廉貞 丁干 太陰-巨門
戊干 貪狼-天機 己干 武曲-文曲
庚干 太陽-天同 辛干 巨門-文昌 壬干 天梁-武曲 癸干 破軍-貪狼
紫貪文天
微狼曲福
旺利廟廟
32～41　子女宮　癸酉
擎八咸月
羊座池德
陷平平
92～101　田宅宮　丁卯
巨天解華
門才神蓋
陷陷廟平
身宮
22～31　夫妻宮　甲戌
祿龍天
存池月
廟平
102～111　福德宮　丙寅
廉七天陀破
貞殺魁羅碎
利廟旺廟陷
112～121　父母宮　丁丑
天天天鳳蜚年
梁刑貴閣廉解
廟平廟廟　廟
2～11　命宮　丙子
天天三臺天天孤劫
相喜臺輔巫空辰煞
得旺平　　平陷
12～21　兄弟宮　乙亥

七殺星，將星、元帥星。智勇雙全，有謀略，敢作敢為。天府星，司令星、解厄星。氣質溫厚，任勞任怨。具統御能力，廉潔忠誠。很多情況下天府星是懼怕七殺的，只有天府星足夠旺才會顯示它的所有優點。

來看上面的命盤：

命主的父母宮七殺廟旺天魁星陀羅星，七殺星受到陀羅星的牽制，照天府星左輔右弼天鉞天官封誥星等，較多的貴氣星曜，說明父親是有固定工作的。再看父母宮的官祿宮在巳位，武曲化科破軍化權文昌星，說明有文化、有工作。

事實上：命主父親有公職。

太左鈴天劫天 陰輔星月煞德 陷平旺 科 小耗 劫煞 天使 32～41 隨官 辛巳 子女宮	貪地天天 狼劫鸞福 旺廟平平 青龍 災煞 吊客 22～31 壬午 夫妻宮	天巨陀紅寡 同門羅鸞空宿 不旺廟廟廟 力士 天煞 病符 12～21 癸未 兄弟宮	武祿天解天 曲存貴神巫 廟廟廟不 沐浴 吳末 博士 指背 2～11 生 甲申 命宮
廉天地天蜚輩 貞府空才廉廉 利廟陷陷廟 將軍 華蓋 白虎 42～61 帝旺 庚辰 財帛宮	坤造 庚 庚 辛 乙 (日空寅、卯) 申 辰 亥 未 1命宮 2兄弟 3夫妻 4子女 5財帛 6疾厄 7遷移 8交友 9官祿 10田宅 11福德 12父母		太天右擎火對天成破 陽梁弼羊星詁空池碎 平得陷廟平旺平平 官府 威池 112～121 袞 乙酉 父母宮
文三天天龍 昌臺姚刑德 利陷平不 飛廉 息神 龍德 52～61 衰 己卯 疾厄宮	甲干 廉貞-太陽 乙干 天機-太陰 丙干 天同-巨門 丁干 太陰-巨門 戊干 貪狼-天機 己干 武曲-文曲 庚干 太陽-天同 辛干 巨門-文昌 壬干 天梁-武曲 癸干 破軍-貪狼		七天天 殺刑哭 廟平平 伏兵 月煞 晦氣 102～111 身宮在丙戌 福德宮
破天天擎天天 軍馬姚閣廚德解 得旺旺廟廟廟 病符 歲驛 官符 62～71 胎 戊寅 遷移宮	天天天喜月 魁喜哭輔德 旺陷廟平 喜神 攀鞍 小耗 72～81 死 己丑 交友宮	紫恩龍旬陰 微光池煞煞 平旺平陷 病符 將星 貫索 82～91 戊子 官祿宮	天天八天咸 機曲座官辰 旺平廟廟平 大耗 亡神 喪門 92～101 死 丁亥 田宅宮

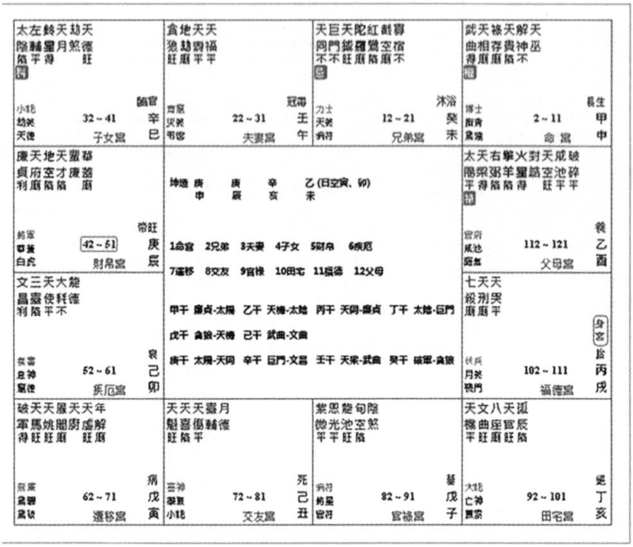

太陰星在子女宮一般表示女孩，但是同度鈴星的時候就不一樣了，表示傷剋女孩或者與女孩無緣，那就是男孩了。

來看上面的命盤：

命主的子女宮太陰化科左輔鈴星天月劫煞天德星，其中鈴星最旺。鈴星表示：打殺、災害、突變、陰沉、虛榮、傷殘等。說明會有一個女孩被流產或者難以保全，左輔星天德星表示男孩。再看子女宮的官祿宮在酉位，天梁星太陽化祿火星封誥天空星，說明確實是男孩。

事實上：命主頭胎是男孩。

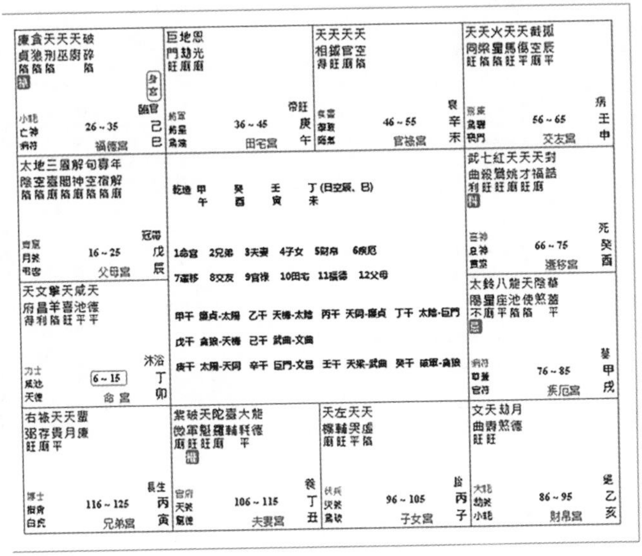

太陽化忌鈴星在父母宮長輩不吉

廉貪天天天破 貞狼刑巫廚碎 陷陷陷陷 [廉] 小耗　亡神　病符 26～35　福德宮　臨官己巳	巨地恩 門劫光 旺廟廟 身宮 將星　勘煞 36～45　田宅宮　帝旺庚午	天天天天 相撫官空 得旺廟陷 奏書　攀鞍　歲驛 46～55　官祿宮　衰辛未	天天火天天孤 同梁星傷空辰 旺陷陷平廟平 飛廉　息神 56～65　交友宮　病壬申 房壬申
太地三廉解旬寡年 陰空台輔神空宿解 陷陷廟廟廟廟 青龍　月煞　弔客 16～25　父母宮　冠帶戊辰	乾造　甲午　癸酉　壬寅　丁未（日空辰、巳） 1命宮　2兄弟　3夫妻　4子女　5財帛　6疾厄 7遷移　8交友　9官祿　10田宅　11福德　12父母 甲干　廉貞-太陽　乙干　天機-太陰　丙干　天同-廉貞　丁干　太陰-巨門 戊干　貪狼-天機　己干　武曲-文曲 庚干　太陽-天同　辛干　巨門-文昌　壬干　天梁-武曲　癸干　破軍-貪狼		武七紅天天對 曲殺鸞姚才福語 利旺旺廟旺旺 [科] 喜神　足神　貫索 66～75　遷移宮　死癸酉
天文擎天咸天 府昌羊喜池德 得利旺旺平 力士　威池　天德 6～15　命宮　沐浴丁卯			太鈴八龍天陰華 陽星座池使煞蓋 不旺平陷陷　平 病符 76～85　疾厄宮　墓甲戌
右祿天天 弼存貴月 旺廟平 博士　指背　白虎 116～125　兄弟宮　長生丙寅	紫破天陀囍大龍 微軍魁羅囍耗德 廟旺旺陷　平 官府　咸池 106～115　夫妻宮　養丁丑	天左天天 鉞輔哭虛 廟旺平廟 伏兵　災煞　龍德 96～105　子女宮　胎丙子	文劫旬 曲煞空德 旺旺 大耗　劫煞　小耗 86～95　財帛宮　絕乙亥

太陽化忌，很明顯是黯淡無光，也就是很差。同度鈴星，鈴星主警惕、警戒線、臨界狀態、嚴重到極點等。司災害、多災禍傷殘等。

來看上面的盤：

盤中父母宮太陰陷落、宮氣陷落，照太陽化忌鈴星陰煞星，說明長輩不順利，會有比較嚴重的情況，尤其是父親。

再看父母宮的疾厄宮在亥位，文曲天壽劫煞月德星，說明是哭喪之結果，天壽被奪走。也就是遇到疾病會很嚴重。

求測者回饋說：這一年父親去世。

七殺左輔天鉞八座主名氣威名

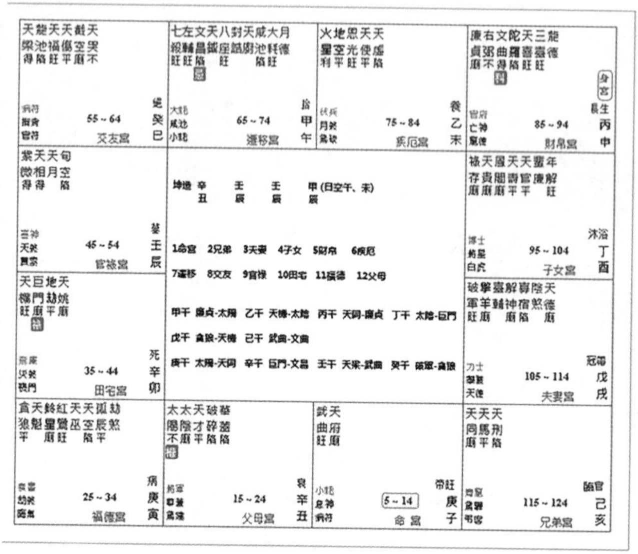
天梁 得 天池 陷 天福 旺 天傷 平 截空 廟 天哭 不
55～64 交友宮 癸巳
七殺 旺 左輔 旺 文昌 陷 天鉞 八座 旺 封誥 天廚 咸池 陷 大耗 旺 月德
大耗 咸池 小耗 65～74 遷移宮 甲午
火星 利 地空 平 恩光 旺 天使 平 天虛 陷
月煞 75～84 疾厄宮 乙未
廉貞 廟 右弼 不 文曲 得 陀羅 陷 天喜 旺 三台 旺 龍德
身宮
亡神 85～94 財帛宮 丙申
紫微 得 天相 得 天月 旬空 陷
天煞 45～54 官祿宮 壬辰
坤造 辛 壬 壬 甲 (日空午、未)
丑 辰 辰 辰
1命宮 2兄弟 3夫妻 4子女 5財帛 6疾厄
7遷移 8交友 9官祿 10田宅 11福德 12父母
甲干 廉貞-太陽 乙干 天機-太陰 丙干 天同-廉貞 丁干 太陰-巨門
戊干 貪狼-天機 己干 武曲-文曲
庚干 太陽-天同 辛干 巨門-文昌 壬干 天梁-武曲 癸干 破軍-貪狼
祿存 廟 天貴 廟 鳳閣 廟 天壽 平 天官 平 蜚廉 年解 旺
博士 沐浴 95～104 白虎 子女宮 丁酉
天機 旺 巨門 廟 地劫 平 天姚 廟
死 35～44 田宅宮 辛卯
破軍 旺 擎羊 廟 台輔 解神 廟 寡宿 陷 陰煞 天德 廟
力士 冠帶 105～114 天德 夫妻宮 戊戌
貪狼 平 天魁 鈴星 廟 紅鸞 旺 天巫 天空 孤辰 陷 劫煞 平
病 25～34 福德宮 庚寅
太陽 不 太陰 廟 天才 平 破碎 陷 華蓋 陷
衰 15～24 父母宮 辛丑
武曲 旺 天府 廟
小耗 帝旺 5～14 病符 命宮 庚子
天同 廟 天馬 平 天刑 陷
臨官 115～124 兄弟宮 己亥

七殺星，是將星、元帥星，英勇能幹、智勇雙全、敢作敢為，白手興家，離祖籍發展。如果遇到左輔天鉞等星，其貴氣愈加強旺，主威名遠播。

來看上面的命盤：

命主的兄弟宮天同星廟勢，說明哥哥衣食無憂。

再看兄弟宮的財帛宮在未位，火星恩光天使星，合七殺左輔天鉞八座星，照太陰星。說明哥哥比較富裕，經濟上有一定的能力，對命主本人有所照顧。

再看兄弟宮的官祿宮在卯位，巨門化祿天機星，說明哥哥在外發展事業，做得很大等。

事實上：命主做普工，工作還不穩定，掙扎在溫飽線。命主的哥哥有千萬資產，一年掙百萬，事業做得比較大。

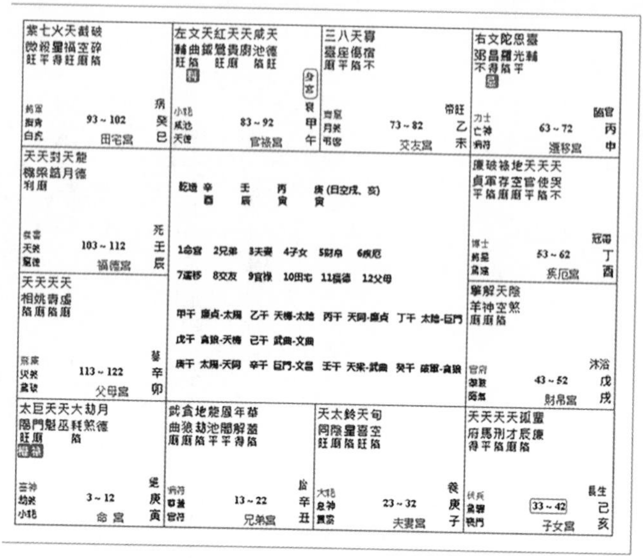

紫微 七殺 火星 天福 天截 破碎 旺 平 旺 旺 廟 陷 飛廉 指背 93~102 白虎 田宅宮 病 癸巳	左輔 文曲 天鉞 天貴 紅鸞 咸池 天德 旺 廟 旺 廟 旺 旺 [身宮] 小耗 咸池 83~92 天德 官祿宮 衰 甲午	三臺 八座 傷星 富不 廟 平 平 青龍 月煞 73~82 弔客 交友宮 帝旺 乙未	右弼 文昌 陀羅 恩光 臺輔 不 廟 旺 平 力士 亡神 63~72 官符 遷移宮 臨官 丙申
天機 天梁 對昌 天月 楚德 利 廟 平 將軍 天煞 103~112 龍德 福德宮 死 壬辰	起造 辛酉 壬辰 丙寅 庚貪 （日空戌、亥） 1命造 2兄弟 3夫妻 4子女 5財帛 6疾厄 7遷移 8交友 9官祿 10田宅 11福德 12父母		廉貞 破軍 祿存 地空 天官 天使 天哭 平 陷 廟 旺 陷 陷 博士 劫煞 53~62 貫索 疾厄宮 冠帶 丁酉
天相 天姚 天壽 天虛 陷 廟 廟 廟 奏書 災煞 113~122 晦氣 父母宮 墓 辛卯	甲干 廉貞-太陽 乙干 天機-太陰 丙干 天同-廉貞 丁干 太陰-巨門 戊干 貪狼-太陰 己干 武曲-文曲 庚干 太陽-天同 辛干 巨門-文昌 壬干 天梁-武曲 癸干 破軍-貪狼		擎羊 解神 天空 煞煞 廟 廟 陷 官府 華蓋 43~52 喪門 財帛宮 沐浴 戊戌
太陽 巨門 天魁 天鉞 劫煞 月德 旺 廟 廟 陷 [祿神] 喜神 劫煞 3~12 小耗 命宮 絕 庚寅	武曲 貪狼 地劫 地空 鳳閣 年解 華蓋 廟 廟 陷 平 平 病符 災煞 13~22 官符 兄弟宮 胎 辛丑	天同 太陰 鈴星 天喜 旬空 旺 陷 陷 旺 旺 大耗 天煞 23~32 貫索 夫妻宮 養 庚子	天府 天馬 天刑 天才 孤辰 寡宿 得 平 平 廟 廟 伏兵 息神 33~42 喪門 子女宮 長生 己亥

武曲星在確定兄弟姊妹性別的時候大多數位女性，貪狼亦然。如果武曲星爆旺，就過猶不及，在數量上就會相應的減少。

來看上面的命盤：

命主的父母宮天相主星陷落天姚天虛星同度。再看兄弟宮武曲貪狼都是廟勢，而武曲星爆旺，這兩顆星曜同度的時候以武曲星為主論述。武曲星為金，金五行數量為4或者8。武曲星過猶不及數量取4。所以兄弟姊妹中女性多於男性，同時數量上四個左右。

事實上：命主有四個姊姊，沒有其他兄弟。

天同太陰照子女宮，一雙女孩

紫七祿火天天對天孤劫 微殺存星喜貴霹空辰煞 旺平廟旺旺旺　廟陷 博士 妲絕煞 晦氣 (46~55) 財帛宮　癸巳	寧廉解靈陰年 羊閣神康煞解 陷平廟　廟 宮府 官煞 喪門 36~46 子女宮　甲午	文文天天 昌曲刑壽 刊旺陷旺 伏兵 天煞 貫索 26~35 夫妻宮　乙未	地龍 空廚 廟平 大耗 劫煞 官符 16~25 兄弟宮　病丙申
天陀天截劫 機羅傷空煞 旺廟廟陷陷　廟 力士 咸池 歲建 56~65 疾厄宮　壬辰	坤造　丙　庚　丙　辛（日空子、丑） 　　　辰　子　辰 1命宮　2兄弟　3夫妻　4子女　5財帛　6疾厄 7遷移　8交友　9官祿　10田宅　11福德　12父母 甲干　廉貞-太陽　乙干　天機-太陰　丙干　天同-廉貞　丁干　太陰-巨門 戊干　貪狼-太陰　己干　武曲-文曲 庚干　太陽-太陰　辛干　巨門-文昌　壬干　天梁-武曲　癸干　破軍-貪狼		廉破天蜚成月 貞軍鉞輔池德 平陷廟廟　平 病符 息神 小耗 6~15 命宮　衰丁酉
天八恩天 相座光貴 陷平廟平 青龍 亡神 病符 66~75 遷移宮　身宮　癸辛卯			天天虛 梁月 陷廟 奏書 月煞 弔客 116~125 父母宮　帝旺戊戌
太巨左地天天天劫 陽門輔劫傷使哭 旺廟旺旺陷　平 小耗 指背 官符 76~85 交友宮　長生庚寅	武貪鈴天寡天 曲狼星才宿德 廟廟　平平陷 將軍 天煞 白虎 86~95 官祿宮　沐浴辛丑	天天右天天旬 同陰弼梁廚空 旺廟廟平　平 飛廉 亡神 龍德 96~105 田宅宮　冠帶庚子	天天紅天三大 府魁鸞姚科龍 得平陷廟平陷 喜神 亡神 龍德 106~115 福德宮　臨官己亥

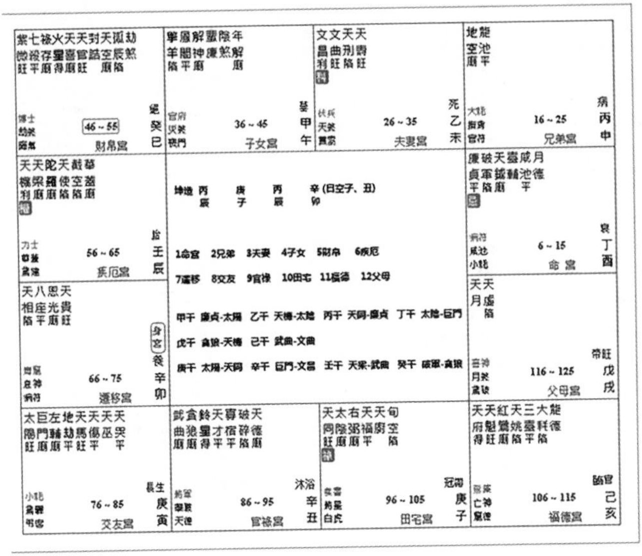

天同星蘊意之中有平行的、同等的含意，太陰星表示女孩，這兩顆星曜照子女宮，一般表示有兩個女孩。

來看上面的命盤：

命主的子女宮沒有主星，宮氣很弱，說明不會有很多孩子。照天同化祿太陰右弼星，說明不是一個孩子，是兩個，是女孩。

事實上：命主確實是兩個女兒。

命盤：

武破天天對天 曲軍鉞馬詔路 平平平平 旺 飛廉 喪門 44~53 災煞 官祿宮　　長生 丁巳	太左天天天廚 陽輔鸞福德 旺平平廟陷 奏書 貫索 54~63 攀鞍 交友宮　　沐浴 戊午	天文文天華 府昌曲哭蓋 廟陷旺旺陷 官府 官符 64~73 歲驛 遷移宮　　己未 白虎	天太右地天劫天 機陰弼空煞德 得利不廟　陷 平 　　　　　　身宮 隨官 晦氣 74~83 天德 疾厄宮　　庚申
天紅天大月 同鸞月耗德 平廟 平 將軍 晦氣 34~43 小耗 田宅宮　　衰 丙辰	**坤造 癸 丙 壬 癸（日空午、未）** 　　　　亥 辰 辰 卯 1命宮 2兄弟 3夫妻 4子女 5財帛 6疾厄 7遷移 8交友 9官祿 10田宅 11福德 12父母		紫貪地破 微狼劫碎 旺利 平 大耗 官符 84~93 　 財帛宮　　帝旺 辛酉
天天三恩天輩 魁姚喜光貴廉 廟廟廟廟旺 廟 小耗 貫索 24~33 　 福德宮　　病 乙卯	甲干 廉貞-太陽　乙干 天機-太陰　丙干 天同-廉貞　丁干 太陰-巨門 戊干 貪狼-天機　己干 武曲-文曲 庚干 太陽-天同　辛干 巨門-文昌　壬干 天梁-武曲　癸干 破軍-貪狼		巨天解蜚陰 門喜神宿煞 陷陷陷陷 陷 伏兵 白虎 94~103 天煞 子女宮　　衰 壬戌
地天孤 劫巫辰 平 平 力士 月煞 14~23 亡神 父母宮　　絕 甲寅	廉七擎鈴截空 貞殺羊星空 利廟廟得不 力士 月煞 4~13 　 命宮　　墓 乙丑	天祿火天旬天咸 梁存星空空池 廟廟陷旺陷陷 博士 亡神 114~123 　 兄弟宮　　死 甲子	天陀天八鳳天年 相羅刑座閣廚解 得廟廟旺旺 得 官府 指背 104~113 　 夫妻宮　　病 癸亥

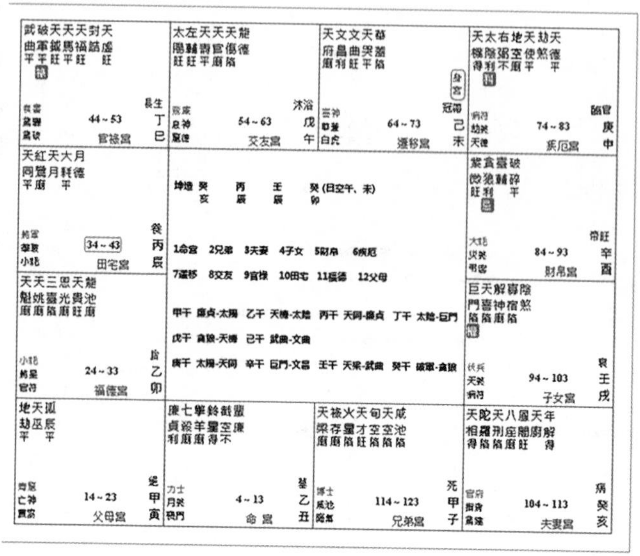

天梁星是一顆清高孤傲的星曜，如果沒有溫和陰柔的星曜配合一般在兄弟宮都是表示數量少，但是同度或者會照太陽祿存左輔天鉞等星曜的時候會有增加數量。若是與七殺擎羊一類的星曜同度或者合沖則表示獨生或者數量很少。

來看上面的命盤：

命主的父母宮宮氣較弱。

再看兄弟宮天梁星祿存星，照

太陽星，合七殺擎羊鈴星，七殺和擎羊說明母親曾經有過流產經歷，所以數量就會減少。再看命主是八〇年後一代人，趕上了中國的計畫生育政策，所以命主的兄弟姊妹一般會很少或者獨生。

事實上：命主是獨生女，沒有其他的兄弟姊妹。

巨天八天天天天孤劫 門喜座輝廚空辰煞 旺廟廟平　廟陷 小耗 劫煞 指背　　26～35 隨官　己巳 福德宮	廉天鳳年 貞相閣解 旺廟旺廟 前宮 災煞 喪門　　36～45 帝旺　庚午 田宅宮	天天天天天 梁鉞貴才宮 旺旺旺廟 食喜 天煞 貫索　　46～55 衰　辛未 官祿宮	七恩天解截 殺光傷神空 廟平平不廟 飛廉 指背 官符　56～65 病　壬申 交友宮
貪左華 狼輔蓋 廟廟廟 齊宮 甲寅 童裏　16～25 戊辰 父母宮	乾　甲　丙　丁　辛　(日空辰,日) 造　辰　寅　酉　亥 1命宮　2兄弟　3夫妻　4子女　5財帛　6疾厄 7遷移　8交友　9官祿　10田宅　11福德　12父母		天鈴天三天截 同星刑臺福德 平　廟廟廟平 喜神 咸池 小耗　66～75 死　癸酉 遷移宮
太文擎恩 陰曲羊光 陷旺陷廟 力士 息神 病符　6～15 沐浴　丁卯 命宮	甲干　廉貞-太陽　乙干　天機-太陰　丙干　天同-廉貞　丁干　太陰-巨門 戊干　貪狼-天機　己干　武曲-文曲 庚干　太陽-天同　辛干　巨門-文昌　壬干　天梁-武曲　癸干　破軍-貪狼		武右地天天 曲弼劫使月盛 廟平平陷 病符 月煞 吊客　76～85 墓　甲戌 疾厄宮
紫天祿天旬天陰 微府存馬空哭煞 旺廟廟旺平 博士 歲驛 弔客　116～125 長生　丙寅 兄弟宮	天天陀火天對寡天 魁鉞羅星刑姚宿辄 旺旺廟旬平　廟陷 身宮 官府 息神 吊客　106～115 夫妻宮　丁丑	破地 軍空 廟陷 伏兵 華蓋 白虎　96～105 胎　丙子 子女宮	太文紅大 陽昌鸞耗 陷利廟平 大耗 亡神 病符　86～95 絕　乙亥 財帛宮

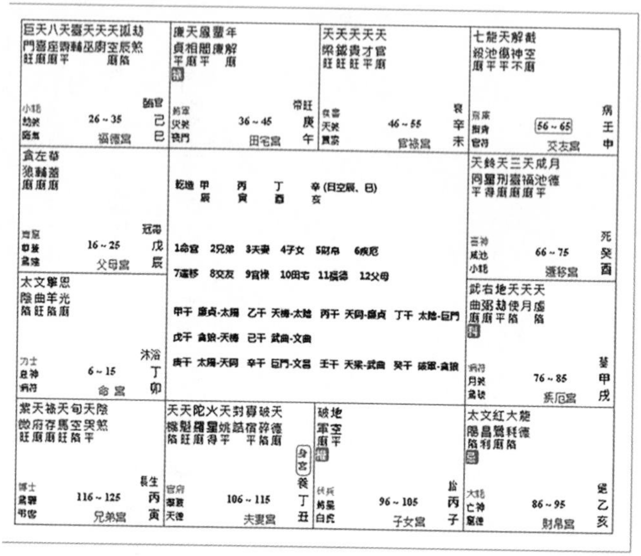

單顆星曜的星情廟旺，然後多顆星曜組成的宮氣就很旺，就會施展自己的星情。

來看上面的命盤：

本命兄弟宮紫微天府祿存天馬星，這幾顆主要星曜的五行都是火土一黨，而且都是廟旺檔次，照七殺星，七殺爆旺但是宮氣不旺，所以他的兄弟姊妹個數一定會多，天府星旺度大，說明男性同輩多，天府星五行為土，數量為5。所以他的兄弟姊妹個數不少於五個。

事實上：命主的兄弟姊妹五個。

紫微破軍天鉞天魁，女孩子多

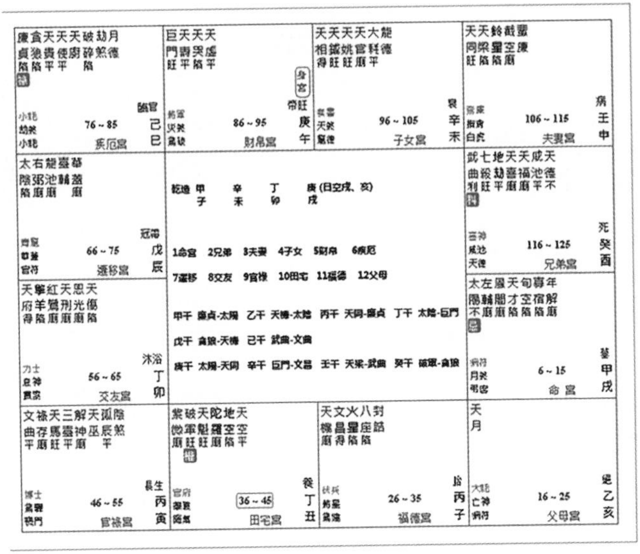
廉貪天天天破劫月
貞狼貴使廚碎煞德
陷陷平平　陷
臨官
小耗
劫煞　76～85　己
小耗　疾厄宮　巳
巨天天天
門壽哭虛
旺平陷平
身宮
帝旺
將軍
災煞　86～95　庚
歲破　財帛宮　午
天天天天大龍
相鉞姚官耗德
得旺旺廟平
衰
天煞　96～105　辛
子女宮　未
天天鈴截蜚
同梁星空廉
旺陷陷廟
病
指背　106～115　壬
白虎　夫妻宮　申
太右龍臺華
陰弼池輔蓋
陷廟廟　廟
冠帶
66～75　戊
官符　遷移宮　辰
乾造　甲　辛　丁　庚(日空戌、亥)
子　未　卯　戌
1命宮　2兄弟　3夫妻　4子女　5財帛　6疾厄
7遷移　8交友　9官祿　10田宅　11福德　12父母
甲干 廉貞-太陽　乙干 天機-太陰　丙干 天同-廉貞　丁干 太陰-巨門
戊干 貪狼-天機　己干 武曲-文曲
庚干 太陽-天同　辛干 巨門-文昌　壬干 天梁-武曲　癸干 破軍-貪狼
武七地天天咸天
曲殺劫喜福池德
利旺平廟廟平不
死
咸池　116～125　癸
天德　兄弟宮　酉
天擎紅天恩天
府羊鸞刑光傷
得陷廟廟廟陷
沐浴
力士
息神　56～65　丁
貫索　交友宮　卯
太左鳳天旬寡年
陽輔閣才空宿解
不廟廟陷陷陷廟
墓
病符
月煞　6～15　甲
弔客　命宮　戌
文祿天三解天孤陰
曲存馬臺神巫辰煞
平廟旺平廟　平
長生
博士
歲驛　46～55　丙
喪門　官祿宮　寅
紫破天陀地天
微軍魁羅空空
廟旺旺廟陷平
養
官府
攀鞍　36～45　丁
晦氣　田宅宮　丑
天文火八封
機昌星座誥
廟得陷陷
胎
伏兵
將星　26～35　丙
歲建　福德宮　子
天
月
絕
大耗
亡神　16～25　乙
病符　父母宮　亥

坐落或者相照子女宮，紫微星一般表示女孩，有時候同度適當的星曜也可以表示男人。破軍是女孩。天鉞天魁星主多增加一兩個。

來看上面的命盤：

本命盤的子女宮天相星較弱，天鉞星天姚星，照紫微破軍化權天魁陀羅星。破軍化權說明家裡女兒多於兒子。紫微破軍說明最少兩個女兒。天鉞天魁星，表示再增加兩個。也就是說本命主的孩子個數最少三個，多的話可以是四個，而且女孩多。

事實上：命主有三個女兒。

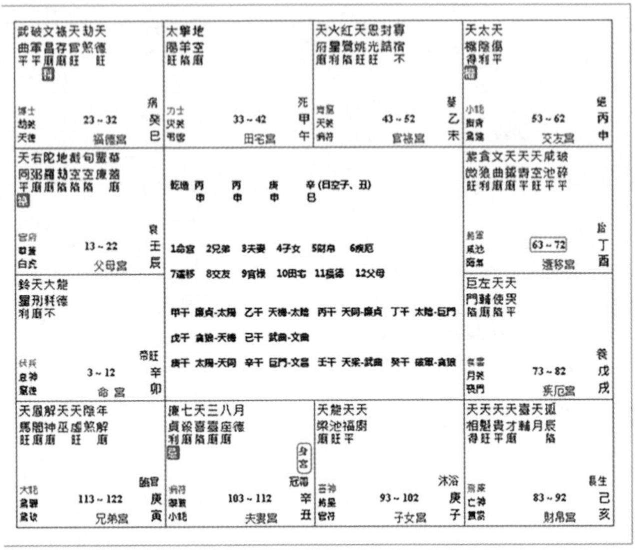

太陽天梁龍池，光輝之鄉

武破文祿天天 曲軍昌存鉞德 平平廟廟旺旺 博士 劫煞 23~32 天使　福德宮 癸巳	太擎地 陽羊空 旺陷廟 力士 災煞 33~42 指背　田宅宮 甲午	天火紅天恩寡 府星姚光誥宿 廟利陷旺旺 不 青龍 天煞 43~52 咸池　官祿宮 乙未	天太天 機陰傷 得利平 小耗 指背 53~62 月煞　交友宮 丙申
天右陀地旬寡幕 同弼羅空空廉蓋 平廟廟陷陷陷廟 官府 華蓋 13~22 白虎　父母宮 壬辰	乾造　丙　丙　庚　辛（日空子、丑） 　　　申　申　申 1命宮 2兄弟 3夫妻 4子女 5財帛 6疾厄 7遷移 8交友 9官祿 10田宅 11福德 12父母 甲干 廉貞-太陽　乙干 天機-太陰　丙干 天同-廉貞　丁干 太陰-巨門 戊干 貪狼-天機　己干 武曲-文曲 庚干 太陽-天同　辛干 巨門-文昌　壬干 天梁-武曲　癸干 破軍-貪狼		紫貪文天天咸 微狼曲空池碎 旺利廟平旺平 將軍 咸池 [63~72] 　　　遷移宮 丁酉
鈴天大龍 星刑耗德 利廟陷 不 伏兵 息神 3~12 龍德　命宮 辛卯			巨左天天 門輔鉞哭 旺廟廟平 奏書 月煞 73~82 飛廉　疾厄宮 戊戌
天鳳解天天陰年 馬閣神巫虛煞解 旺廟廟 廟 廟 大耗 歲驛 113~122 歲驛　兄弟宮 庚寅	廉七天三八月 貞殺喜臺德 利廟陷廟廟 病符 攀鞍 103~112 小耗　夫妻宮 辛丑 身宮	天龍天天 梁池福廚 廟旺平 喜神 將星 93~102 官符　子女宮 庚子 冠帶	天天天嘉孤 相梁貴輔月辰 得旺平旺 陷 飛廉 亡神 83~92 貫索　財帛宮 己亥 沐浴 長生

太陽星，是一個政治升遷名譽之星。

天梁星，是一個法紀星、老大星。龍池星，是地位、功名、科佳星，三顆星曜組合在一個宮或者相照，意義就更加明顯了。

來看上面的命盤：

本命主的兄弟宮天馬鳳閣天巫星解神星，照天機星，說明學歷高或者有地位，沒有鞍馬勞頓的那種。有好機遇。

再看兄弟宮的官祿宮在午位，太陽星、擎羊星陷落，照天梁星龍池星，說明有社會地位，有官運，一把手的那一類。

事實上：命主的哥哥是縣長。

武曲星是一個克六親的星曜

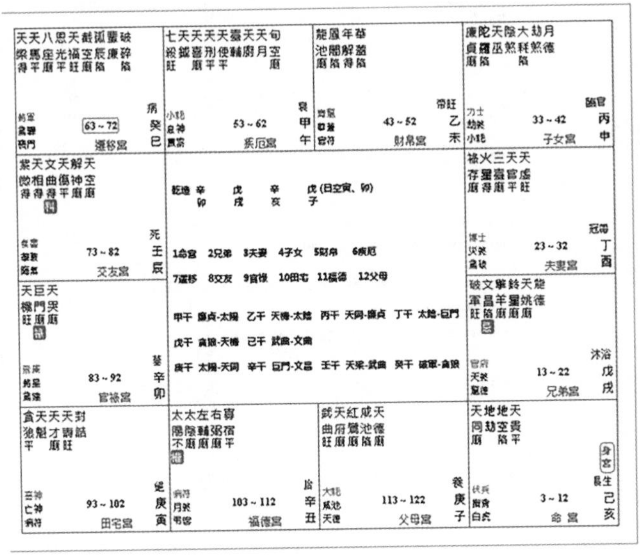

巳 (遷移宮)	午 (疾厄宮)	未 (財帛宮)	申 (子女宮)
天天八恩天截孤曜破 紫馬座光福辰辰碎 旺平陷平旺旺陷陷 將軍 息神 喪門 63~72　運移宮　病 癸巳	七天天天擎天天旬 殺鉞喜刑使輔廚月空 旺廟平平 廟 歲建 貫索 53~62　疾厄宮　甲午	楚鳳年華 池閣解蓋 廟廟壽陷 攀鞍 官符 43~52　財帛宮　乙未	廉陀天陰大劫月 貞羅巫然煞德 廟陷 平 陷陷 刀士 劫煞 小耗 帶旺 33~42　子女宮　臨官 丙申
辰 (交友宮) 紫天文天天 微相曲神空 得得平廟廟 奏書 73~82　交友宮　死 壬辰	轄造 辛 戊 辛 戊（日空寅、卯） 卯 戌 亥 子 甲干 廉貞-太陽　乙干 天機-太陰　丙干 天同-廉貞　丁干 太陰-巨門 戊干 貪狼-天機　己干 武曲-文曲 戊干 太陽-天同　辛干 巨門-文昌　壬干 天梁-武曲　癸干 破軍-貪狼	1命宮 2兄弟 3夫妻 4子女 5財帛 6疾厄 7遷移 8交友 9官祿 10田宅 11福德 12父母	酉 (夫妻宮) 天火三天天 存星臺官虛 廟 平廟旺 博士 伏兵 官府 23~32　夫妻宮　冠帶 丁酉
卯 (官祿宮) 天巨天 機門哭 旺廟廟 飛廉 83~92　官祿宮　墓 辛卯			戌 (兄弟宮) 破文擎鈴天蜚 軍昌羊星姚廉 旺陷廟陷廟 13~22　兄弟宮　沐浴 戊戌
寅 (田宅宮) 貪天天對 狼魁才詩誥 平 廟旺 青神 亡神 病符 93~102　田宅宮　庚寅	丑 (福德宮) 太太左右寡 陰陽輔弼宿 不廟廟廟平 病符 月煞 弔客 103~112　福德宮　辛丑	子 (父母宮) 武天紅成天 曲府鸞池德 旺廟廟廟平 大耗 咸池 天德 113~122　父母宮　庚子	亥 (命宮) 天天地天天 同梁劫貴 廟陷 陷 身宮 伏兵 白虎 3~12　命宮　長生 己亥

武曲星是一個財富星、武鬥星、孤獨星。在六親宮出現真不是好事，輕者六親緣薄，重者六親有損。

來看上面的命盤：

命主的父母宮武曲天府星，武曲星是剋父母。再看父母宮的官祿宮在辰位，廟勢，所以對父母來說是有妨礙的，也就是剋父母。再看父母宮的官祿宮在辰位，紫微天相文曲化科天空星，照破軍擎羊鈴星，說明有關父母的官方檔被劃掉了，或者刪檔了。這說明父母尤其是父親的壽命可能不長。

事實上：命主12歲父親就去世了。

紫微斗数命盘

太天天天截破 陽刑福使空碎 旺旺平陷 病符 指背　　73～82 白虎　　　疾厄宮 病　　　　　癸巳	破天紅靈天天 軍鉞鸞池德 廟廟　　旺 大耗 咸池　　83～92 天德　　　財帛宮 死　　　　　甲午	天恩天天寡 機光才壽宿 陷平平旺不 伏兵 月煞　　93～102 弔客　　　子女宮 墓　　　　　乙未	紫天陀 微府羅 旺旺陷 官符 亡神　103～112 病符　　　夫妻宮 絕　　　　　丙申
鈴文八解龍 曲曲輔神德 廟得廟　廟 喜神 天煞　　63～72 寡德　　　遷移宮 衰　　　　　壬辰	坤造　辛　戊　辛　戊　（日空戌、亥） 　　　酉　戌　未　子 1命宮　2兄弟　3夫妻　4子女　5財帛　6疾厄 7遷移　8交友　9官祿　10田宅　11福德　12父母 甲　庚-太陽　乙　天機-太陰　丙　天同-廉貞　丁　太陰-巨門 干　貪狼-天機　己　武曲-文曲 戊　廉貞-天同　辛　巨門-文昌　壬　天梁-武曲　癸　破軍-貪狼		太祿存天天 陰存羅官哭 旺廟廟平不 博士 將星　113～122 病符　　　兄弟宮 胎　　　　　丁酉
天火地天 同星劫廚 平利陷廟 飛廉 災煞　　53～62 喪門　　　交友宮 帝旺　　　　辛卯			貪文擎華三天陰 狼昌羊蓋台空煞 陷廟陷廟旺廟 力士 攀鞍　　3～12 歲建　　　命宮 養　　　　　戊戌 身宮
七右天對天天劫月 殺弼魁詔刑煞德 廟廟　　陷 奏書 劫煞　　43～52 小耗　　　官祿宮 臨官　　　　庚寅	天天截咸年華 梁貴池閒解蓋 旺旺平平陷 將軍 華蓋　　33～42 官符　　　田宅宮 冠帶　　　　辛丑	廉天左天旬 貞相輔喜空 平廟旺旺 小耗 息神　　23～32 貫索　　　福德宮 沐浴　　　　庚子	地地天孤蜚 劫空馬辰廉 旺　陷平陷 青龍 歲驛　　13～22 喪門　　　父母宮 長生　　　　己亥

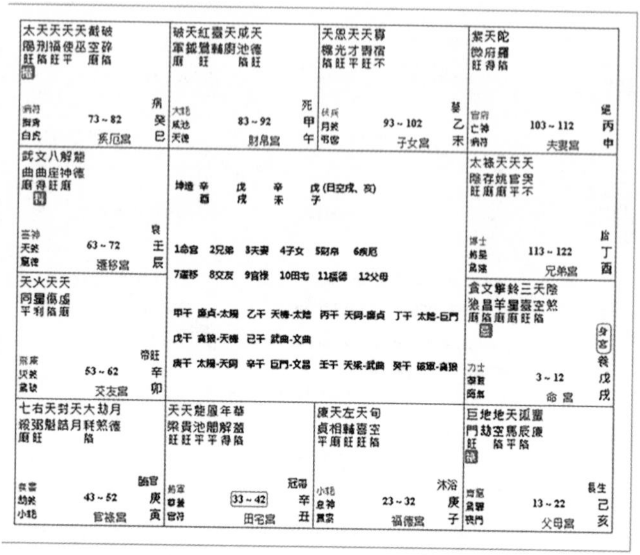

太陰祿存天姚星，藝術成名

在大家的常識中天姚星是桃花星，會引起男女之事，其實，天姚星也是一顆藝術之星，天姚星與太陰星同度也表示有很高的藝術造詣，若是再同度祿存星就更明顯了，祿存星五行為火土，對天姚星的水木有抑制作用。

來看上面的命盤：

父母宮巨門化祿，照太陽化權，說明父母有公眾的話語權，也就是名人。再看父母宮的官祿宮在卯位，天同星火星，照太陰天姚祿存星，說明是藝術方面有名氣的人。

事實上：命主的父母都是文藝界內的知名人士。

天左天天 府輔馬月 得平平平 伏兵 息神 亡身 86~95 官祿宮 建辛巳	天太文天天鈴 同陰曲廚空 陷不廟　陷　【身宮】 大耗 華蓋 病符 76~85 交友宮 辇王午	武食三八天蜚 曲狼臺座貴廉 廟廟平平　陷 官府 劫煞 晦氣 66~75 遷移宮 死癸未	太巨文天天地劫天空劫 陽門昌才空鈴煞空空煞 得廟廟平平　旺 病符 災煞 喪門 56~65 疾厄宮 病甲申
擎天封句尊天 羊官誥空宿傷 廟旺　陷陷廟 官府 攀鞍 天德 96~105 田宅宮 庚辰	乾造　乙　戊　丙　庚（日空子、丑） 　　　未　寅　辰　寅		天右地恩 相弼空光 陷陷廟旺 喜神 災煞 弔客 46~55 財帛宮 乙酉
廉破祿盛蜚年 貞軍存閣濂解 平陷廟旺　廟 博士 將星 白虎 106~115 福德宮 袞己卯	1命宮　2兄弟　3夫妻　4子女　5財帛　6疾厄 7遷移　8交友　9官祿　10田宅　11福德　12父母 甲干 廉貞-太陽　乙干 天機-太陰　丙干 天同-廉貞　丁干 太陰-巨門 戊干 貪狼-天機　己干 武曲-文曲 庚干 太陽-天同　辛干 巨門-文昌　壬干 天梁-武曲　癸干 破軍-貪狼		天天地 機梁劫 利廟陷 飛廉 天煞 天德 36~45 子女宮 帶旺丙戌
陀天天蜚 羅喜姚德 陷廟旺 力士 亡神 龍德 116~125 父母宮 長生戊寅	地天破 劫盛碎 陷廟陷 青龍 月煞 歲破 6~15 命宮 沐浴己丑	天鈴天咸陰大月 魁星壽池煞耗德 廟陷廟　陷　旺 小耗 咸池 小耗 16~25 兄弟宮 冠帶戊子	紫七火龍天 微殺星池哭 旺平利陷平 將軍 指背 官符 26~35 夫妻宮 臨官丁亥

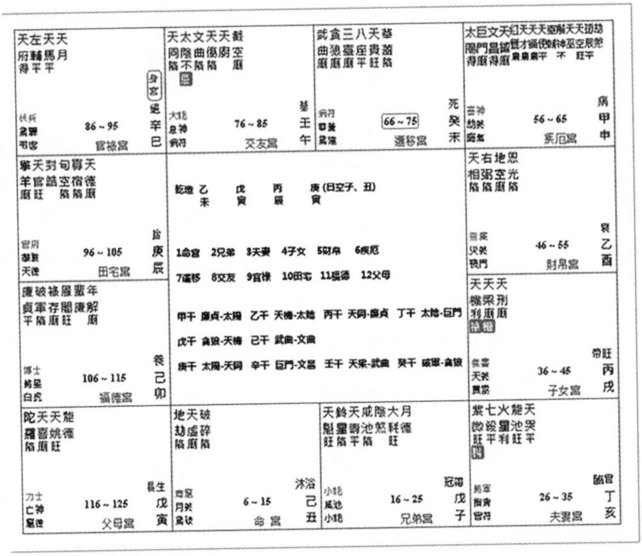

巨門星是出門、出行的意思，在父母宮的時候，表示父母出門在外、或者自身是抱養、過繼的人，尤其是同度了天空劫煞星的時候。

來看上面的命盤：

本命盤父母宮天喜天姚星，照巨門爆旺文昌天空劫煞太陽星不旺。巨門爆旺，說明出門了、過門的。文昌劫煞天空，說明是口頭的、嫁接的、劫奪的等。巨門爆旺文昌劫煞天空星組合以後，顯示為過門的、空有名份的父親。

事實上：命主的親生父親從他幼年離家出走不知所蹤。後來隨母改嫁，繼父對他還不錯。

從孩子命盤看母親的婚姻不穩定

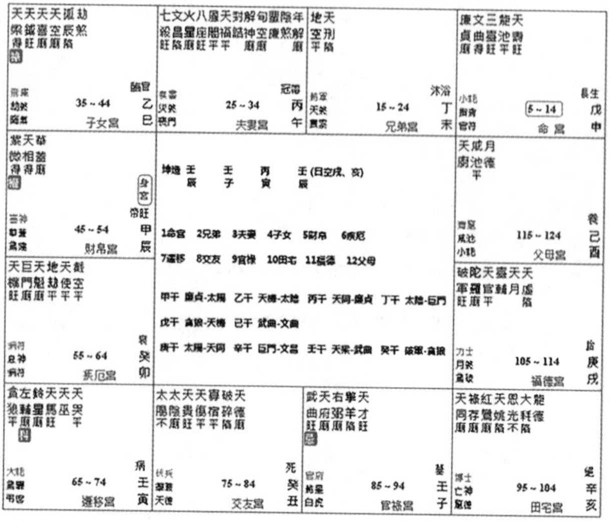

天天天天孤劫
梁鉞臺空辰煞
得旺廟廟陷
35～44
子女宮
乙巳
七文火八風天封解句蜚陰年
殺昌星座閣福誥神空廉煞解
旺陷廟旺平平 廟廟 廟
25～34
夫妻宮
丙午
地天
空刑
平陷
沐浴
15～24
兄弟宮
丁未
廉文三龍天
貞曲臺池壽
廟得旺平旺
長生
5～14
命宮
戊申
紫天華
微相蓋
得得廟
身宮
帝旺
45～54
財帛宮
甲辰
坤造 壬 壬 丙 壬 (日空戌、亥)
辰 子 寅 辰
1命宮 2兄弟 3夫妻 4子女 5財帛 6疾厄
7遷移 8交友 9官祿 10田宅 11福德 12父母
甲干 廉貞-太陽 乙干 天機-太陰 丙干 天同-廉貞 丁干 太陰-巨門
戊干 貪狼-天機 己干 武曲-文曲
庚干 太陽-天同 辛干 巨門-文昌 壬干 天梁-武曲 癸干 破軍-貪狼
天咸月
廚池德
平
養
115～124
父母宮
己酉
天巨天地天截
機門魁劫使空
旺廟廟平平平
衰
55～64
疾厄宮
癸卯
破陀天臺天天
軍羅官輔月虛
旺廟平 陷
胎
105～114
福德宮
庚戌
貪左鈴天天天
狼輔星馬巫哭
平廟廟旺 平
病
65～74
遷移宮
壬寅
太太天天寡破天
陽陰貴傷宿碎德
不廟旺平平陷廟
死
75～84
交友宮
癸丑
武天右擎天
曲府弼羊才
旺廟廟陷旺
墓
85～94
官祿宮
壬子
天祿紅天恩大龍
同存鸞姚光耗德
廟廟廟陷不陷
絕
95～104
田宅宮
辛亥

紅鸞天喜左輔右弼天鉞天魁星，進入夫妻宮是一把雙刃劍，會受到夫妻的幫助，但是也有可能會出軌或者離異，只要主星配合不得當，就會發生不利。

來看上面的命盤：

本命主的母親宮在未位，母親宮的夫妻宮在巳位，坐落了天梁星化祿天鉞天空劫煞等，照天同祿存紅鸞星。天鉞表示多一次婚姻，天同天喜紅鸞星表示兩個結婚現場、兩次婚姻之喜慶。說明父母是二婚的。

事實上：命主出生之前，母親有過一次婚姻經歷。

天相破軍星的父母宮，與父母緣份淺

太祿地地天溫 陰存劫空官辰 旺廟不廟旺陷 博士 亡神 貫索　　63～72 　　　遷移宮　病癸巳	破擎陀天 軍羊廟不 廟陷　平 力士 將星 官符　　73～82 　　　疾厄宮　死甲午	天左右火天三八月 機輔弼喜喜座廟 廟陷廟利陷廟平 青龍 攀鞍 小耗　　83～92 　　　財帛宮　墓乙未	紫府天鳳封天陰解 微府馬閣誥虛煞神 旺廟旺　廟　廟　利 小耗 歲驛 歲破　93～102 　　　子女宮　絕丙申
武文陀天天戴天 曲昌　姚傷哭 廟旺平平陷平平 官府 月煞 喪門　　53～62 　　　交友宮　衰壬辰	乾造　丙　癸　乙　壬　(日空戌、亥) 　　　寅　巳　丑　午 1命宮　2兄弟　3夫妻　4子女　5財帛　6疾厄 7遷移　8交友　9官祿　10田宅　11福德　12父母 甲干　廉貞-太陽　乙干　天機-太陰　丙干　天同-廉貞　丁干　太陰-巨門 戊干　貪狼-天機　己干　武曲-文曲 庚干　太陽-天同　辛干　巨門-文昌　壬干　天梁-武曲　癸干　破軍-貪狼		太天鈴地天大龍 陰鉞星空貴料德 旺廟　廟陷旺平平 將軍 息神 龍德　103～112 　　　夫妻宮　胎丁酉
天恩天天 同光空池 平旺平陷 伏兵 咸池 晦氣　　43～52 　　　官祿宮　帝旺辛卯			貪文解旬蜚華 狼曲神空廉蓋 廟廟廟陷　平 奏書 華蓋 白虎　113～122 　　　兄弟宮　養戊戌
七天 殺月 廟 大耗 指背 喪門　[33～42] 　　　田宅宮　臨官庚寅	天紅才天寡 梁鸞　壽宿 旺陷　廟廟 病符 天煞 貫索　　23～32 　　　福德宮　冠帶辛丑	廉天天台天 貞相刑輔廚 平廟　廟平平 喜神 災煞 官符　　13～22 　　　父母宮　沐浴庚子	巨天天地天 門魁巫空德 旺旺　廟　平 　　　　　　身宮 飛廉 劫煞 小耗　　3～12 　　　命宮　長生己亥

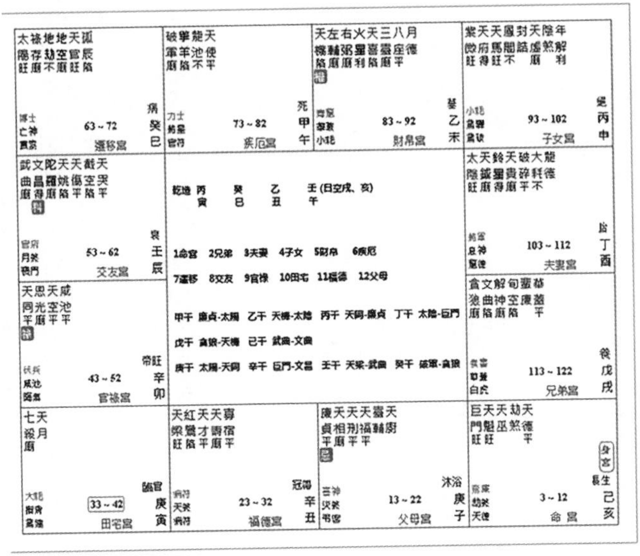

生身父母，這種情份應該是很深刻的一種人間緣份，但是事實上出生以後被迫離開父母或者失去父母的運很多，他們和父母的緣份就定格在幼時的幾年時光之中。比如被抱養的孩子、被過繼給別人的孩子、被人販子拐賣的孩子等等。

來看上面的命盤：

父母宮廉貞化忌、天相天刑台輔星，照破軍星。廉貞化忌說明關係很差或者極端疏遠。天刑星說明會刑剋父母或者遠離父母。天相星照破軍星，說明沒有給予溫飽的生活。天相星是一顆體面的星曜，生活和經濟上都是充足的、講究的。天相星被破了，說明父母沒有給予命主很好的生活。總之，命主與父母的關係很差或者聚少離多。

事實上：命主是被抱養長大的孩子，繼父母對他很好。

<table>
<tr>
<td>天天天鳳天年
相鉞貴閣福解
得旺平廟旺旺
臨官
奏書　106～115　丁
指背
歲建　夫妻宮　巳</td>
<td>天天旬天咸
梁官空空池
廟廟廟廟陷
帝旺
飛廉　116～125　戊
咸池
晦氣　兄弟宮　午</td>
<td>廉七左右蜚
貞殺輔弼廉
利廟廟廟
衰
喜神　6～15　己
月煞
喪門　命宮　未</td>
<td>鈴天孤陰
星壽辰煞
陷旺平
病
病符　16～25　庚
亡神
貫索　父母宮　申</td>
</tr>
<tr>
<td>巨天天臺寡
門喜姚輔宿
陷陷陷　陷
冠帶
將軍　96～105　丙
天煞
病符　子女宮　辰</td>
<td colspan="2" rowspan="2">坤造　癸　丁　庚　丙（日空申、酉）
　　　巳　巳　辰　戌

1命宮　2兄弟　3夫妻　4子女　5財帛　6疾厄
7遷移　8交友　9官祿　10田宅　11福德　12父母

甲干 廉貞-太陽　乙干 天機-太陰　丙干 天同-廉貞　丁干 太陰-巨門
戊干 貪狼-天機　己干 武曲-文曲
庚干 太陽-天同　辛干 巨門-文昌　壬干 天梁-武曲　癸干 破軍-貪狼</td>
<td>地龍破
劫池碎
平廟平
死
大耗　26～35　辛
將星
官符　福德宮　酉</td>
</tr>
<tr>
<td>紫貪天八恩
微狼魁座光
旺利廟平廟
身宮
沐浴
小耗　86～95　乙
災煞
弔客　財帛宮　卯</td>
<td>天紅解大月
同鸞神耗德
平陷廟平
墓
伏兵　36～45　壬
攀鞍
小耗　田宅宮　戌</td>
</tr>
<tr>
<td>天太文天天劫天
機陰曲使月煞德
得旺平平　　平
長生
青龍　76～85　甲
劫煞
天德　疾厄宮　寅</td>
<td>天擎火地截天華
府羊星空空哭蓋
廟廟得陷不廟陷
養
力士　66～75　乙
華蓋
白虎　遷移宮　丑</td>
<td>太文祿天天天封龍
陽昌存刑才傷誥德
陷得廟平旺陷
胎
博士　56～65　甲
息神
龍德　交友宮　子</td>
<td>武破陀天三天天天
曲軍羅馬臺巫廚虛
平平陷平平　平
絕
官府　46～55　癸
歲驛
大耗　官祿宮　亥</td>
</tr>
</table>

父母宮太陰化科天機文曲星，父母儒雅有學識

天機星表示機會、機遇等；太陰星化科表示有文憑、有學歷等；太陰化科文曲星表示有涵養、有文化、有學識。天機文曲星表示有機會獲得名譽和地位等。

來看上面的命盤：

父母宮鈴星陷落天壽孤辰星，照天機太陰文曲星。鈴星陷落表示有名氣；天壽星表示時間長；孤辰表示為數不多；天機文曲星表示有機會獲得更高學歷和文化高等；太陰化科表示有經濟能力、有學位和

地位等。

再看父母宮的官祿宮在子位太陽星文昌祿存星天才星封誥星等，照天梁星天官旬空天空星。太陽文昌星表示有工作、有虛名、有名氣等；文昌祿存星表示有地位和俸祿等。照天梁星天官星旬空天空星表示有虛名、有名氣。

事實上：命主父母退休前都在政府部門工作。

從兒子命盤看母親感情

祿存表示、金錢、收穫、成熟、成果、飽滿、圓潤、多情多慾、精力充沛。紅鸞星表示紅色、鮮血、喜慶、愛戀、戀情、惹人喜愛、招惹人、慾望、鮮花等。祿存紅鸞兩顆星廟旺而且同度，容易有婚外情。

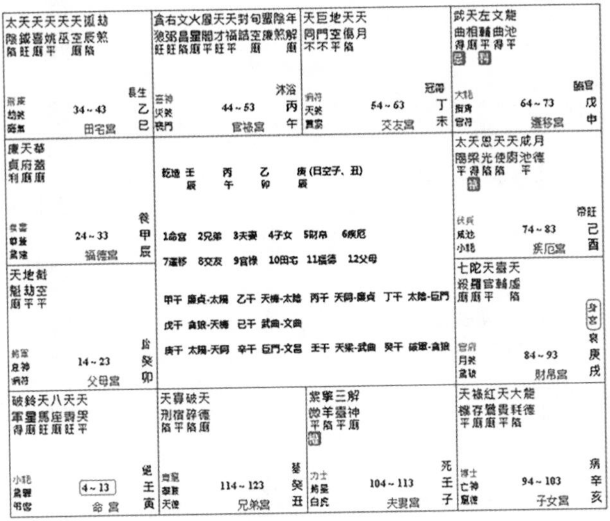
太天天天天天孤劫 陰鉞喜姚巫空辰煞 陷旺廟平 廟陷
34~43 長生 乙巳 田宅宮
貪右文火屬天天封句蜚陰年 狼弼昌星閣才福誥空廉煞解 旺旺陷廟平旺平 廟 廟
44~53 沐浴 丙午 官祿宮
天巨地天天 同門空傷月 不不平陷
54~63 冠帶 丁未 交友宮
武天左文龍 曲相輔曲池 得廟平得平
64~73 臨官 戊申 遷移宮
廉天華 貞府蓋 利廟廟
24~33 養 甲辰 福德宮
乾造 壬 丙 乙 庚(日空子、丑)
辰 午 卯 辰
1命宮 2兄弟 3夫妻 4子女 5財帛 6疾厄
7遷移 8交友 9官祿 10田宅 11福德 12父母
甲干 廉貞-太陽 乙干 天機-太陰 丙干 天同-廉貞 丁干 太陰-巨門
戊干 貪狼-天機 己干 武曲-文曲
庚干 太陽-天同 辛干 巨門-文昌 壬干 天梁-武曲 癸干 破軍-貪狼
太天恩天天咸月 陽梁光使廚池德 平得陷陷 平
74~83 帝旺 己酉 疾厄宮
天地截 魁劫空 廟平平
14~23 胎 癸卯 父母宮
七陀天臺天 殺羅官輔虛 廟廟平 陷
身宮
84~93 衰 庚戌 財帛宮
破鈴天八天天 軍星馬座壽哭 得廟旺廟旺平
4~13 絕 壬寅 命宮
天寡破天 刑宿碎德 陷平陷廟
114~123 墓 癸丑 兄弟宮
紫擎三解 微羊臺神 平陷平廟
104~113 死 壬子 夫妻宮
天祿紅天大龍 機存鸞貴耗德 平廟廟平陷
94~103 病 辛亥 子女宮

來看上面的命盤：

命主的母親宮在丑位，父母的夫妻宮在亥位，坐落了祿存天機紅鸞星。這裡的天機星較弱，表示投機、鑽營、陰謀等。而祿存和紅鸞星組合表示多情多慾、感情豐富等。天機祿存紅鸞星組合就是暗地裡的感情、偷情等。

事實上：孩子母親在婚前、婚後一直有情人，後來被孩子父親發現鬧離婚。

從兒子紫微盤中看父親是二婚

天同星表示相同的地位和身分等，比較一致、一樣的素質等。天同太陰星表示有兩個女人。如果再次同度紅鸞天喜星等，而出現在夫妻宮，那麼，離婚機率就增加了。

來看上面的命盤：

本命主的父母宮在申位，父母宮的夫妻宮在午位，坐落了天同化權太陰化祿地劫紅鸞星，說明父親會有二婚或者已經有二婚，總之父親的婚姻會有不順利的經歷。

事實上：命主父親是二婚的，在和命主母親結婚之前已經有過一段婚史。離婚再娶命主母親的。

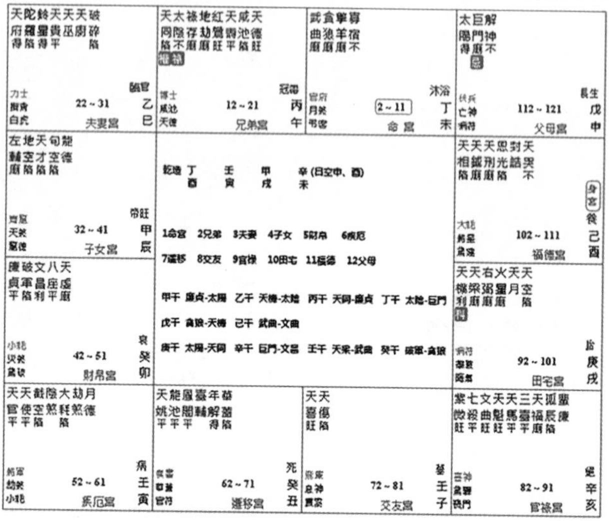

天府 陀羅 鈴星 天貴 天巫 天廚 破碎
22~31 乙巳 夫妻宮
天同 太陰 祿存 地劫 紅鸞 天姚 咸池 天德
12~21 丙午 兄弟宮
武曲 貪狼 擎羊 寡宿
2~11 丁未 命宮
太陽 巨門 解神
112~121 戊申 父母宮
左輔 地空 天才 旬空 龍德
32~41 甲辰 子女宮
乾造 丁 壬 甲 辛 (日空申、酉)
酉 寅 戌 未
1命宮 2兄弟 3夫妻 4子女 5財帛 6疾厄
7遷移 8交友 9官祿 10田宅 11福德 12父母
甲干 廉貞-太陽 乙干 天機-太陰 丙干 天同-廉貞 丁干 太陰-巨門
戊干 貪狼-天機 己干 武曲-文曲
庚干 太陽-天同 辛干 巨門-文昌 壬干 天梁-武曲 癸干 破軍-貪狼
天相 天鉞 天刑 恩光 封誥 天哭
身宮
102~111 己酉 福德宮
廉貞 破軍 文昌 八座 天虛
42~51 癸卯 財帛宮
天機 天梁 右弼 火星 天月 天空
92~101 庚戌 田宅宮
天官 天使 截空 陰煞 大耗 劫煞 月德
52~61 壬寅 疾厄宮
天魁 鳳閣 蜚廉 年解 華蓋
62~71 癸丑 遷移宮
天喜 天傷
72~81 壬子 交友宮
紫微 七殺 文曲 天鉞 天馬 三台 天福 孤辰 天廚
82~91 辛亥 官祿宮

子女宮宮氣陷落，難以受孕孩子晚

天火紅天八天大龍 鉞星鸞姚座科德 旺尊旺平廟　旺 病床 亡神 寡宿 94～103　長生 乙巳 田宅宮	天右文思天對陰 機弼昌光福煞 廟旺陷廟平 喜神 蜚廉 白虎 84～93　養 丙午 官祿宮	紫破鈴地天天尊 微軍星空傷月德 旺平利平陷　不 勾宮 華蓋 天德 74～83　胎 丁未 交友宮	左文天天天哭 輔曲馬貴壽 平平旺旺旺 小耗 弔客 64～73　絕 戊申 遷移宮
太天 陰虛 旺陷 苦神 月煞 龍德 104～113　沐浴 甲辰 福德宮	坤造 壬 乙 己 戊　(日空子、丑) 　　　戌 巳 未 辰 1命宮 2兄弟 3夫妻 4子女 5財帛 6疾厄 7遷移 8交友 9官祿 10田宅 11福德 12父母		天三天天 府臺喜廚 旺廟 齊宮 息神 54～63　墓 己酉 疾厄宮
武七天地截咸月 曲殺魁劫空德 利旺廟平平平 飛刃 咸池 小耗 114～123　冠帶 癸卯 父母宮	甲干 廉貞-太陽　乙干 天機-太陰　丙干 天同-廉貞　丁干 太陰-巨門 戊干 貪狼-天機　己干 武曲-文曲 庚干 太陽-天同　辛干 巨門-文昌　壬干 天梁-武曲　癸干 破軍-貪狼		太陀天嘉華 陰羅官輔蓋 旺平陷廟 力士 息神 44～53　身宮 死 庚戌 財帛宮
天天龍 同梁池 利廟廟平 大耗 指背 官符 4～13　臨官 壬寅 命宮	天天破 相刑碎 得陷平 伏兵 天煞 貫索 14～23　帝旺 癸丑 兄弟宮	巨擎屋天解旬蜚年 門羊閣才神空廉解 旺陷廟廟廟　廟 官府 災煞 喪門 24～33　衰 壬子 夫妻宮	廉貪祿天天劫 貞狼存喜空辰 陷陷廟陷陷　廟 博士 劫煞 晦氣 34～43　病 辛亥 子女宮

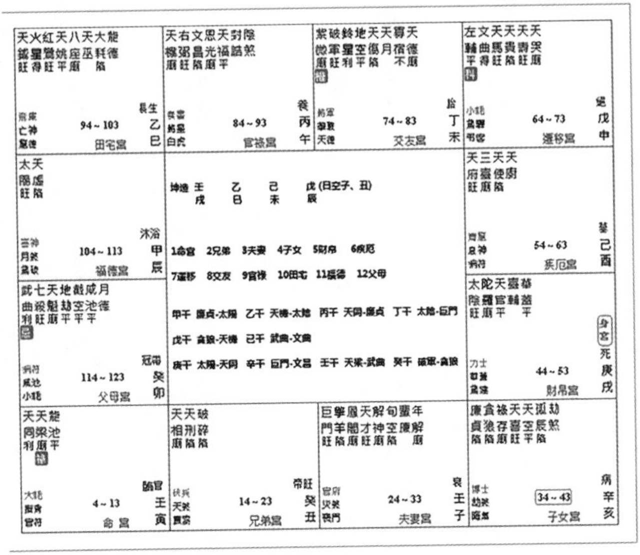

貪狼廉貞本是桃花星，但是在陷落之地的時候反而表示沒有桃花或者方式不當。祿存落在子女宮表示種子和受精卵，但是祿存同度地空天空地劫劫煞星，表示受孕比較困難。

來看上面的命盤：

本命主的子女宮貪狼廉貞陷落，表示因為體質或者工作等原因，造成慾望低、胎兒存活率低、夫妻同床房事較少或者方式不當。同度了天喜星表示房事過度。祿存劫煞表示精子存活率不高或者品質差。

再看夫妻宮巨門鳳閣星照天機右弼星，表示房事多，或者夫妻異地居住等情況。

綜上所述可見孩子晚或者生育上會遇到不順利。那麼是不是一定會沒有後代呢？

再看子女宮的官祿宮在卯位，武曲化忌七殺天魁星，照天府三台星，說明為了生育孩子會花錢、吃藥等，有這樣的經歷。但是一定會有後代，七殺表示艱難或者手術等，天府星表示男孩等。三台說明會有多次才能成功。

命主說：2017年結婚，之後的五年之內沒有懷孕也沒有流產，一直想要孩子，醫院各種檢查，但是婦科沒有問題。期間動了兩次移植手術都沒有成功。

貪狼火星同度地空旬空，沒有飲食和快樂

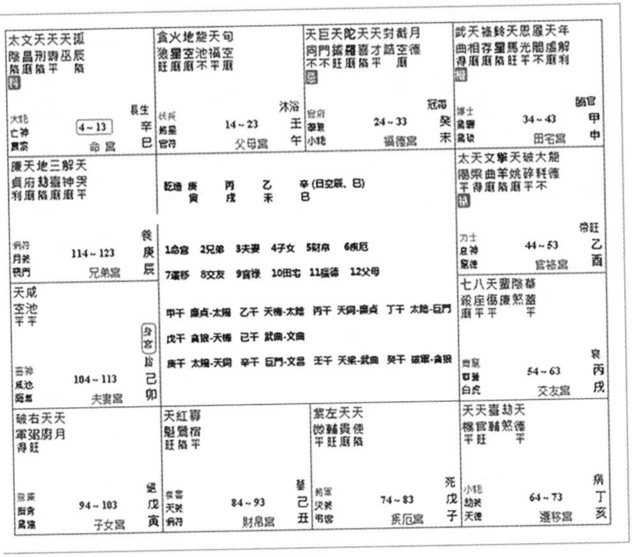
太陽 文昌 天刑 天壽 天巫 孤辰
長生 4～13 辛巳 命宮
貪狼 火星 地空 天池 天福 旬空
沐浴 14～23 壬午 父母宮
天同 巨門 天鉞 陀羅 天喜 天才 封誥 月德
冠帶 24～33 癸未 福德宮
武曲 天相 祿存 鈴星 天馬 恩光 鳳閣 天虛 年解
臨官 34～43 甲申 田宅宮
廉貞 天府 地劫 台輔 三台 解神 天哭
養 114～123 庚辰 兄弟宮
乾造 庚 丙 乙 辛 (日空辰、巳)
寅 戌 未 巳
1命宮 2兄弟 3夫妻 4子女 5財帛 6疾厄
7遷移 8交友 9官祿 10田宅 11福德 12父母
甲干 廉貞-太陽 乙干 天機-太陰 丙干 天同-廉貞 丁干 太陰-巨門
戊干 貪狼-天機 己干 武曲-文曲
庚干 太陽-天同 辛干 巨門-文昌 壬干 天梁-武曲 癸干 破軍-貪狼
太陽 天梁 文曲 擎羊 天姚 破碎 大耗 龍德
帝旺 44～53 乙酉 官祿宮
天空 咸池
身宮 胎 104～113 己卯 夫妻宮
七殺 八座 天傷 天廚 陰煞 華蓋
衰 54～63 丙戌 交友宮
破軍 右弼 天廚 天月
絕 94～103 戊寅 子女宮
天魁 紅鸞 寡宿
墓 84～93 己丑 財帛宮
紫微 左輔 天貴 天使
死 74～83 戊子 疾厄宮
天機 天官 台輔 劫煞 天德
病 64～73 丁亥 遷移宮

火星表示破壞、糾紛、是非等。貪狼表示娛樂、飲食、親密等。貪狼地空旬空表示沒有給予飲食和快樂。貪狼火星表示，破壞了快樂和養育等。

來看上面的命盤：

命主的父母宮貪狼火星地空旬空天福星，火星天福說明沒有福份、沒有享受父親的福份。火星貪狼表示失去親情、破壞父子關係、沒有餵養孩子等。貪狼地空旬空表示沒有親密關

係、沒有給予飲食和快樂等。也就是說父親和母親是離婚或者分離。

事實上：命主的父母感情不和，於 2015 年分居起父親就不再理會兒子，後來又找了一個女人，對兒子不管不問，連撫養費都不肯出。父母於 2020 年正式離婚，命主歸母親。

天梁火星天刑天魁星，老人去世

太天天天天 陰鉞馬福威 陷旺平旺旺 祿 飛廉 病符 亡神 病 丁巳 93~102 子女宮	貪天恩楚 狼官輔德 旺廟 喜神 晦氣 死 戊午 103~112 夫妻宮	天巨天天天華 同門姚才喜蓋 不旺平旺平陷 病符 官符 白虎 113~122 兄弟宮	武天劫天 曲相煞德 得平 身宮 將星 劫煞 晦氣 病符 3~12 命宮 庚申
廉天右文紅八月 貞府弼曲鸞座德 利廟廟廟旺廟平 奏書 攀鞍 小耗 83~92 衰 丙辰 財帛宮	坤造　癸　庚　癸　壬（日空午、未） 　　　亥　申　巳　子 1命宮　2兄弟　3夫妻　4子女　5財帛　6疾厄 7遷移　8交友　9官祿　10田宅　11福德　12父母		太天火思破 陽梁星光碎 平旺平旺平 大耗 災煞 弔客 13~22 父母宮 辛酉
天天天蜚天 魁刑貴池傷 廟廟旺廟平 小耗 將星 官符 帝旺 乙卯 73~82 疾厄宮	甲干　廉貞-太陽　乙干　天機-太陰　丙干　天同-巨門　丁干　太陰-巨門 戊干　貪狼-天機　己干　武曲-文曲 庚干　太陽-天同　辛干　巨門-文昌　壬干　天梁-武曲　癸干　破軍-貪狼		七左文鈴天三寡 殺輔昌星壽臺宿 廟旺陷陷陷旺陷 伏兵 天煞 病符 23~32 福德宮 壬戌
破封解天孤陰 軍誥神巫辰煞 廟　廟　平 青龍 亡神 貫索 臨官 甲寅 63~72 遷移宮	擎天截蠶 羊傷空廉 廟平不 力士 月煞 喪門 53~62 交友宮 冠帶 乙丑	紫祿旬天咸 微存空空池 平廟陷 博士 咸池 晦氣 43~52 官祿宮 沐浴 甲子	天陀地地廉天天年 機羅劫空閒廚月解 平旺　陷旺旺　廟 官府 指背 貫索 33~42 田宅宮 長生 癸亥

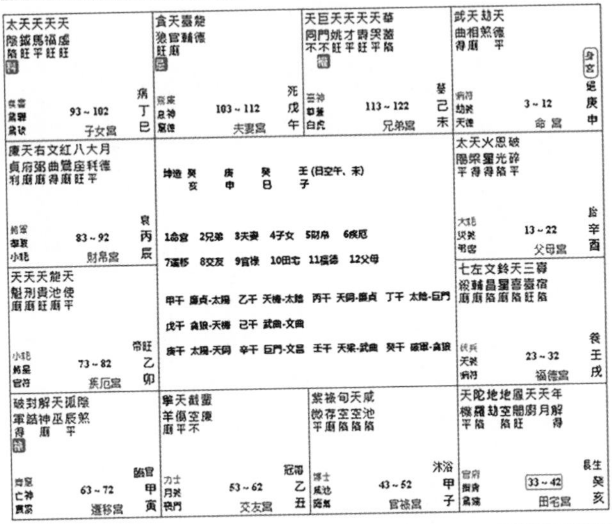

天梁星本身就是「老」的意思，如果落入父母宮那就是父母長輩尤其是父親，同度或者會照火星天刑星，就會有意外，因為火星表示突然的災難，而天刑星主刑剋親人。天魁星是一顆幫助星但是它自身不知道鑑別的幫助其他星曜，包括凶星也會幫助。配合其他的凶星有時候可以直接解讀成「天鬼」，也就是死亡的意思。

看上面的命盤：

流年2020年命宮在申位，父母宮在酉位。流年四化是陽武陰同。第四部大運被關閉。來看父母宮這一年的吉凶。

父母宮天梁利勢、火星旺勢、太陽星得地，同度吊客災煞星，照天刑星天魁星。天梁星與太陽星說明是父親本身的事情，老父親。火星天刑吊客災煞說明老父親有災難。天魁吊客火星天刑說明是生死交關的事情。

再看父親宮的官祿宮在丑位，坐落擎羊喪門星，說明官方因為去世而刪除了檔案，也就是父親去世了。

再看父母宮的疾厄宮在辰位，天府連著文曲紅鸞右弼，照七殺鈴星左輔，說明有傷害手術或者嚴重的疾病，應該是脾胃、心臟、血管等部位。

命主說：2020年父親突然去世，太意外了，從沒想過爸爸會離開了我們，特別特別後悔，後悔陪伴父親的時間太少！

太陰化科天同化忌右弼，女人再次懷孕是男孩

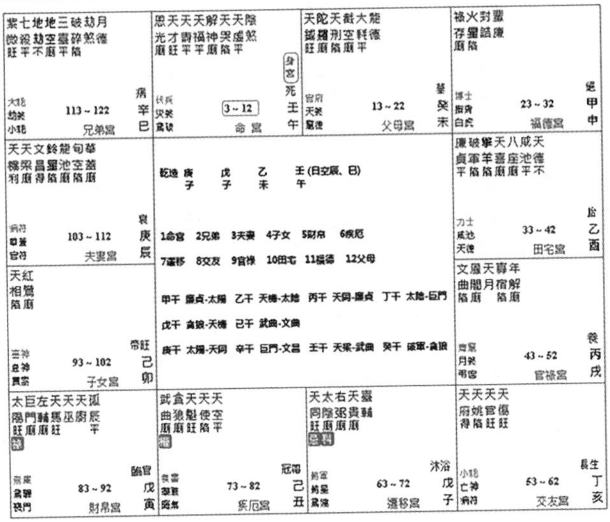
紫七地地三破劫月
微殺劫空臺碎煞德
旺平不廟平陷
113～122
兄弟宮
病
辛
巳
恩天天天解天天陰
光才壽福神哭虛煞
廟旺平平廟陷平
身宮
3～12
命宮
死
壬
午
天陀天截大龍
鉞羅刑空耗德
旺廟陷廟平
13～22
父母宮
墓
癸
未
祿火封蜚
存星誥廉
廟陷
23～32
福德宮
絕
甲
申
天天文鈴龍旬華
機梁昌星池空蓋
利廟得陷廟陷廟
103～112
夫妻宮
衰
庚
辰
乾造 庚 戊 乙 壬 (日空辰、巳)
子 子 未 午
1命宮 2兄弟 3夫妻 4子女 5財帛 6疾厄
7遷移 8交友 9官祿 10田宅 11福德 12父母
甲干 廉貞-太陽 乙干 天機-太陰 丙干 天同-廉貞 丁干 太陰-巨門
戊干 貪狼-天機 己干 武曲-文曲
庚干 太陽-天同 辛干 巨門-文昌 壬干 天梁-武曲 癸干 破軍-貪狼
廉破擎天八咸天
貞軍羊喜座池德
平陷陷廟廟平不
33～42
田宅宮
胎
乙
酉
天紅
相鸞
陷廟
93～102
子女宮
帝旺
己
卯
文屬天寡年
曲閣月宿解
陷廟 陷廟
43～52
官祿宮
養
丙
戌
太巨左天天天孤
陽門輔馬巫廚辰
旺廟廟旺 平
83～92
財帛宮
臨官
戊
寅
武貪天天天
曲狼魁使空
廟廟旺陷平
73～82
疾厄宮
冠帶
己
丑
天太右天蜚
同陰弼貴輔
旺廟廟廟
63～72
遷移宮
沐浴
戊
子
天天天天
府姚官傷
得陷旺旺
53～62
交友宮
長生
丁
亥

太陰星化科表示誘惑、文藝、獲獎，也表示懷孕的女人，同度天同星就更加明顯是懷孕了，而天同星化忌表示希望是男孩，而右弼表示這不是第一胎而是第二胎或者第三胎等。

來看上面的盤：

命宮恩光天壽天福天才星，照天同化忌太陰化科右弼星，表示女人再次懷孕了。

再看子女宮天相紅鸞星，表示有生育之喜，是男孩。

再配合孕婦的紫微命盤來看看——

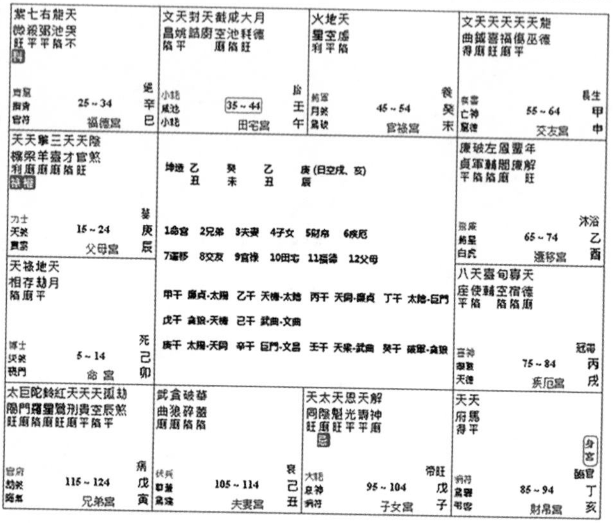

紫微 七殺 右弼 龍池 天哭
25～34 辛巳 福德宮
文昌 天姚 封誥 天廚 截空 咸池 大耗 月德
35～44 壬午 田宅宮
火星 地空 天虛
45～54 癸未 官祿宮
文曲 天鉞 天喜 天福 天傷 天巫 龍德
55～64 甲申 交友宮
天機 天梁 擎羊 三台 天才 天官 陰煞
15～24 庚辰 父母宮
坤造 乙丑 癸未 乙丑 庚辰 (日空戌、亥)
1命宮 2兄弟 3夫妻 4子女 5財帛 6疾厄
7遷移 8交友 9官祿 10田宅 11福德 12父母
甲干 廉貞-太陽 乙干 天機-太陰 丙干 天同-廉貞 丁干 太陰-巨門
戊干 貪狼-天機 己干 武曲-文曲
庚干 太陽-天同 辛干 巨門-文昌 壬干 天梁-武曲 癸干 破軍-貪狼
廉貞 破軍 左輔 鳳閣 蜚廉 年解
65～74 乙酉 遷移宮
天相 祿存 地劫 天月
5～14 己卯 命宮
八座 天使 台輔 旬空 寡宿 天德
75～84 丙戌 疾厄宮
太陽 巨門 陀羅 鈴星 紅鸞 天刑 天貴 天空 孤辰 劫煞
115～124 戊寅 兄弟宮
武曲 貪狼 破碎 華蓋
105～114 己丑 夫妻宮
天同 太陰 天魁 恩光 天壽 解神
95～104 戊子 子女宮
天府 天馬
身宮
85～94 丁亥 財帛宮

子女宮天同太陰化忌天魁星，說明這個婦女的生育能力很強，天同星和太陰星都為水，在戊子位都是廟勢，水的五行之數字為1或者6，再同度了天魁星，說明一生可以有最少三個孩子，因為天魁表示比「天同太陰」所指示的多一個，那就是三個，天同為一個男孩；太陰為一個女孩，再多一個就是三個了，而化忌了太陰說明不喜歡女孩，那按照正常的心理推理應該是女孩多所以才不喜歡，人都有一個心理就是沒有什麼就喜歡什麼，不喜歡的肯定是多了、有剩餘了。

流年2021年在寅位，落入太陽星巨門星紅鸞星天刑星，說明生育後代而進行手術並且花錢。太陽星廟勢為男孩。巨門星旺。這兩顆星以太陽星為主。所以這一年只要生育那就是男孩。

求測者說：一、二胎均是女孩，夫人2020年11月再次懷孕，我是家中獨子，很想有後繼兒子。

陀天靈天 羅馬輔虛 陷平　旺 官府 亡神　42~51 貫索 兄 己 巳 官祿宮	天祿天解陰龍 樾存傷神煞德 廟廟　陷陷 博士 將神　52~61 官符 胎 庚 午 交友宮	紫破擎天天蜚 微軍羊刑哭廉 廟旺陷平陷平 力士 攀鞍　62~71 白虎 養 辛 未 遷移宮	天火天天劫天 鉞星使廚煞德 廟陷平　平 青龍 歲驛　72~81 天德 長生 壬 申 疾厄宮
太紅句大月 陽鸞空耗德 旺廟陷陷平 伏兵 息神　32~41 小耗 冠帶 戊 辰 田宅宮	坤造　己　丙　戊　癸（日空申、酉） 　　　亥　子　寅　亥		天鈴恩天截破 府星光官空碎 旺寿陷平廟陷 小耗 災煞　82~91 晦氣 沐浴 癸 酉 財帛宮
武七文擊 曲殺曲池 刑旺旺廟 旺 大耗 華蓋　22~31 官符 死 丁 卯 福德宮	1命宮 2兄弟 3夫妻 4子女 5財帛 6疾厄 7遷移 8交友 9官祿 10田宅 11福德 12父母 甲干 廉貞-太陽 乙干 天機-太陰 丙干 天同-廉貞 丁干 太陰-巨門 戊干 貪狼-太陰 己干 武曲-文曲 庚干 太陽-天同 辛干 巨門-文昌 壬干 天梁-武曲 癸干 破軍-貪狼		太地天天蜚 陰劫喜壽宿 平平旺廟　陷 將軍 劫煞　92~101 歲破 冠帶 甲 戌 子女宮
天天左天孤 同梁輔福辰 利廟廟旺　廟 病符 亡神　12~21 龍德 病 丙 寅 父母宮	天三八天對蜚 相台座貴煞廉 廟廟　旺旺 奏書 月煞　2~11 喪門 衰 丁 丑 命宮	巨天地天天咸 門弼魁才空池 旺廟旺平旺陷 飛廉 咸池　112~121 貫索 帝旺 丙 子 兄弟宮	廉貪文天鳳年 貞狼昌煞閣解 陷陷利陷平寿 喜神 指背　102~111 官符 臨官 乙 亥 夫妻宮　身宮

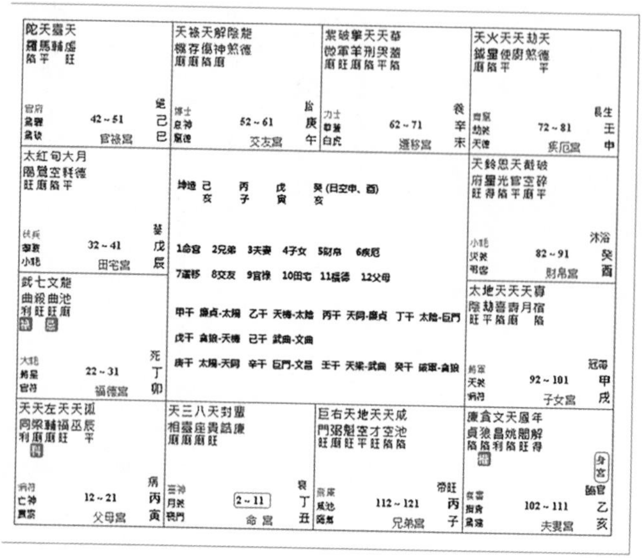

太陰地劫婆婆要錢，紫微破軍擎羊不顧及顏面

求測者說：婆婆踹門進家砸東西，要錢，讓我們給錢，開口一年5萬。我失業兩年，孩子剛動了手術，何來錢給她。大吵大鬧，不給就撒潑。我們不是不給，她今年生病我們借錢給她看病，但是她總是不滿足，可是我們條件有限。還挑唆他兒子跟我離婚。

來看上面的盤：

夫妻宮在亥位，夫妻宮的母親宮在戌位，坐落了太陰星天鉞地劫天喜天壽星，天壽太陰星說明是老太婆、年齡大了。天

206

月天喜說明不喜歡她、婆媳關係不好。太陰地劫星說明婆婆要錢來了。照太陽星說明經常來家裡。太陰星在甲戌之地，已經失去了溫柔賢慧之性。

再看命宮天相蜚廉星，照紫微破軍擎羊星，說明完全不顧及尊嚴和顏面，大吵大鬧的形象。

再看婆婆的財帛宮祿存天機陰煞星，合天梁化科，說明手裡不缺零用錢。陰煞天機星說明算計人。

現代年輕人壓力很大，老人也就難做了，應該互相理解，老人不要倚老賣老，年輕人也不能逃避責任，一方過激的行為會換來對方的抵抗心理，家事以和為貴。

文昌陀羅難以過戶，父子緣份盤中定數

求測者問抱養一個嬰兒，是否能成功。

來看上面的盤：

天右祿地地紅三天大龍 梁弼存劫空鸞臺貴耗德 得平廟不廟旺平平陷 博士 亡神 龍德 44～53 官祿宮 長生 丁巳	七擎天天天 殺羊姚傷廚 旺陷平陷 力士 將星 白虎 54～63 交友宮 沐浴 戊午	天火寡天 鉞星宿德 旺利不廟 青龍 攀鞍 天德 64～73 遷移宮 冠帶 己未	廉天天封天天 貞馬使誥巫哭 廟旺平　　廟 小耗 歲驛 弔客 74～83 疾厄宮 臨官 庚申
紫天文陀旬天陰 微相昌羅空虛煞 得得得廟陷陷 官府 月煞 歲破 34～43 田宅宮 養 丙辰	乾造 戊戌 己未 丙寅 甲午（日空戌、亥） 1命宮 2兄弟 3夫妻 4子女 5財帛 6疾厄 7遷移 8交友 9官祿 10田宅 11福德 12父母	甲干 廉貞-太陽 乙干 天機-太陰 丙干 天同-廉貞 丁干 太陰-巨門 戊干 貪狼-天機 己干 武曲-文曲 庚干 太陽-天同 辛干 巨門-文昌 壬干 天梁-武曲 癸干 破軍-貪狼	左鈴八 輔星座 陷得廟 將軍 息神 病符 84～93 財帛宮 帝旺 辛酉
天巨天天天咸月 機門官福月池德 旺廟旺平　平 伏兵 咸池 小耗 24～33 福德宮 胎 乙卯			破文華 軍曲蓋 旺陷平 奏書 華蓋 歲建 94～103 子女宮 衰 壬戌
貪天龍 狼刑池 平廟平 大耗 指背 官符 14～23 父母宮 絕 甲寅	太太天破 陽陰魁碎 不廟旺陷 身宮 病符 天煞 貫索 4～13 命宮 墓 乙丑	武天鳳臺解截蜚年 曲府閣輔神空廉解 旺廟廟　廟陷　廟 喜神 災煞 喪門 114～123 兄弟宮 死 甲子	天天恩天天天孤劫 同喜光才壽空辰煞 廟旺不廟旺平陷 飛廉 劫煞 晦氣 104～113 夫妻宮 病 癸亥

子女宮破軍奏書，說明難以辦理文書；照紫微文昌陀羅星，說明難以辦理官方檔，也就是難以過戶，遷移戶口比較麻煩。

再看子女宮的官祿宮在寅位，天刑星，這顆星本身就是一個孤剋之星，說明難以收養這個孩子；照天哭封誥廉貞，說明手續複雜挺苦惱繁瑣。總之就是沒有父子緣份，難以收養成功。

後來求測者回饋：沒有成功，因為上戶口很繁瑣，收養條件也不太合適，就放棄了。

武曲是財星，但是進入六親宮反而不宜

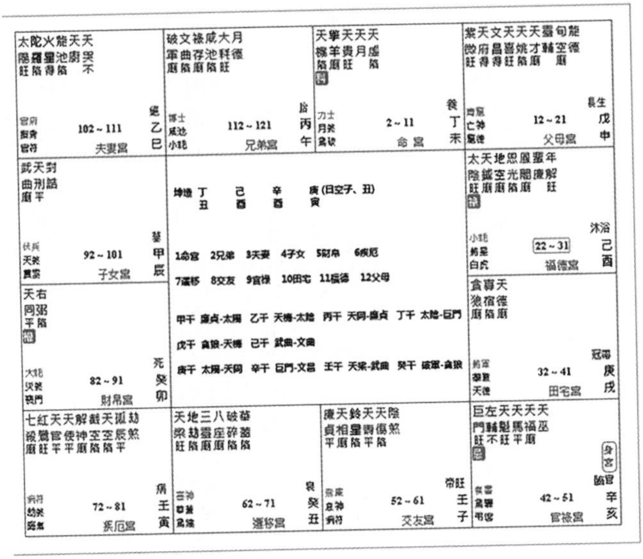

我們都知道武曲星是一顆很活躍的星曜，它剛毅果斷，是一個做企業、實業的現實派，這顆星曜在財帛宮和官祿宮都沒有問題，但是這顆星曜一旦落入子女宮或者夫妻宮，就會出現刑剋的特點，若是武曲星同度了天刑星，那就更加明顯了，容易造成孩子晚，年齡較大才會有孩子，甚至一生沒有生育孩子等。

來看上面的命盤：

命主的命宮是擎羊天月天虛天機

陷落化科，說明這位命主是身體不太好的，尤其肝膽經不好，婦科與肝膽經關係密切，所以婦科也不好。

再看疾厄宮七殺紅鸞病符星，說明容易有外傷或者婦科手術類情況。

再看子女宮武曲天刑封誥星，說明後代晚，容易出現不孕不育類型的疾患。

事實上：命主和丈夫結婚幾年，至今無孩子，並且因此夫妻感情也不好。

武破祿天天孤劫 曲軍存喜空辰煞 平平廟廟廟陷陷 博士 劫煞 亡神　　5～14 命宮　丁巳	太擎鈴三鳳解天蜚年 陽羊星臺閣神廚解 旺陷廟旺旺旺　廟 力士 災煞 將星　15～24 父母宮　戊午	天天地劫 府鉞空 廟旺廟 　　天煞 　　貫索　25～34 福德宮　己未	天太八龍 機陰座池 得利廟陷平 身宮 小耗 指背 35～44 田宅宮　庚申　長生
天陀恩陰華 同羅光煞蓋 平廟廟　廟 官府 華蓋 歲建　115～124 兄弟宮　丙辰	乾造　戊　乙　癸　庚 　　　辰　丑　未　申（日空申、酉） 1命宮 2兄弟 3夫妻 4子女 5財帛 6疾厄 7遷移 8交友 9官祿 10田宅 11福德 12父母 甲干 廉貞-太陽　乙干 天機-太陰　丙干 天同-廉貞　丁干 太陰-巨門 戊干 貪狼-天機　己干 武曲-文曲 庚干 太陽-天同　辛干 巨門-文昌　壬干 天梁-武曲　癸干 破軍-貪狼		紫貪才池德月 微狼 旺利 身宮 將軍 咸池 小耗　45～54 官祿宮　辛酉　沐浴
左地天天 輔空鉞福 陷平旺平 伏兵 息神 病符　105～114 夫妻宮　乙卯			巨火天封句天廉 門星刑誥空虛 旺廟平　陷陷 飛廉 月煞 55～64 交友宮　壬戌　冠帶
文天天蜚孤 昌馬貴輔月哭 陷旺平　平 大耗 歲驛 弔客　95～104 子女宮　甲寅	廉七天天寡破天 貞殺魁鉞宿碎德 利廟旺旺陷平廟 病符 攀鞍 天德　85～94 財帛宮　乙丑	天文天天截 梁曲姚使空 廟得陷陷陷 喜神 將星 白虎　75～84 疾厄宮　甲子	天右紅大耗 相弼鸞喜 得旺廟 身宮 官符 亡神 龍德　65～74 遷移宮　癸亥

第八節　事業類例題（含考試、求職、升遷、調動等）

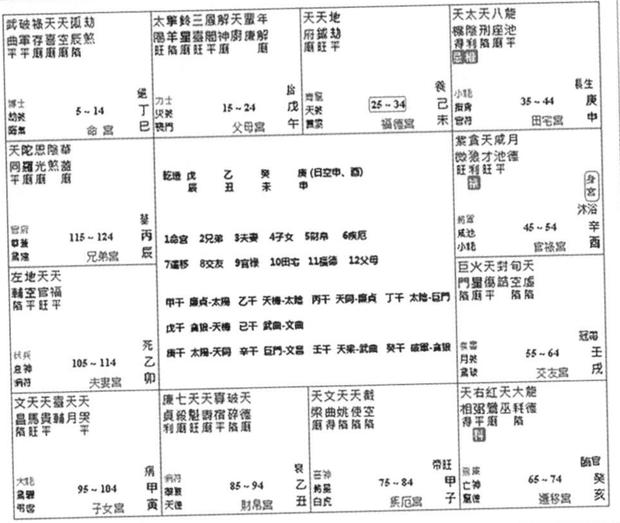

八座天機或天馬文昌都是換工作資訊

八座星是動星、變化星。天機星也是變動星。文昌星與職業合約有關係，這幾顆星在命宮遷移宮或者官祿宮都會引發換工作地點。

來看上面的命盤：

流年2015年乙未，大運命宮在巳位，大運辛干文昌化忌。流年命宮在申位，流年四化被關閉。

流年2015年命宮天機八座星，說明

會有出行等機會。流年遷移宮在寅位坐落天馬文昌化忌星，說明出行不順利或者難穩定。

再看官祿宮天梁星文曲星，照太陽鈴星三台解神蜚廉星，說明事業上多不順利，容易變動和出行等。

事實上：2015這一年命主換了兩次工作才穩定下來。

巨門星會合官祿宮做了醫生

巨門星，宗教星、藥物星、演藝星、法律星，喜鑽研，推理和分析能力強。巨門星在確定職業的時候範圍比較廣，兼看同宮和會照的其他星囉。

巳	午	未	申
廉貪祿火天對天孤劫 貞狼存星刑空辰殤煞 陷陷廟陷　廟廟陷 博士 劫煞　16~25 亡神　兄弟宮 絕 丁巳	巨擎恩天天天年 門羊光貴閣廚解 旺陷廟廟廟　廟 官府 災煞　6~15 咸池　命宮 胎 戊午	天文天天天 相昌貴壽刑 陷利旺旺旺 伏兵 歲驛　116~125 月煞　父母宮 養 己未	天天地天祿 同梁空姚池 陷陷陷陷平 大耗 天煞　106~115 指背　福德宮 病 庚申
辰	坤造　戊　辛　癸　乙(日空午、未) 　　　辰　酉　巳　卯		酉
太陀天天華 陰羅鉞巫蓋 陷廟廟　廟 力士 華蓋　26~35 息神　夫妻宮 墓 丙辰	1命宮 2兄弟 3夫妻 4子女 5財帛 6疾厄 7遷移 8交友 9官祿 10田宅 11福德 12父母		武七擎咸月 曲殺羊池德 利旺平 病符 咸池　96~105 小耗　田宅宮 衰 辛酉
卯			戌
天右八天天 府弼座福刑 得旺　旺平 青龍 亡神　36~45 劫煞　子女宮 死 乙卯	甲干 廉貞-太陽　乙干 天機-太陰　丙干 天同-廉貞　丁干 太陰-巨門 戊干 貪狼-天機　己干 武曲-文曲 庚干 太陽-天同　辛干 巨門-文昌　壬干 天梁-武曲　癸干 破軍-貪狼		太旬天 陽才空 陷平陷 喜神 月煞　86~95 官祿宮 帝旺 壬戌
寅	丑	子	亥
地天解天 劫馬神哭 平旺廟平 小耗 亡神　46~55 咸池　財帛宮 長生 甲寅	紫破天鈴天寡破天 微軍魁星喜宿碎德 旺旺旺得旺平廟廟 將軍 56~65 疾厄宮 沐浴 乙丑	天截陰 喜空煞 廟　陷 身宮 奏書　66~75 華蓋　遷移宮 冠帶 甲子	左紅三天天大龍 輔鸞臺姚巫空德 陷廟旺旺平 飛廉 指背　76~85 天煞　交友宮 臨官 癸亥

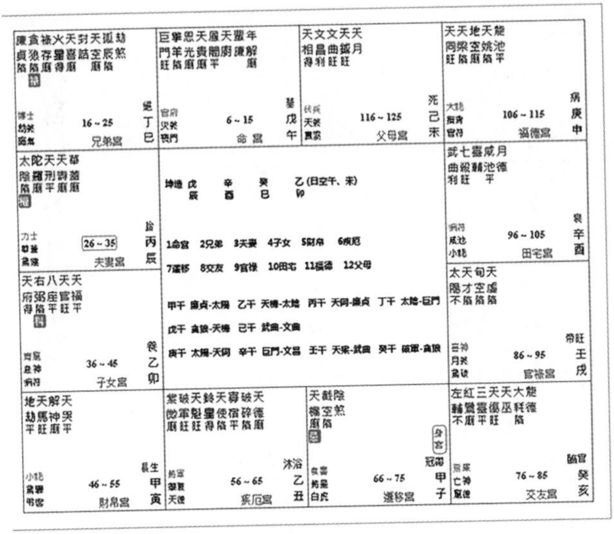

來看上面的命盤：

本命命宮巨門擎羊恩光天貴天廚鳳閣星，其中巨門恩光天貴天廚鳳閣星，說明是在事業單位；巨門擎羊天廚星，說明是醫療、醫療性質工作。再看官祿宮太陽陷落，看來不是演藝性質工作並且不在機關中。會巨門星，而巨門星有宗教和醫藥的含意，所以判斷是教育或者醫療性質工作。

事實上：命主是一個醫生，在醫院B超室工作。

遷移宮巨門天機出行多

天陀臺天破 梁羅輔廚碎 旺陷　陷　陷 官府 飛廉　　85~94 白虎 墓乙巳　財帛宮	七祿紅天咸天 殺存鸞才池德 旺廟旺旺陷旺 博士 咸池　　95~104 天煞 　　　　子女宮 丙午	擎天寡天 羊姚宿不 廟旺　陷 力士 月煞　　105~114 亡神 　　　　夫妻宮 丁未	廉貞廟 〔身宮〕 官符 貫索　　115~124 病符 長生戊申　兄弟宮
紫天右天天天旬龍 微相弼貴使空德 旺廟旺旺陷陷 伏兵 天煞　　75~84 弔客 衰甲辰　疾厄宮	坤　丁　戊　癸　癸　(日空申、酉) 　　酉　申　未　亥 1命宮　2兄弟　3夫妻　4子女　5財帛　6疾厄 7遷移　8交友　9官祿　10田宅　11福德　12父母		天鈴天 鉞星哭 廟旺不 小耗 絞煞　　5~14 晦氣 沐浴己酉　命宮
天巨文天天 機門曲刑虛 旺廟旺廟廟〔祿權〕 大耗 災煞　　65~74 天德 死癸卯　遷移宮	甲干　廉貞-太陽　乙干　天機-太陰　丙干　天同-廉貞　丁干　太陰-巨門 戊干　貪狼-天機　己干　武曲-文曲 庚干　太陽-天同　辛干　巨門-文昌　壬干　天梁-武曲　癸干　破軍-貪狼		破左地天 軍輔劫空 廟旺平陷 將軍 華蓋　　15~24 歲建 冠帶庚戌　父母宮
貪火八天天解天劫陰大劫月 狼星座官傷神巫空煞耗煞德 平廟廟平平廟　陷〔忌〕 病符 晦氣　　55~64 小耗 病壬寅　交友宮	太太龍鳳封華蜚 陰陽池閣誥蓋廉 不廟平平　　　壽 喜神 歲建　　45~54 官符 衰癸丑　官祿宮	武天地天三恩 曲府劫喜台光 旺平平平旺 飛廉 息神　　35~44 貫索 帝旺王子　田宅宮	天文天天天地天 同昌魁馬福月康 廟旺平平旺陷〔權〕 奏書 攀鞍　　25~34 喪門 臨官辛亥　福德宮

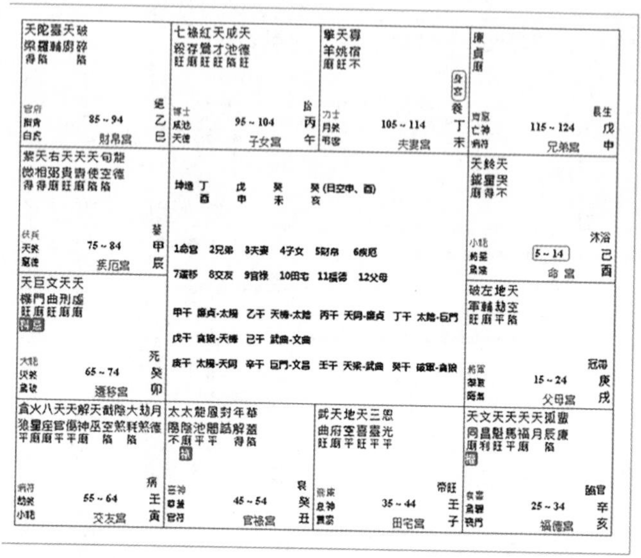

天機星本身是一顆變化多端的星曜，巨門也是出行多的星曜，兩顆星曜坐落在遷移宮那一定是經常出門的。

來看上面的盤：

遷移宮巨門化忌天機化科文曲天刑天虛星，說明為了學業或者工作經常出行、必須遠行、被迫出行等。

再看官祿宮太陽太陰化祿龍池鳳閣星等，說明在外工作。

事實上：求測者確實是因為工作經常出門在外。

官祿宮天機廟旺化科無凶星學歷高

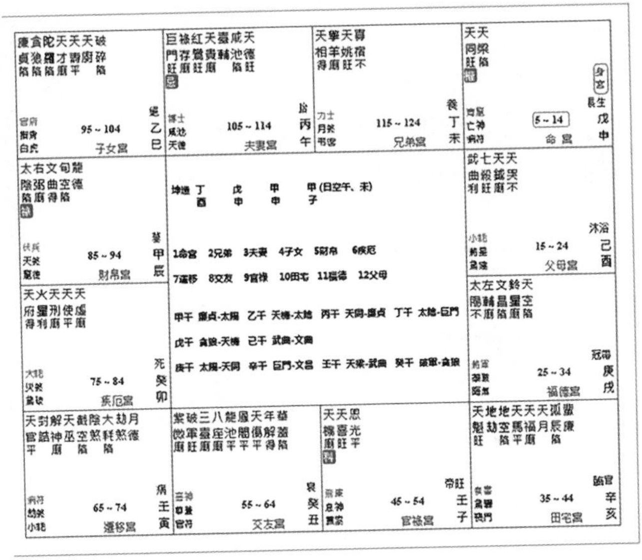
廉貪陀天天天破
貞狼羅才壽廚碎
陷陷陷廟平 陷
95～104
子女宮
絕 乙巳
巨祿紅天臺咸天
門存鸞貴輔池德
旺廟旺廟 陷旺
105～114
夫妻宮
胎 丙午
天擎天宵
相羊姚宿
得廟旺不
115～124
兄弟宮
養 丁未
天天
同梁
旺陷
身宮
5～14
命宮
長生 戊申
太右文旬龍
陰弼曲空德
陷廟得陷
85～94
財帛宮
墓 甲辰
坤造 丁 戊 甲 甲(日空午、未)
酉 申 申 子
1命宮 2兄弟 3夫妻 4子女 5財帛 6疾厄
7遷移 8交友 9官祿 10田宅 11福德 12父母
甲干 廉貞-太陽 乙干 天機-太陰 丙干 天同-廉貞 丁干 太陰-巨門
戊干 貪狼-天機 己干 武曲-文曲
庚干 太陽-天同 辛干 巨門-文昌 壬干 天梁-武曲 癸干 破軍-貪狼
武七天天
曲殺鉞哭
利旺廟不
15～24
父母宮
沐浴 己酉
天火天天天
府星刑使虛
得利廟平廟
75～84
疾厄宮
死 癸卯
太左文鈴天
陽輔昌星空
不廟陷廟陷
25～34
福德宮
冠帶 庚戌
天封解天截陰大劫月
官誥神巫空煞耗煞德
平 廟 陷 陷
65～74
遷移宮
病 壬寅
紫破三八龍鳳天年華
微軍臺座池閣傷解蓋
廟旺廟廟平平平得陷
55～64
交友宮
衰 癸丑
天天恩
機喜光
廟旺平
45～54
官祿宮
帝旺 壬子
天地地天天天孤蜚
魁劫空馬福月辰廉
旺 陷平廟 陷
35～44
田宅宮
臨官 辛亥

天機星本身就是聰明智慧之星，若是化科，那就是有所建樹，也就是學業專業方面獲得成就。

來看上面的盤：

命宮天同化權，說明有才華，多才多藝。

再看官祿宮天機化科天喜恩光，照巨門化忌天貴祿存等星，說明聰明智慧有所建樹。

事實上：求測者是博士學位，有所著述。

天機 天鉞 劫煞 天德 平 旺 旺 歲破 劫煞 天德 64~73　長生 乙巳 遷移宮	紫微 天曲 天福 天解神 廟 陷 平 平 廟 晦氣 災煞 54~63　養 丙午 疾厄宮	紅鸞 三台 八座 天才 寡宿 陷 陷 平 廟 喪門 天煞 44~53　胎 丁未 財帛宮	破軍 文昌 天刑 天輔 天嘉 廟 廟 陷 平 小耗 指背 34~43　子女宮 戊申
七殺 火星 對耗 陰煞 截空 基 廟 陷 平 貫神 息神 74~83　沐浴 甲辰 交友宮	坤地 壬申 癸丑 壬寅 壬寅 (日空辰、巳) 1命宮 2兄弟 3夫妻 4子女 5財帛 6疾厄 7遷移 8交友 9官祿 10田宅 11福德 12父母		地空 天貴 天府 天刑 天破 廟 廟 旺 平 平 咸池 24~33　夫妻宮 己酉
太陽 天梁 左輔 天魁 截空 大耗 廟 廟 旺 旺 不 化祿 病符 歲建 84~93　冠帶 癸卯 官祿宮	甲干 廉貞-太陽　乙干 天機-太陰　丙干 天同-廉貞　丁干 太陰-巨門 戊干 貪狼-天機　己干 武曲-文曲 庚干 太陽-天同　辛干 巨門-文昌　壬干 天梁-武曲　癸干 破軍-貪狼		廉貞 陀羅 天旬 天空 貞府 羅 陷 平 不 力士 月煞 14~23　死 庚戌 兄弟宮
武曲 天馬 天廚 月德 天年 曲 馬 廚 旺 廟 旺 旺 大耗 華蓋 94~103　臨官 甲寅 田宅宮	天同 巨門 地劫 天喜 天月德 不 不 陷 陷 陷 伏兵 咸池 104~113　帶旺 癸丑 福德宮	貪狼 鈴星 天魁 池 旺 陷 陷 陷 官府 將星 114~123　衰 壬子 父母宮	太陰 右弼 祿存 恩光 天巫 天孤辰 廟 廟 廟 不 旺 博士 亡神 4~13　病 辛亥 命宮

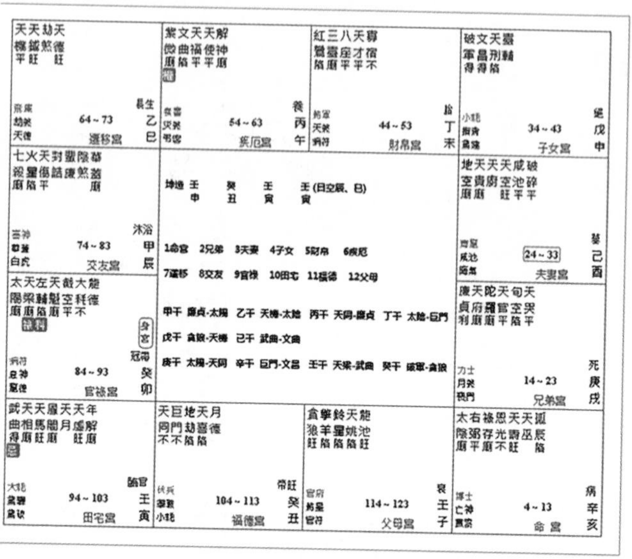

太陽星和天梁星都是地位星，同度左輔右弼天鉞天魁星就更好，如是坐落官祿宮，一生事業順遂，學歷高。

來看上面的命盤：

命宮太陰星爆旺同度祿存恩光天巫右弼等星曜，幸好對宮宮氣陷落，說明命主精力充沛、感情豐富而且才華橫溢。

再看官祿宮太陽天梁化祿左輔天魁星，說明事業順暢，會學兩種專業，有很高學歷。

事實上：2017年命主已經是碩士學位，在考慮攻讀博士學位。

火星天梁星勉強通過

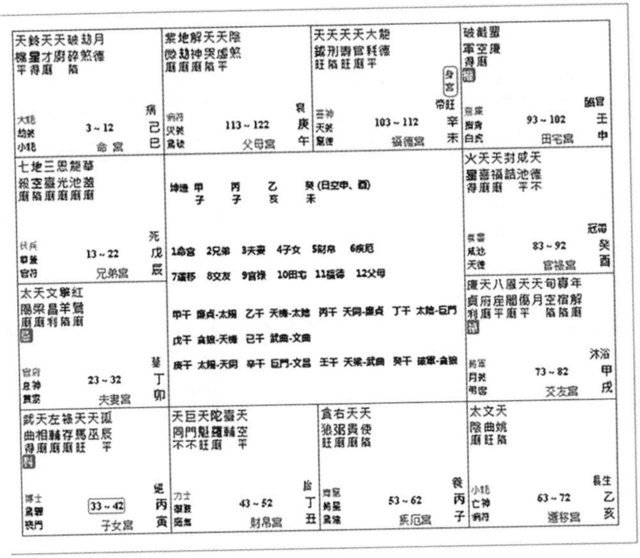
天鈴天天破劫月
機星才廚碎煞德
平得廟 陷
大耗
劫煞 3～12 病 己
小耗 命宮 巳
紫地解天天陰
微劫神哭虛煞
廟廟廟陷平
病符
災煞 113～122 衰 庚
弔客 父母宮 午
天天天天大龍
鉞刑壽官耗德
旺陷旺廟平
身宮
喜神
天煞 103～112 帝旺 辛
病符 福德宮 未
破截蜚
軍空廉
得廟
93～102 臨官 壬
白虎 田宅宮 申
七地三恩龍華
殺空臺光池蓋
廟陷廟廟廟廟
伏兵
13～22 死 戊
官符 兄弟宮 辰
坤造 甲 丙 乙 癸 (日空申、酉)
子 子 亥 未
1命宮 2兄弟 3夫妻 4子女 5財帛 6疾厄
7遷移 8交友 9官祿 10田宅 11福德 12父母
甲干 廉貞-太陽 乙干 天機-太陰 丙干 天同-廉貞 丁干 太陰-巨門
戊干 貪狼-天機 己干 武曲-文曲
庚干 太陽-天同 辛干 巨門-文昌 王干 天梁-武曲 癸干 破軍-貪狼
火天天封咸天
星喜福誥池德
得廟廟 平不
咸池 83～92 冠帶 癸
天德 官祿宮 酉
太天文擎紅
陽梁昌羊鸞
廟廟利陷廟
官府
息神 23～32 墓 丁
貫索 夫妻宮 卯
廉天八座天天旬寡年
貞府座閣傷月空宿解
利廟平廟平 陷陷廟
月煞 73～82 沐浴 甲
交友宮 戌
武天左祿天天孤
曲相輔存馬巫辰
得廟廟廟旺 平
博士
33～42 絕 丙
子女宮 寅
天巨天陀臺天
同門魁羅輔空
不不旺廟 平
力士
43～52 胎 丁
財帛宮 丑
貪右天天
狼弼貴使
旺廟廟陷
53～62 養 丙
疾厄宮 子
太文天
陰曲姚
廟旺陷
小耗
亡神 63～72 長生 乙
遷移宮 亥

火星，主破壞、刑獄、膽大好鬥、記憶力強、頑固、粗心大意。天梁星，為文星、法紀星，表示通過、清高、公正、勤奮、有機謀。二星組合表示沒有通過或者勉強通過。

來看上面的命盤：

命宮天機平勢鈴星天才星，照太陰文曲星，說明資質平平、略有文采，學歷不會很高。再看官祿宮火星天喜天府封誥星，照太陽天梁星，說明經過努力，能勉強通過。學歷一般等。

事實上：命主是大專學歷。

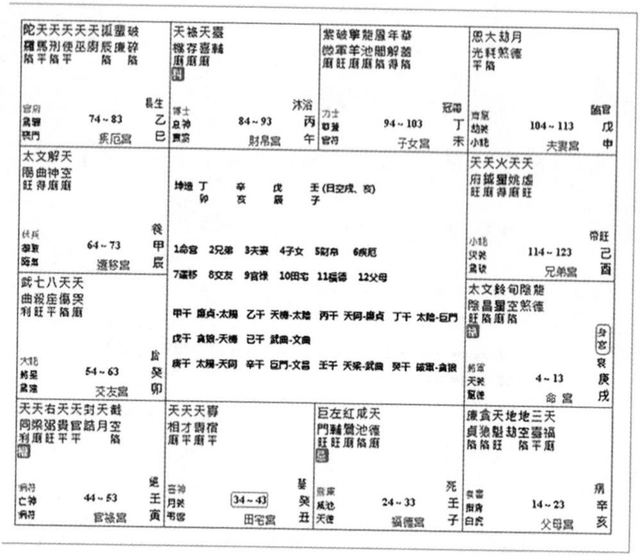

太陰化祿文昌鈴星學歷不高

太陰化祿一般會有才華但是同度鈴星就資質平平了，如果此時同度一個較弱的文昌星就表示文化不高。

來看上面的命盤：

命宮太陰化祿文昌星陷落鈴星陰煞星，照太陽星，說明學歷不高、容易早戀。

再看官祿宮天同化權天梁右弼天貴天官封誥星等，說明有學歷但是學歷普通。

再看福德宮巨門化忌左輔紅鸞咸池星，說明容易早戀。

事實上：命主是大專學歷。

天地地天天天截破 相劫空刑福巫空碎 得不廟陷旺　廟陷 病符　絕 指背　12～21　癸 白虎　父母宮　巳	天天紅恩天咸天 梁鉞鸞光廚池德 廟　旺廟　陷旺 大耗　胎 咸池　22～31　甲 天德　福德宮　午	廉七寡 貞殺宿 利廟不 伏兵　養 月煞　32～41　乙 弔客　田宅宮　未	陀封 羅誥 陷 官府　長生 亡神　42～51　丙 病符　官祿宮　申
巨文鈴解龍 門昌星神德 陷得陷廟 祿忌 身宮 喜神　墓 天煞　2～11　壬 歲建　命宮　辰	坤造 辛 丁 壬 丙(日空寅、卯) 酉 酉 子 午 1命宮 2兄弟 3夫妻 4子女 5財帛 6疾厄 7遷移 8交友 9官祿 10田宅 11福德 12父母		祿火天天天天 存星姚官傷哭 廟得廟平平不 博士　沐浴 將星　52～61　丁 龍德　交友宮　酉
紫貪三天 微狼臺虛 旺利陷廟 飛廉　死 災煞　112～121　辛 貫索　兄弟宮　卯	甲干 廉貞-太陽 乙干 天機-太陰 丙干 天同-廉貞 丁干 太陰-巨門 戊干 貪狼-天機 己干 武曲-文曲 庚干 太陽-天同 辛干 巨門-文昌 壬干 天梁-武曲 癸干 破軍-貪狼		天文擎天陰 同曲羊空煞 平陷廟陷 科 力士　冠帶 攀鞍　62～71　戊 晦氣　遷移宮　戌
天太右天天大劫月 機陰弼魁月耗煞德 得旺旺　　陷 奏書　病 劫煞　102～111　庚 小耗　夫妻宮　寅	天龍鳳天天年華 府池閣才壽解蓋 廟平平平廟得陷 將軍　衰 華蓋　92～101　辛 官符　子女宮　丑	太左天天臺旬 陽輔喜貴輔空 陷旺旺廟　陷 權 小耗　帝旺 息神　82～91　庚 歲破　財帛宮　子	武破天八天孤蜚 曲軍馬座使辰廉 平平平廟旺陷 青龍　臨官 歲驛　72～81　己 喪門　疾厄宮　亥

官祿宮天機太陰星廟旺同度吉星，企業白領

天機星，為智慧星、顧問星。司智慧、幻想、精神。斯文機靈，思維跳躍，心思縝密，機智多變，口才好，善策劃，企劃能力強。太陰星，氣質文靜，眉清目秀，思維敏捷，聰明能幹，計畫性強，重儀表，有涵養。兩顆星曜同度官祿宮首先表示是白領，一般是在企業。

來看上面的命盤：

命宮巨門化祿文昌化忌，表示學歷較高，但是巨門星不旺進入機關難度大。再看官祿宮封誥星，照天機星太陰星右弼天魁劫煞星，說明做的是文職或者財務性質工作，是白領。

事實上：命主確實是企業白領，碩士學位。

官祿宮天梁左輔祿存天喜，工作在政府機關

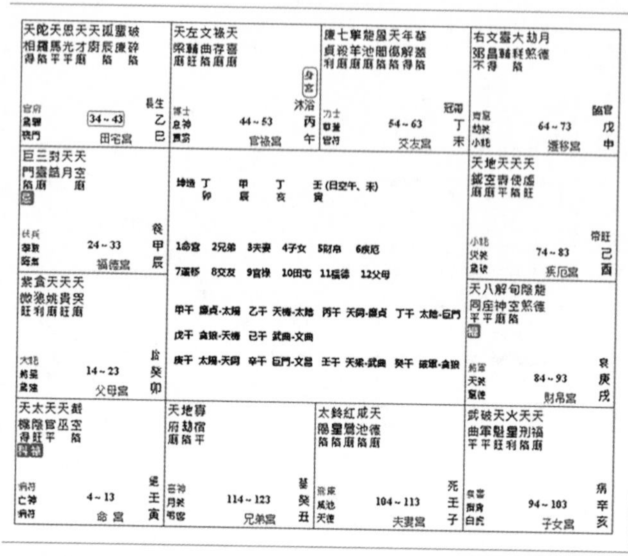

天梁星是文星、法紀星，為人莊重老誠、穩重成熟，有統御能力，勇挑重擔，靠自我奮鬥而貴。同度吉星在政府單位或者有權柄。

來看上面的命盤：

命宮天機化科太陰化祿天官天巫星，照文昌台輔等，說明聰慧有文采，思維敏捷，有才華，有較高學歷。再看官祿宮天梁星左輔文曲祿存天喜星，說明在事業單位上班。

事實上：命主確實在國家機關工作，碩士學位。

三宮吉利學歷高

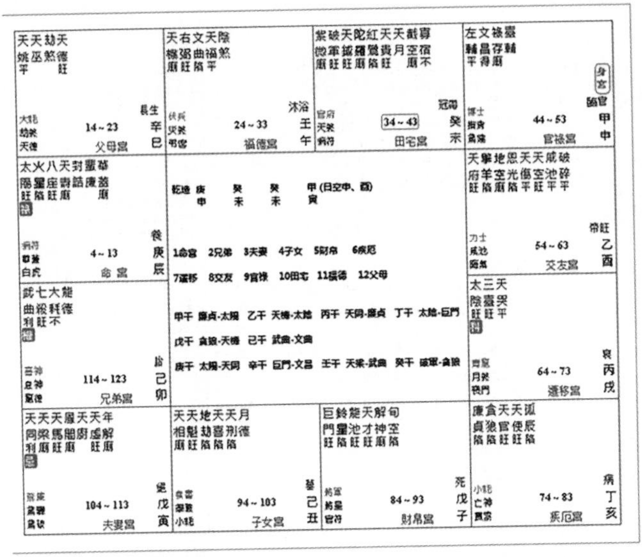
天天劫天
姚巫煞德
平　旺
長生
14～23　辛巳
父母宮
天右文天陰
機弼曲福煞
廟旺陷平
沐浴
24～33　壬午
福德宮
紫破天陀紅天天截寡
微軍鉞羅鸞貴月空宿
廟旺旺廟陷旺　廟不
冠帶
34～43　癸未
田宅宮
左文祿蜚
輔昌存輔
平得廟
身宮
臨官
44～53　甲申
官祿宮
太火八天封蜚華
陽星座壽誥廉蓋
旺陷旺廟　廟
養
4～13　庚辰
命宮
乾造　庚　癸　癸　甲（日空申、酉）
申　未　未　寅
1命宮　2兄弟　3夫妻　4子女　5財帛　6疾厄
7遷移　8交友　9官祿　10田宅　11福德　12父母
甲干　廉貞-太陽　乙干　天機-太陰　丙干　天同-廉貞　丁干　太陰-巨門
戊干　貪狼-天機　己干　武曲-文曲
庚干　太陽-天同　辛干　巨門-文昌　壬干　天梁-武曲　癸干　破軍-貪狼
天擎地恩天天咸破
府羊空光傷空池碎
旺陷廟陷平旺平平
帝旺
54～63　乙酉
交友宮
武七大龍
曲殺耗德
利旺不
胎
114～123　己卯
兄弟宮
太三天
陰臺哭
旺旺平
衰
64～73　丙戌
遷移宮
天天天鳳天天年
同梁馬閣廚虛解
利廟旺廟　旺廟
絕
104～113　戊寅
夫妻宮
天天地天天月
相魁劫喜刑德
廟旺陷陷
墓
94～103　己丑
子女宮
巨鈴龍天解旬
門星池才神空
旺陷旺旺廟陷
死
84～93　戊子
財帛宮
廉貪天天孤
貞狼官使辰
陷陷旺旺陷
病
74～83　丁亥
疾厄宮

看學歷，主要看命宮、官祿宮、福德宮和父母宮這四個宮位，若是有三個宮位吉利學歷就比較高了。

來看上面的命盤：

命宮太陽八座火星鳳閣華蓋星，照太陰化科三台，說明有地位和學位，受到賞識等。

再看官祿宮文昌祿存台輔星，照天亮天馬鳳閣星等，說明官方對你的學歷比較認可，學歷高等。再看福德宮天機星右弼文曲星，照巨門龍池天才星，說明愛好學習、人很聰明。

事實上：命主是碩士學位。

文曲化科同度七殺天刑，被抹掉了名字

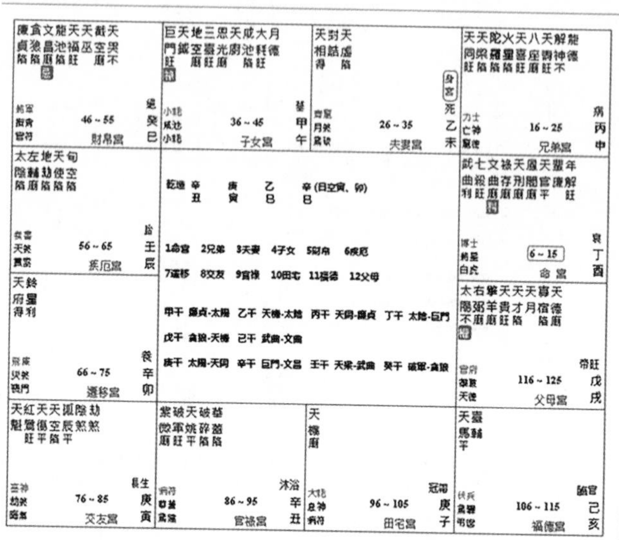
廉貪文龍天天截天
貞狼昌池福巫空哭
陷陷廟陷旺　廟不
46～55 財帛宮 癸巳
巨天地三恩天咸大月
門鉞空臺光廚池耗德
旺　廟旺廟　陷旺
36～45 子女宮 甲午
天封天
相誥虛
得　陷
身宮
26～35 夫妻宮 乙未
天天陀火天八天解龍
同梁羅星喜座壽神德
旺陷陷陷旺廟旺不
16～25 兄弟宮 丙申
太左地天旬
陰輔劫使空
陷廟陷陷陷
56～65 疾厄宮 壬辰
乾造 辛 庚 乙 辛(日空寅、卯)
丑 寅 巳 巳
1命宮 2兄弟 3夫妻 4子女 5財帛 6疾厄
7遷移 8交友 9官祿 10田宅 11福德 12父母
甲干 廉貞-太陽 乙干 天機-太陰 丙干 天同-廉貞 丁干 太陰-巨門
戊干 貪狼-天機 己干 武曲-文曲
庚干 太陽-天同 辛干 巨門-文昌 壬干 天梁-武曲 癸干 破軍-貪狼
武七文祿天恩天蜚年
曲殺曲存刑閣官廉解
利旺廟廟廟廟平　旺
6～15 命宮 丁酉
天鈴
府星
得利
66～75 遷移宮 辛卯
太右擎天天天寡天
陽弼羊貴才月宿德
不廟廟旺陷　陷廟
116～125 父母宮 戊戌
天紅天天孤陰劫
魁鸞傷空辰煞煞
　旺平陷平
長生
76～85 交友宮 庚寅
紫破天破華
微軍姚碎蓋
廟旺平陷陷
沐浴
86～95 官祿宮 辛丑
天
機
廟
冠帶
96～105 田宅宮 庚子
天臺
馬輔
平
臨官
106～115 福德宮 己亥

求測者問：今天下午去參加某國企的面試，請問結果如何？

來看上面的盤：

命宮文曲七殺文曲化科祿存天刑蜚廉星，照鈴星，說明毫不留情，手起筆落，劃掉了姓名。

再看官祿宮紫微破軍星，這裡的紫微星是爆旺的，說明不得圓滿的結果，官方粗暴處理了。

事後求測者回饋說：沒有通過。

天同地空天虛難同意

天陀地地天天天 同羅劫空馬貴虛 廟陷不廟平平旺 力士 息神 喪門　25～34 己巳　夫妻宮	武天祿天天解龍 曲陰存才壽神德 旺旺廟旺旺平廟 博士 華蓋 貫索　15～24 庚午　兄弟宮	太太擎天台 陽陰羊哭輔 廟不廟平平 身宮 沐浴 官府 劫煞 官符　5～14 辛未　命宮	貪天天封天天天 狼刑刑廚煞德 平廟 伏兵 劫煞 天德　115～124 壬申　父母宮 長生
破文終紅旬陰大月 軍昌貞鸞空煞科德 旺壽廟廟陷平 喜神 攀鞍 晦氣　35～44 戊辰　子女宮 帝旺	乾造　己　丁　丁　丙 (甲空子、丑) 　　　亥　丑　巳　午 1命宮 2兄弟 3夫妻 4子女 5財帛 6疾厄 7遷移 8交友 9官祿 10田宅 11福德 12父母 甲干 廉貞-太陽　乙干 天機-太陰　丙干 天同-廉貞　丁干 太陰-巨門 戊干 貪狼-天機　己干 武曲-文曲　庚干 太陽-天同　辛干 巨門-文昌　壬干 天梁-武曲　癸干 破軍-貪狼		天巨右截破 機門弼空碎 旺廟廟陷平 大耗 災煞 喪門　105～114 癸酉　福德宮 衰
左火八鳳 輔星座閣 陷利平廟 小耗 將星 官符　45～54 丁卯　財帛宮 衰			紫天文天喜 微相昌曲宿 旺得廟陷陷 病符 天煞 貫索　95～104 甲戌　田宅宮 病
廉天天孤 貞福便月辰 廟旺平平 將軍 亡神 貫索　55～64 丙寅　疾厄宮 病	震 飛廉 月煞 喪門　65～74 丁丑　遷移宮 死	七天天臺天成 殺魁傷輔空池 旺旺陷陷陷 奏書 咸池 晦氣　75～84 丙子　交友宮 墓	天右三恩鳳天年 梁弼臺光閣巫解 陷平平平旺　壽 官府 指背 官符　85～94 乙亥　官祿宮 絕

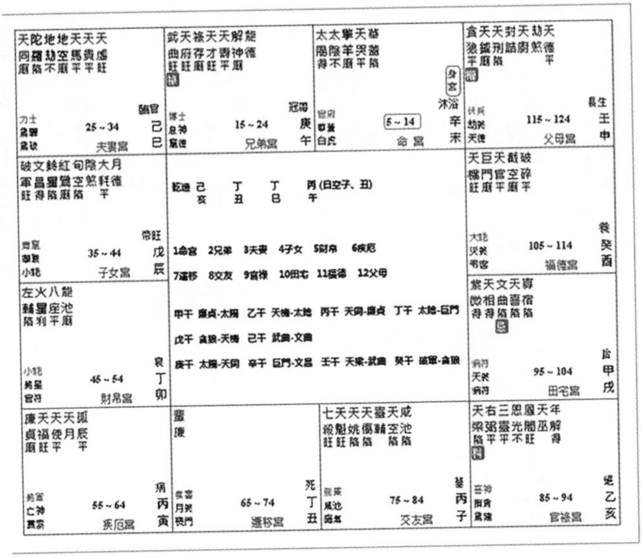

求測者問：投稿的英文學術論文能否順利錄用？論文不敢說多厲害，多少還是有些東西的。

來看上面的盤：

命宮太陽太陰擎羊天哭星，說明論文沒有很大的特色，被刪掉了。

再看官祿宮天梁化科三台恩光鳳閣天巫星，照天同地空天虛星，天梁星陷落化科說明官方認為論文內容不是很好，所以沒有給予出版機會。

事後求測者回饋說：被拒稿了。

紫微爆旺難圓滿

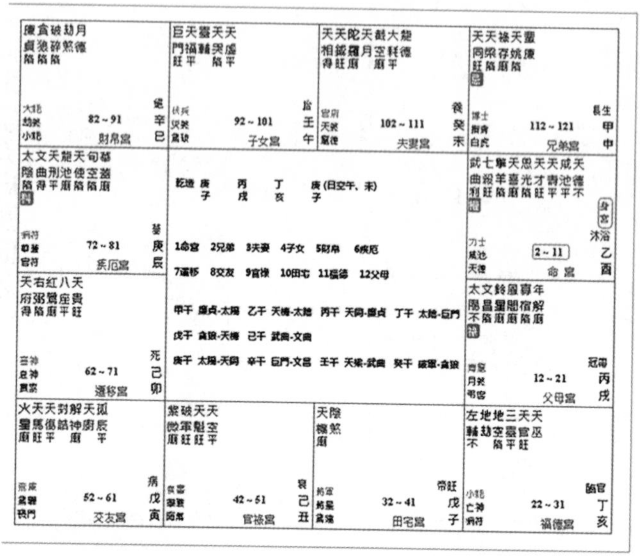

廉貪破劫月
貞狼碎煞德
陷陷陷
82～91 辛巳 財帛宮
巨天蠶天天
門福輔哭虛
旺平 陷平
92～101 壬午 子女宮
天天陀天截大龍
相鉞羅月空耗德
得旺廟 廟平
102～111 癸未 夫妻宮
天天祿天蜚
同梁存姚廉
旺陷廟陷
112～121 甲申 兄弟宮
太文天龍天旬華
陰曲刑池使空蓋
陷得平廟陷陷廟
72～81 庚辰 疾厄宮
乾造 庚 丙 丁 庚(日空午、未)
子 戌 亥 子
1命宮 2兄弟 3夫妻 4子女 5財帛 6疾厄
7遷移 8交友 9官祿 10田宅 11福德 12父母
甲干 廉貞-太陽 乙干 天機-太陰 丙干 天同-廉貞 丁干 太陰-巨門
戊干 貪狼-天機 己干 武曲-文曲
庚干 太陽-天同 辛干 巨門-文昌 壬干 天梁-武曲 癸干 破軍-貪狼
武七擎天恩天天咸天
曲殺羊喜光才壽池德
利旺陷廟陷旺平平不
身宮
沐浴
2～11 乙酉 命宮
天右紅八天
府弼鸞座貴
得陷廟平旺
死
62～71 己卯 遷移宮
太文鈴屋寡年
陽昌星閣宿解
不陷廟廟陷廟
冠帶
12～21 丙戌 父母宮
火天天封解天孤
星馬傷誥神廚辰
廟旺平 廟 平
病
52～61 戊寅 交友宮
紫破天天
微軍魁空
廟旺旺平
衰
42～51 己丑 官祿宮
天陰
機煞
廟
帝旺
32～41 戊子 田宅宮
左地地三天天
輔劫空臺官巫
不 陷平旺
臨官
22～31 丁亥 福德宮

求測者問：論文投這個期刊是否被錄用？

來看上面的盤：

命宮七殺武曲化權天喜星，天喜七殺不樂觀，七殺武曲求財難。

再看官祿宮紫微爆旺天魁破軍星，紫微爆旺不圓滿。

事後求測者回饋說：沒有錄用。

巨天八破劫月 門姚座巫碎煞德 旺平　廟　　陷 大耗 劫煞 小耗 82~91　財帛宮 辛巳	廉天右天天陰 貞相弼福盛煞 平廟　旺平陷平 伏兵 災煞 歲破 92~101　子女宮 壬午	天天陀鈴天截大耗 鉞誠羅星空科德 旺旺廟利　廟平 官符 天煞 龍德 102~111　夫妻宮 癸未	七左祿地靈 殺輔存劫煞 廟　廟廟廟 博士 指背 白虎 112~121　兄弟宮 甲申 長生
貪龍天旬蔡 狼池使空蔭 廟廟陷陷廟 病符 咸池 官符 72~81　疾厄宮 庚辰	乾造　庚　吳　庚　乙(日空子、丑) 　　　子　未　申　酉 1命宮　2兄弟　3夫妻　4子女　5財帛　6疾厄 7遷移　8交友　9官祿　10田宅　11福德　12父母		天擎三天成天 同羊喜壽才池德 平陷旺廟旺　不 力士 威池 天德 2~11　命宮 乙酉 沐浴
太紅天蜚 陰鸞貴廉 陷陷廟 陷 亡神 貫索 62~71　遷移宮 己卯 身宮　死	甲干　廉貞-太陽　乙干　天機-太陰　丙干　天同-廉貞　丁干　太陰-巨門 戊干　貪狼-天機　己干　武曲-天梁　庚干　武曲-文曲 壬干　太陽-天同　辛干　巨門-文昌　壬干　天梁-武曲　癸干　破軍-貪狼		武陀喜事 曲羅解解 廟陷陷陷 奏書 月煞 吊客 12~21　父母宮 丙戌 冠帶
紫天地天天孤 微府空馬廚辰 旺旺陷平廟　平 喜來 息神 龍門 52~61　交友宮 戊寅	天文天天恩天天 機昌曲魁光貴空 陷廟廟旺廟廟平 飛廉 華蓋 晦氣 42~51　官祿宮 己丑	破解 軍神 廟廟 將軍 劫煞 喪門 32~41　田宅宮 戊子 帝旺	太火對 陽星詰 陷利旺 小耗 災煞 亡神 22~31　福德宮 丁亥 臨官

天梁陀羅截空，拖拉很長時間沒成

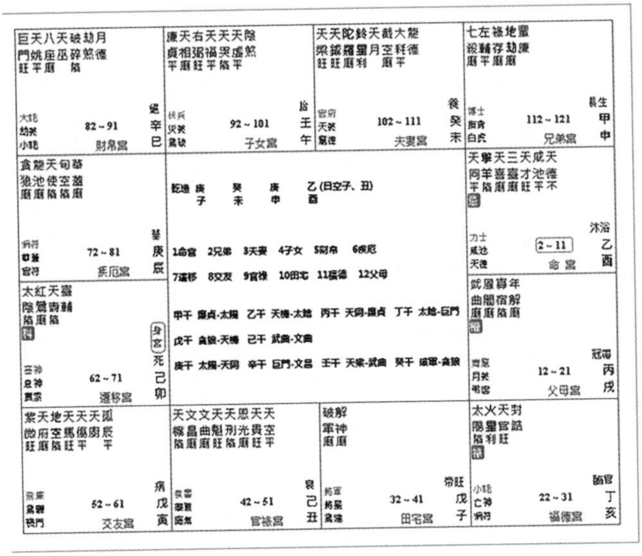

求測者問：論文是否可以在這家發表？

來看上面的盤：

命宮天同化忌天喜星，表示不高興的結果。

再看官祿宮文曲文昌天魁恩光天貴天機星陷落，說明還是有文采的，但是機會很不好。照天梁天鉞陀羅截空星，說明拖拉很長時間而落空了。

求測者在十一月份回饋說：沒有消息，估計不行。

七殺廟旺同度較弱的天官天貴星，求職無成

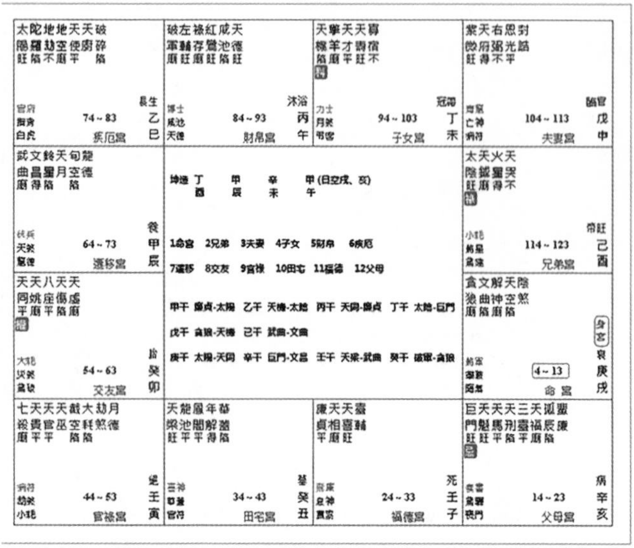
太陀地地天天破
陽羅劫空使廚碎
旺陷不廟平　陷
官府
指背　74～83　長生 乙巳
白虎　疾厄宮
破左祿紅咸天
軍輔存鸞池德
廟旺廟旺陷旺
博士
咸池　84～93　沐浴 丙午
天德　財帛宮
天擎天天寡
機羊才壽宿
陷廟平旺不
力士
月煞　94～103　冠帶 丁未
弔客　子女宮
紫天右恩封
微府弼光誥
旺得不平
青龍
亡神　104～113　臨官 戊申
病符　夫妻宮
武文鈴天旬龍
曲昌星月空德
廟得陷　陷
伏兵
天煞　64～73　養 甲辰
歲德　遷移宮
坤造 丁酉 甲辰 辛未 甲午 (日空戌、亥)
1命宮 2兄弟 3夫妻 4子女 5財帛 6疾厄
7遷移 8交友 9官祿 10田宅 11福德 12父母
甲干 廉貞-太陽 乙干 天機-太陰 丙干 天同-廉貞 丁干 太陰-巨門
戊干 貪狼-天機 己干 武曲-文曲
庚干 太陽-天同 辛干 巨門-文昌 壬干 天梁-武曲 癸干 破軍-貪狼
太天火天
陰鉞星哭
旺廟得不
小耗
將星　114～123　帝旺 己酉
晦氣　兄弟宮
天天八天天
同姚座傷虛
平廟平陷廟
大耗
災煞　54～63　胎 癸卯
喪門　交友宮
貪文解天陰
狼曲神空煞
廟陷廟陷
身宮
將軍
攀鞍　4～13　衰 庚戌
歲建　命宮
七天天天截大劫月
殺貴官巫空耗煞德
廟平平　陷陷
病符
劫煞　44～53　絕 壬寅
小耗　官祿宮
天龍鳳年華
梁池閣解蓋
旺平平得陷
喜神
華蓋　34～43　墓 癸丑
官符　田宅宮
廉天天臺
貞相喜輔
平廟旺
飛廉
息神　24～33　死 壬子
貫索　福德宮
巨天天天三天孤蜚
門魁馬刑臺福辰廉
旺旺平陷平廟陷
奏書
歲驛　14～23　病 辛亥
晦門　父母宮

求測者問：今天應聘的工作能成嗎？

來看上面的盤：

命宮貪狼解神文曲陷落，表示榜上無名。

再看官祿宮七殺廟天官天貴較弱劫煞星，說明名字被劃掉了。

事後求測者回饋說：沒有應聘上。

文昌爆旺化忌而不忌

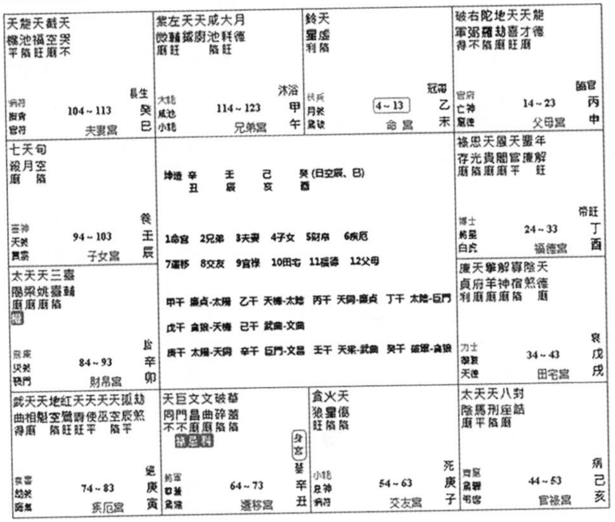

求測者問：改編一位已經去世55年的作家的話劇劇本，需要告知其後代嗎？會引起版權糾紛嗎？

來看上面的盤：

命宮鈴星，合紫微左輔天鉞星，照文昌化忌文曲化科，這裡的文昌星是爆旺的化忌反而會使得它變得平和，所以能圓滿完成改編，而沒有糾紛。再看官祿宮太陰天馬天刑八座封誥星，這裡的天刑星是陷落的，所以不會有官司糾紛。太陰星位元元作品，八座天馬說明會盡快行動。

事後求測者回饋說：很順利。

太陽陷落文昌化忌，無法成行

天慈天魁天 相池福空哭 尊陷旺廟不 將軍 指背　14~23　長生 官符　　兄弟宮　癸巳	天左天天咸大月 梁輔擴廚池耗德 廟旺　　陷旺 小耗 咸池　**4~13**　　 小耗　　命宮　甲午	廉七天天 貞殺刑馬 利廟廟旺 青龍 月煞　114~123 歲破　父母宮　乙未	右陀鈴天慈 弼羅星喜德 不陷廟旺 力士 亡神　104~113 貫索　福德宮　胎丙申
巨三鳳天旬 門臺閣廚空 陷廟　　陷 伏兵 天煞　24~33　沐浴 貫索　夫妻宮　壬辰	乾造　辛　壬　庚　丙　(日空戌、巳) 　　　丑　辰　子　戌 1命宮　2兄弟　3夫妻　4子女　5財帛　6疾厄 7遷移　8交友　9官祿　10田宅　11福德　12父母		裰地恩國天童祿 存劫光閣官廉解 廟平廟廟平旺 博士 指背　94~103 白虎　田宅宮　辛酉
紫貪姚地 微狼刑空 旺利廟陷 官府 災煞　34~43　冠帶 喪門　子女宮　辛卯	甲干　廉貞·太陽　乙干　天機·太陰　丙干　天同·廉貞　丁干　天同·巨門 戊干　貪狼·天機　己干　武曲·文曲 庚干　太陽·天同　辛干　巨門·文昌　壬干　天梁·武曲　癸干　破軍·貪狼		天擎八解寡陰天 同羊座神宿煞德 平廟平廟平廟 官府 咸池　84~93 天德　官祿宮　死戊戌
天太文紅天孤 機陰曲鸞空辰煞 尊陷旺廟陷平 　　　　忌 青神 劫煞　44~53　臨官 晦氣　財帛宮　庚寅	天火地天破華 府星空使碎蓋 旺廟陷陷陷陷 病符 華蓋　54~63　帝旺 歲建　疾厄宮　辛丑	太文封 陽昌誥 陷得 忌 大耗 劫煞　64~73 飛廉　遷移宮　庚子	武破天天天 曲軍刑貴傷 平平廟陷平 伏兵 息神　74~83 弔客　交友宮　病己亥

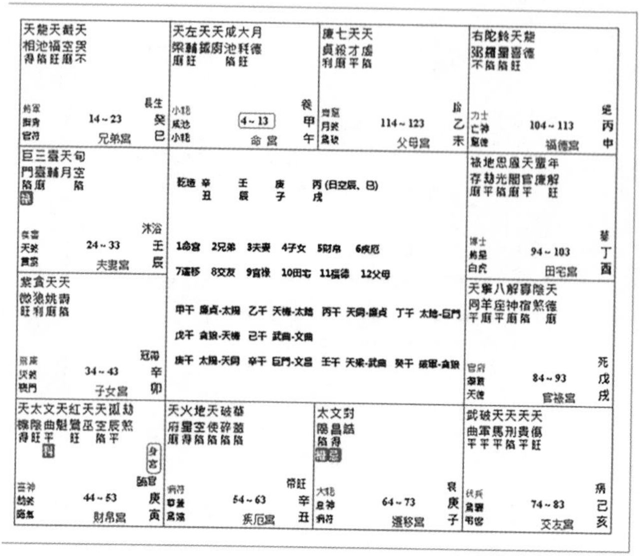

求測者問：領導讓我去省廳交流一年，我不想去，因為我還想利用業餘時間來備戰考試，目前我的情況是年齡要超限了，想參加考試只有一年機會了，擔心去那邊沒有時間讀書和備考。局長會同意讓我不去嗎？

來看上面的盤：

官祿宮天同擎羊星解神星，表示反感或者說反對這一決定，不同意這一決定。對於領導的這一決定很抗拒。

遷移宮太陽化權，表示將要被安排去外地交流，同度文昌化忌封誥星，表示這一計畫沒有實現。說明最終沒有去。

事後求測者回饋說：局長詢問我意見，我拒絕了，領導叫另一個男生去了。

天破劫月 同碎煞德 廟陷 大耗 劫煞　14～23　長生 小耗　　　　　辛巳 　　　　　父母宮	武府鈴天解天天陰 曲府羅刑神哭虛煞 旺廟　廟平廟陷 伏兵 災煞　24～33　沐浴 歲破　　　　　壬午 　　　　　福德宮	太太天陀地天截大耗 陰陽鉞羅劫刑空輔 旺廟旺廟平陷廟平 官府 天煞　34～43　冠帶 白虎　　　　　吳未 　　　　　田宅宮	貪祿天蜚 狼存壽廉 廟廟旺 　　　　　　身宮 博士　　　　臨官甲申 指背　44～53 官符 　　　　　官祿宮
破龍天旬蜚 軍池才空廉 旺廟陷廟陷 病符 甲辰　4～13 官符　　　養　庚辰 　　　　　命宮	乾造　庚　己　丁　戊（日空子、丑） 　　　子　丑　巳　申 1命宮　2兄弟　3夫妻　4子女　5財帛　6疾厄 7遷移　8交友　9官祿　10田宅　11福德　12父母		天巨擎天天咸池 機門羊喜福德 旺廟廟廟平平不 力士 咸池　54～63　帝旺 天德　　　　　乙酉 　　　　　交友宮
地紅三 空鸞臺 平廟陷 喜神 息神　114～123　胎 貫索　　　　　己卯 　　　　　兄弟宮	甲干　廉貞-太陽　乙干　天機-太陰　丙干　天同-廉貞　丁干　太陰-巨門 戊干　貪狼-天機　己干　武曲-文曲 庚干　太陽-天同　辛干　巨門-文昌　壬干　天梁-武曲　癸干　破軍-貪狼		紫天火星對天寡年 微相羊閻諂菇宿解 得廟廟廟　陷廟 青龍 月煞　64～73　衰 吊客　　　　　丙戌 　　　　　遷移宮
廉左文天恩天天孤 貞輔昌馬光輔巫辰 廟廟陷旺平 飛廉 歲驛　104～113　絕 晦門　　　　　戊寅 　　　　　夫妻宮	天天 魁空 廟平 奏書 攀鞍　94～103　墓 喪門　　　　　己丑	七右文天 殺弼曲貴 旺廟廟廟 將軍 將星　84～93　死 貫索　　　　　戊子 　　財帛宮	天天八天天 梁姚座官使 陷廟廟旺旺 小耗 亡神　74～83　病 病符　　　　　丁亥 　　　　　疾厄宮

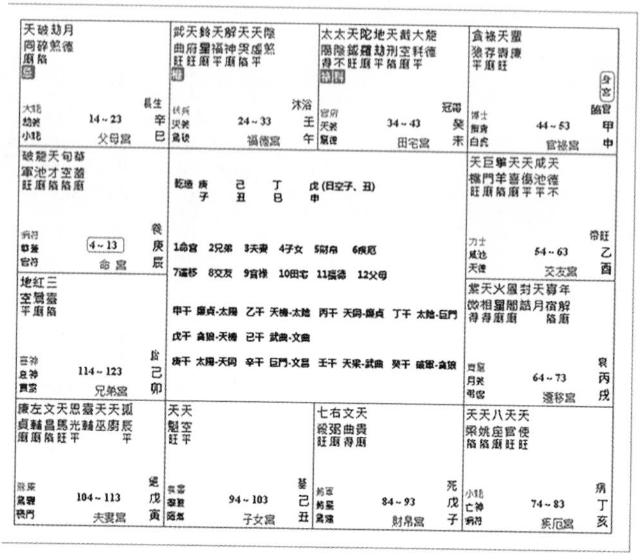

求測者問：營業執照能不能辦下來？剛轉讓來一個便利店。

來看上面的盤：

我們來看交友宮天機巨門星天喜星，巨門星是爆旺的。巨門星，口舌星、出行星。有辯才，喜吹牛，說話條理分明但是愛加油添醋、口是心非、勞碌等。說明原店主在交易之時有隱瞞的內容。

再看官祿宮祿存星，照廉貞左輔天馬天巫星，這裡的廉貞星是爆旺的。廉貞星，狂放狂傲、狡猾、多刑訟、糾紛。說明這個便利店之前有糾紛或者在辦理登記的時候會遇到糾紛。

求測者說：我接手便利店11萬元，沒有合約，只有掃碼支付紀錄，但是我去辦營業執照的時候，被告知以前的營業執照沒註銷無法辦理，而且接手的營業執照有假菸假酒案件註銷不了。然後去問原店主，說執照上面的名字不是他的。

廉貪恩龍天截天 貞狼光池福空廚 陷陷平陷旺陷不 將軍 劫煞 官符　36~45 妲癸巳　子女宮	巨左天鈴天咸大月 門輔鉞星廚池耗德 旺旺廟　廟陷陷旺 小耗 咸池 小耗　26~35 辜甲午　夫妻宮	天地天 相劫感 得平陷 青龍 歲破 16~25 死乙未　兄弟宮	天天右陀天龍 同梁弼羅喜德 旺陷不旺陷旺 力士 亡神 雑德　6~15 病丙申　命宮
太八天旬 陰座月空 陷旺陷陷 喪喜 天煞 貫索　46~55 胎壬辰　財帛宮	乾造　辛　壬　甲　壬　(日空辰、巳) 　　　丑　辰　午　申		武七祿廉天天蜚年 曲殺存閣才官廉解 廟旺廟旺旺旺平旺 博士 將星 白虎　116~125 衰丁酉　父母宮
天地天天天 府空姚貴使 得平廟旺平 飛廉 災煞 晦氣　56~65 袞辛卯　疾厄宮	1命宮　2兄弟　3夫妻　4子女　5財帛　6疾厄 7遷移　8交友　9官祿　10田宅　11福德　12父母 甲干 廉貞-太陽　乙干 天機-太陰　丙干 天同-廉貞　丁干 太陰-巨門 戊干 貪狼-天機　己干 武曲-文曲 庚干 太陽-天同　辛干 巨門-文昌　壬干 天梁-武曲　癸干 破軍-貪狼		太擎三封解寡陰天 陽羊臺誥神宿煞德 陷平　廟　廟 官府 攀鞍 福德　106~115 帶旺戌　福德宮
文天紅蜚天八劫 昌魁鸞廉巫空辰煞 陷旺旺陷　平 喜神 劫煞 喪門　66~75 長生庚寅　遷移宮	紫破天天破蜚 微軍貴壽碎廉 廟旺廟旺陷平 病符 華蓋 晦氣　76~85 沐浴辛丑　交友宮	天文 梁曲 旺廟 身宮 大耗 息神 病符　86~95 冠帶庚子　官祿宮	火天天 星馬刑 平平 伏兵 歲驛 官符　96~105 臨官己亥　田宅宮

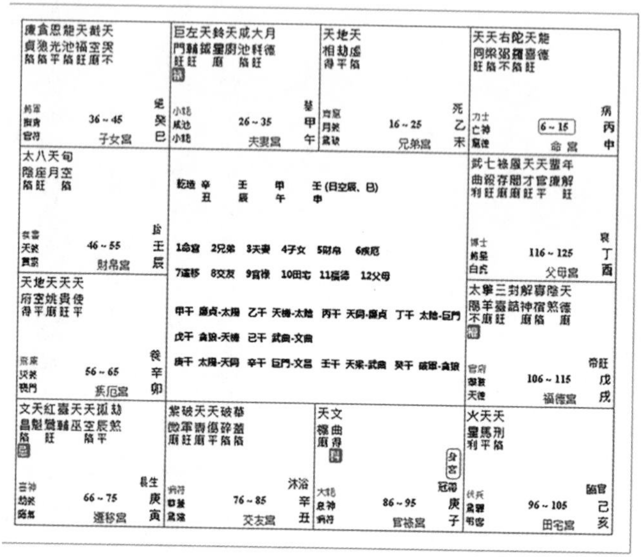

巨門星是口舌星、出行星、宗教星等。喜鑽研、推理和分析能力強、有辯才，喜吹牛，言詞銳利、加油添醋，出口傷人，心胸狹隘。

巨門同度鈴星，表示不能通過。

來看上面的盤：

求測者申請職務，已遞交申請書。問能否圓滿成功。

盤中命宮天同天喜星，照文昌化忌，說明有希望成功，但是檔下達或者官方認可尚不夠時機。

再看官祿宮天機文曲化科，說明有一定才華，照巨門化祿左輔天鉞鈴星，說明言多必失，說了不該說的話，而暫時無法通過。

事實上：結果正如所測，由於檔提交不齊全，求測者說了不該說的話，本來有希望的事情被終止了。

天機化忌巨門星，分數不高勉強通過

天右祿火紅大龍 府弼存星鸞耗德 廟平廟旺旺陷 博士 亡神 龍德 22~31　　絕 丁巳 福德宮	武天文擎天封天 曲府昌羊姚誥廚 旺旺旺陷陷陷 (権) 力士 將星 白虎 32~41　　胎 戊午 田宅宮	太太天鈴地寡天 陽陰魁星空宿廚 不平旺利平不陷 (忌) 奏書 攀鞍 天德 42~61　　養 己未 官祿宮	貪文天天天 狼曲鉞傷巫 旺旺旺旺陷 小耗 歲驛 吊客 52~61　　長生 庚申 交友宮
破陀旬天陰 軍羅空虛煞 旺廟陷陷陷 官府 月煞 亡煞 12~21　　墓 丙辰 父母宮	乾造　戊　己　癸　丙 (日空子、丑) 　　　戌　未　亥　辰 1命宮　2兄弟　3夫妻　4子女　5財帛　6疾厄 7遷移　8交友　9官祿　10田宅　11福德　12父母 甲干 廉貞-太陽　乙干 天機-太陰　丙干 天同-廉貞　丁干 太陰-巨門 戊干 貪狼-天機　己干 武曲-文曲 庚干 太陽-天同　辛干 巨門-文昌　壬干 天梁-武曲　癸干 破軍-貪狼		天巨左天 機門輔青 旺廟陷平 (禄) 將軍 息神 病符 62~71　　沐浴 辛酉 遷移宮
地天天咸月 劫官福月池德 平旺平平 伏兵 咸池 小耗 2~11　　死 乙卯 命宮			紫天恩天喜蜚 微相光使輔廉 得平廟陷 平 青龍 華蓋 歲建 72~81　　冠帶 壬戌 疾厄宮
廉天三龍 貞刑喜池 廟廟平平 大耗 指背 官符 112~121　　病 甲寅 兄弟宮	天天破 魁才碎 旺 陷 病符 天煞 天德 102~111　　衰 乙丑 夫妻宮	七八天解截蜚年 殺座貴閣神空解 旺陷廟廟陷陷 陷 將神 災煞 喪門 92~101　　帝旺 甲子 子女宮	天天天劫 梁喜空辰煞 廟旺旺陷 身宮 飛廉 劫煞 晦氣 82~91　　臨官 癸亥 財帛宮

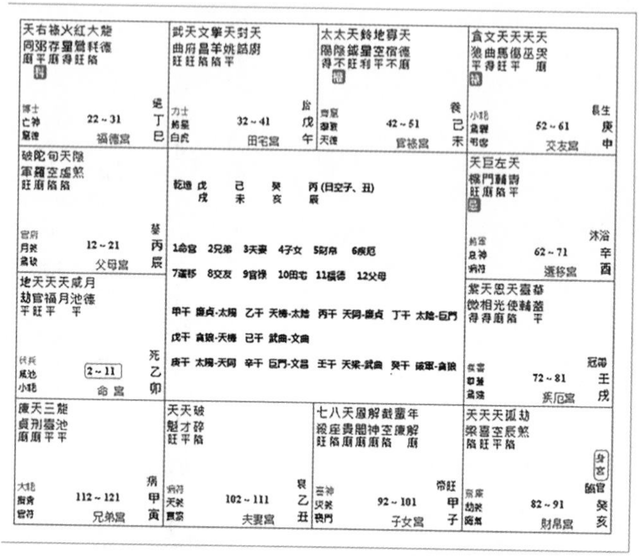

求測者問：本次職稱評審能否順利成功。

來看上面的盤：

命宮、天官星等，照天機化忌巨門星，但是這裡的天機化忌是旺勢的，所以分數不會很高，但是一般能通過。

再看官祿宮太陽星旺太陰化權天鉞星，說明經過努力能通過。

事後求測者回饋說：通過了。

天梁星同度鈴星，難以通過臨界線

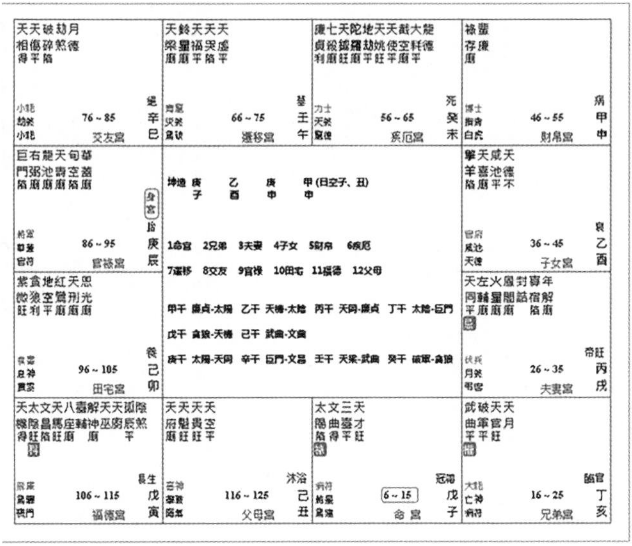
天天破劫月
相傷碎煞德
得平陷
小耗
劫煞
小耗
76～85
交友宮
絕
辛
巳
天鈴天天天
梁星福哭虛
廟廟平陷平
青龍
災煞
歲破
66～75
遷移宮
墓
壬
午
廉七天陀地天天截大龍
貞殺鉞羅劫姚使空耗德
利廟旺廟平旺平廟平
力士
天煞
龍德
56～65
疾厄宮
死
癸
未
祿蜚
存廉
廟
博士
指背
白虎
46～55
財帛宮
病
甲
申
巨右龍天旬華
門弼池壽空蓋
陷廟廟廟陷廟
身宮
將軍
華蓋
官符
86～95
官祿宮
胎
庚
辰
坤造 庚 乙 庚 甲 (日空子、丑)
子 酉 申 申
1命宮 2兄弟 3夫妻 4子女 5財帛 6疾厄
7遷移 8交友 9官祿 10田宅 11福德 12父母
甲干 廉貞-太陽 乙干 天機-太陰 丙干 天同-廉貞 丁干 太陰-巨門
戊干 貪狼-天機 己干 武曲-文曲
庚干 太陽-天同 辛干 巨門-文昌 壬干 天梁-武曲 癸干 破軍-貪狼
擎天咸天
羊喜池德
陷廟平不
官府
咸池
天德
36～45
子女宮
衰
乙
酉
紫貪地紅天恩
微狼空鸞刑光
旺利平廟廟廟
奏書
息神
貫索
96～105
田宅宮
養
己
卯
天左火鳳封寡年
同輔星閣誥宿解
平廟廟廟 陷廟
伏兵
月煞
弔客
26～35
夫妻宮
帝旺
丙
戌
天太文天八臺解天天孤陰
機陰昌馬座輔神巫廚辰煞
得旺陷旺廟 廟 平
飛廉
歲驛
喪門
106～115
福德宮
長生
戊
寅
天天天天
府魁貴空
廟旺旺平
喜神
攀鞍
晦氣
116～125
父母宮
沐浴
己
丑
太文三天
陽曲臺才
陷得平旺
病符
將星
歲建
6～15
命宮
冠帶
戊
子
武破天天
曲軍官月
平平旺
大耗
亡神
病符
16～25
兄弟宮
臨官
丁
亥

求測者說：公考失利但是遇到補錄機會，不知道能否順利上岸？

來看上面的盤：

命宮太陽陷落化祿同度文曲天才星，說明還是比較有才華的。照天梁星鈴星，說明可以過線，不能通過。

再看官祿宮巨門陷落右弼天壽星，照左輔火星鳳閣封誥。說明沒有過面試關，沒有幫助，高升的機會被封鎖等。

事後求測者回饋說：補錄面試沒過，僅僅一分之差。

巨門化祿鈴星，沒有過線

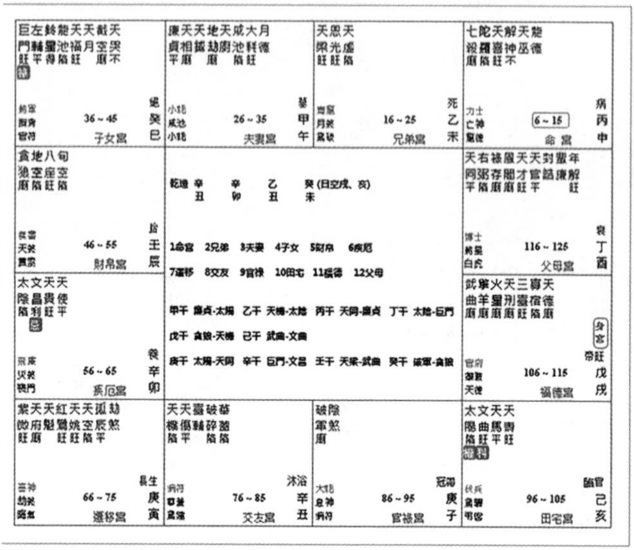
巨門 左輔 鈴星 龍池 天福 天月 截空 天哭
36~45 子女宮 絕 癸巳
廉貞 天相 天鉞 地劫 天廚 咸池 大耗 月德
26~35 夫妻宮 墓 甲午
天梁 恩光 天虛
16~25 兄弟宮 死 乙未
七殺 陀羅 天喜 解神 天巫 龍德
6~15 命宮 病 丙申
貪狼 地空 八座 旬空
46~55 財帛宮 胎 壬辰
乾造 辛丑 辛卯 乙丑 癸未 (日空戌、亥)
1命宮 2兄弟 3夫妻 4子女 5財帛 6疾厄
7遷移 8交友 9官祿 10田宅 11福德 12父母
甲干 廉貞-太陽 乙干 天機-太陰 丙干 天同-廉貞 丁干 太陰-巨門
戊干 貪狼-天機 己干 武曲-文曲
庚干 太陽-天同 辛干 巨門-文昌 壬干 天梁-武曲 癸干 破軍-貪狼
天同 右弼 祿存 恩閣 天才 天官 封誥 蜚廉 年解
116~125 父母宮 衰 丁酉
太陰 文昌 天貴 天使
56~65 疾厄宮 養 辛卯
武曲 擎羊 火星 天刑 三臺 寡宿 天德
身宮
106~115 福德宮 帝旺 戊戌
紫微 天府 天魁 紅鸞 天姚 天空 孤辰 劫煞
66~75 遷移宮 長生 庚寅
天機 天傷 台輔 破碎 華蓋
76~85 交友宮 沐浴 辛丑
破軍 陰煞
86~95 官祿宮 冠帶 庚子
太陽 文曲 天馬 天壽
96~105 田宅宮 臨官 己亥

巨門星博學而不精，記憶力很強。巨門星也是一顆臨界狀態的星曜，可吉可凶，全靠同度的其他星曜來決定星情。巨門鈴星表示沒有通過。

來看上面的盤：

求測者問孩子能否被學校錄取。

來看子女宮巨門化祿鈴星天月截空星，照文曲化科。文曲化科巨門化祿應該是分數不低，但是鈴星在這裡是旺的，鈴星表示警戒線、災禍、嫉妒等。說明雖然分數比較高但是臨界檔次，不一定被錄取。

再看你子女宮的官祿宮在酉位，天同祿存鳳閣天才蜚廉封誥星，照文昌化忌天貴星，說明沒有獲得官方的通知書，被官方認為一般水準等。

事後求測者回饋：孩子沒有被學校錄取。

太陽天梁星天官星，公職人員

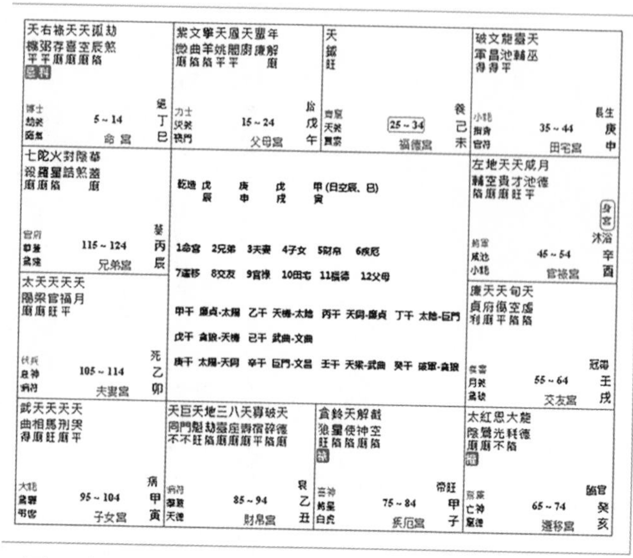

天右祿天天孤劫
機弼存喜空辰煞
平平廟廟廟陷
5～14 絕 丁巳 命宮
紫文擎天廚天蜚年
微曲羊姚閣廚廉解
廟陷陷平平 廟
15～24 胎 戊午 父母宮
天
鉞
旺
25～34 養 己未 福德宮
破文龍台天
軍昌池輔巫
得得平
35～44 長生 庚申 田宅宮
七陀火封陰華
殺羅星誥煞蓋
廟廟陷 廟
115～124 墓 丙辰 兄弟宮
乾造 戊 庚 戊 甲(日空辰、巳)
辰 申 戌 寅
1命宮 2兄弟 3夫妻 4子女 5財帛 6疾厄
7遷移 8交友 9官祿 10田宅 11福德 12父母
甲干 廉貞-太陽 乙干 天機-太陰 丙干 天同-廉貞 丁干 太陰-巨門
戊干 貪狼-天機 己干 武曲-文曲
庚干 太陽-天同 辛干 巨門-文昌 壬干 天梁-武曲 癸干 破軍-貪狼
左地天天咸月
輔空貴才池德
陷廟廟旺平
身宮
45～54 沐浴 辛酉 官祿宮
太天天天天
陽梁官福月
廟廟旺平
105～114 死 乙卯 夫妻宮
廉天天旬天
貞府傷空虛
利廟平陷陷
55～64 冠帶 壬戌 交友宮
武天天天天
曲相馬刑哭
得廟旺廟平
95～104 病 甲寅 子女宮
天巨天地三八天寡破天
同門魁劫台座壽宿碎德
不不旺陷廟廟廟平陷廟
85～94 衰 乙丑 財帛宮
貪鈴天解截
狼星使神空
旺陷陷廟陷
75～84 帝旺 甲子 疾厄宮
太紅恩大龍
陰鸞光耗德
廟廟不陷
65～74 臨官 癸亥 遷移宮

求測者說：為了和老婆在一起，2018年考公務員了。但是並不想做下去，感到前途渺茫，非常不喜歡這工作。本身慾望其實也不算大，想找一份技術性的工作，學的是電腦。

來看上面的命盤：

命主的官祿宮地空天貴星，說明他沒有權力慾望，或者說權力慾望不強烈。照太陽天梁，說明會參與公務事業，比如公務員等。再看福德宮天鉞星照天魁三台八座星，說明喜歡幫助別人，為別人著想，同時也說明不希望穩定的古板的工作狀態，心猿意馬等心態容易出現。

官祿宮天梁星祿存天喜，收入不錯

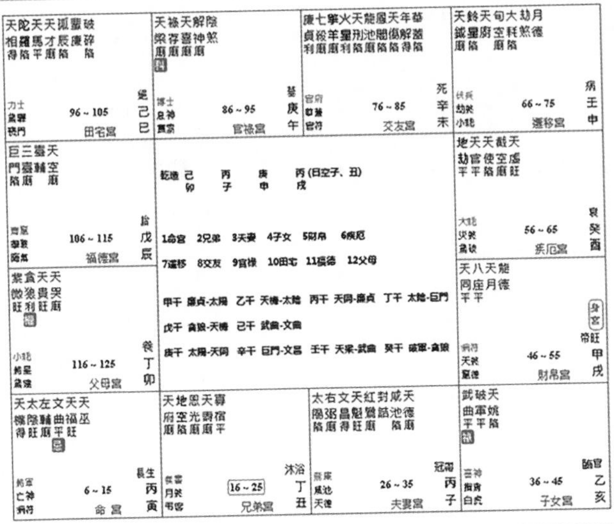
天陀天天孤蜚破
相羅馬才辰廉碎
得陷平廟陷 陷
力士
歲驛
弔門
96 ~ 105
田宅宮
絕
己
巳
天祿天解陰
梁存喜神煞
廟廟廟廟
科
博士
息神
貫索
86 ~ 95
官祿宮
墓
庚
午
廉七擎火天龍鳳天年華
貞殺羊星刑池閣傷解蓋
利廟廟利陷廟陷陷得陷
官府
華蓋
官符
76 ~ 85
交友宮
死
辛
未
天鈴天旬大劫月
鉞星廚空耗煞德
廟陷 廟陷
伏兵
劫煞
小耗
66 ~ 75
遷移宮
病
壬
申
巨三臺天
門臺輔空
陷廟 廟
青龍
攀鞍
晦氣
106 ~ 115
福德宮
胎
戊
辰
乾造 己 丙 庚 丙(日空子、丑)
卯 子 申 戌
1命宮 2兄弟 3夫妻 4子女 5財帛 6疾厄
7遷移 8交友 9官祿 10田宅 11福德 12父母
甲干 廉貞-太陽 乙干 天機-太陰 丙干 天同-廉貞 丁干 太陰-巨門
戊干 貪狼-天機 己干 武曲-文曲
庚干 太陽-天同 辛干 巨門-文昌 壬干 天梁-武曲 癸干 破軍-貪狼
地天天截天
劫官使空虛
平平陷廟旺
大耗
災煞
喪門
56 ~ 65
疾厄宮
衰
癸
酉
紫貪天天
微狼貴哭
旺利旺廟
權
小耗
將星
晦氣
116 ~ 125
父母宮
養
丁
卯
天八天龍
同座月德
平平
身宮
病符
天煞
歲破
46 ~ 55
財帛宮
帝旺
甲
戌
天太左文天天
機陰輔曲福巫
得旺廟平旺
忌
將軍
亡神
病符
6 ~ 15
命宮
長生
丙
寅
天地恩天寡
府空光壽宿
廟陷廟廟平
奏書
月煞
弔客
16 ~ 25
兄弟宮
沐浴
丁
丑
太右文天紅封咸天
陽弼昌魁鸞誥池德
陷廟得旺廟 陷廟
飛廉
咸池
天德
26 ~ 35
夫妻宮
冠帶
丙
子
武破天
曲軍姚
平平陷
祿
喜神
指背
白虎
36 ~ 45
子女宮
臨官
乙
亥

求測者問：這個冬天財運如何？

來看上面的盤：

命宮天機星旺勢太陰左輔文曲化忌天府天巫星，說明有機會獲得財運，不止一個財運的管道，但是會有口舌。

再看財帛宮天同星較弱八座天月，說明財務上漏洞多，不太滿意，流動資金不多。再看財帛宮的財帛宮，也就是官祿宮，天梁星化科祿存天喜星，照右弼文昌天魁星，說明事業上比較順利，財運較好。

事後求測者回饋說：還可以，收入不少，只是不存財。

天梁天馬天才天福天巫截空蜚廉破碎 平平廟平旺　廟陷旺	紫微天喜天空八座天旬 微鸞喜座輔廟空 廟廟旺	天虛鳳閣天年華 貴池閣傷解蓋 旺廟陷陷陷陷	破陀三解大劫月 軍羅刑耗煞德 寿陷旺不陷
絕宮 是非 飛門　93～102 病癸　田宅宮　巳	小耗 晦氣 總神　83～92 衰甲　官祿宮　午	尊宮 吊客 歲破　73～82 帶旺　乙　交友宮　未	力士 小耗 幼煞　63～72 臨官　丙　遷移宮　申
七左文天 殺輔曲空 廟廟旺廟	乾造　辛　庚　乙　丙(日空寅、卯) 　　　卯　寅　巳　子		祿火天天天地 存星刑官使虛 廟寿平陷旺
侯宮 病符 蜚廉　103～112 死壬　福德宮　辰	1命宮 2兄弟 3夫妻 4子女 5財帛 6疾厄 7遷移 8交友 9官祿 10田宅 11福德 12父母		博士 幼煞 月煞　53～62 冠帶　丁　疾厄宮　酉
太天天 陰梁哭 廟旺廟	甲干 廉貞-太陽 乙干 天機-太陰 丙干 天同-廉貞 丁干 太陰-巨門 戊干 貪狼-天機 己干 武曲-文曲 庚干 太陽-天同 辛干 巨門-文昌 壬干 天梁-武曲 癸干 破軍-貪狼		廉天右文擊鈴天 貞府弼昌羊星月德 利廟廟陷陷
青龍 歲建 　113～122 墓辛　父母宮　卯			官符 將星 亡神　43～52 沐浴　戊　財帛宮　戌
武天天對陰 曲相魁詰煞 寿廟	天巨天恩寡 同門姚宿 不不平廟平	貪紅成天 狼鸞池德 旺廟陷陷	太地地 陰劫空 廟陷
亡神 病符　3～12 命宮　沐庚　寅	身宮 伏兵 劫煞 　13～22 胎辛　兄弟宮　丑	大耗 歲建 咸池　23～32 養庚　夫妻宮　子	伏兵 指背 白虎　33～42 長生己　子女宮　亥

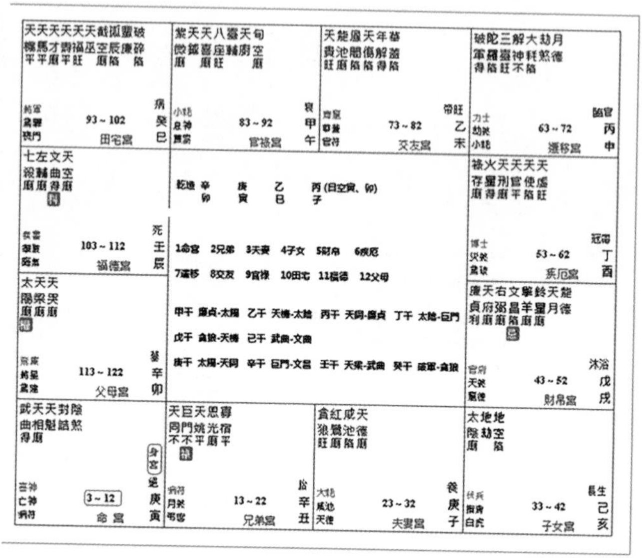

天相星主印信，相當於各個機關的辦公室主任，他掌握著蓋章、簽字等，甚至有時候能代替首領發佈命令，有權威、有尊嚴。但是他遇到強大的破軍星的時候還是很發慌的。

來看上面的盤：

命宮天相武曲天魁封詰星等，照破軍三台星，武曲星較弱，天相天魁星照破軍星，而破軍星也是旺勢的，所以這個人一生做宰相掌印的能力就小。

再看官祿宮紫微天鉞天喜八座台輔天廚旬空星，加會天相星，照貪狼星。這裡的紫微星沒有遇到四煞星等，說明還是有地位的，但是在位只是遊戲，因為天喜紅鸞星天廚星等同度，說明不會嚴肅的對待這件事情。

事實上：命主是一個企業法人，但是從來不過問公司的事情，也不掌握公司的管理層，只是領薪水。

福德宮天才天巫天同天馬星，智慧超群

廉貪文文頓 貞狼昌蝕辰 陷陷旺旺陷 指背 亡神 病符 112~121 兄弟宮　己乙巳	巨火地天天天天 門星空刑池壽福月 旺廟廟平平平平 咸池 將星 官符 2~11 命宮　庚丙午	天天對月 相喜誥德 平平平平 月煞 攀鞍 小耗 12~21 父母宮　辛丁未	天天鈴天天龍天天陰年 梁鉞星貴廚才巫虛煞解 旺廟旺旺旺不廟廟利 亡神 奏書 大耗 22~31 福德宮　壬戊申
太地恩旬天 陰劫光神空哭 陷廟廟廟平 身宮 華蓋 月煞 喪門 102~111 夫妻宮　甲辰	乾造　壬　庚　己　己（日空辰、巳） 　　　寅　戌　亥　巳 1命宮 2兄弟 3夫妻 4子女 5財帛 6疾厄 7遷移 8交友 9官祿 10田宅 11福德 12父母 甲干 廉貞-太陽　乙干 天機-太陰　丙干 天同-巨門　丁干 太陰-巨門 戊干 貪狼-天機　己干 武曲-文曲 庚干 太陽-天同　辛干 巨門-文昌　壬干 天梁-武曲　癸干 破軍-貪狼		武七文天破大耗 曲殺曲廚碎耗德 旺旺平不 沐浴 息神 飛廉 龍德 32~41 田宅宮　己酉
天天截空天咸 府魁空池 廟廟平平 劫煞 貫索 晦氣 92~101 子女宮　死癸卯			太陀天官龍 陽羅姚官廚蓋 不廟廟平平 華蓋 白虎 42~51 官祿宮　冠帶庚戌
紫破左右紅三八天寡 微軍輔弼鸞台座宿宿 廟旺廟廟旺廟旺陷陷 小耗 指背 喪門 82~91 財帛宮　病甲寅	天擎 機羊 廟陷 災煞 弔客 72~81 疾厄宮　病壬子	天 梁 廟 刀士 天煞 病符 62~71 遷移宮　帝旺壬子	祿天喜劫天 存傷廉煞德 廟旺平平 指背 劫煞 天德 52~61 交友宮　臨官辛亥

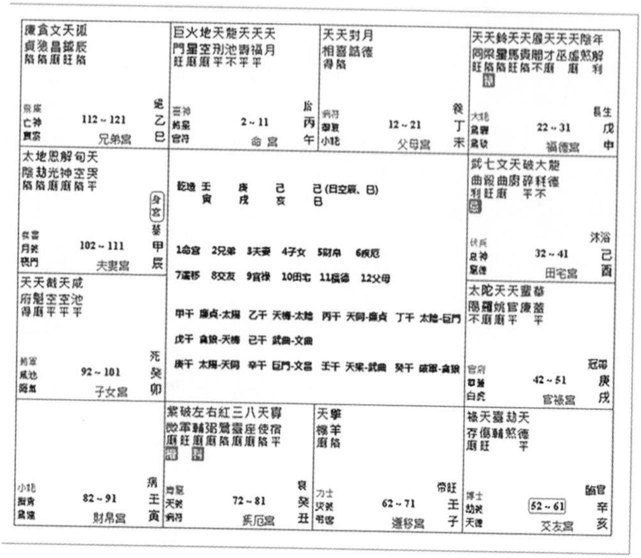

福德宮表示一個人的才華和才幹，以及人的潛在意識和觀念。

天才星表示才華、學問等。天巫星表示宗教、升遷、神祕、神奇等。天馬星表示速度快、出行、腦筋靈活等。天同星表示智慧、才藝、超越等。這幾顆星曜組合在福德宮，表示才華出眾、思維敏捷。

看上面的命盤：

命主命宮巨門火星地空星等，

照天機星，天機星本身就是聰明智慧之星，而巨門精於分析和推理。

再看福德宮天同星、天才星、天巫星、天馬星，說明腦筋靈敏、智慧過人。

事實上：命主從小就是小神童，學業優秀，理科更是強項，經常獲得獎項。成年後在機關任職。

文昌廟 破碎陷 伏兵 指背 白虎 13~22 病辛巳　兄弟宮	天機廟 地空陷 紅鸞旺 天刑旺 三臺旺 戴月旺 句空旺 天德旺 大耗 咸池 天德 3~12 命宮 壬午	紫微廟 破軍旺 對宮 寡宿不 將月 月空 吊客 113~122 父母宮 癸未	天鉞廟 火星陷 八座廟 天福陷 天巫陷 陰煞 亡神 官府 病符 103~112 福德宮 甲申
太擊地天解龍 陽羊劫空神德 旺廟旺旺旺廟 官府 天煞 龍德 23~32 死庚辰　夫妻宮	乾造 乙 丁 丁 乙（日空寅、卯） 　　酉 亥 未 巳		天文恩天 府曲光哭 旺陷陷不 飛廉 劫煞 病符 93~102 冠帶 乙酉　田宅宮
武七祿鈴天天 曲殺存星才虛 利旺廟旺利廟 博士 災煞 歲破 33~42 墓己卯　子女宮	1命宮 2兄弟 3夫妻 4子孫 5財帛 6疾厄 7遷移 8交友 9官祿 10田宅 11福德 12父母 甲干 廉貞-太陽 乙干 天機-太陰 丙干 天同-廉貞 丁干 太陰-巨門 戊干 貪狼-天機 己干 武曲-文曲 庚干 太陽-天同 辛干 巨門-文昌 壬干 天梁-武曲 癸干 破軍-貪狼		太天天 陰姚空 陷陷陷 喜神 月煞 喪門 83~92 沐浴 丙戌　官祿宮
天陀大劫月 同羅耗煞德 利廟 力士 亡神 小耗 43~52 絕戊寅　財帛宮	天左右天龍鳳天天天華 相輔弼空閣閣壽貴傷蓋 廟廟廟平旺平平平陷陷 青龍 將星 官符 53~62 墓癸丑　疾厄宮	巨天天 門魁喜 旺旺旺 小耗 攀鞍 貫索 63~72 胎戊子　遷移宮	廉貪天天截天嘉 貞狼馬傷空廉宿 陷陷平旺陷陷 將軍 歲驛 晦氣 73~82 長生 丁亥　交友宮

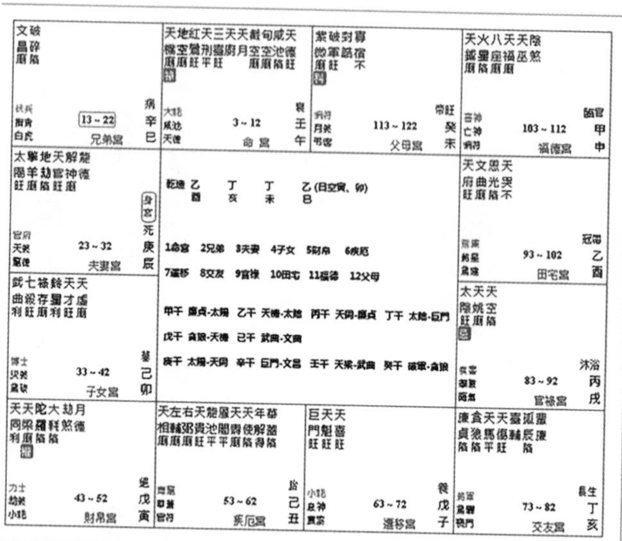

官祿宮太陰化忌，為當官的投資有去無回

太陰星不主升遷和官運一類的事情，雖然可以橫立功名，但是大多時候無法達到升遷目的，尤其是化忌，反而表示在為了升遷的時候奔波花錢。

來看上面的盤：

求測者問官運和升遷。

盤中命宮天機地空截空旬空三台天刑等，照巨門天魁星，說明目前有職務，但是這次的機會溜走了。再看官祿宮太陰化忌天姚星，照太陽擎羊星，說明為了升職奔波花錢不少，但是沒有成功。

事後求測者回饋說：沒有升遷。

244

天同化忌文曲星，沒有發給通知書

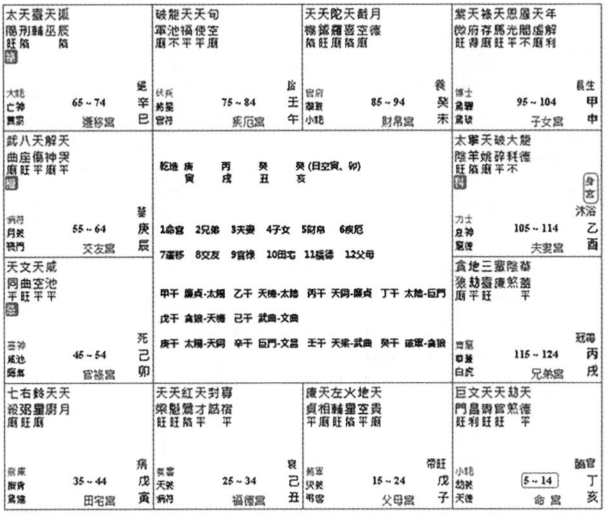
太天蠹天孤 陽刑輔巫辰 旺陷 陷
大耗 亡神 貫索 65~74 遷移宮 絕 辛巳
破龍天天旬 軍池福使空 廟不平平廟
伏兵 將星 官符 75~84 疾厄宮 胎 壬午
天天陀天截月 機鉞羅喜空德 陷旺廟陷廟
官府 攀鞍 小耗 85~94 財帛宮 養 癸未
紫天祿天恩屬天年 微府存馬光閣盛解 旺得廟旺平不廟利
博士 歲驛 歲破 95~104 子女宮 長生 甲申
武八天解天 曲座傷神哭 廟旺平廟平
病符 月煞 喪門 55~64 交友宮 墓 庚辰
乾造 庚 丙 癸 癸 (日空寅、卯)
寅 戌 丑 亥
1命宮 2兄弟 3夫妻 4子女 5財帛 6疾厄
7遷移 8交友 9官祿 10田宅 11福德 12父母
甲干 廉貞-太陽 乙干 天機-太陰 丙干 天同-廉貞 丁干 太陰-巨門
戊干 貪狼-天機 己干 武曲-文曲
庚干 太陽-天同 辛干 巨門-文昌 壬干 天梁-武曲 癸干 破軍-貪狼
太擎天破大龍 陰羊姚碎耗德 旺陷廟平不
身宮
力士 息神 晦氣 105~114 夫妻宮 沐浴 乙酉
天文天咸 同曲空池 平旺平平
喜神 咸池 晦氣 45~54 官祿宮 死 己卯
貪地三蜚陰華 狼劫臺廉煞蓋 廟平旺 平
青龍 華蓋 白虎 115~124 兄弟宮 冠帶 丙戌
七右鈴天天 殺弼星廚月 廟旺廟
飛廉 指背 喪門 35~44 田宅宮 病 戊寅
天天紅天封寡 梁魁鸞才誥宿 旺旺陷平 平
奏書 天煞 病符 25~34 福德宮 衰 己丑
廉天左火地天 貞相輔星空貴 平廟旺陷平廟
將軍 災煞 弔客 15~24 父母宮 帝旺 戊子
巨文天天劫天 門昌壽官煞德 旺利旺旺 平
小耗 劫煞 天德 5~14 命宮 臨官 丁亥

天同星本身是娛樂和喜樂之意，如果適度旺無四煞星一般表示同意，但當化忌而較弱的時候表示不能同意。天同化忌文曲星組合表示沒有同意簽約或者沒有通過認證等。

來看上面的盤：

求測者問公務員考試能否通過面試。

命宮巨門文昌天官劫煞星，說明是公務員考試，但是檔被奪（競爭力很大），文昌星不旺說明成績大眾化。再看官祿宮天同化忌文曲星天空星，照太陰化科爆旺，天同化忌文曲天空星，說明沒有發給通知書，太陰化科爆旺，說明卷面漏洞多、有隱患。

事後求測者回饋說：沒有通過。

地空旬空天鉞天魁無助，天同爆旺不同意

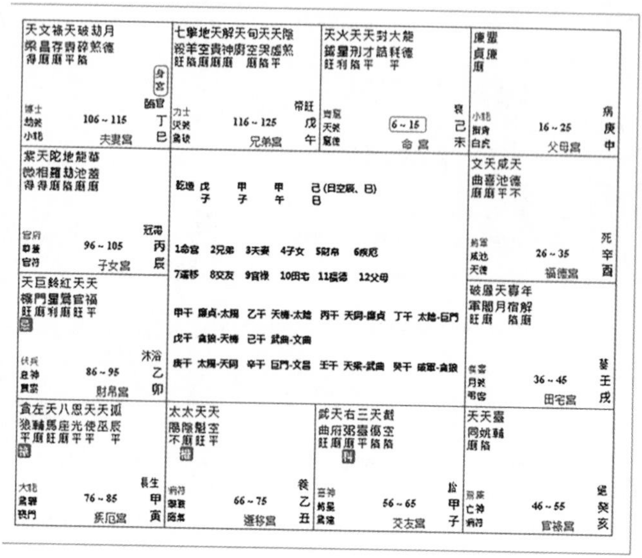
天文祿天破劫月
梁昌存壽碎煞德
得廟廟平陷
身宮
臨官
博士
劫煞
小耗
106 ~ 115
夫妻宮
丁巳
七擎地天解天旬天天陰
殺羊空貴神廚空哭虛煞
旺陷廟廟廟 廟陷平
帝旺
力士
災煞
116 ~ 125
兄弟宮
戊午
天火天天封大龍
鉞星刑才誥耗德
旺利陷平 平
衰
天煞
6 ~ 15
命宮
己未
廉蜚
貞廉
廟
病
小耗
指背
白虎
16 ~ 25
父母宮
庚申
紫天陀地龍華
微相羅劫池蓋
得得廟陷廟廟
冠帶
官府
官符
96 ~ 105
子女宮
丙辰
乾造 戊 甲 甲 己(日空辰、巳)
子 子 午 巳
1命宮 2兄弟 3夫妻 4子女 5財帛 6疾厄
7遷移 8交友 9官祿 10田宅 11福德 12父母
甲干 廉貞-太陽 乙干 天機-太陰 丙干 天同-廉貞 丁干 太陰-巨門
戊干 貪狼-天機 己干 武曲-文曲
庚干 太陽-天同 辛干 巨門-文昌 壬干 天梁-武曲 癸干 破軍-貪狼
文天咸天
曲喜池德
廟廟平不
死
咸池
天德
26 ~ 35
福德宮
辛酉
天巨鈴紅天天
機門星鸞官福
旺廟利廟旺平
沐浴
86 ~ 95
財帛宮
乙卯
破屋天寡年
軍閣月宿解
旺廟 陷廟
月煞
36 ~ 45
田宅宮
壬戌
貪左天八恩天天孤
狼輔馬座光使巫辰
平廟旺廟平平 平
長生
大耗
76 ~ 85
疾厄宮
甲寅
太太天天
陽陰魁空
不廟旺平
養
病符
66 ~ 75
遷移宮
乙丑
武天右三天截
曲府弼臺傷空
旺廟廟平陷陷
喜神
56 ~ 65
交友宮
甲子
天天臺
同姚輔
廟陷
飛廉
亡神
病符
46 ~ 55
官祿宮
癸亥

天鉞天魁星本來是幫助和援助的星曜，但是同度了地空天空旬空星的時候，會變成無助，或者幫倒忙。天同星一般是同意或者通過的意思，但是爆旺以後就成為不能同意了。

來看上面的盤：

求測者問公務員考試能否成功。

命中天鉞火星封詰星，合七殺

地空旬空星，照太陰星化權天魁星，七殺星說明壓力，天鉞天魁地空旬空星說明無助。

再看官祿宮天同星爆旺台輔，照祿存文昌劫煞星。天同爆旺文昌星說明官方不同意、不簽約等。劫煞祿存說明不圓滿，沒有成功。

事實上：沒有考中。

太陀鈴天天天 陰羅星馬使虛 陷陷陷平平　旺 官府 奏書　貪狼 貫索　　74~83 長生乙巳 疾厄宮	貪祿地恩旬龍 狼存劫光空德 旺廟廟廟廟 博士 力神　　84~93 沐浴丙午 財帛宮	天巨左右擎天華 同門輔弼羊哭蓋 不不廟廟廟平平 　　　94~103 冠帶丁未 白虎 子女宮	武天陰劫天 曲相煞煞德 得廟　　平 　　104~113 臨官戊申 飛廉 夫妻宮
廉天火地紅天月 貞府空劫鸞刑德 利廟廟陷陷廟平 伏兵 歲驛　　64~73 小耗 遷移宮 養甲辰	坤造　丁　乙　乙　癸（日空子、丑） 　　　亥　巳　卯　未 1命宮　2兄弟　3夫妻　4子女　5財帛　6疾厄 7遷移　8交友　9官祿　10田宅　11福德　12父母 甲干　廉貞-太陽　乙干　天機-太陰　丙干　天同-廉貞　丁干　太陰-巨門 戊干　貪狼-天機　己干　武曲-文曲 庚干　太陽-天同　辛干　巨門-文昌　壬干　天梁-武曲　癸干　破軍-貪狼		太天天天對破 陽梁鉞才詰辭 平平廟旺　平 小耗 災煞　114~123 帝旺己酉 兄弟宮
文八龍天傷 昌座池貴 利平平廟陷 大耗 將星　　54~63 官符 交友宮 胎癸卯			七殺解寡 殺喜神宿 廟廟廟平 將軍 天煞　　4~13 命宮 衰庚戌
破天天截孤 軍貴官月空辰 旺平平　陷平 病符 亡神　　44~53 貫索 官祿宮 絕壬寅	臺靈 輔讌 喜神 月煞　　34~43 田宅宮 墓癸丑	紫天天成 微刑空池 平平陷陷 飛廉 咸池　24~33 福德宮	天文三鳳天天年 機曲臺閣喜福解 廟旺旺旺廟廟　得 身宮 死壬子 　　14~23 病辛亥 父母宮

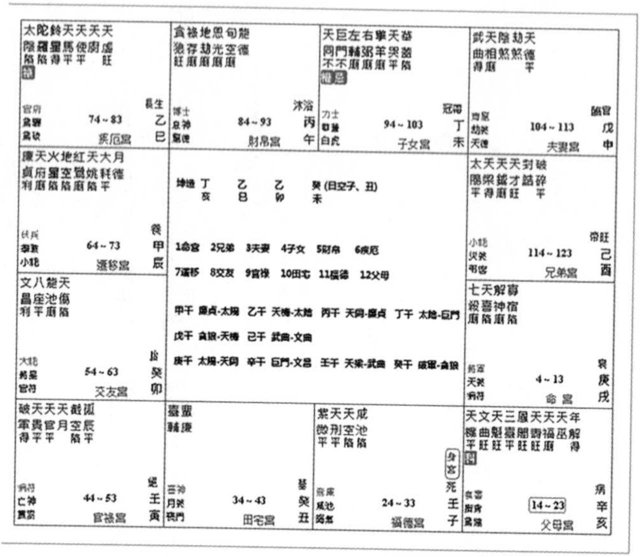

七殺星表示壓力、阻力、創傷。

七殺星爆旺表示沒有自信、自暴自棄、壓力很大等。天相表示文案、檔、通知書等，天相劫煞表示奪取了通知書，也就是競爭很激烈，難以簽約等。

來看上面的盤：

求測者問面試結果。

我們來看命宮七殺爆旺天喜陷落解神星，照天府紅鸞星。七殺爆旺說明壓力大、成功率低。天喜陷落說明不高興的結局。解神說明沒有簽約。

天府星爆旺說明固守在家、壓縮開支等。天府爆旺紅鸞星說明讓人臉紅的結果。

再看官祿宮破軍星，照武曲天相劫煞陰煞星。破軍武曲說明沒有獲得薪水。劫煞天相星說明競爭慘烈，被奪走了簽約機會。

事後求測者回饋：沒有通過面試。

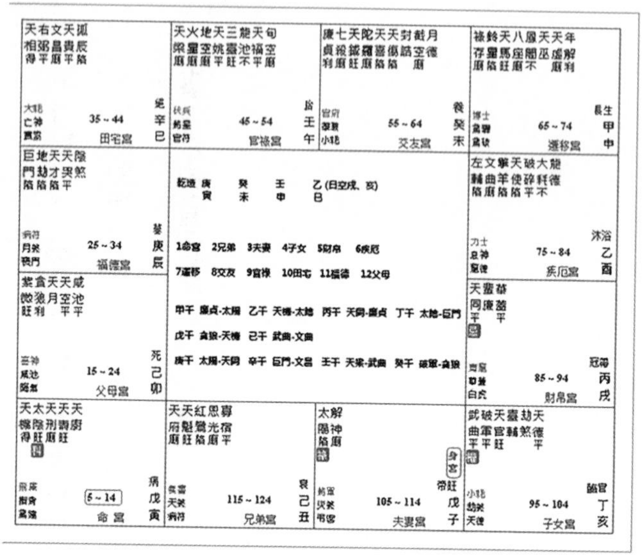

祿存天廚遇天刑，打破飯碗

天右文孤 相弼昌貴辰 得平平平陷 大耗 亡神 貫索　35~44 田宅宮　兒辛巳	天火地天三龍天旬 梁空劫廚能福空 廟廟平不平平不陷 伏兵 劫煞 官符　45~54 官祿宮　旅壬午	廉七陀天天對月 貞殺羅傷喜空德 利廟廟旺旺不廟 官府 災煞 小耗　55~64 交友宮　養癸未	祿鈴天八鳳天天年 存星馬座閣壽虛解 廟廟旺廟旺不廟利 博士 歲建 歲驛　65~74 遷移宮　長生甲申
巨地天天陰 門劫才哭煞 陷陷陷平 病符 月煞 喪門　25~34 福德宮　彗庚辰	乾造　庚　癸　壬　乙（日空戌、亥） 　　　寅　未　申　日 1命宮　2兄弟　3夫妻　4子矣　5財帛　6疾厄 7遷移　8交友　9官祿　10田宅　11福德　12父母		左文擎天破天 輔曲羊使碎科德 陷廟廟陷陷不 力士 息神 龍德　75~84 疾厄宮　沐浴乙酉
紫貪天天咸 微狼月空池 旺利　平平 吉神 咸池 晦氣　15~24 父母宮　死己卯	甲干　廉貞-太陽　乙干　天機-太陰　丙干　天同-廉貞　丁干　太陰-巨門 戊干　貪狼-太陰　己干　武曲-文曲 庚干　太陽-天同　辛干　巨門-文昌　壬干　天梁-武曲　癸干　破軍-貪狼		天蜚蜚 同廉廉 平 青龍 華蓋 白虎　85~94 財帛宮　冠帶丙戌
天太天天天 機陰刑壽廚 得旺廟旺旺 （科） 喪廉 指背 亡索　5~14 命宮　病戊寅	天天紅恩寡 府魁鸞光宿 廟旺旺廟平 飛廉 天煞 貫貞　115~124 兄弟宮　衰己丑	太解 陽神 陷廟 （祿） 前室 劫煞 吊客　105~114 夫妻宮　帶旺戊子（身宮）	武破天蜚劫 曲軍刑廉煞 平平旺（權德） 小耗 劫煞 白虎　95~104 子女宮　臨官丁亥

祿存表示錢積蓄，是一種節儉的財富；天廚表示食祿、俸祿、盛宴等。祿存天廚組合表示「飯碗」、「工作」。天刑表示傷害、糾紛、放棄等。

祿存天廚遇天刑，可以直讀為：失去「飯碗」、「辭職」、「失業」。

來看上面的盤：

求測者問工作前景。

命宮天機太陰化科天刑天廚星，照祿存天馬八座星。太陰化科天刑說明是放棄合約；天刑天機說明是放棄這次機會；天刑天廚祿存說明是失去「飯碗」；八座天馬說明離開了。

再看官祿宮天梁星火星地空三台旬空，三台天梁星地空旬空，說明失去了這個工作平臺。天梁星火星說明不能進展下去了、辭職等。

事實上：之後果然辭職了。

七殺文昌化科有實權，紫微右弼貪狼有才華善管理

七殺星一般情況下表示暴力和戰鬥甚至血光，但是也是一顆智勇雙全、有謀略的星曜，只要同度了文昌文曲就表示名氣和榮譽等，一般會有實權。紫微星表示管理能力和素質，再同度或者照貪狼必定有才干。

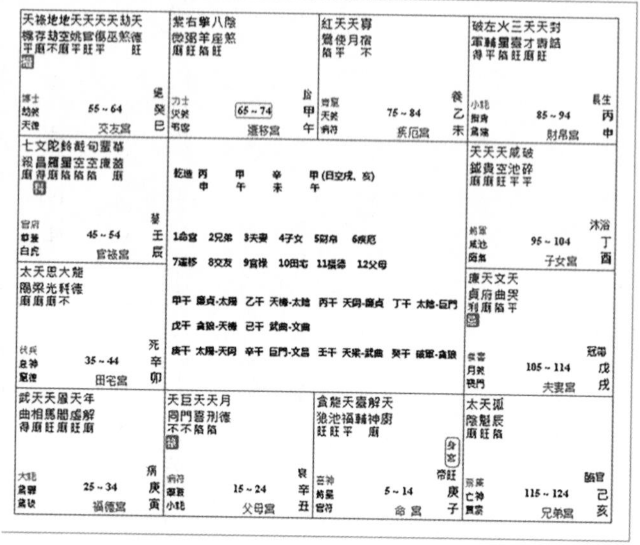
天祿地地天天天天劫天
機存劫空姚官傷巫煞德
平廟不廟平旺平　旺
博士 劫煞 天德 55~64 交友宮 絕 癸 巳
紫右擎八陰
微弼羊座煞
廟旺陷旺
力士 災煞 弔客 65~74 遷移宮 胎 甲 午
紅天天寡
鸞使月宿
陷平　不
青龍 天煞 病符 75~84 疾厄宮 養 乙 未
破左火三天天封
軍輔星臺才壽誥
得平陷旺廟旺
小耗 指背 歲建 85~94 財帛宮 長生 丙 申
七文陀鈴截旬蜚華
殺昌羅星空空廉蓋
廟得廟陷陷陷　廟
官府 華蓋 白虎 45~54 官祿宮 墓 壬 辰
乾造 丙 甲 辛 甲 (日空戌、亥)
申 午 未 午
1命宮 2兄弟 3夫妻 4子女 5財帛 6疾厄
7遷移 8交友 9官祿 10田宅 11福德 12父母
甲干 廉貞-太陽 乙干 天機-太陰 丙干 天同-廉貞 丁干 太陰-巨門
戊干 貪狼-天機 己干 武曲-文曲
庚干 太陽-天同 辛干 巨門-文昌 壬干 天梁-武曲 癸干 破軍-貪狼
天天天咸破
鉞貴空池碎
廟廟旺平平
將軍 咸池 晦氣 95~104 子女宮 沐浴 丁 酉
太天恩大龍
陽梁光耗德
廟廟廟不
伏兵 息神 龍德 35~44 田宅宮 死 辛 卯
廉天文天
貞府曲哭
利廟陷平
奏書 月煞 喪門 105~114 夫妻宮 冠帶 戊 戌
武天天鳳天年
曲相馬閣虛解
得廟旺廟旺廟
大耗 歲驛 歲破 25~34 福德宮 病 庚 寅
天巨天天月
同門喜刑德
不不陷陷
病符 攀鞍 小耗 15~24 父母宮 衰 辛 丑
貪龍天臺解天
狼池福輔神廚
旺旺平　廟
身宮
喜神 將星 官符 5~14 命宮 帝旺 庚 子
太天孤
陰魁辰
廟旺陷
飛廉 亡神 貫索 115~124 兄弟宮 臨官 己 亥

來看上面的命盤：

命主的命宮貪狼星旺同度龍池台輔星，說明有才幹、有高素質，照紫微天魁八座星，說明有管理才能，入公門等。再看官祿宮七殺文昌陀羅，照天府星，說明有權有名氣、威風、讓人敬畏等。陀羅星說明進展緩慢或者地位不會太高等。

事實上：命主是縣處級幹部，有實權。

天八龍天天截天 同座池才福巫哭廚 廟廟 陷廟旺 絕官 指背 官符　112~121 臨官 癸巳 父母宮	武天天天咸大月 曲府貴廚池科德 旺旺 廟 陷旺 小耗 小耗　102~111 冠帶 甲午 福德宮	太太陰陽 陰陽煞不 旺陷 陷 喪宴 月煞 亡神　92~101 沐浴 乙未 田宅宮	貪陀鈴天解龍 狼羅星喜神德 平陷旺廟廟不 刀士 亡神 貫索　82~91 長生 丙申 官祿宮
破左恩蜚旬 軍輔光廉空 旺廟廟 陷 食神 天煞 貫索　2~11 帝旺 壬辰 命宮	乾造 辛 庚 戊 壬 (日空寅、卯) 　　 丑 寅 申 戌 1命宮　2兄弟　3夫妻　4子女　5財帛　6疾厄 7遷移　8交友　9官祿　10田宅　11福德　12父母		天巨祿地三鳳天天蜚年 機門存劫臺閣喜傷廉解 旺廟廟平陷廟旺平平 旺 博士 將星 白虎　72~81 衰 丁酉 交友宮
飛廉 災煞 喪門　12~21 衰 辛卯 兄弟宮	甲干 廉貞-太陽　乙干 天機-太陰　丙干 天同-廉貞　丁干 太陰-巨門 戊干 貪狼-天機　己干 武曲-文曲 庚干 太陽-天同　辛干 巨門-文昌　壬干 天梁-武曲　癸干 破軍-貪狼		紫天右擎天喜 微相弼羊宿德 旺得 陷陷廟 官府 攀鞍 天德　62~71 帝旺 戊戌 遷移宮
廉文天紅天弔 貞曲魁鸞空辰煞 廟平 旺廟陷 主神 劫煞 晦氣　22~31 病 庚寅 夫妻宮	火地天天破華 星空馬貴碎蓋 旺平 旺 陷 病符 伏兵 病符　32~41 死 辛丑 子女宮	七文封 殺昌誥 旺陷 身宮 大耗 官符　42~51 墓 庚子 財帛宮	天天天 梁馬使 旺旺旺 伏兵 喜神 吊客　52~61 絕 己亥 疾厄宮

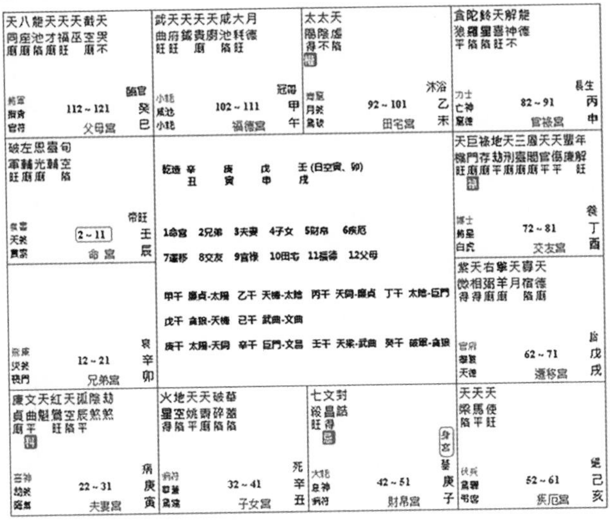

左輔右弼輔佐紫微星，廉貞天魁有實權

左輔右弼星可以幫助其他星，但是在遇到紫微星的時候會優先輔佐紫微星而不去幫助其他星。破軍星是創業的強將，只要適度旺是可以開創一番事業。

來看上面的盤：

命宮破軍左輔恩光台輔星，照紫微右弼擎羊天相星，說明求測者有開創事業的能力，也有管理能力。

再看官祿宮貪狼天喜星，合天同星，照廉貞天魁星，說明是合夥的或者自營的事業，

有實際權力。也就是我們常說的老闆。天同星是一顆自娛自樂的星曜，而廉貞星是一顆飛揚跋扈的星曜，它在官祿宮肯定是一手遮天自己說了算的那種。

事實上：求測者是一個老闆，有工作目前資產百萬。

紫微鈴星照貪狼，非職能部門公職

天祿天對訊 梁存喜語辰 旺廟旺旺 [權] 博士 亡神 貫索 93~102 田宅宮 病符 癸巳	紫擎鈴龍 微羊星池 廟廟廟不 官府 將星 官符 83~92 官祿宮 衰 甲午	左右文文天天月 輔弼昌曲喜傷德 廟廟利旺旺陷 [科] 伏兵 攀鞍 小耗 73~82 交友宮 帝旺 乙未	破地天屋天陰年 軍空馬閣感煞解 得廟旺不廟 利 大耗 歲驛 病符 63~72 遷移宮 臨官 丙申 身宮
七陀火天蜚天 殺羅星才空哭 廟陷陷旺陷平 力士 月煞 喪門 103~112 福德宮 死 壬辰	坤造 丙 癸 己 丁（日空戌、亥） 　　　寅 巳 巳 卯 1命宮 2兄弟 3夫妻 4子女 5財帛 6疾厄 7遷移 8交友 9官祿 10田宅 11福德 12父母		天天鑾破大耗 鉞便輔碎 廟陷 平不 病符 息神 貫索 53~62 疾厄宮 冠帶 丁酉
太天八天咸 陽梁座空池 廟旺平平平 青龍 咸池 晦氣 113~122 父母宮 墓 辛卯	甲干 廉貞-太陽　乙干 天機-太陰　丙干 天同-廉貞　丁干 太陰-巨門 戊干 貪狼-天機　己干 武曲-文曲 庚干 太陽-天同　辛干 巨門-文昌　壬干 天梁-武曲　癸干 破軍-貪狼		廉天恩天解旬空蜚 貞府光貴神空廉簾 利廟廟旺廟廟陷 [忌] 喜神 華蓋 官符 43~52 財帛宮 沐浴 戊戌
武天地地月 曲相劫劫 得廟平 平 小耗 指背 亡神 3~12 命宮 胎 庚寅	天巨紅寡 同門鸞宿 不不廟不 [權] 將軍 天煞 病符 13~22 兄弟宮 絕 辛丑	貪天天 狼刑福廚 旺平平 奏書 災煞 弔客 23~32 夫妻宮 墓 庚子	太 陰 廟 飛廉 劫煞 天德 33~42 子女宮 長生 己亥

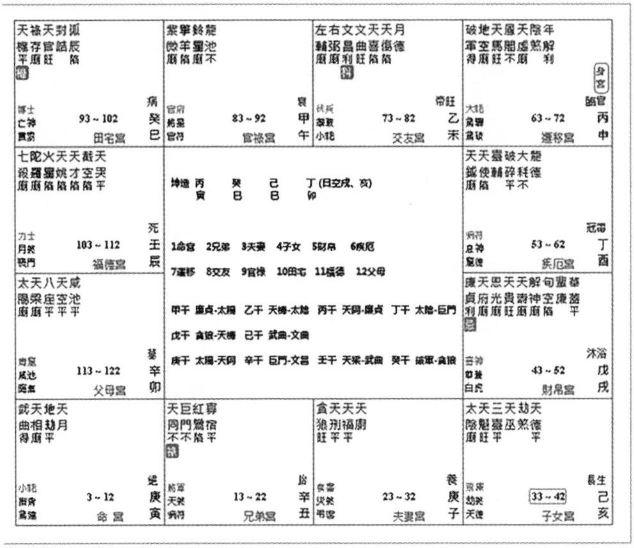

紫微星是一顆權力星，只要旺度足夠一般具有很強的氣場，紫微星同度鈴星的時候並不能阻止公職，但是一般不是職能部門。

來看上面的命盤：

命主命宮天相廟勢、武曲旺勢，照破軍地空天虛星，說明有身分和薪水、有學歷等。再看官祿宮紫微鈴星擎羊陷落龍池星，照貪狼星，說明是非職能部門的事業單位或者事業單位的下屬企業。

事實上：命主研究生學歷，在水利系統辦公室後勤職務。目前正科職稱。

天府星照七殺文曲文昌星，有權力威武

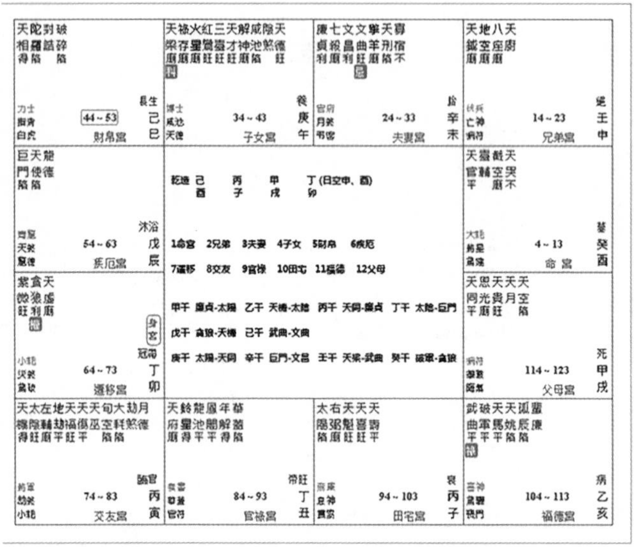
天相得 陀羅陷 封誥 破碎陷
力士 指背 白虎 44~53 長生 己巳 財帛宮
天梁廟 祿存廟 火星廟 紅鸞旺 三台旺 天才旺 解神廟 咸池陷 陰煞 天德旺 科
博士 咸池 天德 34~43 養 庚午 子女宮
廉貞利 七殺廟 文昌利 文曲旺 擎羊廟 天刑陷 寡宿不 忌
官府 月煞 弔客 24~33 胎 辛未 夫妻宮
天鉞廟 地空廟 八座廟 天廚
伏兵 亡神 病符 14~23 絕 壬申 兄弟宮
巨門陷 天使陷 龍德
青龍 天煞 龍德 54~63 沐浴 戊辰 疾厄宮
乾造 己酉 丙子 甲戌 丁卯 (日空申、酉)
1命宮 2兄弟 3夫妻 4子女 5財帛 6疾厄
7遷移 8交友 9官祿 10田宅 11福德 12父母
甲干 廉貞-太陽 乙干 天機-太陰 丙干 天同-廉貞 丁干 太陰-巨門
戊干 貪狼-天機 己干 武曲-文曲
庚干 太陽-天同 辛干 巨門-文昌 壬干 天梁-武曲 癸干 破軍-貪狼
天官平 台輔 截空廟 天哭不
大耗 將星 歲建 4~13 墓 癸酉 命宮
紫微旺 貪狼利 天虛廟 權
身宮
小耗 災煞 歲破 64~73 冠帶 丁卯 遷移宮
天同平 恩光廟 天貴旺 天月 天空陷
病符 攀鞍 晦氣 114~123 死 甲戌 父母宮
天機得 太陰旺 左輔廟 地劫平 天福旺 天傷平 天巫 旬空陷 大耗陷 劫煞 月德
將軍 劫煞 小耗 74~83 臨官 丙寅 交友宮
天府廟 鈴星得 龍池平 鳳閣平 年解得 華蓋陷
奏書 華蓋 官符 84~93 帝旺 丁丑 官祿宮
太陽陷 右弼廟 天魁旺 天喜旺 天壽平
飛廉 息神 貫索 94~103 衰 丙子 田宅宮
武曲平 破軍平 天馬平 天姚陷 孤辰陷 蜚廉 祿
喜神 歲驛 喪門 104~113 病 乙亥 福德宮

七殺星本是一顆動武的星曜，但是它和破軍星不同，七殺還有謀略，就是像傳說中的關羽一樣。如果再同度文曲文昌，就會有名氣、圈裡人都敬畏的那種。天府星是一顆財星也是一顆權力星，但是它不張揚而是城府很深的那種。

來看上面命盤：

命主的命宮台輔天官截空星，照紫微天虛貪狼星，貪狼能言善道，善於應酬，紫微星善於管理。

再看官祿宮天府鳳閣星，照七殺文曲文昌擎羊星，說明涉足官場很深，有名氣有知名度，厲害角色。會有實權也會後臺操控。擎羊與文曲化忌說明官場坎坷。

事實上：命主是一個處級幹部。

紫七鈴八恩天天劫天 微祿星座光才廚煞德 旺平壽廟平廟　旺 小耗 劫煞 天德　84~93　財帛宮 長生 己巳	左地旬 輔劫空 旺廟廟 將軍 災煞 弔客　94~103 沐浴 子女宮 庚午	天紅天天寡 鉞鸞壽官宿 旺陷旺廟不 奏書 天煞 病符　104~113 冠帶 夫妻宮 辛未	右截空 弼廟 飛廉 指背 貫索　114~123 臨官 兄弟宮 壬申
天天地天天蜚薔 機梁空使月廉蔽 利陷陷　廟 齊室 華蓋 白虎　74~83　疾厄宮 養 戊辰	乾造 甲 戊 癸 己 (日空中、酉) 　　　申 辰 未 未 1命宮 2兄弟 3夫妻 4子女 5財帛 6疾厄 7遷移 8交友 9官祿 10田宅 11福德 12父母		廉破火三天封天咸破 貞軍星臺福誥空池碎 平廟旺廟廟　旺平不 喜神 威池 晦氣　4~13　命宮 帝旺 癸酉
天文擎天大龍 相昌羊姚鈸德 陷利陷廟不 力士 息神 龍德　64~73　遷移宮 丁卯	甲干 廉貞-太陽　乙干 天機-太陰　丙干 天同-廉貞　丁干 太陰-巨門 戊干 貪狼-天機　己干 武曲-文曲 庚干 太陽-天同　辛干 巨門-文昌　壬干 天梁-武曲　癸干 破軍-貪狼		解天陰 神哭煞 廟平 病符 月煞 喪門　14~23　父母宮 衰 甲戌
太巨祿天馬天天天解 陽門存鉞刑傷巫感德 旺廟旺廟傷廟平廟 青龍 歲驛 官符　54~63　交友宮 胎 丙寅	武貪天陀天天囍月 曲狼魁羅貴姚輔旺 廟廟旺廟旺 官府 攀鞍 小耗　44~53 官祿宮 丁丑	天太蜚 同陰廉 旺廟旺 伏兵 將星 官符　34~43 死 丙子 田宅宮	天文天孤 府曲刑辰 旺旺陷陷 大耗 亡神 貫索　24~33　福德宮 身宮 病 乙亥

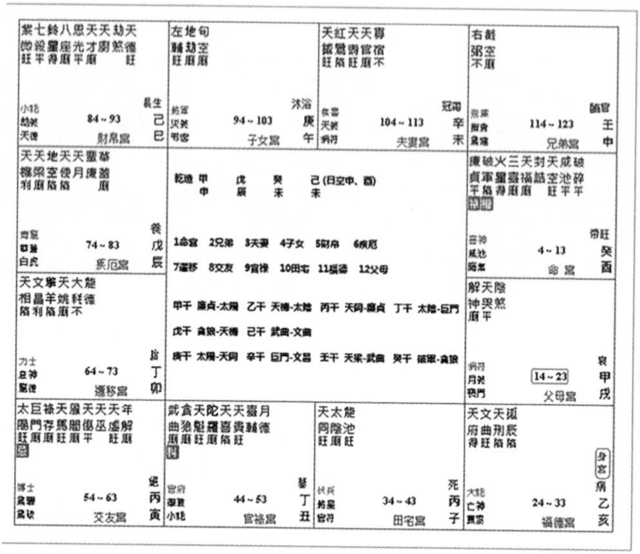

貪狼星本是一顆玩心很大的星，敏感銳利、精力充沛，但是，一旦與武曲星組合，就會變得很物質、物慾橫流的樣子，對於商業敏感，有技巧獲得財富的增長。

來看上面的盤：

求測者問事業能否順利，以後發展前景如何？

我們來分析：命宮破軍化權

封誥天空星，表示不知所終的心

態，想放棄的心態；但是廉貞化祿天福星三台星，表示穩定下來，拼一把的心理。兩種心理在交鋒。

再看官祿宮武曲化科貪狼天魁陀羅天喜星，說明慢慢會好起來，堅持下去有豐厚回報。

事實上：求測者堅持下來了，做得很不錯，後來做到了經理職務。

巨門天機地劫旬空星，成績較好能過關

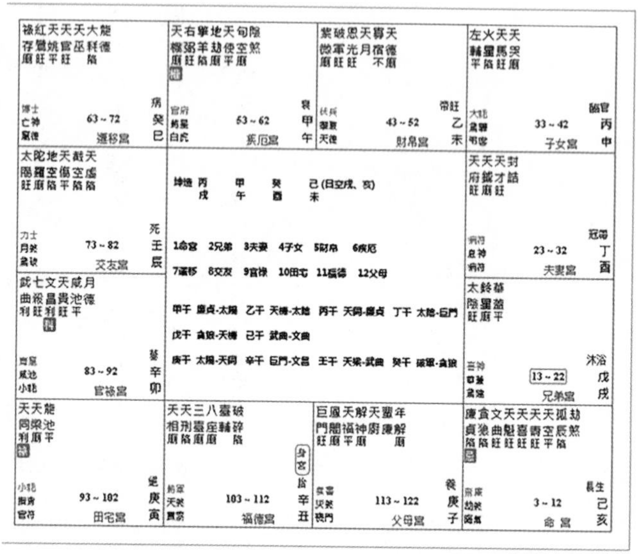

祿存 紅鸞 天姚 天官 天巫 大耗 龍德
63～72 遷移宮 病 癸巳
天機 右弼 擎羊 地劫 天使 旬空 陰煞
53～62 疾厄宮 衰 甲午
紫微 破軍 恩光 天月 寡宿 天德
43～52 財帛宮 帝旺 乙未
左輔 火星 天馬 天哭
33～42 子女宮 臨官 丙申
太陽 陀羅 地空 天傷 截空 天虛
73～82 交友宮 死 壬辰
天府 天鉞 天才 封誥
23～32 夫妻宮 冠帶 丁酉
武曲 七殺 文昌 天貴 咸池 月德
83～92 官祿宮 墓 辛卯
太陰 鈴星 華蓋
13～22 兄弟宮 沐浴 戊戌
天同 天梁 龍池
93～102 田宅宮 絕 庚寅
天相 天刑 三台 八座 台輔 破碎
身宮
103～112 福德宮 胎 辛丑
巨門 鳳閣 天福 解神 天廚 年解
113～122 父母宮 養 庚子
廉貞 貪狼 文曲 天魁 天喜 天壽 天空 孤辰 劫煞
3～12 命宮 長生 己亥
坤造 丙 甲 癸 己（日空戌、亥）
戌 午 酉 未
1命宮 2兄弟 3夫妻 4子女 5財帛 6疾厄
7遷移 8交友 9官祿 10田宅 11福德 12父母
甲干 廉貞-太陽 乙干 天機-太陰 丙干 天同-廉貞 丁干 太陰-巨門
戊干 貪狼-天機 己干 武曲-文曲
庚干 太陽-天同 辛干 巨門-文昌 壬干 天梁-武曲 癸干 破軍-貪狼

巨門星，喜鑽研，博學而不精，推理和分析能力強，記憶力很強。

天機星表示智慧和才華。地劫星，敏捷、膽大、疏狂，重點表示破財，對思維來說只是疏忽多一點但是也很聰明的。天機同度地劫旬空星表示成績較好。

來看上面的盤：

求測者問孩子高考結果如何？

我們來分析：盤中命宮文曲天

魁天喜星，說明獲得通知書，能夠有個高興的結局。

再看子女宮天馬天哭星，照天同化祿天梁星，說明通過了，能知足，但是不是很出色的那種，前幾名不會，但是會通過考試。

再看子女宮的官祿宮在子位，巨門鳳閣星，說明進入高等學府。照天機地劫旬空星，說明分數一般，或者說中上的檔次。

後來回饋說：考上了，五百七十分的成績。

貪狼化忌左輔右弼，嘴巴很厲害筆桿很厲害

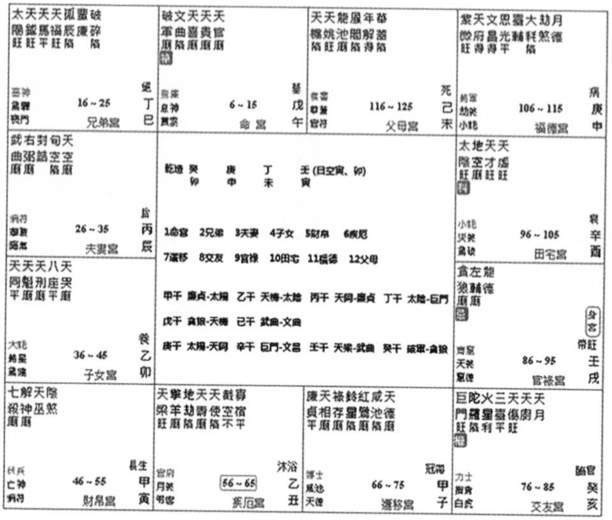

太天天天孤蜚破 陽鉞馬福辰廉碎 旺旺平旺陷 陷
16～25 兄弟宮 絕 丁 巳
破文天天天 軍曲喜貴官 廟陷廟廟廟
6～15 命宮 墓 戊 午
天天龍鳳年華 機姚池閣解蓋 陷旺廟陷得陷
116～125 父母宮 死 己 未
紫天文恩蜚大劫月 微府昌光輔耗煞德 旺得得平 陷
106～115 福德宮 病 庚 申
武右封旬天 曲弼誥空空 廟廟 陷廟
26～35 夫妻宮 胎 丙 辰
乾造 癸 庚 丁 壬(日空寅、卯)
卯 申 未 寅
1命宮 2兄弟 3夫妻 4子女 5財帛 6疾厄
7遷移 8交友 9官祿 10田宅 11福德 12父母
甲干 廉貞-太陽 乙干 天機-太陰 丙干 天同-廉貞 丁干 太陰-巨門
戊干 貪狼-天機 己干 武曲-文曲
庚干 太陽-天同 辛干 巨門-文昌 壬干 天梁-武曲 癸干 破軍-貪狼
太地天天 陰空才虛 旺廟旺旺
96～105 田宅宮 衰 辛 酉
天天天八天 同魁刑座哭 平廟廟平廟
36～45 子女宮 養 乙 卯
貪左龍 狼輔德 廟廟
身宮
86～95 官祿宮 帝旺 壬 戌
七解天陰 殺神巫煞 廟廟
46～55 財帛宮 長生 甲 寅
天擎地天天截寡 梁羊劫壽使空宿 旺廟陷廟陷不平
56～65 疾厄宮 沐浴 乙 丑
廉天祿鈴紅咸天 貞相存星鸞池德 平廟廟陷廟陷廟
66～75 遷移宮 冠帶 甲 子
巨陀火三天天天 門羅星臺傷廚月 旺陷利平旺
76～85 交友宮 臨官 癸 亥

貪狼星多才多藝、聰明、任性，貪杯好酒、能言善辯。貪狼化忌的時候若是貪狼本來就廟旺，同度其他吉凶者，仍然顯示正面資訊。

來看上面的命盤：

本命盤官祿宮貪狼化忌、左輔龍德星，照武曲天空右弼星，加會破軍星。破軍貪狼組合是敢闖敢幹、聰明的突破艱難。貪狼左輔右弼說明是一種受到民眾擁護的、茶餘飯後需要的，貪狼和左輔星都是藝術之星，多才多藝。再看福德宮紫微天府文昌星，說明思想傳統正派、有文采、著述等。

事實上：命主是一個報社記者。

天恩天 馬光貴 平平平 齊廉 皇輔　35~44 田宅宮 兔 辛巳	天火天三天天戟 機刑臺廚月空 廟廟平旺平 旺 小耗 災符　45~54 官祿宮 壬午	紫破鈴天蔭 微軍星傷蓋 廟旺利陷陷 將軍 息神　55~64 交友宮 癸未	天地紅八天天天孤劫 鉞劫鸞座福巫空辰然煞 廟廟廟 廟旺平 旺陷 身宮　生甲申 奏書 劫煞　65~74 遷移宮 甲申
太擎天解旬寡天 陽羊官神空宿德 旺廟旺旺廟陷廟 力士 指背 天德　25~34 福德宮 菱 庚辰	坤造　乙　戊　戊　辛 (日空寅,卯) 　　　未　子　申　酉 1命宮　2兄弟　3夫妻　4子女　5財帛　6疾厄 7遷移　8交友　9官祿　10田宅　11福德　12父母 甲干　廉貞-太陽　乙干　天機-太陰　丙干　天同-巨門　丁干　太陰-巨門 戊干　貪狼-天機　己干　武曲-文曲 庚干　太陽-天同　辛干　巨門-文昌　壬干　天梁-武曲　癸干　破軍-貪狼		天天天 府才使 旺旺平 喜神 天煞 晦氣　75~84 疾厄宮 沐浴 乙酉
武七祿扈天臺靈年 曲殺存閣貴輔 廚解 利旺廟旺廟旺 廟 博士 咸池 白虎　15~24 父母宮 死 己卯		太天 陰姚 旺廟	文鈴 奏神 月煞 喪門　85~94 財帛宮 冠帶 丙戌
天天陀地天天 同梁羅空喜德 利廟廟陷 官府 亡神 貫索　5~14 命宮 病 戊寅	天左右文文天破 相輔弼昌曲 碎 廟廟廟廟陷 陷 伏兵 月煞 官符　115~124 兄弟宮 衰 己丑	巨天咸大月 門魁池耗德 旺旺陷陷 大耗 咸池 小耗　105~114 夫妻宮 帝旺 戊子	廉貪龍封天 貞狼池詰哭 利陷旺 病符 指背 官府　95~104 子女宮 臨官 丁亥

天機巨門火星天刑星，一技度餘生

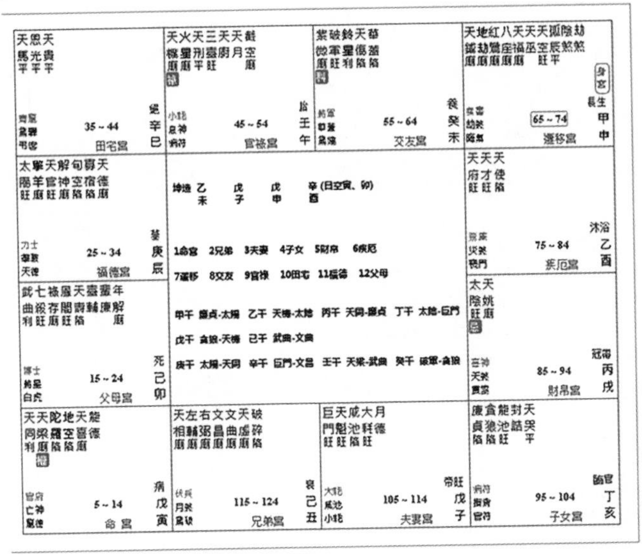

天機星，聰明、智慧，可能會動用設備和機械等。巨門星，善於梳理分析，有條不紊。巨門天機星組合一般會有專業技能，再同度火星天刑星，降低了天機巨門的檔次，僅僅是有一種專門技術的人。

來看上面的命盤：

本命盤官祿宮天機火星天刑三台天廚截空星，照巨門天魁星，天廚三台天機巨門星說明有專業的工作平臺，是服務性質、技術性質的工作，或者需要動用到機械或者刀具利器等。

事實上：命主是一個裁縫店老闆，靠為人做衣服為生。

官祿宮祿存三台天官星巨門化祿，食俸祿之人

祿存星在官祿宮，就是官府給工資的人。三台天官都是官貴之星。巨門化祿也是在衙門（機關）工作的符號。祿存巨門化祿，與金錢財務有關係的單位。

來看上面的命盤：

命主的官祿宮祿存天官三台星，說明是在單位上班的人，照巨門化祿龍池天機星，說明是機關單位、較大的單位、與財務有關係的單位等。再看財帛宮太陰星太陽化權，說明是管理錢的單位。

事實上：命主是在國稅系統上班的，目前有職務。

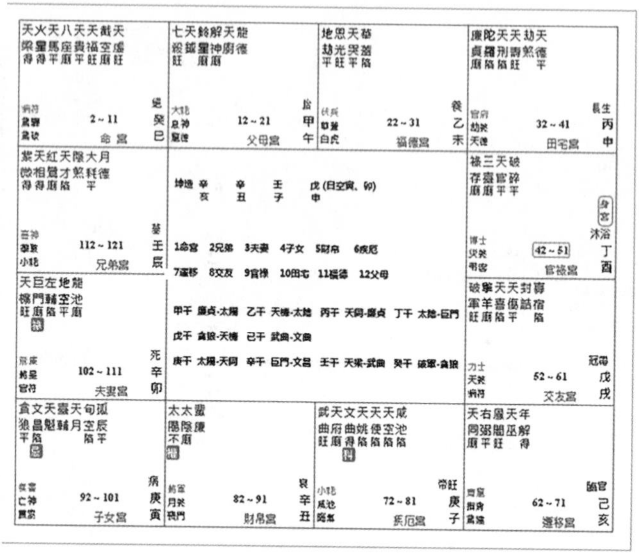

天火天八天天截天 梁星馬座貴福空虛 得得平廟平旺廟旺
2～11 命宮 癸巳
七天鈴解天龍 殺鉞星神廚德 旺 廟廟
12～21 父母宮 甲午
地恩天蓋 劫光哭蓋 平旺平陷
22～31 福德宮 乙未
廉陀天天劫天 貞羅刑壽煞德 廟陷陷旺 平
32～41 田宅宮 丙申
紫天紅天陰大月 微相鸞才煞耗德 得得廟陷 平
112～121 兄弟宮 壬辰
坤造 辛亥 辛丑 壬子 戊申 (日空寅、卯)
1命宮 2兄弟 3夫妻 4子女 5財帛 6疾厄
7遷移 8交友 9官祿 10田宅 11福德 12父母
祿三天破 存臺官碎 廟廟平平
身宮
42～51 官祿宮 丁酉
天巨左地龍 機門輔空池 旺廟陷平廟
甲干 廉貞-太陽 乙干 天機-太陰 丙干 天同-廉貞 丁干 太陰-巨門
戊干 貪狼-天機 己干 武曲-文曲
庚干 太陽-天同 辛干 巨門-文昌 壬干 天梁-武曲 癸干 破軍-貪狼
102～111 夫妻宮 辛卯
破擎天天封寡 軍羊喜傷誥宿 旺廟陷平 陷
52～61 交友宮 戊戌
貪文天天天旬孤 狼昌魁輔月空辰 平陷 陷平
92～101 子女宮 庚寅
太太蜚 陽陰廉 不廟
82～91 財帛宮 辛丑
武天文天天天咸 曲府曲姚使空池 旺廟得陷陷陷陷
72～81 疾厄宮 庚子
天右鳳天年 同弼閣巫解 廟平旺 得
62～71 遷移宮 己亥

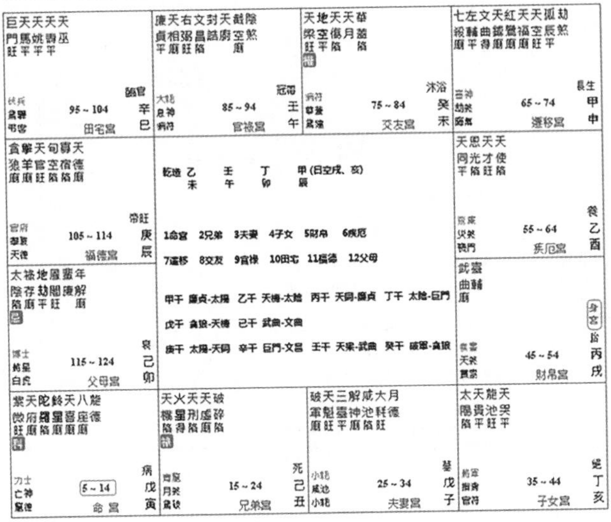
巨門 天馬 天姚 天壽 天巫
旺平平平
95～104 辛巳 田宅宮
廉貞 天相 右弼 文昌 封誥 天廚 截空 陰煞
平廟旺陷 廟
85～94 壬午 官祿宮
天梁 地空 天傷 天月 華蓋
旺平陷 陷
75～84 癸未 交友宮
七殺 左輔 文曲 天鉞 紅鸞 天福 天空 孤辰 劫煞
廟平得廟廟廟旺平
65～74 甲申 遷移宮
貪狼 擎羊 天官 旬空 寡宿 天德
廟廟旺陷陷廟
105～114 庚辰 福德宮
乾造 乙 壬 丁 甲 (日空戌、亥)
未 午 卯 辰
1命宮 2兄弟 3夫妻 4子女 5財帛 6疾厄
7遷移 8交友 9官祿 10田宅 11福德 12父母
甲干 廉貞-太陽 乙干 天機-太陰 丙干 天同-廉貞 丁干 太陰-巨門
戊干 貪狼-天機 己干 武曲-文曲
庚干 太陽-天同 辛干 巨門-文昌 壬干 天梁-武曲 癸干 破軍-貪狼
天同 恩光 天才 天使
平陷旺陷
55～64 乙酉 疾厄宮
太陰 祿存 地劫 鳳閣 蜚廉 年解
陷廟平旺 廟
115～124 己卯 父母宮
武曲 天鉞
廟
身宮
45～54 丙戌 財帛宮
紫微 天府 陀羅 鈴星 天喜 八座 龍德
旺廟陷廟廟廟
5～14 戊寅 命宮
天機 火星 天刑 天虛 破碎
陷得陷廟陷
15～24 己丑 兄弟宮
破軍 天魁 三台 解神 咸池 大耗 月德
廟旺平廟陷旺
25～34 戊子 夫妻宮
太陽 天貴 龍池 天哭
陷平旺平
35～44 丁亥 子女宮

火星天梁化權為軍人

天梁星是一顆很熱衷於公益的星，可以說是一顆奉獻之星，也是一顆紀律法紀之星。而火星表示糾紛戰火等，當兩顆星曜組合以後就出現一個新的含意，比如軍人，因為軍人是在戰火的時候奉獻生命的人。

來看上面的命盤：

命主的父母宮在卯位，父母宮的官祿宮在未位，坐落了天梁星化權照火星。天梁星化權表示有權力或者有大單位、大的組織結構等，火星表示糾紛、矛盾、戰火等，兩顆星曜組合成「在有糾紛和戰火的時候負保障和安全的一種人」，也就是軍隊和軍人之象。

事實上：命主的父親是軍人，軍銜中校。

天祿紅大龍 梁存鸞科德 尋廟廟旺陷 博士 32~41 亡神 貫德　田宅宮　丁巳	七擎天恩天天天天 殺羊刑光貴廚月 旺陷平廟旺廟平 力士 42~51 將星 白虎　官祿宮　戊午	天三八天寡天 鉞座傷宿德 廟平旺平陷不廟 青龍 52~61 攀鞍 天德　交友宮　己未	廉地天天天陰 貞劫馬巫煞 廟廟旺　廟 小耗 62~71 歲驛 弔客　遷移宮　庚申　身宮 長生
紫天陀解旬天 微相羅神空慰 尋尋廟廟陷陷 官符 22~31 月煞 喪門　福德宮　丙辰	起運 戊戌 癸亥 庚戌 乙(日空寅,卯)酉 1命宮　2兄弟　3夫妻　4子女　5財帛　6疾厄 7遷移　8交友　9官祿　10田宅　11福德　12父母		天 使 陷 將軍 72~81 息神 病符　疾厄宮　辛酉　沐浴
天巨天天龍成月 機門官福池德 旺廟廟旺平平旺 伏兵 12~21 咸池 小耗　父母宮　乙卯	甲干 廉貞-太陽　乙干 天機-太陰　丙干 天同-廉貞　丁干 太陰-巨門 戊干 貪狼-天機　己干 武曲-文曲 庚干 太陽-天同　辛干 巨門-文昌　壬干 天梁-武曲　癸干 破軍-貪狼		破火天華 軍星姚蓋 旺廟廟陷 奏書 82~91 華蓋 貫索　財帛宮　壬戌　冠帶
貪地龍 狼空池 平陷平 大耗 2~11 指背 官符　命宮　甲寅	太太左右文文天破 陽陰輔弼昌曲鉞碎 不廟廟廟旺廟旺 病符 112~121 天煞 貫索　兄弟宮　乙丑	武天鈴恩截蜚年 曲府星光空廉解 旺廟陷廟陷　廟 喜神 102~111 災煞 喪門　夫妻宮　甲子	天天對天孤劫 同喜貴空辰煞 廟旺　平平 飛廉 92~101 劫煞 晦氣　子女宮　癸亥　臨官

巨門爆旺難過線，天機廟勢化忌分數不低

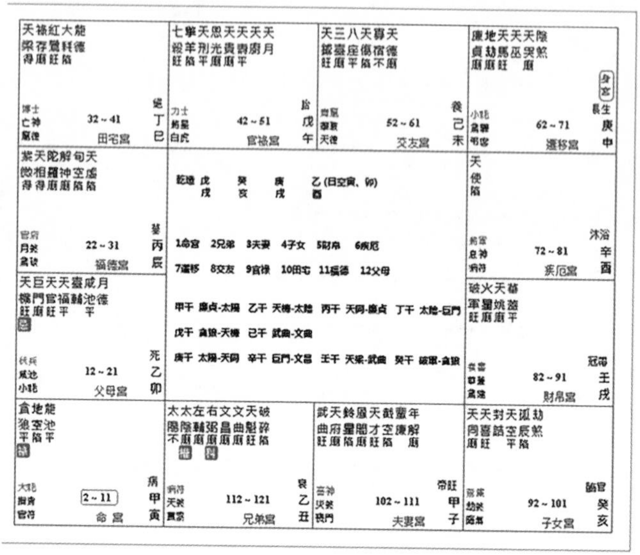

巨門星本來是一顆出行、過去、上線等含意的星曜，但是，一旦爆旺或者過於弱了，那就不是好的意義反而是壞的結果了。天機星化忌，一般是降低這顆星的力量，讓天機的含意往壞的方向走，但是天機廟勢化忌卻表示分數或者指數不低。

來看上面的盤：

266

求測者說：女兒上學一直讓我很省心，但是去年高考沒到一本線，然後復讀，今年六月馬上又要考了，是否能過一本線，複習一年了難道沒有進步？

我們來看子女宮天同天喜封誥劫煞，說明孩子考試結果一般，但是知足常樂，劫煞說明競爭力很大。

再看子女宮的官祿宮在卯位，天機化忌巨門天官台輔星，巨門化忌說明分數不高，但是天機在乙卯為廟，所以分數不低。而巨門在乙卯卻是爆旺的，說明沒有過門檻，沒有達到預期的一本線。

事後孩子母親說；和去年一樣還是二本，沒考上一本。人掙不過命。

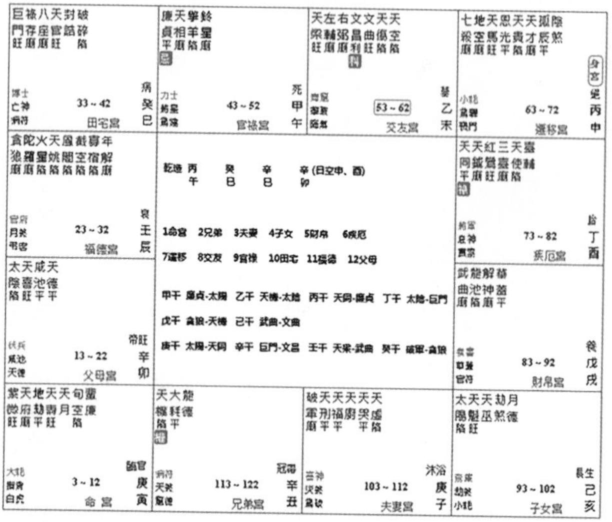
巨祿八天封破
門存座官誥碎
旺廟廟旺 陷
33～42
病 癸 巳
田宅宮
廉天擎鈴
貞相羊星
平廟陷廟
43～52
死 甲 午
官祿宮
天左右文文天天
梁輔弼昌曲傷空
旺廟廟利旺陷陷
53～62
墓 乙 未
交友宮
七地天恩天天孤陰
殺空馬光貴才辰煞
廟廟旺平陷廟平
身宮
63～72
絕 丙 申
遷移宮
貪陀火天鳳截寡年
狼羅星姚閣空宿解
廟廟陷陷陷陷陷廟
23～32
衰 壬 辰
福德宮
乾造 丙 癸 辛 辛 (日空申、酉)
午 巳 巳 卯
1命宮 2兄弟 3夫妻 4子女 5財帛 6疾厄
7遷移 8交友 9官祿 10田宅 11福德 12父母
甲干 廉貞-太陽 乙干 天機-太陰 丙干 天同-廉貞 丁干 太陰-巨門
戊干 貪狼-天機 己干 武曲-文曲
庚干 太陽-天同 辛干 巨門-文昌 壬干 天梁-武曲 癸干 破軍-貪狼
天天紅三天臺
同鉞鸞臺使輔
平廟旺廟陷
73～82
胎 丁 酉
疾厄宮
太天咸天
陰壽池德
陷旺平平
13～22
帝旺 辛 卯
父母宮
武龍解華
曲池神蓋
廟陷廟平
83～92
養 戊 戌
財帛宮
紫天地天天旬蜚
微府劫壽月空廉
旺廟平旺 陷
3～12
臨官 庚 寅
命宮
天大龍
機耗德
陷平
113～122
冠帶 辛 丑
兄弟宮
破天天天天天
軍刑福廚哭虛
廟平平 平陷
103～112
沐浴 庚 子
夫妻宮
太天天劫月
陽魁巫煞德
陷旺
93～102
長生 己 亥
子女宮

貪狼陀羅天姚星好逸惡勞，天相鈴星照破軍不務正業

貪狼廟旺本來是聰明好學的，但是同度陀羅星以後，把他的聰明引向了壞的方向上，所以就突出了懶惰、享受、酒色等。天相本來是體面的、好面子的，但是同度了鈴星，就變成了不顧及顏面、和影響等。再次照破軍就更加嚴重的不學好、不務正業了。

來看上面的命盤：

命主福德宮貪狼陀羅天姚鳳閣星，天姚鳳閣星表示戀愛；陀羅天姚星表示醉心於肉慾享受；貪狼陀羅天姚星表示好色風流、貪圖享受，不學無術等。福德宮主要表示一個人的品性和內在性格。

再看官祿宮天相廉貞化忌鈴星，照破軍星，廉貞化忌天相表示沒有體面的工作、沒有責任心等。破軍照天相表示不顧及面子和影響。鈴星天相破軍表示不務正業、做一些違法的事情等。

事實上：命主從小不學好，早戀、沉迷色情，成年後也不務正業，啃老，年齡老大不小了還伸手向父母要錢花。父母也很無奈。

地空劫煞太陰化科，被架空的機遇

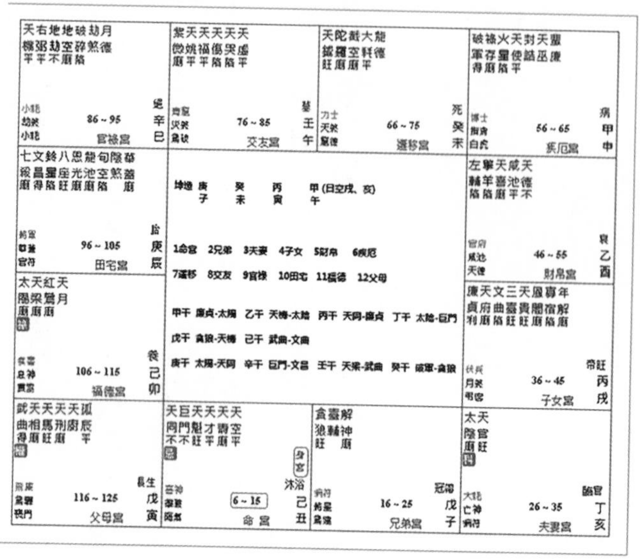

天右地地破劫月
機弼劫空碎煞德
平平不廟陷
86 ~ 95
絕 辛 巳
官祿宮
紫天天天天天
微姚福傷哭虛
廟平平陷陷平
76 ~ 85
墓 壬 午
交友宮
天陀截大龍
鉞羅空耗德
旺廟廟平
66 ~ 75
死 癸 未
遷移宮
破祿火天封天蜚
軍存星使誥巫廉
得廟陷平
56 ~ 65
病 甲 申
疾厄宮
七文鈴八恩龍旬陰華
殺昌星座光池空煞蓋
廟得陷旺廟廟陷 廟
96 ~ 105
胎 庚 辰
田宅宮
坤造 庚 癸 丙 甲 (日空戌、亥)
子 未 寅 午
1命宮 2兄弟 3夫妻 4子女 5財帛 6疾厄
7遷移 8交友 9官祿 10田宅 11福德 12父母
甲干 廉貞-太陽 乙干 天機-太陰 丙干 天同-廉貞 丁干 太陰-巨門
戊干 貪狼-天機 己干 武曲-文曲
庚干 太陽-天同 辛干 巨門-文昌 壬干 天梁-武曲 癸干 破軍-貪狼
左擎天咸天
輔羊喜池德
陷陷廟平不
46 ~ 55
衰 乙 酉
財帛宮
太天紅天
陽梁鸞月
廟廟廟
106 ~ 115
養 己 卯
福德宮
廉天文三天恩寡年
貞府曲臺貴閣宿解
利廟陷旺旺廟陷廟
36 ~ 45
帝旺 丙 戌
子女宮
武天天天天孤
曲相馬刑廚辰
得廟旺廟 平
116 ~ 125
長生 戊 寅
父母宮
天巨天天天天
同門魁才壽空
不不旺平廟平
身宮
6 ~ 15
沐浴 己 丑
命宮
貪臺解
狼輔神
旺 廟
16 ~ 25
冠帶 戊 子
兄弟宮
太天
陰官
廟旺
26 ~ 35
臨官 丁 亥
夫妻宮

求測者問：上級單位招考，報名剛啟動，陸續舉辦筆試面試，我能入職那個崗位嗎？

來看上面的盤：

命宮天同化忌巨門天魁，照陀羅截空星，說明不同意或者耽誤等。

再看官祿宮地空劫煞星，照太陰化科天官，太陰化科表示通知單；劫煞地空表示被奪走、競爭力大、落空等。

事後求測者回饋：單位不同意我參加考試。

等待檔或者文書，主要看父母宮和官祿宮

太乙 天破 劫月 陰昌 羽辛煞德 旺廟 平陷 大耗 劫煞 103~112 小耗 伏兵 災煞 夫妻宮 廣辛巳（身宮）	破地 天解 天天陷 軍空 福神 哭煞 廟陷 平廟 陷平 113~122 兄弟宮	天天 陀火 天天封截 大耗 機鉞 羅星 才誥空科德 陷旺 廟利 陷平 廟平 官府 天煞 3~12 命宮	紫祿天鸞 微府荐貴康 旺廟廟 博士 白虎 13~22 父母宮 延甲申
武地恩龍旬華 曲劫光池蓋 廟廟廟陷陷 病符 華蓋 93~102 子女宮 衰庚辰	乾造 庚 戊 甲 己（日空寅、卯） 　　 子 子 辰 巳 1命宮 2兄弟 3夫妻 4子女 5財帛 6疾厄 7遷移 8交友 9官祿 10田宅 11福德 12父母		力士 威池 天德 23~32 福德宮 乙酉
天鈴紅 同星鸞 平廟廟 喜神 息神 貫索 83~92 財帛宮 帝旺己卯	甲干 廉貞-太陽 乙干 天機-太陰 丙干 天同-天機 丁干 太陰-巨門 戊干 貪狼-天機 己干 武曲-文曲 庚干 太陽-天同 辛干 巨門-文昌 壬干 天梁-武曲 癸干 破軍-貪狼		貪鳳天寡年 狼閣月宿解 廟廟 陷廟 喜神 月煞 弔客 33~42 田宅宮 養丙戌
七左天三天天孤 殺輔馬喜使巫辰 廟廟廟廟平 飛廉 歲驛 官符 73~82 疾厄宮 戊寅	天天天 梁魁空 旺旺 奏書 攀鞍 小耗 63~72 遷移宮 己丑	廉天右八天 貞相弼座傷 平廟廟陷陷 將軍 將星 53~62 交友宮 戊子	巨天天天 門鉞官輔 旺旺旺 小耗 亡神 病符 43~52 官祿宮 長生丁亥

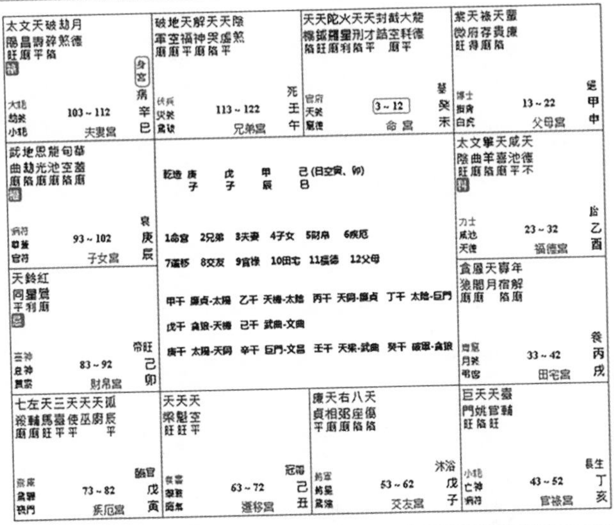

求測者說：在等待一份文件，遲遲不到，能否等來呢？

來看上面的盤：

命宮天機陷落天鉞陀羅火星封誥截空星，照天梁星天魁星，天機陷落說明時機不到、需要等待。陀羅封誥截空說明擱置、暫停等狀態。天梁星天魁星說明能審批通過。

再看官祿宮巨門天官星，照太陽化祿文昌星，說明會通過、能等到文件。再看父母宮天府祿存紫微星，照七殺左輔天馬星，說明審批機關會盡快答覆。

事後求測者說：十天後終於收到了這份文件。

官祿宮天梁星三台八座，考神眷顧但是工作不穩定

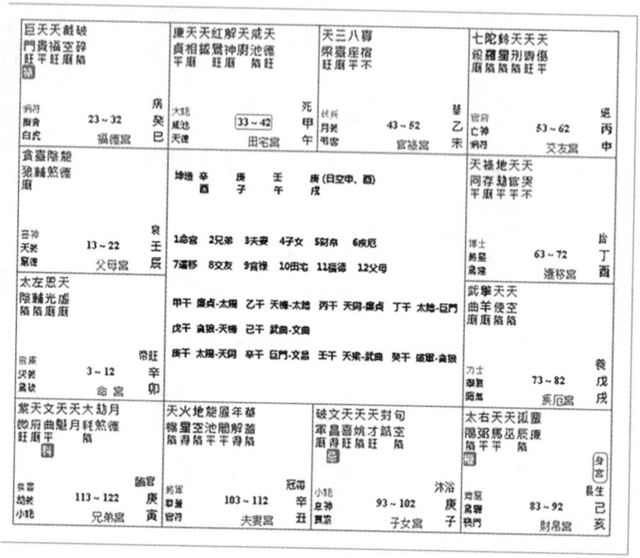
巨門 天貴 天福 截空 破碎
23 ~ 32 福德宮 病 癸巳
廉貞 天相 天鉞 紅鸞 解神 天廚 咸池 天德
33 ~ 42 田宅宮 死 甲午
天梁 三台 八座 寡宿
43 ~ 52 官祿宮 墓 乙未
七殺 陀羅 鈴星 天刑 天壽 天傷
53 ~ 62 交友宮 絕 丙申
貪狼 台輔 陰煞 龍德
13 ~ 22 父母宮 衰 壬辰
天同 祿存 地劫 天官 天哭
63 ~ 72 遷移宮 胎 丁酉
太陰 左輔 恩光 天虛
3 ~ 12 命宮 帝旺 辛卯
武曲 擎羊 天使 天空
73 ~ 82 疾厄宮 養 戊戌
紫微 天府 文曲 天魁 天月 大耗 劫煞 月德
113 ~ 122 兄弟宮 臨官 庚寅
天機 火星 地空 龍池 鳳閣 年解 華蓋
103 ~ 112 夫妻宮 冠帶 辛丑
破軍 文昌 天喜 天姚 天才 封誥 旬空
93 ~ 102 子女宮 沐浴 庚子
太陽 右弼 天馬 天巫 孤辰 天廚
83 ~ 92 財帛宮 身宮 長生 己亥
坤造 辛酉 庚子 壬午 庚戌 (日空申、酉)
1命宮 2兄弟 3夫妻 4子女 5財帛 6疾厄
7遷移 8交友 9官祿 10田宅 11福德 12父母
甲干 廉貞-太陽 乙干 天機-太陰 丙干 天同-廉貞 丁干 太陰-巨門
戊干 貪狼-天機 己干 武曲-文曲
庚干 太陽-天同 辛干 巨門-文昌 壬干 天梁-武曲 癸干 破軍-貪狼

天梁星有管理才幹，也表示同行、通暢、通過等，所以對於考試和審查類型的事情是很有利的，處於官祿宮那就更容易被官方認可。同度三台八座，說明受到提拔、接見，容易變動工作、出行在外、有私家車等等。

來看上面的命盤：

命主的福德宮巨門化祿，說明善於和喜歡研究和推理，能獲得成就、學歷和學位等。

再看官祿宮天梁星三台八座，說明遇到政府或者官方認證的時候容易通過，比如考試找工作等。

同時，官祿宮的天梁星和三台八座也表示難以穩定，容易變動或者會出門在外地工作等。天梁星責任心強、善於管理、有統御能力，所以適合做管理類事務。

命主說：擁有生物學和工商管理學雙碩士。找工作不困難，只是因為各種原因難以穩定，2014年換了2次工作。2015年又換了2次工作。2016年換1次工作。2017年又換了工作。2018年換了2次工作。我也很想穩定。

天梁星文曲天魁星，多才多藝、文藝、藝術

武破龍天天 曲軍池巫哭 平平陷　不 長生 指背 官符　113~122 兄弟宮　辛巳	太鈴天截成大月 陽星廚空池耗德 旺　廟　廟旺 沐浴 咸池 小耗　3~12 命宮　壬午	天地三八天天 府劫臺座才德 廟平　旺　平陷 冠帶 月煞 歲建　13~22 父母宮　癸未	天太天天天解龍 梁陰撻喜福神德 旺利廟旺廟　不 臨官 亡神 晦氣　23~32 福德宮　甲申
天左擎恩天天 同輔羊光官 平　廟廟廟旺 力士 天煞 貫索　103~112 夫妻宮　庚辰	坤造　乙　己　乙　甲（日空寅,卯） 　　　丑　卯　巳　申		紫貪天月年 微狼刑閣解 旺利廟　廟　化權 帝旺 將星 白虎　33~42 田宅宮　乙酉
祿地 存劫 廟平 博士 災煞 喪門　93~102 子女宮　己卯	1命造　2兄弟　3夫妻　4子女　5財帛　6疾厄 7遷移　8交友　9官祿　10田宅　11福德　12父母		巨右封天旬喜天 門弼誥詰空宿廚 旺廟　陷陷廟 衰　　　　身宮 攀鞍 龍德　43~52 官祿宮　丙戌
文陀紅天蜚天孤劫 昌羅鸞貴廉空辰煞 陷廟旺旺　平　陷平 官府 劫煞 太歲　83~92 財帛宮　戊寅	廉七天天破華 貞殺姚使碎蓋 利廟平陷陷平 伏兵 華蓋 病符　73~82 疾厄宮　己丑	天天天 梁曲魁 廟旺旺 大耗 息神 弔客　63~72 遷移宮　戊子	天火天天天 相星馬壽官 得利平旺旺 長生 歲驛 　　53~62 交友宮　丁亥

甲干　廉貞-太陽　乙干　天機-太陰　丙干　天同-廉貞　丁干　天地-巨門
戊干　貪狼-天機　己干　武曲-文曲　庚干　太陽-天同　辛干　巨門-文昌　壬干　天梁-武曲　癸干　破軍-貪狼

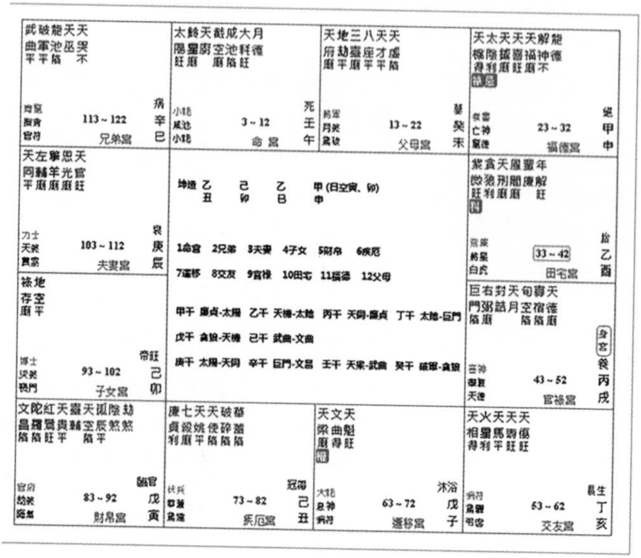

命主說：我是畫漫畫的，捨不得放棄這份工作，但是手每天很痛，畫畫一坐就是十幾個小時，腰椎和頸椎不舒服，手臂勞損，每天趕稿只睡三、四個小時是常態，而且飲食很難規律，不知道能不能畫到四、五十歲，其實很迷茫。

來看上面的命盤：

天魁星：
命宮太陽鈴星，照天梁化權文曲

天梁星化權太陽星，表示公

274

眾、傳媒、機關等，同度鈴星說明不是機關，是一般的傳媒文藝。天梁星為「文星」；文曲星是藝術之星；天魁星也是一顆多才多藝、文雅、多靈感的星曜。

再看官祿宮巨門星陷落右弼天月星，照擎羊左輔，加會太陽鈴星，說明做的不是機關單位工作，而且一生的事業局面一般，左輔右弼是輔助性質工作，太陽星表示傳媒性質工作。也常有職業病。

再看財帛宮，文昌紅鸞星，照天機星，說明是文化性質的、依賴於電腦或者其他設備的一種求財方式。

由此可見，人的特長就是你的立身之本，打算跳出這個行業還真不是一件容易的事情。只能多保養身體，並把自己特長的事情進行到底。

太陽陷落巨門火星難以升遷

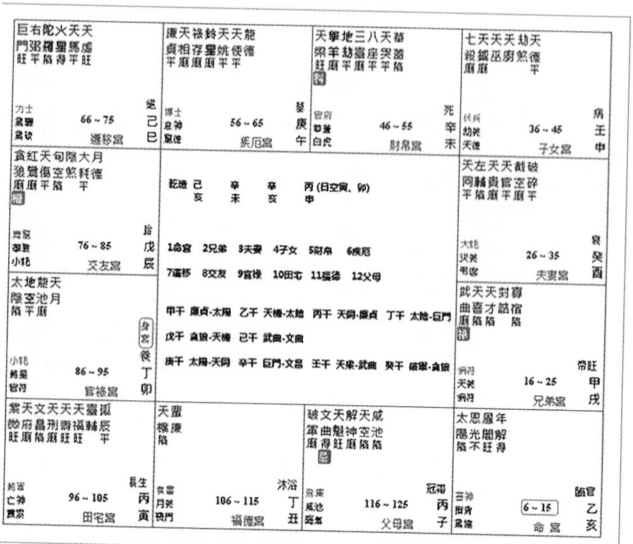

巨門 右弼 陀羅 火星 天馬 天虛
66 ~ 75 己巳 遷移宮
廉貞 天相 祿存 鈴星 天姚 天使
56 ~ 65 庚午 疾厄宮
天梁 擎羊 地劫 三台 八座 天哭
46 ~ 55 辛未 財帛宮
七殺 天鉞 天巫 天廚 劫煞 天德
36 ~ 45 壬申 子女宮
貪狼 紅鸞 天傷 旬空 大耗 月德
76 ~ 85 戊辰 交友宮
天同 左輔 天貴 天官 截空 破碎
26 ~ 35 癸酉 夫妻宮
太陰 地空 天池 天月
身宮
86 ~ 95 丁卯 官祿宮
武曲 天喜 天才 封誥 寡宿
16 ~ 25 甲戌 兄弟宮
紫微 天府 文昌 天刑 天壽 天福 台輔 孤辰
96 ~ 105 丙寅 田宅宮
天機 天廚
106 ~ 115 丁丑 福德宮
破軍 文曲 天魁 解神 天空 咸池
116 ~ 125 丙子 父母宮
太陽 恩光 鳳閣 年解
6 ~ 15 乙亥 命宮
乾造 己亥 辛未 辛亥 丙申 (日空寅、卯)
1命宮 2兄弟 3夫妻 4子女 5財帛 6疾厄
7遷移 8交友 9官祿 10田宅 11福德 12父母
甲干 廉貞-太陽 乙干 天機-太陰 丙干 天同-廉貞 丁干 太陰-巨門
戊干 貪狼-天機 己干 武曲-文曲
庚干 太陽-天同 辛干 巨門-文昌 壬干 天梁-武曲 癸干 破軍-貪狼

太陽星在問官祿的時候表示官運和地位，陷落則表示無法升遷。巨門星在詢問官運的時候一般表示能過關但是陷落或者同度四煞星就難以升遷。

來看上面的盤：

求測者問這次能否升遷。

命宮鳳閣太陽陷落，表示地位訴求沒有實現，照巨門火星，而這裡的火星廟旺，表示難以通過審查等。

再看官祿宮太陰龍池地空天月星，龍池星有紫微之象也可以表示地位，因為同度地空天月表示有漏洞有難度，升遷難以成功。

後來求測者回饋說：董事長人選已公佈，但是本人落選了。

擎羊天梁星考試不盡人意

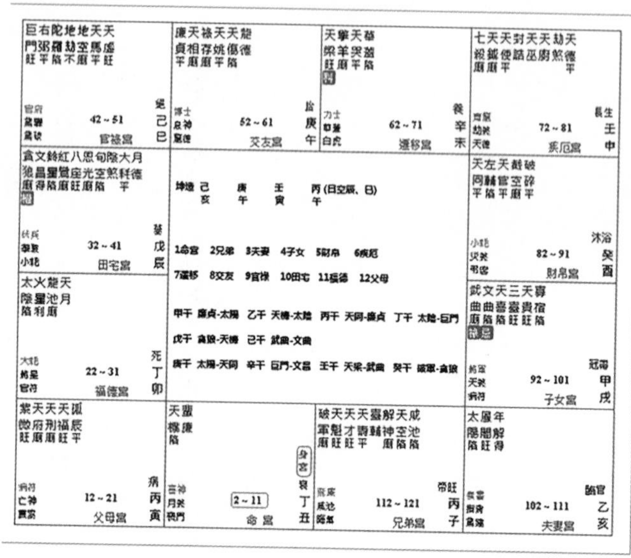

巨右陀地地天天
門弼羅劫空馬虛
旺平陷不廟平旺
官府
42～51
絕
己
巳
官祿宮
廉天祿天天龍
貞相存姚傷德
平廟廟平陷
博士
52～61
胎
庚
午
交友宮
天擎天蜚
梁羊哭蠢
旺廟平陷
力士
62～71
養
辛
未
遷移宮
白虎
七天天封天天劫天
殺鉞使誥巫廚煞德
廟廟平 平
72～81
長生
壬
申
疾厄宮
天德
貪文鈴紅八恩旬陰大月
狼昌星鸞座光空煞耗德
廟得陷廟旺廟陷 平
伏兵
32～41
墓
戊
辰
田宅宮
小耗
坤造 己 庚 壬 丙(日空辰、巳)
亥 午 寅 午
1命宮 2兄弟 3夫妻 4子女 5財帛 6疾厄
7遷移 8交友 9官祿 10田宅 11福德 12父母
甲干 廉貞-太陽 乙干 天機-太陰 丙干 天同-廉貞 丁干 太陰-巨門
戊干 貪狼-天機 己干 武曲-文曲
庚干 太陽-天同 辛干 巨門-文昌 壬干 天梁-武曲 癸干 破軍-貪狼
天左天截破
同輔官空碎
平陷平廟平
小耗
82～91
沐浴
癸
酉
財帛宮
太火龍天
陰星池月
陷利廟
大耗
22～31
死
丁
卯
福德宮
武文天三天寡
曲曲壽臺貴宿
廟陷陷旺旺陷
92～101
冠帶
甲
戌
子女宮
紫天天天孤
微府刑福辰
旺廟廟旺平
病符
亡神
12～21
病
丙
寅
父母宮
天祿
機康
陷
身宮
喜神
2～11
衰
丁
丑
命宮
破天天天蠶解天咸
軍魁才壽輔神空池
廟旺旺平 廟陷陷
112～121
帝旺
丙
子
兄弟宮
太屠年
陽閣解
陷旺得
102～111
臨官
乙
亥
夫妻宮

天梁星是一顆福蔭星，逢凶化吉星，天梁化科利於文途、考試等。但是同度擎羊星卻不是一件好事，擎羊星是一顆對抗星、暴力星，同度天梁星表示對抗通過考試的那種狀態。一般來說是考試不過關或者僥倖過關而不太滿意，具體看天梁星的廟旺利陷情況。

來看上面的盤：

求測者問去德國讀金融研究生是否成功。

先看命宮天機陷落表示成績不高，照擎羊星天梁星化科，這裡的天梁星廟勢，對於擎羊有抵抗能力，表示僥倖過關但是不盡人意。

再看官祿宮巨門地空天馬星，說明能夠成行，或者能過關，也就是說會成功。

後來求測者確實收到了錄取通知書，但是那所學校口碑不太好，對於以後就業不太好。求測說打算以後再轉學。

第三章 從宮位入手，選擇宮位提取靜態資訊

第三章 從宮位入手，選擇宮位提取靜態資訊

紫微斗數命盤的十二個宮，已經擺在我們面前，是從命宮開始，兄弟宮、夫妻宮、子女宮……這樣逐一分析下去嗎？這樣分析效果並不好，因為很難戳到求測者的預測訴求。我們需要總覽全盤，看看哪些宮是強旺的、哪些宮是薄弱的，哪些宮坐落了強旺的六煞星、哪些宮坐落了強旺的吉星等，然後，我們抓住這幾個宮位，從這裡開始分析，並且在大運和流年中提取現階段的內容。

例題1

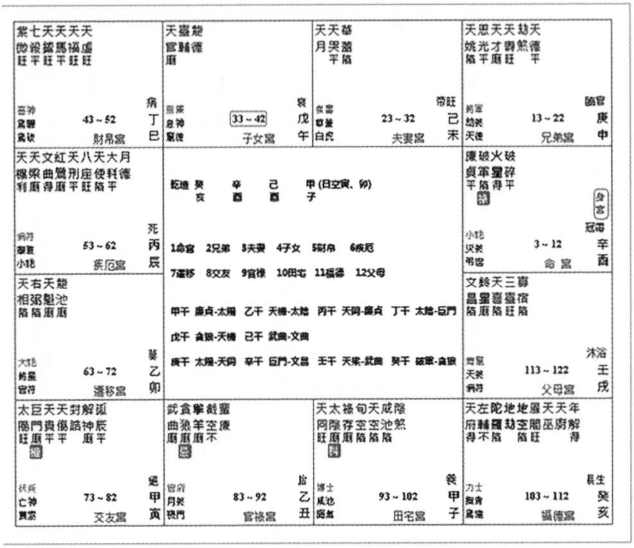
43～52 財帛宮 丁巳
33～42 子女宮 戊午
23～32 夫妻宮 己未
13～22 兄弟宮 庚申
53～62 疾厄宮 丙辰
3～12 命宮 辛酉
63～72 遷移宮 乙卯
113～122 父母宮 壬戌
73～82 交友宮 甲寅
83～92 官祿宮 乙丑
93～102 田宅宮 甲子
103～112 福德宮 癸亥
乾造 癸 辛 己 甲 (日空寅、卯)
亥 酉 酉 子
1命宮 2兄弟 3夫妻 4子女 5財帛 6疾厄
7遷移 8交友 9官祿 10田宅 11福德 12父母

分析判斷：

夫妻宮：天月、天哭星，照武曲、貪狼化忌、擎羊，說明感情不順利，會結婚遲。

財帛宮：紫微、天馬、天虛星，說明你是上班族。

疾厄宮：天機、天梁、文曲、天刑，說明腸胃不好。

交友宮：太陽、巨門、天貴星，說明在朋友中有不少比較有出息的人。

官祿宮：武曲、貪狼化忌、擎羊，說明你的事業不穩定，暫時難以有滿意的工作。

田宅宮：太陰化科、天同星，說明已經買房、名下有房產。

父母宮：文昌陷落、鈴星，照天梁星，說明你學歷為專科。

命主回饋：

上過幾年班，婚後全職主婦，其他的都準確。謝謝。

解析：

夫妻宮：天月星說明夫妻感情存在問題。天哭星說明夫妻感情的事情很苦惱。武曲貪狼化忌擎羊說明夫妻之間劍拔弩張、吵架多。

財帛宮：紫微天馬星說明是被管理的人，也就是上班族。

疾厄宮：天機天梁文曲星說明是腸胃有問題。天刑星說明是間歇性疼痛、時好時壞。

交友宮：太陽巨門天貴星說明朋友交往密切，同時對方有身分或者是公務員。

官祿宮：武曲貪狼化忌擎羊星，說明事業不穩定、狀態差、難持久等情形。

田宅宮：太陰化科說明已有房產證，也就是已經買房。天同星說明不止一套。

父母宮：文昌陷落鈴星天梁星說明名譽和學歷上會遇到阻力，也就是學歷不高。

例題 2

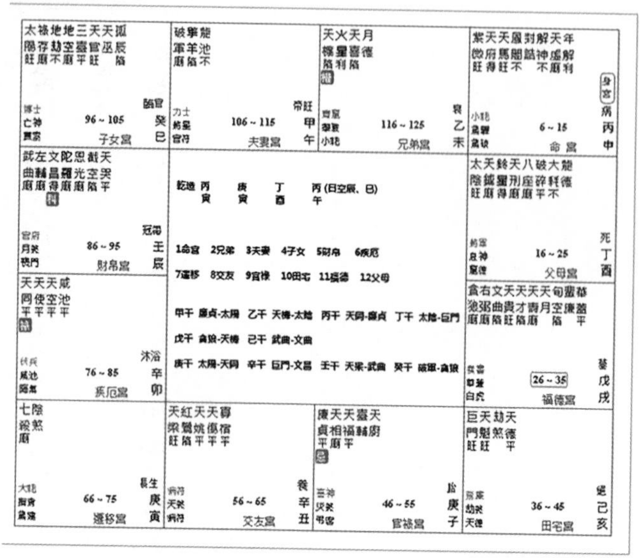

太祿地地三天天孤
陽存劫空臺官巫辰
旺廟不廟平旺　陷
博士 亡神 貫索 96～105 臨官 癸 巳 子女宮
破擎龍
軍羊池
廟陷不
力士 將星 官符 106～115 帝旺 甲 午 夫妻宮
天火天月
機星喜德
陷利陷
小耗 116～125 衰 乙 未 兄弟宮
紫天天鳳封解天年
微府馬閣誥神虛解
旺得旺不　不廟利
身宮 小耗 6～15 病 丙 申 命宮
武左文陀恩截天
曲輔昌羅光空哭
廟廟得廟廟陷平
官府 月煞 喪門 86～95 冠帶 壬 辰 財帛宮
乾造 丙 庚 丁 丙(日空辰、巳)
寅 寅 酉 午
1命宮 2兄弟 3夫妻 4子女 5財帛 6疾厄
7遷移 8交友 9官祿 10田宅 11福德 12父母
甲干 廉貞-太陽 乙干 天機-太陰 丙干 天同-廉貞 丁干 太陰-巨門
戊干 貪狼-天機 己干 武曲-文曲
庚干 太陽-天同 辛干 巨門-文昌 壬干 天梁-武曲 癸干 破軍-貪狼
太天鈴天八破大龍
陰鉞星刑座碎耗德
旺廟得廟廟平不
將軍 息神 16～25 死 丁 酉 父母宮
天天天咸
同使空池
平平平平
伏兵 咸池 76～85 沐浴 辛 卯 疾厄宮
貪右文天天天天旬蜚華
狼弼曲貴才壽月空廉蓋
廟廟陷旺陷廟　陷　平
白虎 26～35 墓 戊 戌 福德宮
七陰
殺煞
廟
大耗 66～75 長生 庚 寅 遷移宮
天紅天天寡
梁鸞姚傷宿
旺陷平平平
病符 天煞 病符 56～65 養 辛 丑 交友宮
廉天天臺天
貞相福輔廚
平廟平
喜神 災煞 弔客 46～55 胎 庚 子 官祿宮
巨天劫天
門魁煞德
旺旺　平
劫煞 天德 36～45 絕 己 亥 田宅宮

分析判斷：

父母宮：太陰、鈴星、天鉞、天刑，加會太陽、祿存、地空、天梁星，說明父母已離開祖籍或者愛旅遊。

命　宮：紫微、天府、天馬、封誥星，照七殺，說明你性格傳統，不會哄女人，但是愛家敬業。

兄弟宮：天機、火星、天喜星、照天梁星，說明你是家裡的獨生子。

夫妻宮：破軍星，加會七殺貪狼星，說明老婆年齡小、愛運動、思想活躍，先同居後結婚的。

財帛宮：武曲、左輔、文昌化科、陀羅星，照貪狼、右弼星，說明收入不少只是消費較大。

官祿宮：天相、廉貞化忌，照破軍星，說明你在企業或者在單位做技術，但不在體制內。

田宅宮巨：巨門、天魁星，照太陽、祿存、地空星，說明你們已有住房，是高層或者多層住宅。

命主回饋：

單位技術崗位，住房是多層，其他都對。

解析：

父母宮：太陰太陽天梁天鉞說明父母已經離開祖籍謀生。太陽鈴星天刑祿存地空星說明父母是普通人。

命　宮：紫微天府七殺星說明兩個人都比較有能力但是都爭奪管理權。封誥七殺星說明夫妻溝通不暢、不會哄女人。天馬七殺說明常出門。紫微天府星說明性格傳統，愛家敬業。

兄弟宮：天機火星天喜星說明其他兄弟姊妹被流產。天梁星刑剋六親說明兄弟姊妹少或者獨生。

夫妻宮：破軍七殺貪狼星說明夫妻年齡差距較大，對方好動多變，先上車後補票。

財帛宮：武曲貪狼左輔右弼星說明收入較多。左輔右弼文昌化科陀羅星說明為追求生活品質而消費較大。

官祿宮：天相破軍廉貞化忌說明不在機關而在企業，天相廉貞化忌說明不在編制內。

田宅宮巨：巨門太陽天魁星說明是高層或者多層住宅、而非平房，太陽祿存地空星說明已經為房子花錢了，也就是已經買房了。

例題 3

天陀天鳳天年 哭羅姚閣巫解 旺平平廟旺 力士 指背 歲驛　44～53　長生 己巳 財帛宮	七右祿天咸陰 殺弼存空池煞 旺廟廟旺陷 博士 咸池 息神　34～43　養 庚午 子女宮	擎鈴三八天蜚 羊星臺座月廉 廟利廟廟平 官府 月煞 攀鞍　24～33　胎 辛未 夫妻宮	廉左天地天天詞 貞輔鉞劫壽廚辰 廟平廟廟旺平 伏兵 亡神 將星　14～23　絕 壬申 兄弟宮
紫天天天寡 微相喜壽宿 旺得陷陷平 青龍 華蓋 54～63　沐浴 戊辰 疾厄宮	乾造　己　庚　丙　丁（日空寅、卯） 　　　巳　午　午　酉 1命宮　2兄弟　3夫妻　4子女　5財帛　6疾厄 7遷移　8交友　9官祿　10田宅　11福德　12父母		天天截破 梁鉞空碎 廟平廟平 大耗 官符 4～13　墓 癸酉 命宮
天巨擎 機門輔 旺廟 小耗 災煞 64～73　冠帶 丁卯 遷移宮	甲干　廉貞-太陽　乙干　天機-太陰　丙干　天同-廉貞　丁干　太陰-巨門 戊干　貪狼-天機　己干　武曲-文曲 庚干　太陽-天同　辛干　巨門-文昌　壬干　天梁-武曲　癸干　破軍-貪狼 身宮 丁卯		破紅旬大月 軍鸞空科德 旺陷陷平 病符 晦氣 114～123　死 甲戌 父母宮
貪地天天天劫龍 狼空才福傷煞德 平陷廟旺平 將軍 劫煞 天德　74～83　臨官 丙寅 交友宮	太太文文天天輩 陰陽昌曲刑哭廉 不廟廟旺陷陷 奏書 華蓋 84～93　帝旺 丁丑 官祿宮	武天火解劫 曲府星神煞 旺廟陷平 飛廉 息神 94～103　衰 丙子 田宅宮	天天恩天對天 同馬光貴詔煞 廟平不平　平 喜神 歲驛 104～113　病 乙亥 福德宮

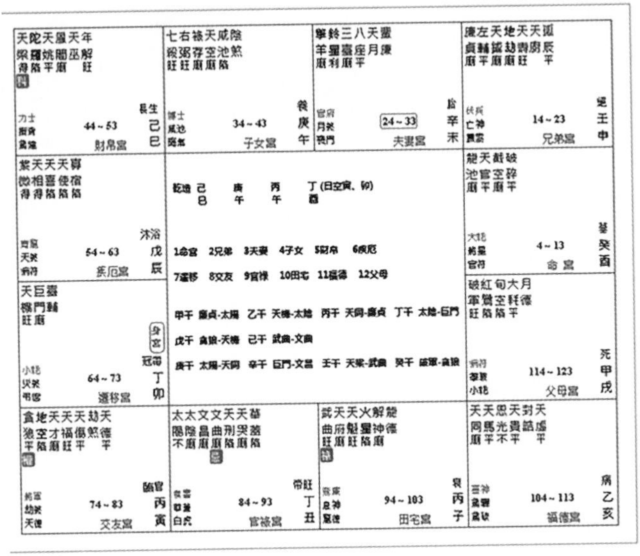

分析判斷：

命　宮：截空、龍池星，照天機、巨門星，說明你一生起伏較大，會有大財也會破財較大。

夫妻宮：擎羊、鈴星、三台、八座、蜚廉星，照太陰、文昌、文曲化忌，說明夫妻不和，容易離婚，基本可以判定是二婚命。

官祿宮：太陰、文曲化忌、文昌星，而命宮照巨門天機星，說明有學歷，能達到本科。

田宅宮：武曲化祿、天府、天魁星，照七殺、右弼、祿存星，說明你有房產，日後還不止一套。

福德宮：天同星，而命宮照巨門、天機，說明你性格直來直去，凡事看得開、大度。

命主回饋：

去年破財幾十萬。婚姻方面去年（2020年）離婚了。學歷二本。房產方面目前父母有一套，我自己去年投資了一套（三層），今年（2021年）才弄好。性格方面確實如此。

解析：

命　宮：截空巨門星說明一生起伏較大。龍池天機星說明一生動盪波動。

夫妻宮：擎羊鈴星太陰文昌文曲化忌蜚廉星，說明感情先濃後淡，爭吵到沒有了感情。擎羊三台八座星說明憤然離去，也就是離婚了。文曲化忌文昌星說明一個結婚證換成另一個結婚證。

官祿宮：太陰文曲化忌文昌星，說明有才華、有學歷。而命宮照巨門天機星，說明聰明愛鑽研。太陰文昌巨門天機星，說明學歷不低於本科。

田宅宮：武曲化祿天府星說明有房產。天魁右弼祿存星說明不止一處房產。

福德宮：天同星說明知足常樂，而命宮照巨門天機星說明聰明、能言善道。

例題 4

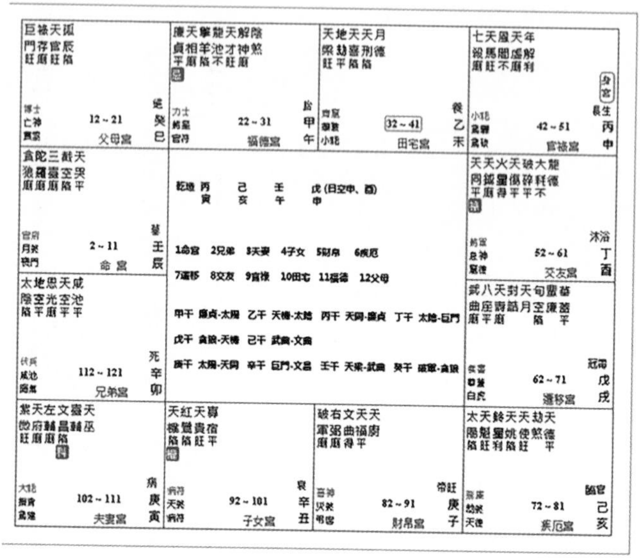
巨祿天孤
門存官辰
旺廟旺陷
博士 亡神 貫索 12～21 父母宮 絕 癸 巳
廉天擎龍天解陰
貞相羊池才神煞
平廟陷不旺廟
力士 將星 官符 22～31 福德宮 胎 甲 午
天地天天月
梁劫喜刑德
旺平陷陷
小耗 32～41 田宅宮 養 乙 未
七天鳳天年
殺馬閣虛解
廟旺不廟利
身宮
小耗 42～51 官祿宮 長生 丙 申
貪陀三截天
狼羅臺空哭
廟廟廟陷平
官府 月煞 喪門 2～11 命宮 墓 壬 辰
乾造 丙 己 壬 戊 (日空申、酉)
寅 亥 午 申
1命宮 2兄弟 3夫妻 4子女 5財帛 6疾厄
7遷移 8交友 9官祿 10田宅 11福德 12父母
甲干 廉貞-太陽 乙干 天機-太陰 丙干 天同-廉貞 丁干 太陰-巨門
戊干 貪狼-天機 己干 武曲-文曲
庚干 太陽-天同 辛干 巨門-文昌 壬干 天梁-武曲 癸干 破軍-貪狼
天天火天破大龍
同鉞星傷碎耗德
平廟得平平不
將軍 息神 52～61 交友宮 沐浴 丁 酉
太地恩天咸
陰空光空池
陷平廟平平
伏兵 咸池 112～121 兄弟宮 死 辛 卯
武八天封天旬蜚華
曲座壽誥月空廉蓋
廟平廟 陷 平
奏書 白虎 62～71 遷移宮 冠帶 戊 戌
紫天左文靈天
微府輔昌輔巫
旺廟廟陷
大耗 102～111 夫妻宮 病 庚 寅
天紅天寡
機鸞貴宿
陷陷旺平
病符 天煞 病符 92～101 子女宮 衰 辛 丑
破右文天天
軍弼曲福廚
廟廟得平
喜神 災煞 82～91 財帛宮 帝旺 庚 子
太天鈴天天劫天
陽魁星姚使煞德
陷旺利陷旺 平
飛廉 劫煞 天德 72～81 疾厄宮 臨官 己 亥

分析判斷：

命　宮：貪狼、陀羅星，照武曲星，說明你對金融或者娛樂專案很敏感，也說明會玩錢。

夫妻宮：天府、紫微、文昌化科，照七殺天馬星，說明妻子比較賢慧、會過日子，長相一般，但很會管理家庭。

子女宮：天機化權，照天梁星，說明頭胎孩子是男孩。

財帛宮：破軍、文曲、右弼星，照天相星，說明消費多、積蓄少，生活還過得去。

官祿宮：七殺、天馬星，照天府、左輔、台輔星，說明你是公家單位或者其下屬企業的工作，做點管理、質檢類型的事務。

父母宮：巨門、祿存、天官星，說明父親有穩定的工作，很能幹。

命主回饋：

妻子還行，就是家事做得少。一胎就是男孩。工作是事業單位下屬的企業，我的工作是部門主管。我爸是教師，這麼多年買房、買車都是爸爸給的錢。

解析：

命　宮：貪狼陀羅星表示娛樂業，貪狼武曲星表示金融項目等。

夫妻宮：天府紫微星說明善於管理、愛指使別人。七殺天馬星說明妻子能幹。紫微天府七殺星說明妻子長相一般。

子女宮：天機化權天梁星，說明婚後頭胎孩子是男孩。

財帛宮：破軍天相文曲星說明生活用度較多、消費大。天相文曲右弼星說明生活品質還可以。

官祿宮：七殺天府說明工作在企業，天府天馬左輔台輔星說明是某些單位延伸的下屬企業。七殺天府星說明做管理、質檢類型的事務。

父母宮：巨門祿存天官星說明是事業單位、工作穩定。巨門祿存星說明收入較好、很能幹。

例題 5

祿鈴天天孤 存星刑官辰 廟 廟陷旺陷 博士 亡神　96～105 貫索　子女宮 臨官 癸巳	天文擎鈴 機昌羊池 廟陷陷陷 力士 將星　106～115 官符　夫妻宮 帝旺 甲午	紫破天八月 微軍喜座德 廟旺旺平 青龍 攀鞍　116～125 小耗　兄弟宮 衰 乙未	文天恩臺天年 昌魁閣輔虛解 旺不　廟利 小耗 歲驛　6～15 病符　命宮 病 丙申
太陀封解截天 陽羅誥神空哭 旺 廟陷平 官府 月煞　86～95 喪門　財帛宮 冠帶 壬辰	起運 丙 戊 戊 甲（日空午、未） 　　 寅 戌 子 寅 1命宮 2兄弟 3夫妻 4子女 5財帛 6疾厄 7遷移 8交友 9官祿 10田宅 11福德 12父母		天天地破大龍 府鉞空碎耗德 旺廟廟陷平不 絞客 息神　16～25 晦氣　父母宮 死 丁酉
武七火天天咸 曲殺星傷空池 利旺旺平平平 伏兵 指背　76～85 貫索　疾厄宮 沐浴 辛卯	甲干 廉貞-太陽　乙干 天機-太陰　丙干 天同-廉貞　丁干 太陰-巨門 戊干 貪狼-天機　己干 武曲-文曲 庚干 太陽-天同　辛干 巨門-文昌　壬干 天梁-武曲　癸干 破軍-貪狼		太天旬蜚陰年 陰才空廉煞解 陷陷　平 大耗 華蓋　26～35 病符　福德宮 華 戊戌
天天右恩三寡 同梁弼光輔宿 利廟平旺平陷 大耗 劫煞　66～75 官符　遷移宮 長生 庚寅	天地紅天寡 相劫鸞傷宿 廟陷陷平平 病符 災煞　56～65 歲破　交友宮 養 辛丑	巨天天天天 門鉞貴福廚 旺旺廟平 喜神 天煞　46～55 龍德　官祿宮 （身宮） 胎 庚子	廉貪天劫天 貞狼魁煞德 陷陷旺 平 飛廉 劫煞　36～45 白虎　田宅宮 絕 己亥

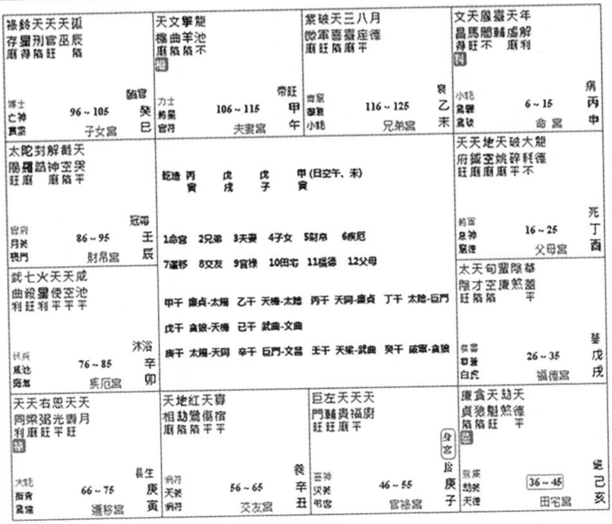

分析判斷：

父母宮：天府、天鉞、地空星，說明父母是農民或者生意人，你花了父母很多錢。

命　宮：文昌星化科、天馬、台輔星，照天梁、右弼星，說明學歷高、研究生或以上。

夫妻宮：天機化權。加會天梁星，說明感情不穩定，交往的異性大多是外地人。

財帛宮：太陽、陀羅星、照太陰星，說明目前是死工資、消費多、外財少。

遷移宮：天梁、天同星，說明有出國機會。

官祿宮：巨門、左輔、天貴、天廚星，照天機化權，說明你學位高。也說明你會在文化單位或者事業單位工作。

命主回饋：

父母是農民，現在做小生意。博士學位。大學老師。其他都對

解析：

父母宮：天府地空星說明父母沒有很多錢，或者說花光了父母的錢。天府地空星，也說明離開土地。天府天鉞星說明做小生意。

命　宮：文昌星化科天馬台輔天梁右弼星，說明學歷達到很高層面、研究生以上。

夫妻宮：天機化權天梁星，說明女友或者妻子是外地人，高學歷或者搞研究的。

財帛宮：太陽陀羅太陰星，說明存不了錢、財來財去。太陽陀羅星說明是單位固定工資，外財少。

遷移宮：天梁天同星，說明有出國或者移民的機會。

官祿宮：巨門天機化權左輔天貴天廚，說明學位高，也說明在文化單位或者事業單位工作。

第四章

從内容入手，用多宮位詳測

第四章 從內容入手，用多宮位詳測

人生的每個階段，都有較為專屬的生活內容，比如10—19歲的孩子，主要內容就是學習和長身體，也有一部分孩子有早戀等。所以，這個年齡階段的求測者，我們主要解讀他的學業、升學成敗、興趣專長、地位前途、健康等內容，這就可以了。其他的內容他們不會關心，你說太多他們不關心的內容，那樣的預測效果就很差。同理，一個35—49歲之間的女人來預測，那她們關心的主要是財運和婚姻，其次是健康和後代等，這就需要我們針對這幾個內容來展開，你要是說半天興趣性格、交友、祖輩資訊，那她們是不會滿意的。這就是針對內容展開的預測，本章講述的是多個內容的詳測，讓求測者對自己的處境有一個整體的瞭解。

例題1

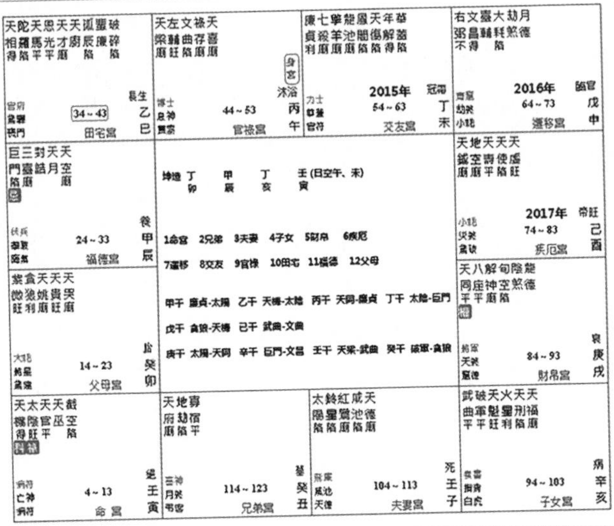
天陀天恩天天孤蜚破
相羅馬光才廚辰廉碎
34～43 田宅宮 長生 乙巳
天左文祿天
梁輔曲存喜
身宮
44～53 官祿宮 沐浴 丙午
廉七擎龍鳳天年華
貞殺羊池閣傷解蓋
2015年 冠帶 54～63 交友宮 丁未
右文臺大劫月
弼昌輔耗煞德
2016年 臨官 64～73 遷移宮 戊申
巨三封天天
門臺誥月空
24～33 福德宮 養 甲辰
天地天天天
鉞空壽使虛
2017年 帝旺 74～83 疾厄宮 己酉
坤造 丁卯 甲辰 丁亥 壬寅 (日空午、未)
1命宮 2兄弟 3夫妻 4子女 5財帛 6疾厄
7遷移 8交友 9官祿 10田宅 11福德 12父母
甲干 廉貞-太陽 乙干 天機-太陰 丙干 天同-廉貞 丁干 太陰-巨門
戊干 貪狼-天機 己干 武曲-文曲
庚干 太陽-天同 辛干 巨門-文昌 壬干 天梁-武曲 癸干 破軍-貪狼
紫貪天天天
微狼姚貴哭
14～23 父母宮 胎 癸卯
天八解旬陰龍
同座神空煞德
84～93 財帛宮 衰 庚戌
天太天天截
機陰官巫空
4～13 命宮 絕 壬寅
天地寡
府劫宿
114～123 兄弟宮 墓 癸丑
太鈴紅咸天
陽星鸞池德
104～113 夫妻宮 死 壬子
武破天火天天
曲軍魁星刑福
94～103 子女宮 病 辛亥

1、判斷：學歷較高，本科或者研究生。

命主回饋：第一學歷本科，之後順利考取研究生並取得碩士學位。

解析：命宮太陰化祿、天機化科、天巫、天官星，照文昌、台輔、月德、劫煞星。（天機化科說明人很聰明、容易獲得獎勵；太陰化祿說明很有才華、容易獲得成就成果；天官天巫星說明會有地位和較好工作環境；文昌天機化科太陰化祿說明文化較高較順利等。）

2、判斷：在事業單位或者做管理型職

位，上班族，單位較大。

命主回饋：是的，事業單位，領薪水的。

解析：官祿宮天梁、左輔、文曲、祿存、天喜星；財帛宮天同化權、八座、龍德星等。（天梁祿存星說明是上班族、食國家俸祿；天梁文曲左輔說明是管理型工作或者事業單位；天同化權八座星說明財運一般但是坐班求財，同時能生活小康。）

3、判斷：獨生女吧！

命主回饋：是的。

解析：兄弟宮天府、地劫、寡宿星，照七殺、擎羊、龍池星。（天府寡宿星說明家裡只有自己單獨一人；七殺擎羊說明曾有弟弟被流產。）

4、判斷：2015年不事業太順利，如坐針氈的樣子。

命主回饋：2015年上半年還可以，後半年不順利，壓力大、波折。

解析：2015年流年命宮在未位，七殺、擎羊、龍池、廉貞星，照天府星；流年官祿宮在亥位，武曲、破軍、天魁、火星。流年乙干天梁星化權。（七殺擎羊星說明事業上壓力大或者不順利；天府七殺星說明很鬱悶；武曲破軍火星說明財運破費多沒有漲工資；天魁火星說明事業不順利。）

5、**判斷：**2016年事業有調整或者變動，比較順利的一年。

命主回饋：是的，2016年調換工作，遂了我的心願。

解析：2016年流年命宮在申位，文昌、台輔、劫煞、月德星等，照天機化科、太陰化祿。同時流年官祿宮在子位，紅鸞星，照天梁、左輔、祿存、天喜星。流年丙干天機化權、文昌化科。（文昌化科天機化權化科太陰化祿，說明職位或者崗位變動而且是好的變動。天梁星說明順利通過、調整變動等。）

6、**判斷：**2017年有人追求妳，但是沒有結果不歡而散。

命主回饋：是的，有。

解析：2017 年流年命宮在酉位，天鉞、地空、天虛星等，照貪狼、天姚、天貴、天哭星。同時，流年的夫妻宮在未位，七殺、擎羊、龍池、鳳閣星等。（貪狼天姚龍池鳳閣星，說明有戀愛或者被人追求；擎羊七殺天哭星，說明結果很苦惱，沒有成功的戀愛等。）

例題 2

天地地天天天截破 相劫空刑福巫空碎 壽不廟陷旺　廟陷 病符 指背 白虎　　12～21 　　　　父母宮　姪 癸 巳	天天紅恩天咸天 梁鉞鸞喜池德 廟　旺廟　陷旺 大耗　　2013年 咸池 天德　22～31 　　福德宮　胎 甲 午	廉七寡 貞殺宿 利廟不 伏兵 月煞　32～41 弔客 衰 乙 未　田宅宮	陀封龍 羅誥德 陷 官府　　2015年 亡神 病符　42～51 　官祿宮　長生 丙 申
巨文鈴解龍 門昌星神德 陷得廟廟 化忌 喪門 天煞　身宮 寡宿　2～11 　　命宮　墓 壬 辰	坤造 辛 丁 壬 丙（日空寅、卯） 　　　酉 酉 子 午 1命宮 2兄弟 3夫妻 4子女 5財帛 6疾厄 7遷移 8交友 9官祿 10田宅 11福德 12父母		祿天天天天 存姚官傷哭 廟旺廟平平不 博士 將星　52～61 龍德 　交友宮　沐浴 丁 酉
紫食三天 微狼臺廚 旺利陷廟 貫索 災煞　112～121 晦氣 　兄弟宮　死 辛 卯	甲干 廉貞-太陽　乙干 天機-太陰　丙干 天同-廉貞　丁干 太陰-巨門 戊干 貪狼-天機　己干 武曲-文曲 庚干 太陽-天同　辛干 巨門-文昌　壬干 天梁-武曲　癸干 破軍-貪狼		天文擎天陰 同曲羊空煞 平廟陷陷 力士 攀鞍　62～71 　 　遷移宮　冠帶 戊 戌
天太右天天大劫月 機陰弼魁刑耗煞德 得旺平旺　陷 奏書 劫煞　102～111 小耗 　夫妻宮　病 庚 寅	天龍鳳天天年華 府池閣才廚解蓋 廟平平平廟旺旺 飛廉 華蓋　92～101 官符 子女宮　衰 辛 丑	太左天天喜旬 陽輔喜貴輔空 陷旺旺平廟　陷 小耗 息神　82～91 貫索 財帛宮　帝旺 庚 子	武破天八天孤蜚 曲軍馬座使辰廉 平平旺平旺廟陷 青龍 歲驛　72～81 喪門 　疾厄宮　臨官 己 亥

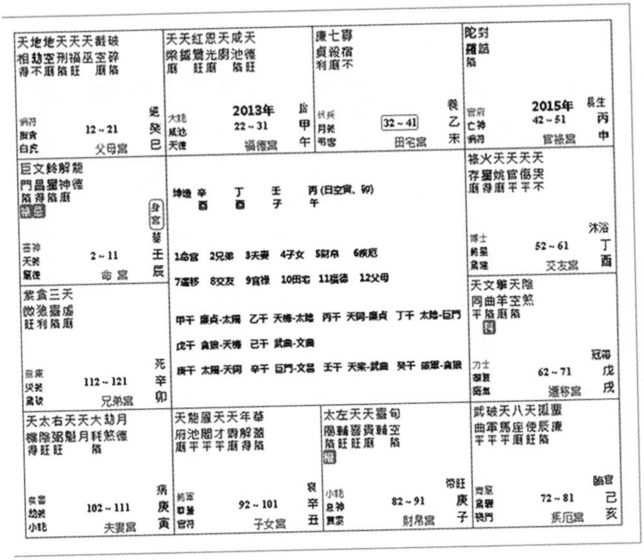

1、判斷：文化程度不低於本科。

命主回饋：是的，本科。

解析：命宮巨門陷落化祿、文昌化忌、龍德、解神星；官祿宮封誥星，照天機、太陰、天魁、右弼、劫煞、月德星；福德宮天梁、天鉞、紅鸞、恩光、天德、天廚星。（巨門陷落化祿文昌得地化忌說明是有學歷的。天梁天鉞星說明心性聰明、通達。天機太陰天魁右弼星說明經過努力有機會獲得更高學歷，或者受到別人幫助能在專業技術上有更大精進。）

2、判斷：適合做企業文職或者管理性質工作。

命主回饋：是的，企業白領。

解析：官祿宮封誥星照天機、太陰、天魁、右弼、劫煞、月德星。（天機太陰天魁右弼星說明做的是輔助輔佐性質，同時兼有計算和文案性質的工作，是營利事業也就是企業。）

3、判斷：2013年感情上不順利，容易突然分手。

命主回饋：2013年感情不順利，對的。

解析：2013年流年命宮在午位，天梁、天鉞、紅鸞、恩光、天廚、咸池、天德星，照天喜、左輔星，流年夫妻宮在辰位，巨門化祿化權、文昌化忌、解神、龍德星。（紅鸞天喜恩光天廚咸池星，說明這一年會有戀愛。巨門陷落化祿化權文昌解神，說明承諾無法兌現、感情出現分歧等）

4、判斷：2015年收入較好，事業順利。

命主回饋：2015年跳槽到現在的單位，收入增加了。

解析：2015年流年命宮在申位，封誥星，照天機、右弼、天魁、月德、劫煞星；流年財帛宮在辰位，巨門、文昌、解神、龍德星；流年官祿宮在子位，左輔、天喜、天貴、台輔星，照天梁化權、恩光、天鉞星等。大運乙干天機化祿、天梁化權、太陰化忌。（天梁化權左輔恩光天鉞天喜星，說明喜歡這份工作並受到領導重視，做管理等。天機化祿說明收入增加。天機化祿天梁化權，說明工作變動變化等。）

鈴八天天破劫月 星座巫廚碎德 旺廟　　　陷	天地天天劫月 機劫哭虛煞德 廟陷陷平	紫破天恩天天大龍 微軍鉞光才官耗德 廟旺　旺旺平旺	解截盟 神空廉 　不廟
大耗　　25~34　晦氣 劫煞　　　　　己巳 小耗　　　　夫妻宮	病符　　15~24　冠帶 災煞　　　　　庚午 龍德　　　　兄弟宮	喪門　　5~14　沐浴 天煞　　　　　辛未 歲建　　　　命宮	指背　115~124　長生 白虎　　　　　壬申 　　　　　　父母宮
太左地地祿 陽輔空劫蔭 旺廟　陷廟陷	坤造　甲　丙　辛　乙（日空戌、亥） 　　　子　寅　未　未		天火天天三天天對咸天 府鸞刑貪壽馬喜宿德 旺　廟廟廟廟　　平不
伏兵　　35~44　帝旺 官符　　　　　戊辰 　　　　　　子女宮	1命宮　2兄弟　3夫妻　4子女　5財帛　6疾厄 7遷移　8交友　9官祿　10田宅　11福德　12父母		貫索　105~114　養 天德　　　　　癸酉 　　　　　　福德宮
武七文紅天 曲殺昌羊鸞貴 平旺旺陷廟旺	甲干　廉貞-太陽　乙干　天機-太陰　丙干　天同-廉貞　丁干　太陰-巨門 戊干　貪狼-天機　己干　武曲-文曲		太右盈天旬解年 陰弼閻月空宿解 陷　旺　陷陷廟
官府　　45~54 貫索　　　　　丁卯 　　　　　　財帛宮	庚干　太陽-天同　辛干　巨門-文昌　壬干　天梁-武曲　癸干　破軍-貪狼		力士　　95~104 月煞　　　　　甲戌 　　　　　　田宅宮
天天祿天天孤陰 同梁存馬使辰煞 利廟廟平平平	天天陀天蜚天 相魁羅姚廉空 廟旺平　　平	巨天 門傷 旺陷	廉貪文 貞狼曲 陷陷旺
博士　　55~64 亡神　　　　　丙寅 吊門　　　　疾厄宮	大耗　　65~74 將星　　　　　丁丑 遷移宮	死　　75~84 奏書　病符 　　　　交友宮	小耗　　85~94 亡神　病符 　　　　　乙亥 　　　　官祿宮

例題3

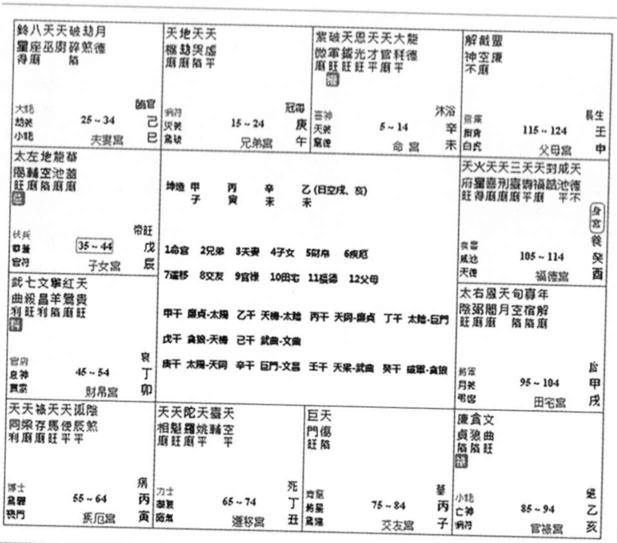

1、判斷：性格傳統、喜歡按部就班，很少尋刺激，見人樂呵呵但是不善於辭令。

命主回饋：對。

解析：命宮紫微爆旺、破軍化權、天鉞、恩光、天官星，照天相、天魁、陀羅、台輔星。福德宮天府、火星、天喜、天刑、三台、天府、封誥星。

（紫微星爆旺天官天相天魁天鉞台輔，說明懦弱、清高、愛面子、獨斷等，喜歡按部就班不喜歡找刺激。天府天刑封誥天福星，說明不善於辭令、話不多、奉行吃虧是福的信條等。）

308

2、判斷：學歷大專或者普通本科。

命主回饋：本科。

解析：父母宮截空、蜚廉星，照天梁、祿存、天馬星。官祿宮廉貞化祿、文曲星。（天梁祿存天馬星，說明有獲得名譽或者文憑，學習比較用功。廉貞化祿說明過程比較複雜，有復讀經歷；文曲星說明學業有成就。總和評定大專或者普通本科。）

3、判斷：工作比較穩定，不過單位的效益不太好。

命主回饋：對。

解析：官祿宮廉貞陷落化祿、文曲星、貪狼陷落。官祿宮的官祿宮在卯位，武曲利勢、七殺、文昌、紅鸞、天貴星，照天府、天刑、天喜、三台、天福星等。（廉貞陷落化祿貪狼星陷落，說明單位效益不好；文曲星說明名字一直在單位沒有跳槽。武曲利勢七殺天府天刑，說明經濟效益不好；紅鸞天喜天福三台天貴星，說明混日子。）

4、判斷：婚姻不順利，容易有二婚。

命主回饋：是的，已經離婚，帶著兩個孩子過。

解析：夫妻宮鈴星、八座、劫煞、天巫星等；夫妻宮的官祿宮在酉位，天府、天刑、天喜、三台、天福、火星等。（鈴星八座說明妳和丈夫兩家距離不遠，同一個市的。八座鈴星劫煞天府天刑三台說明感情不好，容易有婚姻官司，也就是離婚等。）

5、判斷：婚後頭胎孩子是女孩。

命主回饋：是的。

解析：子女宮太陽化忌、左輔、龍池、華蓋星，照右弼、鳳閣星。（太陽化忌龍池星，說明頭胎不是男孩，那一定是女孩了。左輔右弼說明不止一個孩子，可以有兩個。）

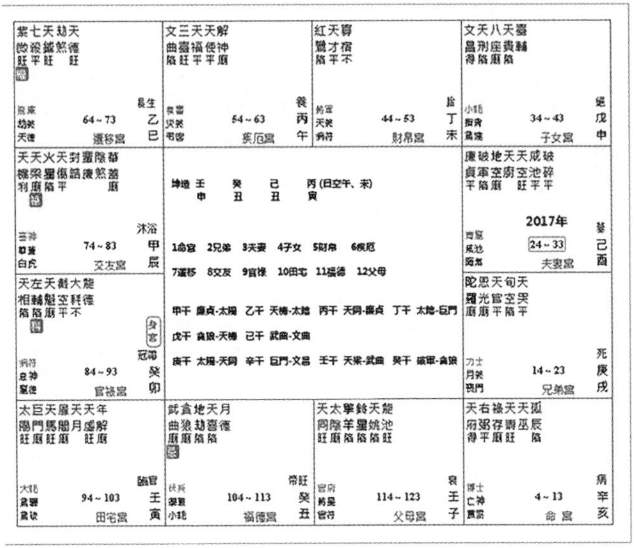

例題4

紫七天劫天 微殺鉞煞德 旺平旺　旺 廟 奄廉　64~73 劫煞 天德 遷移宮　　長生 乙巳	文三天天解 曲台福使神 陷旺平平廟 喜宮　54~63 災煞 弔客 疾厄宮　　養 丙午	紅天寡 鸞才宿 陷平不 肖宮　44~53 天煞 病符 財帛宮　　胎 丁未	文天八天輩 昌刑座輔廉 旺陷廟陷 小耗　34~43 指背 亡神 子女宮　　絕 戊申
天鳳火天擎陰華 梁閣星鉞羊煞蓋 旺廟平　陷　廟 蜚廉 晦氣　74~83 白虎 交友宮　　沐浴 甲辰	坤造　壬　癸　己　丙　(日空午、未) 　　　申　丑　丑　寅 1命宮 2兄弟 3夫妻 4子女 5財帛 6疾厄 7遷移 8交友 9官祿 10田宅 11福德 12父母		廉破地天天成破 貞軍空廟空池碎 平陷廟　旺平平 　　2017年 歲破 龍德　[24~33] 夫妻宮　　蜚 己酉
天左天輔大龍 相輔魁空科德 陷陷廟平不 旺 病符 亡神　84~93 貫索 官祿宮 身宮　　冠帶 癸卯	甲干 廉貞-太陽　乙干 天機-太陰　丙干 天同-廉貞　丁干 太陰-巨門 戊干 貪狼-天機　己干 武曲-文曲 庚干 太陽-天同　辛干 巨門-文昌　壬干 天梁-武曲　癸干 破軍-貪狼		陀恩旬天 羅光空哭 廟廟平不 力士 月煞　14~23 喪門 兄弟宮　　死 庚戌
太巨天鳳天天年 陽門馬閣月虛解 旺廟旺旺　旺廟 大耗 官符　94~103 貫索 田宅宮　　臨官 壬寅	武貪地天月 曲狼劫喜德 廟廟陷廟 伏兵 歲驛　104~113 小耗 福德宮　　帝旺 癸丑	天太擎鈴天蜚 同陰羊星姚廉 旺廟陷陷旺旺 官府 息神　114~123 貫索 父母宮　　衰 壬子	天右祿天天孤 府弼存壽巫辰 旺　廟旺旺　陷 博士 亡神　4~13 力士 命宮　　病 辛亥

1、判斷：妳的體質整體是不錯的，不過妳的婦科會有一些小問題。

命主回饋：是的，婦科是有些小問題，從很早就是，醫生說是月經不調。

解析：疾厄宮文曲、三台、天使、天福星，照天同、太陰星。（天同和太陰星都是五行為水的，主生殖泌尿系統疾患。）

2、判斷：善良、穩重、做事謹慎、踏實，內心的想法很多但是外表比較平靜。

命主回饋：都對。

解析：命宮天府、右弼、祿存、天巫、

天壽星，照紫微、天鉞、天德星。福德宮武曲化忌、貪狼、月德星。（天府星不旺照紫微星，說明穩重做事不冒險、踏實。武曲化忌貪狼星，說明思維活躍，才思敏捷但是缺乏行動性質。）

3、判斷：學歷在本科吧！

命主回饋：是的一等本科。

解析：命宮天府、右弼、祿存、天巫、天壽星，照紫微、天鉞、天德星。官祿宮天相陷落、左輔化科、天魁星。父母宮天同、太陰、龍池星。（紫微天鉞星，說明能力出眾。文曲化科天魁星，說明有文憑但是不會很高。天同太陰龍池星，說明有名譽之喜，享受文化和藝術的薰陶。總評文化程度本科。）

4、判斷：父母有明顯技術，很有才華，心態也很好，或者做生意的。

命主回饋：是的，性格對，父親有技術，目前在做技術性工作，但是有做生意的想法。

解析：父母宮天同、太陰、龍池、擎羊鈴星陷落。（天同太陰星同度陷落的擎羊鈴星，說明父親有才華和技術，但是一般起點較低。天同星說明有知足常樂、比上不足比下有餘的心態。）

5、判斷：2017 年有戀愛或者結婚之喜慶。

命主回饋：是的，2017 年同居並且結婚。

解析：2017 年流年命宮在酉位，流年夫妻宮在未位，紅鸞天才星，照武曲化祿、貪狼化權。流年交友宮在寅位，太陽巨門天馬鳳閣天虛天月星等，而飛入天同化權太陰化祿。大運己干武曲化祿、貪狼化權。流年丁干太陰化祿天同化權。（天同化權太陰化祿太陽巨門，說明與男朋友同居。武曲化權貪狼化祿紅鸞天喜，說明結婚之喜慶。）

6、判斷：婚後頭胎孩子是女孩。

命主回饋：是的，女孩。

解析：本命盤的子女宮文昌、八座、台輔星，照太陽、巨門、天馬、鳳閣星等。（巨門和太陽兩顆星比較，巨門旺一些，所以婚後頭胎孩子是女孩。巨門天馬文昌星，說明一個小女孩來打卡報到了。）

例題5（觸及盤）

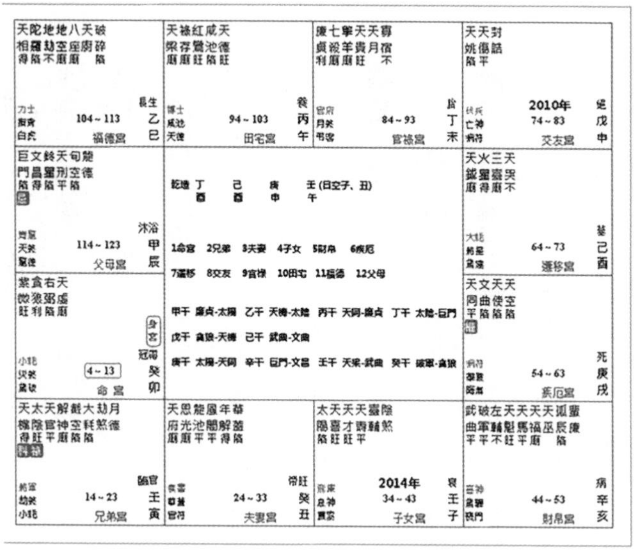
天陀地地八天破
相羅劫空座廚碎
104～113 乙巳 福德宮
天祿紅咸天
梁存鸞池德
94～103 丙午 田宅宮
廉七擎天天寡
貞殺羊貴月宿
84～93 丁未 官祿宮
天天封
姚傷誥
2010年
74～83 戊申 交友宮
巨文鈴天旬蜚
門昌星刑空德
114～123 甲辰 父母宮
天火三天
鉞星台哭
64～73 己酉 遷移宮
紫貪右天
微狼弼虛
身宮
4～13 癸卯 命宮
天文天天
同曲使空
54～63 庚戌 疾厄宮
天太天解截大劫月
機陰官神空耗煞德
14～23 壬寅 兄弟宮
天恩龍鳳年華
府光池閣解蓋
24～33 癸丑 夫妻宮
太天天天蜚陰
陽喜才壽輔煞
2014年
34～43 壬子 子女宮
武破左天天天天孤蜚
曲軍輔魁馬福巫辰廉
44～53 辛亥 財帛宮
乾造 丁 己 庚 壬(日空子、丑)
酉 酉 申 午
1命宮 2兄弟 3夫妻 4子女 5財帛 6疾厄
7遷移 8交友 9官祿 10田宅 11福德 12父母
甲干 廉貞-太陽 乙干 天機-太陰 丙干 天同-廉貞 丁干 太陰-巨門
戊干 貪狼-天機 己干 武曲-文曲
庚干 太陽-天同 辛干 巨門-文昌 壬干 天梁-武曲 癸干 破軍-貪狼

1、判斷：你目前處境不好，破財、失業等。

求測者回饋：是的，目前失業狀態，之前經商失敗了。

解析：命宮紫微星不旺貪狼星較弱天虛星。官祿宮擎羊七殺廉貞天月星照天府恩光星。（紫微星不旺說明不在事業之中，也就是失業了，或者事業屬於低谷時期。七殺擎羊說明事業狀態很糟糕；七殺擎羊天府星說明囊中羞澀，花光了錢等。）

2、判斷：文化程度低吧！盤中顯示文化不到大學。

求測者回饋：是的，中學學歷。

解析：命宮紫微星不旺、貪狼較弱。官祿宮七殺、擎羊。福德宮地劫、八座星。父母宮巨門化忌、天刑、文昌星。（紫微星不旺貪狼星較弱，說明智力一般或者能力一般。擎羊七殺說明沒有地位。巨門化忌天刑文昌，說明文化沒有出門或者不值一提。）

3、判斷：兄弟姐妹三或者四個。

求測者回饋：一共四個，我有三個姊姊。

解析：兄弟宮天機化科、太陰化祿、天官、解神、劫煞星。（太陰和天機星比較，太陰星較旺，說明兄弟姊妹中女孩多男孩少，太陰星五行為水，水五行之數位1或6，水五行在寅病地，說明數字在4個左右。）

4、判斷：2010 年結婚的。

求測者回饋：是的。

解析：流年 2010 年命宮在申位，天姚、封誥星，照太陰、天機星。流年夫妻宮在午位，天梁、祿存、紅鸞、咸池、天德星。（太陰天姚天梁紅鸞星，說明是結婚之喜慶。）

5、判斷：2014 年財運稍好。

求測者回饋：是的，2014 年蠻好的。

解析：2014 年流年命宮在子位，太陽星陷落、天喜、台輔星，照天梁、祿存、紅鸞星等。流年財帛宮在申位，天姚、封誥星，照太陰化祿。天機化科等。（天梁祿存天機太陰化祿，說明財運稍好。）

武破陀天八天天破 曲軍羅刑座廚碎 平平陷陷陷陷陷 官府 喪門　34~43 白虎　田宅宮 長生 乙巳	太祿鈴紅咸天 陽存星鸞池德 旺廟廟旺陷旺 　　　　　　身宮 博士 咸池　44~53 天德　官祿宮 沐浴 丙午	天擎地天寡 府羊劫傷宿 廟廟平陷不 力士 月煞　54~63 吊客　交友宮 冠帶 丁未	天太天 機陰貴 得利廟 科權 青龍 亡神　64~73 病符　遷移宮 臨官 戊申
天解旬翹 阿神空德 平廟陷 權 伏兵 天煞　24~33 龍德　福德宮 養 甲辰	坤造　丁　辛　辛　丙（日空辰、巳） 　　　酉　亥　丑　申 1命宮　2兄弟　3夫妻　4子女　5財帛　6疾厄 7遷移　8交友　9官祿　10田宅　11福德　12父母		紫貪天天三天哭 微狼姚喜使哭 旺利廟廟廟不 小耗 將星　74~83 歲建　疾厄宮 帝旺 己酉
地天天虛 空壽哭 平陷陷廟 大耗 災煞　14~23 歲破　父母宮 胎 癸卯	甲干 廉貞-太陽　乙干 天機-太陰　丙干 天同-廉貞　丁干 太陰-巨門 戊干 貪狼-天機　己干 武曲-文曲 庚干 太陽-天同　辛干 巨門-文昌　壬干 天梁-武曲　癸干 破軍-貪狼		巨恩對天陰 門光輔空空 旺廟廟 　　　　2013年 將軍 攀鞍　84~93 晦氣　財帛宮 衰 庚戌
右文天截大劫月 弼昌輔空耗德 旺旺平 陷陷平 病符 劫煞　4~13 小耗　命宮 長生 壬寅	廉七龍鳳年輦 貞殺池閣解廉 利廟平平旺 喜神 華蓋　114~123 官符　兄弟宮 沐浴 癸丑	天左文天 梁輔曲喜 旺旺得旺 飛廉 息神　104~113 貫索　夫妻宮 冠帶 壬子	天天火天天天孤蜚 相魁星才月辰廉 旺旺利平廟廟陷 奏書 歲驛　94~103 喪門　子女宮 病 辛亥

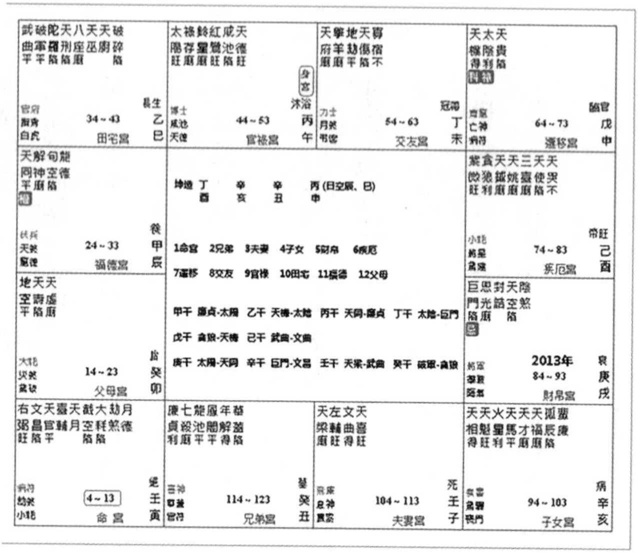

1、判斷：該是本科學歷。

求測者回饋：是的。

解析：命宮右弼、文昌星，照太陰化祿。官祿宮太陽、祿存、鈴星、紅鸞星，照天梁、左輔、文曲、天喜星。父母宮天虛星，照紫微、天鉞、三台星。（太陰化祿說明命主是有文化的人。天梁左輔文曲紫星說明官方給予了文化的認可和通過；太陽鈴星天梁星，說明不會很高。微天鉞三台星說明愛學習踏實、學習上有榮譽。總評本科學歷。）

2、判斷：事業單位工作。

求測者回饋：是的，事業單位。

解析：官祿宮太陽、祿存、鈴星、紅鸞星，照天梁、左輔、文曲、天喜星。（太陽祿存天梁文曲天喜星，說明是文職公務人員，或者管理性質工作等。）

3、判斷：婚姻不順利，感情不和睦，有婚外感情。

求測者回饋：是的，我們已經很久不和。

解析：夫妻宮天梁、文曲、左輔、天喜星，照太陽、鈴星、祿存、紅鸞星。（文曲左輔天喜紅鸞說明有婚外出軌現象。太陽鈴星說明已經不喜歡現在的丈夫。）

4、判斷：2013 年結婚或者辦理登記的。

求測者回饋：是的 2013 年登記。

解析：流年 2013 年命宮在戌位，流年夫妻宮在申位，天機化科、太陰化祿化科。2013 年癸干巨門化權太陰化科。（太陰化祿化科表示辦理結婚登記、領取結婚證件等。）

例題7

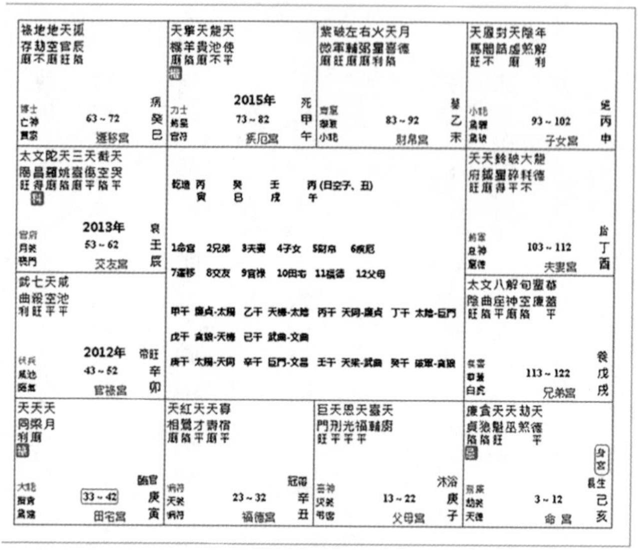
祿地地天孤 存劫空官辰 廟不廟旺陷
病 癸巳 63～72 遷移宮
天擎天龍天 機羊貴池使 廟陷廟不平
2015年 死 甲午 73～82 疾厄宮
紫破左右火天月 微軍輔弼星喜德 廟旺廟廟利陷
墓 乙未 83～92 財帛宮
天屢封天陰年 馬閣誥虛煞解 旺不 廟 利
絕 丙申 93～102 子女宮
太文陀天三天截天 陽昌羅姚臺傷空哭 旺得廟陷廟平陷平
2013年 衰 壬辰 53～62 交友宮
乾造 丙 癸 壬 丙(日空子、丑)
寅 巳 戌 午
1命宮 2兄弟 3夫妻 4子女 5財帛 6疾厄
7遷移 8交友 9官祿 10田宅 11福德 12父母
甲干 廉貞-太陽 乙干 天機-太陰 丙干 天同-廉貞 丁干 太陰-巨門
戊干 貪狼-天機 己干 武曲-文曲
庚干 太陽-天同 辛干 巨門-文昌 壬干 天梁-武曲 癸干 破軍-貪狼
天天鈴破大龍 府鉞星碎耗德 旺廟得平不
胎 丁酉 103～112 夫妻宮
武七天咸 曲殺空池 利旺平平
2012年 帝旺 辛卯 43～52 官祿宮
太文八解旬蜚華 陰曲座神空廉蓋 旺陷平廟陷 平
養 戊戌 113～122 兄弟宮
天天天 同梁月 利廟
臨官 庚寅 33～42 田宅宮
天紅天天寡 相鸞才壽宿 廟陷平廟平
冠帶 辛丑 23～32 福德宮
巨天恩天臺天 門刑光福輔廚 旺平平平
沐浴 庚子 13～22 父母宮
廉貪天天劫天 貞狼魁巫煞德 陷陷旺 平
身宮 長生 己亥 3～12 命宮

1、判斷：大專學歷或者是普通本科。

命主回饋：是的，大專。

解析：父母宮巨門、恩光、台輔等星，照天機化權、天貴星；官祿宮七殺、天空、武曲星，照天府、天鉞星。（巨門天機化權說明愛鑽研愛學習；台輔天貴星說明有名譽。七殺天府天鉞星說明官方認為你的資質一般。總評大專或者普通本科。）

2、判斷：在婚後你家頭胎孩子是男孩。

命主回饋：是的。

解析：子女宮天馬鳳閣封誥星，照天

梁星。（天馬天梁星說明頭胎孩子是男孩。）

3、判斷：你應該有一個姊姊或者是一個妹妹。

命主回饋：有一個妹妹。

解析：兄弟宮太陰、八座、解神等星，照太陽、文昌化科、三台星。（太陰三台八座文昌化科說明會有一個異性手足。）

4、判斷：2012年財運不好。

命主回饋：是的，2012年沒有收入，還生病破財。

解析：2012年流年命宮在卯位，大運命宮在亥位，大運己干武曲化祿貪狼化權，流年壬干被關閉。流年命宮武曲化祿、七殺、天空星，照天府、天鉞星。流年財帛宮在亥位，廉貞化忌天魁劫煞等星。（七殺星表示壓力和疾患，武曲雖然化祿但是氣數較低，武曲化祿七殺天府星表示財運上的壓力。廉貞化忌劫煞說明破財，為了錢的事情心急如焚的狀態。）

5、判斷：2013 年有出行或者搬家。

命主回饋：是的，2013 年買房搬家。

解析：2013 年流年命宮在辰位，大運命宮在亥位，大運己干文曲化忌，流年癸干被關閉。流年命宮太陽文昌化科三台陀羅星。流年官祿宮在申位，天馬鳳閣封誥星，照天梁星。流年田宅宮在未位，紫微破軍左輔右弼星，照天相天壽星。（太陽太陰星說明會有搬家或者出行等。天馬鳳閣天梁星說明會搬家。紫微天相左輔右弼說明經過努力簽署房屋有關的合約。）

6、判斷：2015 年可以結婚登記。

命主回饋：是的，2015 年結婚的。

解析：2015 年流年命宮在午位，大運命宮在亥位，流年干乙天機化祿天梁化權太陰化忌。流年 2015 命宮天機化權化祿、天貴、天使星，流年夫妻宮太陽、文昌化科、陀羅、天姚星。（天機化祿化權說明這一年收入較好。文昌化科說明辦理結婚登記，陀羅天姚文昌化科說明同居或者結婚。）

例題 8（觸及盤）

武破文陀天天天破 曲軍昌羅刑巫廚碎 平平廟陷陷陷 官府　　6～15 廚貴 白虎　　　　命宮　乙巳	太祿地紅成天 陽存空鸞池德 旺廟陷陷陷旺 博士　　16～25　帶旺 咸池 天德　　父母宮　丙午	天擎三八封寡 府羊臺座誥宿 廟廟平平　不 力士　　26～35 月煞 弔客　　福德宮　丁未	天太火星 機陰星陷 得陷陷 青龍　　36～45　病 亡神 病符　　田宅宮　戊申
天地解句龍 同劫神空德 平陷廟陷 伏兵　2016年 天煞　116～125　冠帶 龍德　兄弟宮　甲辰	坤宮　丁酉　辛亥　己亥　己巳（日空辰、日） 1命宮　2兄弟　3夫妻　4子女　5財帛　6疾厄 7遷移　8交友　9官祿　10田宅　11福德　12父母 甲干 廉貞-太陽　乙干 天機-太陰　丙干 天同-廉貞　丁干 太陰-巨門 戊干 貪狼-天機　己干 武曲-文曲 庚干 太陽-天同　辛干 巨門-文昌　壬干 天梁-武曲　癸干 破軍-貪狼 身宮			紫貪文天天 微狼曲姚哭 旺利廟廟不 小耗　46～55　死 將星 歲建　官祿宮　己酉
鈴天天 星貴盛 利旺廟 大耗　2015年 災煞　106～115　沐浴 歲破　夫妻宮　癸卯			巨天天陰 門傷空煞 陷平陷 將軍　56～65　墓 攀鞍 晦氣　交友宮　庚戌
右天天截大劫月 弼才官空輔煞德 旺廟平　陷陷 病符　96～105　長生 劫煞 小耗　子女宮　王寅	廉七龍蜚年華 貞殺池廉解蓋 利廟平平旺陷 喜神　86～95　養 華蓋 官符　財帛宮　癸丑	天左天天天 梁輔魁貴傷 廟旺平平陷 2012年　飛廉 76～85　將軍 疾厄宮　王子	天天恩天喜孤寡 相魁馬光福輔辰廉 得旺平不廟　陷 2011年　奏書 66～75　歲驛 遷移宮　辛亥

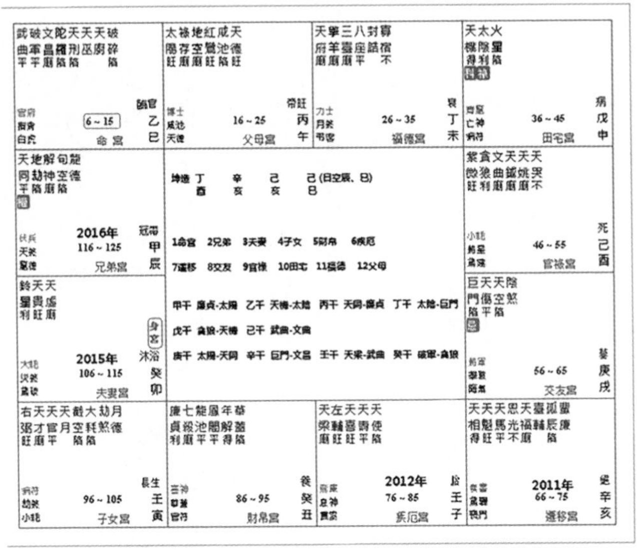

1、判斷：學歷較高，碩士研究生或者以上。

求測者回饋：是研究生。

解析：命宮文昌星廟旺、天巫、天廚星，照天相、天魁。父母宮太陽、祿存、天德星等，照天梁、左輔、天喜星。官祿宮紫微、文曲、天鉞、天姚星。（文昌天巫天相天魁星說明有文采、有較高學歷。太陽天梁左輔天喜星說明有地位、對於專業有高度熱情。紫微文曲天鉞天姚星說明才華橫溢，有較高學歷。總評學歷不低於碩士。）

2、判斷：在文化、教育單位上班。
求測者回饋：對。
解析：官祿宮紫微、文曲、天鉞、天姚星。（紫微天鉞星說明是在事業單位工作；文曲天鉞天姚星說明以文化藝術教育為主的工作。）
3、判斷2011年有戀愛。
求測者回饋：是的，有。
解析：2011年命宮在亥位，夫妻宮在酉位，紫微、文曲化科、天鉞、天姚星。（紫微文曲化科天姚星表示有戀愛。）
4、判斷：2012年感情不順利，有口舌或者分手。
求測者回饋：對。
解析：2012年流年命宮在子位，流年夫妻宮在戌位，巨門陷落、天傷、陰煞星。

（巨門天傷陰煞星，說明感情上有口舌、不順利。）

5、**判斷：**2015年會同居或者婦科有毛病。

求測者回饋：是的。

解析：2015年流年命宮在卯位，鈴星、天貴、天虛星，照紫微化科、文曲、天鉞、天姚星。（鈴星紫微化科文曲天鉞天姚星，說明這一年會與人同居。）

6、**判斷：**2016年父母破費多。

求測者回饋：是的。

解析：2016年流年命宮在辰位，流年父母宮在巳位，武曲、破軍、文昌化科、天巫星等，照天相、天魁。流年父母宮的財帛宮在丑位，七殺、龍池、鳳閣星，照天府、擎羊、三台星。（武曲破軍說明這一年破費多。天府擎羊七殺星說明這一年囊中羞澀、所剩無幾等。）

天魁天鉞天 府池使輔哭 壽陷平　不 奏書 指背　75～84 官符　疾厄宮 辛巳	天太天截成大月 同陰魁空池科德 陷不　廟廟陷旺 〔祿〕 小耗　2017年 咸池　85～94 小耗　財帛宮 壬午	武貪天天 曲狼月感 廟廟　廟 將軍 月煞　95～104 貫索　子女宮 癸未	太巨天天天魁 陽門鉞福姚喜 壽廟廟旺陷廟 身宮 飛廉　長生 亡神　105～114 晦德　夫妻宮 甲申
擎天天 羊刑官 廟平旺 力士 天煞　65～74 貫索　遷移宮 庚辰	坤造　乙　乙　戊　癸（日空子、丑） 　　　丑　酉　午　亥 1命宮　2兄弟　3夫妻　4子女　5財帛　6疾厄 7遷移　8交友　9官祿　10田宅　11福德　12父母 甲干　廉貞·太陽　乙干　天機·太陰　丙干　天同·廉貞　丁干　太陰·巨門 戊干　貪狼·天機　己干　武曲·文曲 庚干　太陽·天同　辛干　巨門·文昌　壬干　天梁·武曲　癸干　破軍·貪狼		天鈴蜚天蜚年 相星廉閣壽解 陷旺廟平　旺 飛廉　沐浴 將星　115～124 白虎　兄弟宮 乙酉
廉破右文祿天天 貞軍弼曲存貴傷 平陷廟旺廟旺陷 博士 災煞　55～64 晦門　交友宮 己卯			天天地旬寡宿 機梁劫空宿德 利旺平陷陷廟 〔權祿〕 喜神　冠帶 攀鞍　5～14 喪門　命宮 丙戌
陀火紅八解天孤劫 羅星鸞座神空辰煞 陷廟旺廟平陷陷 官府　2013年 劫煞　45～54 歲建　官祿宮 戊寅	對破蜚 詰碎廉 陷陷 伏兵 華蓋　35～44 官符　田宅宮 己丑	天地三陰 魁空臺煞 旺平平 大耗 息神　25～34 貫索　福德宮 戊子	紫七左文天恩天天 微殺輔昌鉞光才巫 旺平　不利平不 〔權〕 病符　臨官 歲驛　15～24 官符　父母宮 丁亥

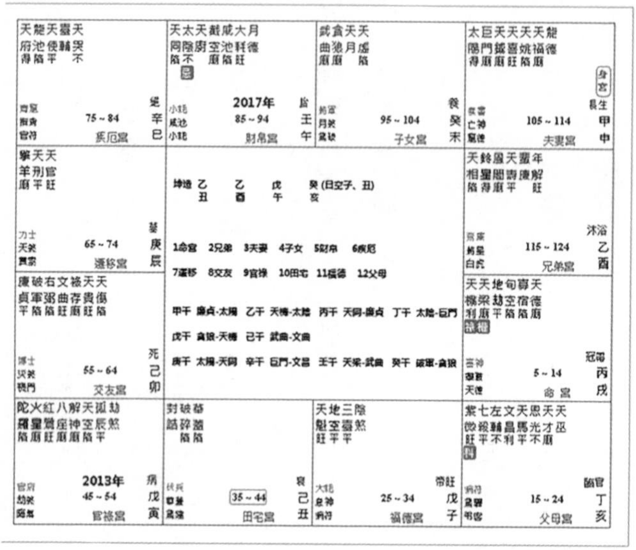

1、判斷：學歷不高，專科吧！

命主回饋：是的。

解析：命宮天梁化權、天機化祿、地劫、天德星，照擎羊、天官星。

官祿宮火星、紅鸞、八座、解神、劫煞星，照巨門、天鉞、天喜星。

（天機星雖然化祿並不旺，天梁星爆旺、照擎羊，說明並不聰明，智力一般。火星巨門天鉞天喜星說明官方不通過或者沒有地位等。）

2、判斷：平輩份中姊妹多於弟兄，總數量三或四個。

命主回饋：姊妹三個。

解析：兄弟宮天相陷落、鈴星、鳳閣、蜚廉星，照祿存、文曲、天貴星。兄弟宮的官祿宮在丑，華蓋星陷落，照武曲、貪狼星。（天相鈴星說明平輩中的男性很少或者沒有。武曲貪狼說明女性多，武曲星五行屬性為金，金五行之數為4或9，金五行休囚於丑所以取4數。也就是三個左右。）

3、判斷：婚後頭胎是女孩。

命主回饋：是的。

解析：子女宮武曲、貪狼、天月星。（武曲貪狼說明後代中頭胎是女孩。）

4、判斷：結婚時間應該是2013年。

命主回饋：對。

解析：流年 2013 年命宮在寅位，火星、紅鸞、八座、解神星，照巨門、天鉞、天喜、天福星。（紅鸞天喜巨門說明是同居或者結婚了。）

5、判斷：2017 年財運不好，辭職或者換工作。

命主回饋：對。

解析：2017 年流年命宮在午位，大運戊干天機化忌。流年丁干太陰化祿、天機化科、天同化權。命宮天同化權、太陰化忌化祿、截空、大耗星，流年官祿宮在戌位，天機化祿化忌、天梁化權、地劫、天德星。（天同和太陰都是較弱的，四化以後仍然不旺，說明這一年雖然努力了但是還是沒有很好的改善。天梁星爆旺擎羊，說明辭職了。天機化祿化忌說明變動地點和職業。）

例題10（觸及盤）

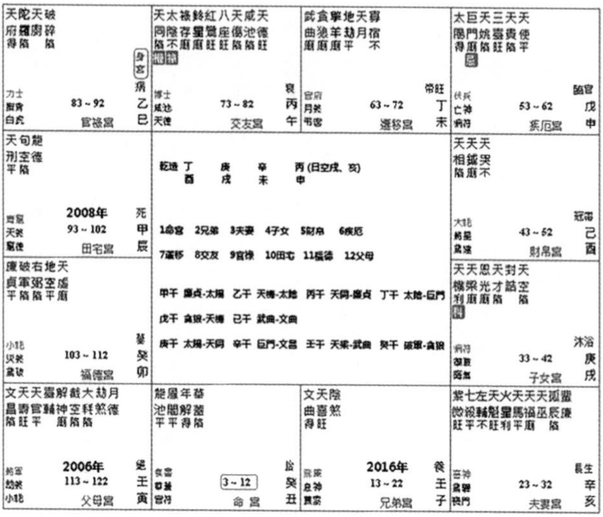
天陀天破
府羅廚碎
得陷 陷
身宮
力士 83～92 病 乙巳 官祿宮
天太祿鈴紅八天咸天
同陰存星鸞座傷池德
陷不廟廟旺旺陷陷旺
博士 73～82 衰 丙午 交友宮
武貪擎地天寡
曲狼羊劫月宿
廟廟廟平 不
官府 63～72 帝旺 丁未 遷移宮
太巨天三天天
陽門姚臺貴使
得廟陷旺陷平
伏兵 53～62 臨官 戊申 疾厄宮
天旬龍
刑空德
平陷
2008年 93～102 死 甲辰 田宅宮
乾造 丁 庚 辛 丙(日空戌、亥)
酉 戌 未 申
1命宮 2兄弟 3夫妻 4子女 5財帛 6疾厄
7遷移 8交友 9官祿 10田宅 11福德 12父母
甲干 廉貞-太陽 乙干 天機-太陰 丙干 天同-廉貞 丁干 太陰-巨門
戊干 貪狼-天機 己干 武曲-文曲
庚干 太陽-天同 辛干 巨門-文昌 壬干 天梁-武曲 癸干 破軍-貪狼
天天天
相鉞哭
陷廟不
大耗 43～52 冠帶 己酉 財帛宮
廉破右地天
貞軍弼空虛
平陷陷平廟
小耗 103～112 墓 癸卯 福德宮
天天恩天封天
機梁光才誥空
利廟廟陷 陷
病符 33～42 沐浴 庚戌 子女宮
文天天臺解截大劫月
昌壽官輔神空耗煞德
陷旺平 廟陷陷
2006年 113～122 絕 壬寅 父母宮
龍鳳年華
池閣解蓋
平平得陷
3～12 胎 癸丑 命宮
文天陰
曲喜煞
得旺
2016年 13～22 養 壬子 兄弟宮
紫七左天火天天天孤蜚
微殺輔魁星馬福巫辰廉
旺平不旺利平廟 陷
喜神 23～32 長生 辛亥 夫妻宮

1、判斷：第一學歷不高，但是個人比較努力，會有後續的學歷。

求測者回饋：是的，自修的，本科。

解析：官祿宮天府星。父母宮文昌、天官、台輔、劫煞星，照巨門化忌、三台星等。（天府星說明官方認為你為人踏實但是資質一般。天官台輔劫煞三台巨門星說明個人愛鑽研、愛學習，比較努力。總評學歷大專或者普通本科）

2、判斷：獨生子吧！

求測者回饋：是的。

解析：兄弟宮文曲、天喜、陰煞星，照祿存、鈴星等。（陰煞鈴星祿存星說明很少受到弟兄輩份的關愛，也就是孤獨一人，沒有其他兄弟姊妹。）

3、判斷：2006年有口舌是非。

求測者回饋：對。

解析：2006年流年命宮在寅位，文昌、天官、台輔、劫煞星，照巨門化忌、三台星。（天官台輔巨門化忌說明會有是非口舌等。）

4、判斷：2008年有官非或者失業的情況。

求測者回饋：是官非。

解析：2008年流年命宮在辰位，天刑星，照天機化科化忌、天梁、恩光、封誥星。流年官祿宮在申位，太陽不旺、巨門化忌、三台星等。（天刑巨門化忌太陽星不旺，說明有官非。天機化忌天梁星說明會辭職失去工作機會、離開崗位等。）

5、判斷：2016年事業不穩定、破財等。

求測者回饋：換工作、破財。

解析：2016年命宮在子位，文曲、天喜、陰煞星，照祿存、鈴星。流年官祿宮在辰位，天刑星，照天機化科化權、天梁、恩光星。（天刑天機化科化權天梁星說明換工作。鈴星祿存星說明破財。）

例題11（觸及盤）

巨陀鈴三天破 門羅星臺廚碎 旺陷廟陷 平 （圈） 官府　　2008年　　長生 龍德　　34~43　　乙 白虎　　　　　　　巳 田宅宮	廉天祿地紅咸天 貞相存劫鸞池德 平廟廟廟旺陷旺 博士　　44~53　　沐浴 歲破　　　　　　　丙 天德　官祿宮　　午	天擎天天寡 梁羊傷月宿 旺廟陷旺 不 力士　　54~63　　冠帶 月煞　　　　　　　丁 弔客　交友宮　　未	七天恩 殺姚光 廟陷平 奇煞　　64~73　　臨官 亡神　　　　　　　戊 病符　遷移宮　　申
貪地天天旬龍 狼空刑貴空德 廟陷平旺陷陷 （身宮） 伏兵　　24~33　　養 天煞　　　　　　　甲 龍德　福德宮　　辰	坤造　丁　己　丙　乙（日空子、丑） 　　　酉　酉　辰　未 1命宮　2兄弟　3夫妻　4子女　5財帛　6疾厄 7遷移　8交友　9官祿　10田宅　11福德　12父母		天天天八天對天 同鉞壽座使詁哭 平廟廟廟　不 小耗　　2012年　　帝旺 飛廉　　74~83　　己 喜神　疾厄宮　　酉
太右文昌鳳 陰弼曲　閣 陷陷利廟 （圈） 大耗　　14~23　　胎 災煞　　　　　　　癸 歲建　父母宮　　卯	甲干　廉貞-太陽　乙干　天機-太陰　丙干　天同-廉貞　丁干　太陰-巨門 戊干　貪狼-天機　己干　武曲-文曲 庚干　太陽-天同　辛干　巨門-文昌　壬干　天梁-武曲　癸干　破軍-貪狼		武天天 曲喪空 廟陷陷 將軍　　84~93　　衰 天煞　　　　　　　庚 晦氣　財帛宮　　戌
紫天天解天大劫月 微府神空科煞德 旺廟平廟陷陷 病符　　(4~13)　　絕 劫煞　　　　　　　壬 小耗　命宮　　　寅	天龍鳳天嘉年華 機池閣廚輔蓋 陷平平陷 旺陷 奏書　　114~123　墓 息神　　　　　　　癸 官符　兄弟宮　　丑	破天陰 軍喜煞 廟旺 蜚廉　　104~113　死 華蓋　　　　　　　壬 貫索　夫妻宮　　子	太左文天天天天孤翰 陽輔昌魁才福巫辰廉 陷不旺旺廟平廟廟 喜神　　94~103　病 歲驛　　　　　　　辛 喪門　子女宮　　亥

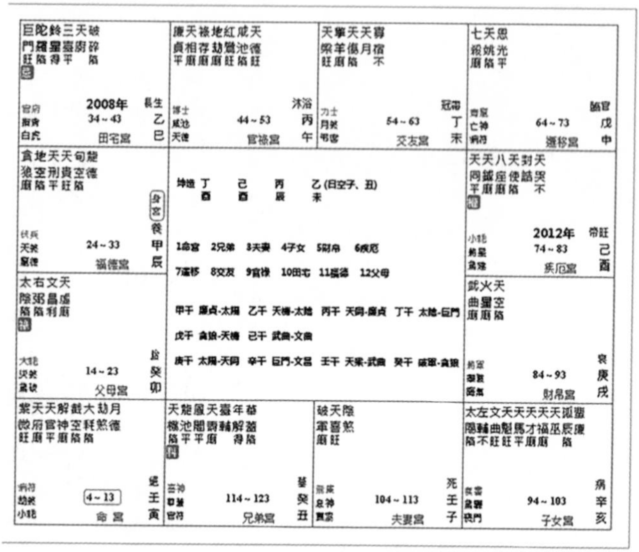

1、

判斷：學歷一般，大專或者普通本科。

求測者回饋：普通本科。

解析：命宮紫微、天府、天官、劫煞星，照七殺爆旺。福德宮貪狼、天官星，照武曲、火星。（天府七殺爆旺，說明自愛自強、積極向上。貪狼星說明心性聰明但是比較重視物質享受。總評學歷一般，大專或者普通本科。）

2、

判斷：獨生女，沒有兄弟姊妹。

求測者回饋：是的。

解析：兄弟宮天機陷落化科、龍池、

鳳閣星，照天梁、擎羊、天月星等。（天機星陷落天梁擎羊天月星，說明有兄弟姊妹被流產，只有自己被父母獨愛。）

3、判斷：婚後第一胎孩子為男孩。

求測者回饋：是的。

解析：子女宮太陽、左輔、天魁、天福星等，照巨門鈴星。（巨門鈴星說明不是女孩，太陽左輔天魁星說明是男孩。）

4、判斷：2008年有婚姻。

求測者回饋：是的。

解析：2008年流年命宮在巳位，流年夫妻宮在卯位，太陰化祿、文昌星等。（太陰化祿文昌星說明結婚辦理結婚登記了。）

5、判斷：2012年感情不好有分居或者婚姻破裂的風險。

求測者回饋：2012年離婚。

解析：本命夫妻宮破軍、天喜（破軍天喜說明會離婚）。2012年流年命宮在酉位，流年夫妻宮在未位，天梁化祿、擎羊、天傷、天月、寡宿星。（爆旺的天梁星擎羊天傷寡宿星，說明橫下一條心、婚姻破裂、獨臥等。）

6、判斷：2017年破財或者破費多。

求測者回饋：2017年花費相當大。

解析：財帛宮武曲火星，照貪狼星。（貪狼星說明為了更好的享受生活；武曲火星說明花錢如流水，花錢很莽撞等。）

例題 12

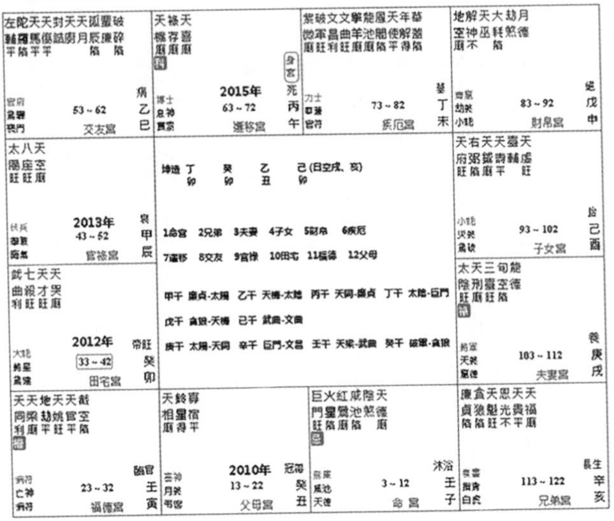

左陀天天封天天孤蜚破
輔羅馬傷誥廚月辰廉碎
53～62
交友宮
病 乙 巳
天祿天
機存喜
2015年
63～72
遷移宮
身宮
死 丙 午
紫破文文擎龍鳳天年華
微軍昌曲羊池閣使解蓋
73～82
疾厄宮
墓 丁 未
地解天大劫月
空神巫耗煞德
83～92
財帛宮
絕 戊 申
太八天
陽座空
2013年
43～52
官祿宮
衰 甲 辰
坤造 丁 癸 乙 己(日空戌、亥)
卯 卯 丑 卯
1命宮 2兄弟 3夫妻 4子女 5財帛 6疾厄
7遷移 8交友 9官祿 10田宅 11福德 12父母
甲干 廉貞-太陽 乙干 天機-太陰 丙干 天同-廉貞 丁干 太陰-巨門
戊干 貪狼-天機 己干 武曲-文曲
庚干 太陽-天同 辛干 巨門-文昌 壬干 天梁-武曲 癸干 破軍-貪狼
天右天天臺天
府弼鉞壽輔虛
93～102
子女宮
胎 己 酉
武七天天
曲殺才哭
2012年
33～42
田宅宮
帝旺 癸 卯
太天三旬龍
陰刑臺空德
103～112
夫妻宮
養 庚 戌
天天地天天截
同梁劫姚官空
23～32
福德宮
臨官 壬 寅
天鈴寡
相星宿
2010年
13～22
父母宮
冠帶 癸 丑
巨火紅咸陰天
門星鸞池煞德
3～12
命宮
沐浴 壬 子
廉貪天恩天天
貞狼魁光貴福
113～122
兄弟宮
長生 辛 亥

1、判斷：說話直來直去，心思敏捷，有才華，人聰明。

命主回饋：很對。

解析：命宮巨門化忌、紅鸞星，照天機化科、祿存、天喜星。福德宮天同化權、天梁、天姚星。（巨門化忌天梁星，說明話多，直來直去的。天機化科祿存說明聰明智慧。）

2、判斷：學歷不低於本科。

命主回饋：是的，本科。

解析：命宮巨門化忌、紅鸞星，照天機化科、祿存、天喜星。官祿宮太陽、八座、天空星，照太陰化祿、天刑、三台星。福德宮天同化權、天梁、天姚星。（天機化科祿存天喜星說明有較高學歷。太陽三台太陰化祿說明有學位、有出息。天梁天同天姚星說明心性通達智慧。總評學歷較高，最低本科。

3、判斷：2010年事業不順利、換工作等。

命主回饋：是的。

解析：2010年流年命宮在丑位，天相、鈴星，照紫微、破軍、文曲、文昌、龍池、風閣星。流年官祿宮在巳位，左輔、天馬平勢、天傷、封誥、天月星。（天相鈴星破軍紫微星說明辭職或者跳槽等。文曲文昌龍池鳳閣星說明換工作、工作不穩定等。左輔天馬天傷封誥天月星說明事業運低落，沒有很好的發揮空間。）

4、判斷：2012年有戀愛，但是不算順利。

命主回饋：有，是的。

解析：2012年流年命宮在卯位，流年夫妻宮在丑位，天相、鈴星，照紫微、破軍、文曲、文昌、龍池、風閣星。（天相文曲文昌龍池鳳閣星表示有戀愛，談情說愛等。）

5、判斷：2013年事業有良好的變動，才能得到發揮。

命主回饋：是的。

解析：2013年流年命宮在辰位，太陽、八座、天空星，照太陰化祿、天刑、三台星。流年官祿宮在申位，地空、天巫、劫煞星，照天梁、天姚星等。2013年癸干太陰化科。（太陽太陰化祿化科八座星說明工作有好的調整。天梁星說明被領導的認可。劫煞天刑星說明競爭激烈需要努力。）

6、判斷：2015年事業順利、職位有升遷等。

命主回饋：是的，很順利。

解析：2015年流年命宮在午位，天機化科祿存天喜星，照巨門紅鸞星。流年官祿宮在戌位，太陰化祿天刑三台星，照太陽八座星。2015 年乙天機化祿干太陰化忌。（天機化祿祿存天喜說明收入增加了、有外財等。天刑三台太陽八座星說明職位升遷等。）

例題13（觸及盤）

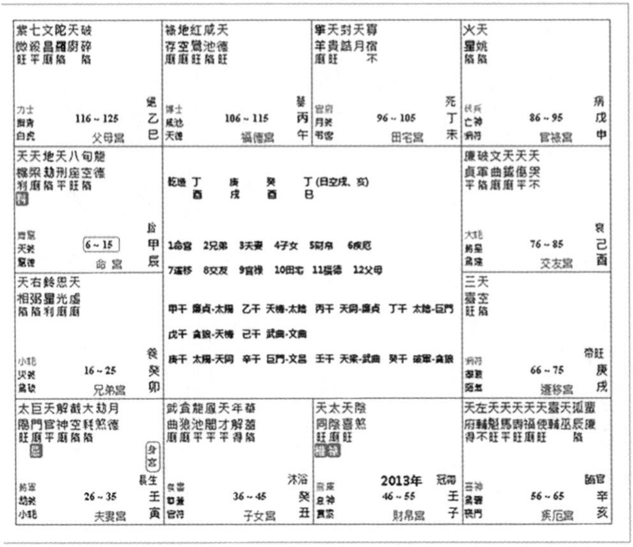
紫微 七殺 文昌 陀羅 天廚 破碎
力士 116～125 乙巳 父母宮
祿存 地空 紅鸞 咸池 天德
博士 106～115 丙午 福德宮
擎羊 天貴 封誥 天月 寡宿
官府 96～105 丁未 田宅宮
火星 天姚
伏兵 86～95 戊申 官祿宮
天機 天梁 地劫 天刑 八座 旬空 龍德
6～15 甲辰 命宮
廉貞 破軍 文曲 天鉞 天傷 天哭
大耗 76～85 己酉 交友宮
天相 右弼 鈴星 恩光 天虛
小耗 16～25 癸卯 兄弟宮
三台 天空
66～75 庚戌 遷移宮
太陽 巨門 天官 解神 截空 大耗 劫煞 月德
身宮
長生
26～35 壬寅 夫妻宮
武曲 貪狼 龍池 鳳閣 天才 年解 華蓋
沐浴
36～45 癸丑 子女宮
天同 太陰 天喜 陰煞
2013年 冠帶
46～55 壬子 財帛宮
天府 左輔 天魁 天馬 天壽 天福 天使 台輔 天巫 孤辰 蜚廉
臨官
56～65 辛亥 疾厄宮
乾造 丁 庚 癸 丁(日空戌、亥)
酉 戌 酉 巳
1命宮 2兄弟 3夫妻 4子女 5財帛 6疾厄
7遷移 8交友 9官祿 10田宅 11福德 12父母
甲干 廉貞-太陽 乙干 天機-太陰 丙干 天同-廉貞 丁干 太陰-巨門
戊干 貪狼-天機 己干 武曲-文曲
庚干 太陽-天同 辛干 巨門-文昌 壬干 天梁-武曲 癸干 破軍-貪狼

1、判斷：學歷一般，大專或者普通本科。

求測者回饋：大專。

解析：命宮天機化科、天梁星爆旺、天刑、八座。父母宮紫微、文昌、天廚星。官祿宮火星、天姚陷落，照太陽、巨門、劫煞星。（天機利勢化科天梁星爆旺，說明智慧一般但是能勉強通過。太陽巨門星旺，說明有出息、有能力。紫微文昌星旺，說明學習踏實會有學歷。總評大專或普通本科。）

2、**判斷**：媒體網絡或者自由職業等。

求測者回饋：自由職業者。

解析：官祿宮火星、天姚陷落，照太陽、巨門、劫煞星。（太陽巨門星說明是傳媒或者網路性質的工作，或者是能自由出門的那種職業。）

3、**判斷**：2013 年登記結婚的。

求測者回饋：對。

解析：2013 年流年命宮在子位，流年癸干太陰化科。本命四化在這年被關閉。命宮坐落天同、太陰化科、天喜星，照祿存、紅鸞、天德、地空星。流年夫妻宮在戌位，三台星，照天梁、八座星。（太陰化科天喜紅鸞星表示戀愛和結婚。天梁三台八座星說明去民政局辦理了。）

4、判斷：2017年消費比較大。

求測者回饋：消費確實很大。

解析：2017年流年財帛宮在子位，天同化權、太陰化祿、天喜星，照祿存、地空、紅鸞星。（天同和太陰星都是爆旺的，與紅鸞天喜組合，表示歡樂送出、與天同樂。祿存地空星表示花費、破費等。）

例題14（觸及盤）

天陀天天天破 府羅刑巫廚碎 旺陷　陷　陷 官府 指背　112~121 白虎　　兄弟宮 　　　　　　邑乙巳	天太文祿紅封成天 同陰昌存鸞語池德 陷不陷旺　陷　旺 博士 咸池　[2~11] 天德　　命宮 　　　　　　壬丙午	武食擊火地八尋 曲狼羊星空座 廟廟利平平不 力士 月煞　12~21 弔客　　父母宮 　　　　　　壬丁未	太巨文 陽門曲 得廟得 奏書 亡神　22~31 病符　　福德宮 　　　　長生戊申
解旬龍 神空德 廟陷 伏兵 天哭　102~111 龍德　　夫妻宮 　　　　葵甲辰	坤造　丁　辛　己　戊（日空戌，日） 　　　酉　亥　亥　辰 1命宮　2兄弟　3夫妻　4子女　5財帛　6疾厄 7遷移　8交友　9官祿　10田宅　11福德　12父母		天天天 相鉞姚 陷廟廟不 小耗 將星　32~41 白虎　　田宅宮 　　　　沐浴己酉
廉破地天天 貞軍劫才虛 平陷平旺廟 大耗 災煞　2014年 晦氣　92~101 　　　子女宮 　　　死葵卯	甲干　廉貞-太陽　乙干　天機-太陰　丙干　天同-廉貞　丁干　太陰-巨門 戊干　貪狼-天機　己干　武曲-文曲 庚干　太陽-天同　辛干　巨門-文昌　壬干　天梁-武曲　癸干　破軍-貪狼		天天擎陰 機梁羊煞 利廟陷 將軍 攀鞍　42~51 歲建　　官祿宮 　　　　冠帶庚戌
右鈴天天截大劫月 弼星貴官空耗煞德 旺廟平平　陷陷 病符 劫煞　82~91 小耗　　財帛宮 　　　　病壬寅	龍鳳天年華 池閣使解蓋 平平陷陷旺 喜神 華蓋　72~81 官符　　疾厄宮（身宮） 　　　　衰葵丑	左天恩 輔喜光 旺旺平 飛廉 息神　62~71 貫索　　遷移宮 　　　　帶旺王子	紫七天天天天天地靈 微殺魁鉞馬禍傷辰虛 旺平旺平平廟陷 大耗 歲驛　2010年 喪門　52~61 　　　交友宮 　　　臨官辛亥

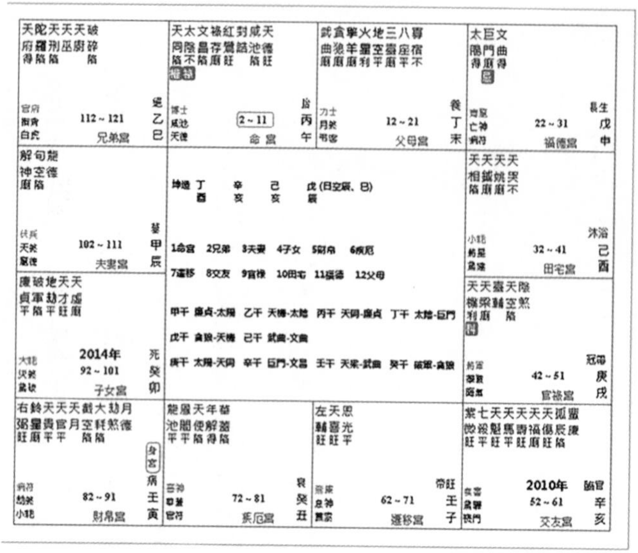

1、判斷：學歷不低於本科。

求測者回饋：是的，本科。

解析：福德宮巨門廟勢化忌、文曲、太陽星，照右弼、鈴星。官祿宮天機化科、天梁、台輔星。（巨門文曲星說明愛研究、有才華。天梁台輔星說明能順利通過；天機星利勢化科說明智力一般。命宮無凶星。總評本科學歷。）

2、判斷：你的工作是計算和管理性質的，應該是執法單位。

求測者回饋：行政單位，監察部門。

解析：官祿宮天機化科、天梁、台輔星。（天梁星台輔星說明是執法和管理單位；天機化科說明利用檔或者有計算參與的工種。）

3、判斷：2010年有戀愛。

求測者回饋：2010年初戀，一直到現在。

解析：2010年流年命宮在亥位，流年夫妻宮在酉位，天相、天鉞、天姚星。（天相天姚星，說明有戀愛的機會。）

4、判斷：2014年感情不順利。

求測者回饋：是的，一直都不順利。

解析：2014年流年命宮在卯位，地劫、天虛星，照天鉞、天姚星。流年夫妻宮在丑位，龍池、鳳閣星，照武曲、貪狼、擎羊、三台、八座星。（地劫天虛天鉞天姚武曲擎羊星，說明戀愛不順利。三台八座說明異地戀。武曲貪狼說明感情風波。）

5、判斷：2017年破費較多。

求測者回饋：破費多，買藥，母親身體不好。自己身體也不好。

解析：2017年財帛宮在寅位，右弼、鈴星、天月、劫煞星，照巨門、文曲星。（鈴星天月劫煞巨門星，說明因為健康問題破費較多。）

例題15（觸及盤）

官祿宮（乙巳）83~92	交友宮（丙午）73~82	遷移宮（丁未）63~72	疾厄宮（戊申）53~62
陀天三恩天天天破 羅刑臺光貴巫廚碎 陷陷平平　平 力士 指背 白虎	天祿紅天咸天 機存鸞傷池德 廟廟 博士 天德	紫破擎鈴寡 微軍羊星宿 廟廟　廟不 官府 月煞 书宮 帝旺　身宮	地天 劫使 平平 伏兵 亡神 病符 臨官
田宅宮（甲辰）93~102 太天解旬蜚 陽魁神空廉 旺廟陷陷 青龍 天煞 龍德 死	乾造　丁　庚　丁　己（日空辰、巳） 　　　酉　戌　丑　巳 1命宮　2兄弟　3夫妻　4子女　5財帛　6疾厄 7遷移　8交友　9官祿　10田宅　11福德　12父母 甲干 廉貞-太陽　乙干 天機-太陰　丙干 天同-廉貞　丁干 太陰-巨門 戊干 貪狼-天機　己干 武曲-文曲 庚干 太陽-天同　辛干 巨門-文昌　壬干 天梁-武曲　癸干 破軍-貪狼		**財帛宮（己酉）43~52** 天府鑑姚座天哭 旺廟廟　不 大耗 將星 龍德 冠帶
福德宮（癸卯）103~112 武七臺天 曲殺輔虛 利旺　廟 小耗 災煞 喪門			**子女宮（庚戌）33~42** 太天天陰 陰才空煞 廟陷陷 病符 攀鞍 晦氣 沐浴
父母宮（壬寅）113~122 天天右地天天劫月 同梁弼空神截煞德 旺陷陷干　陷陷 將軍 劫煞 小耗	**命宮（癸丑）3~12** 天文文龍鳳年華 相昌曲池閣解 廟廟廟平平平陷 奏書 華蓋 官符	**兄弟宮（壬子）13~22** 巨左火天 門輔星喜 旺旺旺旺 2016年 飛廉 息神 貫索	**夫妻宮（辛亥）23~32** 廉貪天天封蜚廉 貞狼喜馬誥廉康 陷陷平平廟　廟 奏神 田符 貫索 長生

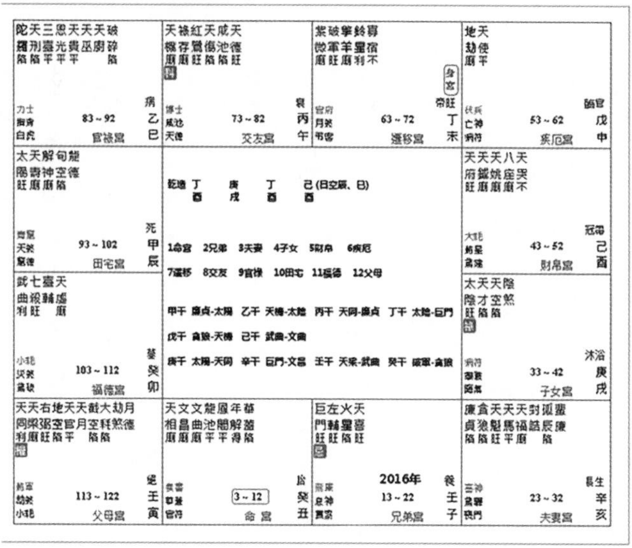

1、判斷：學歷不高，專科。

求測者回饋：是的。

解析：命宮天相、文昌、文曲、龍池、鳳閣星，照紫微、破軍、擎羊星。父母宮天同化權、天梁、右弼、劫煞星。（天相文昌文曲紫微破軍擎羊星，說明學歷一般。天梁右弼劫煞星，說明學習踏實認真。）

2、判斷：沒有穩定工作。

求測者回饋：自己創業。

解析：官祿宮沒有主星而且宮氣陷落，三台、天巫、天廚星。（三台天巫、天廚星說明沒有固定工作。）

3、判斷：2016年破財。

求測者回饋：是的，2016年做事虧損幾萬元。

解析：2016年流年命宮在子位，流年財帛宮在申位，地劫星，照天梁、右弼、天月、劫煞、月德星。（地劫劫煞說明破財；天梁右弼說明財來財去。）

4、判斷：2017年財運較好一些。

求測者回饋：今年事業比去年好點。

解析：2017年財帛宮在酉位，天府、天鉞、八座星，照七殺、台輔星。（天府天鉞八座台輔星，說明有所收穫。）

5、判斷：你不是獨生子，還有一個異性手足。

求測者回饋：有個姊姊。

解析：兄弟宮巨門化忌、左輔、天喜星。（左輔星說明還有其他兄弟姊妹，自己不是獨生子。巨門星說明是女性，也就是還有一個姊妹。）

例題16（觸及盤）

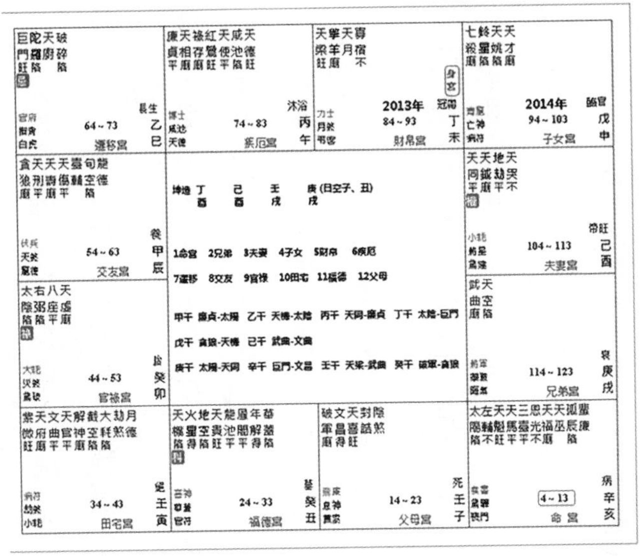

巨陀天破 門羅廚碎 旺陷 陷 官府 貫索 白虎 64～73 長生 乙巳 遷移宮
廉天祿紅天咸天 貞相存鸞使池德 平廟廟旺平陷旺 博士 74～83 沐浴 丙午 疾厄宮
天擎天寡 梁羊月宿 旺廟 不 力士 2013年 84～93 冠帶 丁未 身宮 財帛宮
七鈴天天 殺星姚才 廟陷陷廟 2014年 94～103 臨官 戊申 子女宮
貪天天天臺旬龍 狼刑壽傷輔空德 廟平廟平 陷 54～63 養 甲辰 交友宮
坤造 丁 己 壬 庚（日空子、丑） 酉 酉 戌 戌
1命宮 2兄弟 3夫妻 4子女 5財帛 6疾厄
7遷移 8交友 9官祿 10田宅 11福德 12父母
甲干 廉貞-太陽 乙干 天機-太陰 丙干 天同-廉貞 丁干 太陰-巨門
戊干 貪狼-天機 己干 武曲-文曲
庚干 太陽-天同 辛干 巨門-文昌 壬干 天梁-武曲 癸干 破軍-貪狼
天天地天 同鉞劫哭 平廟平不 104～113 帝旺 己酉 夫妻宮
太右八天 陰弼座虛 陷陷平廟 44～53 胎 癸卯 官祿宮
武天 曲空 廟陷 114～123 衰 庚戌 兄弟宮
紫天文天解截大劫月 微府曲官神空耗煞德 旺廟平平廟陷陷 34～43 絕 壬寅 田宅宮
天火地天龍屆年華 機星空貴池閣解蓋 陷得陷旺平平得陷 24～33 墓 癸丑 福德宮
破文天封陰 軍昌喜誥煞 廟得旺 14～23 死 壬子 父母宮
太左天天三恩天天孤蜚 陽輔魁馬臺光福巫辰廉 陷不旺平平不廟 陷 4～13 病 辛亥 命宮

1、判斷：你學歷低。

求測者回饋：是的，技校。

解析：官祿宮太陰陷落化祿、八座、天虛星。父母宮破軍、文昌、封誥、陰煞星。福德宮天機陷落化科、火星，照天梁、擎羊星。（太陰陷落化祿天虛，說明官方認為沒有才華。破軍文昌封誥，說明不愛學習。天機陷落化科天梁擎羊，說明智力較低、不開竅。總評學歷低。）

2、判斷：婚姻不好，最少兩次婚姻。

求測者回饋：已經是第二次了，現

在經常吵架、沒有感情、想離婚。

解析：夫妻宮天同化權、天鉞、地劫、天哭星。（天哭星說明因為感情的事情而苦惱。天鉞星說明目前已經是第二次婚姻。天同化權說明夫妻形同陌路。）

3、**判斷**：目前沒有穩定工作。

求測者回饋：是的。

解析：官祿宮太陰陷落化祿、八座、天虛星。（太陰陷落化祿說明收入不多。八座天虛星說明經常變動工作。）

4、**判斷**：2013年感情不好有是非官司，感情很差甚至離婚。

求測者回饋：2013年離婚。

解析：2013年流年命宮在未位，天梁、擎羊、天月、寡宿星。流年夫妻宮巨門化忌化權天廚星。（天梁擎羊星說明是非官非等。寡宿星說明獨自一人。巨門化忌化權說明夫妻口舌是非甚至分道揚鑣。）

5、判斷：2014 年有戀愛或者說感情上的進展。

求測者回饋：2014 年第二次結婚。

解析：2014 年流年命宮在申位，流年夫妻宮在午位，天相、祿存、紅鸞、天使、天德星，照破軍化權、文昌、天喜星，加會天府星。（天相祿存紅鸞天使文昌天喜星，說明感情上有好的機會、戀愛或者結婚等。）

廉貪文陀天天孤嚴破 貞狼昌羅馬傷辰康碎 陷陷廟廟平　陷 官府　　2014年 飛廉　53～62 喪門　　　交友宮　病乙巳	巨祿地天 門存空喜 旺廟陷廟 博士 息神　63～72 貫索　　遷移宮　死丙午	天左右擎恩龍陰天對年華 相輔弼羊光池使詰解蓋 得廟廟陷廟陷陷陷平　得 力士　　2016年 華蓋　73～82 官符　　疾厄宮　墓丁未	天天陰大劫月 梁鉞煞耗煞德 旺旺 青龍 劫煞　83～92 小耗　　財帛宮　絕戊申
太地天八天 陰劫姚座空 陷陷旺旺廟 伏兵　　2013年 弔客　43～52 病符　　官祿宮　衰甲辰	坤造　丁　乙　甲　己(日空申、酉) 　　　卯　巳　戌 1命宮　2兄弟　3夫妻　4子女　5財帛　6疾厄 7遷移　8交友　9官祿　10田宅　11福德　12父母		武七文天蜚 曲殺曲誠廉 利旺廟廟旺 小耗 災煞　93～102 歲破　　子女宮　帝旺己酉
天鈴天天 府星才哭 旺利旺廟 大耗 將星　33～42 歲建　　田宅宮　帝旺癸卯	甲干　廉貞-太陽　乙干　天機-太陰　丙干　天同-廉貞　丁干　太陰-巨門 戊干　貪狼-天機　己干　武曲-文曲 庚干　太陽-天同　辛干　巨門-文昌　壬干　天梁-武曲　癸干　破軍-貪狼		太三解旬鳳 陽台神空閣 不旺陷 將軍 天煞　103～112 龍德　　夫妻宮　病庚戌 身宮
火天地截 星官月空 廟廟　平 病符 亡神　23～32 病符　　福德宮　臨官壬寅	紫破天寡 微軍官宿 廟旺廟平 喜神 月煞　13～22 弔客　　父母宮　冠帶癸丑	天紅天咸天 機鸞刑池德 廟廟廟陷廟 飛廉　　2009年 咸池　3～12 天德　　命宮　沐浴壬子	天天天臺天 魁貴福輔巫 旺旺平 奏書 指背　113～122 白虎　　兄弟宮　長生辛亥

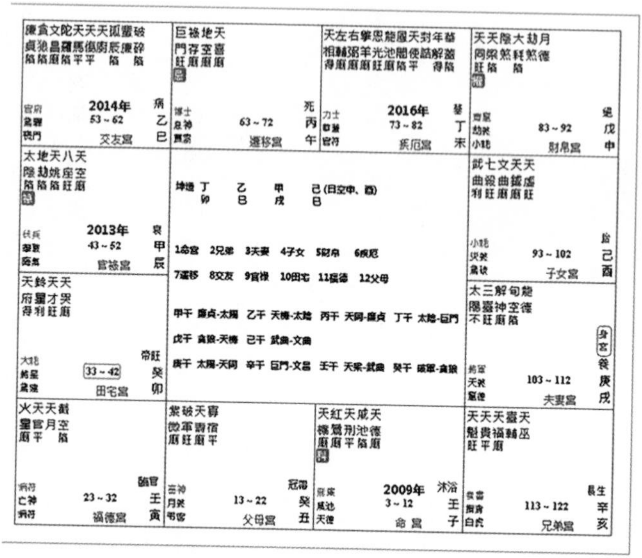

1、判斷：學歷低，中專中學檔次。

命主回饋：對。

解析：命宮天機爆旺、紅鸞、天喜星，照巨門、祿存、地空、天同、劫煞星。官祿宮太陰化祿、八座、天空星。（天機紅鸞天喜星說明容易早戀。天機爆旺說明成績不好。巨門星說明善於分析和推理。八座天空星說明沒有地位。火星天同星說明資質平凡。總評學歷低。）

2、判斷：婚姻早，25歲之前結婚的，

比如 2009 年就有婚姻機會。

命主回饋：是的，2009 年結婚。

解析：命宮天機爆旺、紅鸞、咸池星，照巨門化忌、天喜星。大運23—33的夫妻宮在子位，與本命盤命宮並臨。（天機爆旺紅鸞咸池巨門化忌天喜星，說明戀愛早結婚早。23—33大運命宮並臨，說明必定會在這個大運結婚，大運遷移宮在午位，天喜巨門化忌，說明婚姻在25歲之前。而 2009 年流年命宮在子位，命歲運三宮並臨，所以這一年結婚。）

3、判斷：你一生婚姻不順利，會有二次婚姻。比如 2013 年就很不利婚姻。

命主回饋：對，2013 年離婚的，然後這幾年一直單身，沒有姻緣出現。

解析：夫妻宮太陽不旺、三台、解神星。（解神太陽星說明解除婚姻。三台太陽星說明婚姻不是一次。2013 年流年命宮在辰位，大運庚干太陽化祿、太陰化科、天同化忌，流年癸干太陰化科。流年夫妻宮在寅位，火星天月星，照天同化權化忌。說明不在同一個屋簷下生活、分離了。太陰化科說明與第三者插足有關係才離婚的。）

4、**判斷**：2014年父母不順利，容易有破財和是非。

命主回饋：2014年父親發生車禍。

解析：2014年流年命宮在巳位，流年父母宮在午位，巨門化忌、地空、祿存星，照天機爆旺、紅鸞星。（巨門化忌天機爆旺說明容易出現車禍或者意外事故。地空祿存說明破財。）

5、**判斷**：2016年工作不穩定。財運也不好。

命主回饋：是的，這幾年每年都換一兩次工作，經濟上吃緊。

解析：2016年流年命宮在未位，天相、左輔、右弼、恩光、龍池、鳳閣、封誥、擎羊星，照紫微星。（紫微天相左輔右弼龍池鳳閣，說明職業不穩定和換工作等。擎羊封誥紫微星說明事業不順利、財運不好等。）

天陀天恩天天破 相羅刑光巫廚碎 得陷陷陷平　陷 官府 奔肩　34~43 白虎　　長生　乙巳 田宅宮	天祿鈴紅咸天 梁存星鸞池德 廟廟廟旺旺 博士　　　　　身宮 咸池　44~53 天殺　　沐浴　丙午 官祿宮	廉七擎地天寡 貞殺羊劫傷宿 利廟陷平陷不 力士 月煞　54~63　　2010年　冠帶 亡神　　　　　丁未 交友宮	 青龍 亡神　64~73 將星　臨官　戊申 遷移宮
巨三解旬蜚 門臺神空廉 陷廟廟陷 伏兵 指背　24~33 天德　　養　甲辰 福德宮	坤造　丁　庚　丙　丙（日空辰、巳） 　　　酉　戌　申　申 1命宮　2兄弟　3夫妻　4子女　5財帛　6疾厄 7遷移　8交友　9官祿　10田宅　11福德　12父母 甲干　廉貞-太陽　乙干　天機　丙干　天同-廉貞　丁干　太陰-巨門 戊干　貪狼-天機　己干　武曲-文曲 庚干　太陽-天同　辛干　巨門-文昌　壬干　天梁-武曲　癸干　破軍-貪狼		天天天天 鉞姚使哭 廟廟旺不 小耗 咸池　74~83 息神　帝旺　己酉 疾厄宮
紫貪地天天天 微狼空貴壽廟 旺利平旺廟廟 大耗 天煞　14~23 災煞　沐浴　壬癸卯 父母宮			天八封天陰 哭座誥空煞 平平　　陷 將軍 劫煞　84~93 華蓋　衰　庚戌 財帛宮
天太右文天載大劫月 機陰弼昌官輔月空科煞德 得旺旺陷平　陷 （身主） 奏書 劫煞　[4~13] 小耗　絕　王寅 命宮	天龍鳳年華 府池閣解蓋 廟平平得陷 蜚神 亡神　114~123 官符　胎　癸丑 兄弟宮	太左文天 陽輔曲喜 陷旺旺旺 病符 息神　104~113　　2015年　死　王子 歲建 夫妻宮	武火火天天孤籠 曲羊鈴馬才福辰康 平平利利平廟廟陷 飛廉 指背　94~103 歲驛　病　辛亥 子女宮

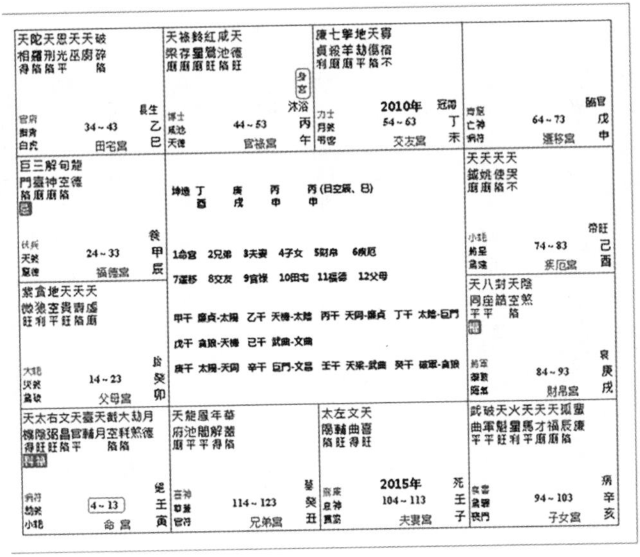

1、判斷：學歷本科。

求測者回饋：本科，是重點院校。

解析：天機化科、太陰化祿、右弼、文昌、劫煞星。官祿宮天梁、祿存、鈴星、紅鸞星，照左輔、文曲星。

（天機化科太陰化祿右弼文昌天梁左輔文曲星，說明人聰明、學歷好。鈴星天梁說明不會是碩士以上學歷。總評一本學歷。）

2、判斷：在企業上班的，工作環境較好但是收入一般。

求測者回饋：在中央類型大企業上班。工資不算高。

解析：官祿宮天梁、祿存、鈴星、紅鸞星，照左輔、文曲星。（天梁祿存鈴星左輔文曲星，說明是管理性質或者傳統大單位。天梁鈴星說明是企業而不是機關。祿存鈴星說明薪水一般。）

3、**判斷**：2010年財運較差。事業低迷。

求測者回饋：2010年自己創業失敗，折騰破財。

解析：2010年流年命宮在未位，廉貞七殺擎羊地劫天傷星，照天府星。流年官祿宮武曲破軍天魁火星。（廉貞七殺擎羊地劫天府星，說明這一年破財。武曲破軍火星，說明創業失敗了。）

4、**判斷**：2015年事業運氣不好，比較苦悶，容易有口舌。

求測者回饋：2015年工作地點有調整，但是壓力大，被欺負，很苦悶。

解析：2015年流年命宮在子位，左輔、文曲、天喜星，照天梁化權、祿存、鈴星、紅鸞星。流年官祿宮在辰位，巨門化忌、三台、解神星。（左輔文曲天梁化權，說明工作調整變動。天梁星鈴星左輔星說明變動以後沒有很好的改善。巨門化忌解神星說明鬱悶。）

5、判斷：姊妹一個或者獨生女。

求測者回饋：獨生女。

解析：兄弟宮天府、龍池、鳳閣平勢，照七殺、擎羊星。（龍池鳳閣平勢說明家裡不熱鬧、人少。天府七殺擎羊說明平輩中男性少或者沒有。）

例題19（觸及盤）

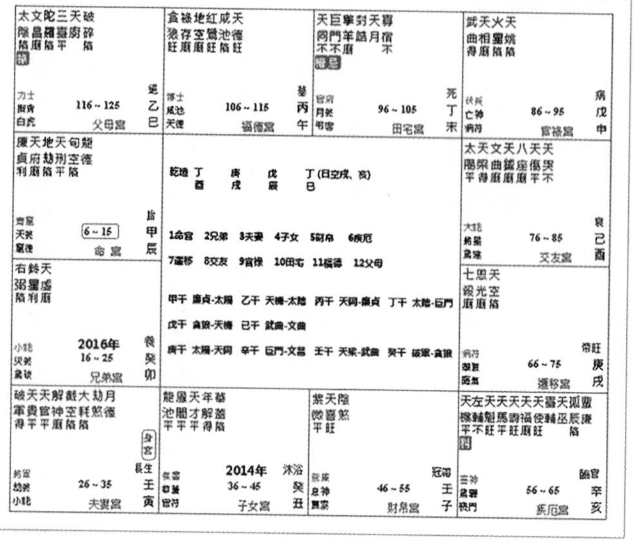

太文陀三天破 陰昌羅臺廚碎
116～125 乙巳 父母宮
貪祿地紅咸天 狼存空鸞池德
106～115 丙午 福德宮
天巨擎封天寡 同門羊誥月宿
96～105 丁未 田宅宮
武天火天 曲相星姚
86～95 戊申 官祿宮
廉天地天旬龍 貞府劫刑空德
6～15 甲辰 命宮
乾造 丁 庚 戊 丁(日空戌、亥) 酉 戌 辰 巳
1命宮 2兄弟 3夫妻 4子女 5財帛 6疾厄
7遷移 8交友 9官祿 10田宅 11福德 12父母
甲干 廉貞-太陽 乙干 天機-太陰 丙干 天同-廉貞 丁干 太陰-巨門
戊干 貪狼-天機 己干 武曲-文曲
庚干 太陽-天同 辛干 巨門-文昌 壬干 天梁-武曲 癸干 破軍-貪狼
太天文天八天天 陽梁曲鉞座傷哭
76～85 己酉 交友宮
右鈴天 弼星虛
2016年 16～25 癸卯 兄弟宮
七恩天 殺光空
66～75 庚戌 遷移宮
破天天解截大劫月 軍貴官神空耗煞德
26～35 壬寅 夫妻宮
龍鳳天年華 池閣才解蓋
2014年 36～45 癸丑 子女宮
紫天陰 微喜煞
46～55 壬子 財帛宮
天左天天天天蜚天孤蜚 機輔魁馬壽福使輔巫辰廉
56～65 辛亥 疾厄宮

1、判斷：學歷還可以，能有本科學歷。

求測者回饋：是的，本科。

解析：官祿宮天相、天姚星。父母宮太陰化祿、文昌、三台星。福德宮貪狼星。（天相天姚說明有官方認可的畢業證書等。太陰化祿文昌三台星說明有較高才華、有學歷。貪狼星說明有才華、腦筋靈活。總評學歷不低於本科。）

2、判斷：在商業或者企業中工作，做管理類工作，有點權力。

求測者回饋：在很牛逼的大企業，做管理。

解析：官祿宮武曲、天相、火星，照破軍、劫煞星。（武曲旺勢說明單位經濟效益好。天相火星說明做管理，是掌印的人。破軍劫煞說明地位不是很高，應該是中層管理人員。）

3、判斷：2014 年有戀愛或者結婚。

求測者回饋：2014 結婚。

解析：2014 年流年命宮在丑位，龍池、鳳閣、天才星，照天同化權、擎羊、封誥星。流年夫妻宮在亥位，天機化科、左輔、天魁、天福、台輔、天巫、天使星。（龍池鳳閣說明有戀愛。天機化科左輔天使天福星說明辦理結婚證件。台輔天魁天巫說明是民政管理局。）

4、判斷：2016 年財運有所增加，事業比較順利。

求測者回饋：對，2016 年漲工資了。

解析：2016年流年命宮在卯位，鈴星、天虛星，照天梁、文曲、天鉞、八座星。流年財帛宮在亥位，天機化科、左輔、天魁、天馬、天福、天巫星。（天梁文曲八座天鉞星說明事業上受人幫助、比較順心。左輔天魁天馬天福天巫星說明漲工資了。）

5、**判斷**：2017年事業穩定上升，會有調整。

求測者回饋：穩定，目前還沒有變動。

解析：官祿宮武曲天相星，照破軍劫煞星。（武曲破軍星說明會有變動。天相武曲星說明會是一次上升的變動。）

例題20（觸及盤）

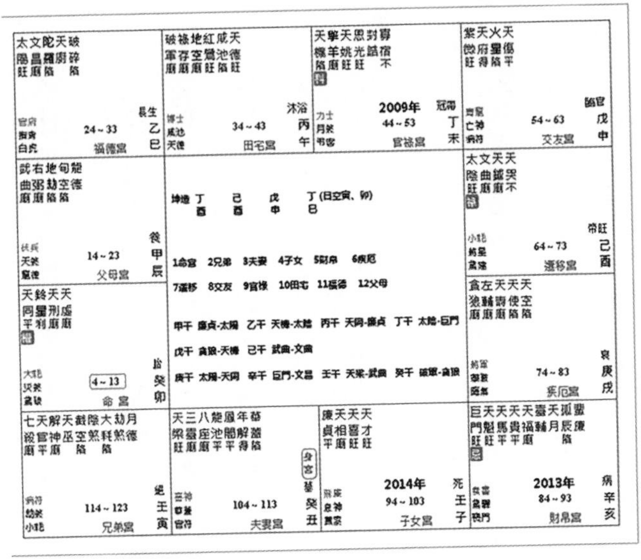
太文陀天破
陽昌羅廚碎
旺廟陷　陷
長生
24～33　乙
福德宮　巳
破祿地紅咸天
軍存空鸞池德
廟廟廟旺陷旺
沐浴
34～43　丙
田宅宮　午
天擎天恩封寡
機羊姚光誥宿
陷廟旺旺　不
2009年
44～53　丁
官祿宮　未
紫天火天
微府星傷
旺得陷平
54～63　戊
交友宮　申
武右地旬龍
曲弼劫空德
廟廟陷陷
14～23　甲
父母宮　辰
坤造　丁　己　戊　丁（日空寅、卯）
酉　酉　申　巳
1命宮　2兄弟　3夫妻　4子女　5財帛　6疾厄
7遷移　8交友　9官祿　10田宅　11福德　12父母
甲干　廉貞-太陽　乙干　天機-太陰　丙干　天同-廉貞　丁干　太陰-巨門
戊干　貪狼-天機　己干　武曲-文曲
庚干　太陽-天同　辛干　巨門-文昌　壬干　天梁-武曲　癸干　破軍-貪狼
太文天天
陰曲鉞哭
旺廟廟不
64～73　己
遷移宮　酉
天鈴天天
同星刑虛
平利廟廟
4～13　癸
命宮　卯
貪左天天天
狼輔壽使空
廟廟廟陷陷
74～83　庚
疾厄宮　戌
七天解天截陰大劫月
殺官神巫空煞耗煞德
廟平廟　陷　陷
114～123　壬
兄弟宮　寅
天三八龍鳳年華
梁臺座池閣解蓋
旺廟廟平平得陷
身宮
104～113　癸
夫妻宮　丑
廉天天天
貞相喜才
平廟旺旺
2014年
94～103　壬
子女宮　子
巨天天天天臺天孤蜚
門魁馬貴福輔月辰廉
旺旺平平廟　陷
2013年
84～93　辛
財帛宮　亥

1、判斷：學歷一般，大專或者普通本科。

求測者回饋：大專。

解析：命宮天同平勢化權、鈴星、天刑、天虛星，照太陰化祿、文曲、天鉞星。福德宮太陽、文昌星。官祿宮天機化科、擎羊、恩光、封誥星，照天梁、三台、八座星。（天刑天虛太陰化祿文曲天鉞星，說明過程曲折或者艱難但是能有學歷。太陽文昌星說明愛學習，上進心很強。天機華科擎羊恩光封誥天梁三台八座星，說明智力一般、過程艱難，但是終能通過。總評大專或者普通本科。）

2、判斷：性格爽快，有什麼說什麼，藏不住話，也比較倔強固執。

求測者回饋：是的，我就是這麼個人。

解析：命宮天同平勢化權、鈴星、天刑、天虛星。福德宮太陽、文昌星，加會太陰化祿、文曲、天鉞星。（鈴星天刑天虛說明性格固執倔強。太陽文昌星太陰化祿文曲天鉞星，說明能言善變、直來直去的。）

3、判斷：婚姻在2009年。

求測者回饋：是的。

解析：命宮天同平勢化權、鈴星、天刑、天虛星，照太陰化祿、文曲、天鉞星。（天刑鈴星說明性格固執、執著，太陰化祿文曲天鉞星說明感情豐富。）2009年流年命宮在未位，流年夫妻宮在巳位，太陽文昌星，加會太陰化科文曲星。（太陽星表示遇到的男人。文昌文曲太陰化祿，說明辦理結婚登記。）

4、**判斷：**2013年2014年財運不好，破費多、積蓄少。

求測者回饋：是的，這幾年都是這樣。

解析：2013年流年命宮在亥位，流年財帛宮在未位，天機化科擎羊恩光封誥星，照天梁三台八座星。（擎羊天機化科說明破費多。天梁三台八座星說明財來財去。）2014年流年命宮在子位，廉貞、天相、天喜星，照破軍、祿存、地空星。（破軍祿存地空說明破費多、積蓄少。）

5、**判斷：**2017年感情不順利，有戀愛但是難以成功。

求測者回饋：有桃花運，可惜遇到的是已婚男，無法修成正果。

解析：2017年流年夫妻宮在丑位，天梁、三台、八座、龍池、鳳閣星，照擎羊、天姚、恩光、封誥星。（三台八座龍池鳳閣天姚星，說明出入娛樂場所、有戀愛等。擎羊恩光封誥星，說明好景不常、難以成功。）

廉貪陀鈴天破 貞狼星廚碎 陷地陷　尋陷 官宫 陰煞　白虎 　　34～43 田宅宮　乙巳　長生	巨祿地紅咸天 門存劫鸞池德 旺廟廟旺旺 博士 天德 2009年　沐浴 44～53　丙午 官祿宮	天擎天天尊 相羊傷廟宿 尋廟陷　不 力士 月煞 2010年　冠帶 54～63　丁未 交友宮	天天姚 同梁 旺旺陷 青龍 亡神 病符 64～73　戊申 遷移宮　臨官
太地天恩旬龍 陰空刑光空德 陷平平陷陷 伏兵 天煞 龍德 24～33　養　甲辰 福德宮　身宮	坤造　丁　己　壬　丁　(日空寅、卯) 　　　酉　酉　子　未		武七天對天 曲殺鉞誥哭 利旺廟　不 小耗 將星 晦氣 74～83　己酉 疾厄宮　帝旺
天右文文 府弼昌曲 尋陷利廟 大耗 災煞 官符 14～23　啟　癸卯 父母宮	1命宮　2兄弟　3夫妻　4子女　5財帛　6疾厄 7遷移　8交友　9官祿　10田宅　11福德　12父母 甲干　廉貞-太陽　乙干　天機-太陰　丙干　天同-天機　丁干　太陰-巨門 戊干　貪狼-天機　己干　武曲-文曲 庚干　太陽-天同　辛干　巨門-文昌　壬干　天梁-武曲　癸干　破軍-貪狼		太火天 陽星空 陷不陷 將軍 攀鞍 84～93　庚戌 財帛宮　衰
天解截大劫月 官神空刑煞德 平廟廟陷 病符 劫煞 小耗 4～13　建　甲寅 命宮	紫破三八龍天臺年華 微軍臺座閣壽輔蓋 廟旺廟旺平平　尋 喜神 華蓋 貫索 114～123　乙丑 兄弟宮	天天天陰 機喜貴煞 廟廟廟 飛廉 息神 官符 104～113　甲子 夫妻宮　死	左文天天天天孤蜚 輔曲魁馬才福巫辰廉 不旺旺旺廟　廟　陷 奏書 歲驛 飛門 94～103　辛亥 子女宮　病

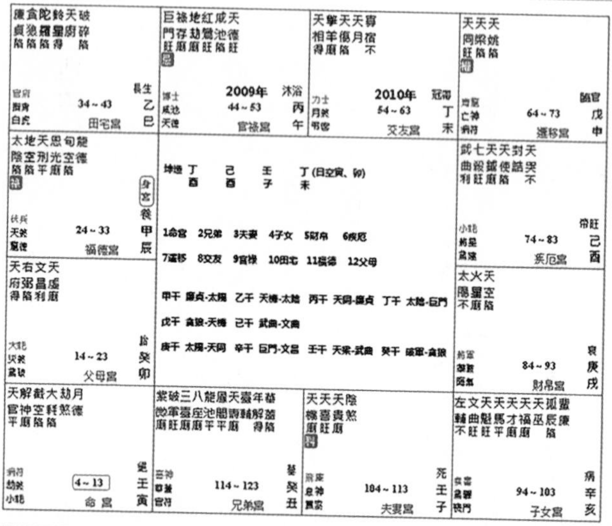

1、判斷：學歷一般，大專或者普通本科。

求測者回饋：大專。

解析：命宮解神、劫煞星，照天同星。官祿宮巨門化忌、祿存、地劫、紅鸞星，照天機化科、天喜、天貴星。（天同星說明學歷大眾化、很一般。巨門化忌祿存天機化科天喜天貴星，說明成績偏高，經過努力能有學歷。總評大專或者普本。）

2、判斷：非機關工作，應該是企業白領。

求測者回饋：是的，白領，上班族。

解析：官祿宮巨門化忌、祿存、地劫、紅鸞星，照天機化科、天喜、天貴星。（巨門化忌祿存地劫星說明工作不在機關。天機化科天喜天貴星說明是白領。）

3、**判斷**：2009年結婚的。

求測者回饋：是的。

解析：2009年流年命宮在午位，巨門化忌、祿存、地劫、紅鸞星，照天機化科、天喜、天貴星。夫妻宮天機化科飛入。（紅鸞天喜說明戀愛或者結婚。巨門化忌天機化科說明遷移戶口或者變化居住地點。天機化科表示結婚證。）

4、**判斷**：2010年有手術或者外傷等。

求測者回饋：2010年生孩子。

解析：2010年流年命宮在未位，天相、擎羊、天傷、天月星，照紫微、三台、八座、天壽、台輔星等。子女宮天刑恩光星，照火星。（天相天壽台輔說明就醫、看醫生。擎羊天傷天月星說明有傷害或者手術。紫微三台八座星說明離開工作崗位。火星在子女宮說明是生產。）

5、**判斷**：第一個孩子是男孩。

求測者回饋：是的。

解析：子女宮左輔、天魁、文曲、天巫、天福星等。（左輔天魁說明婚後頭胎是兒子。）

6、**判斷**：2017年破費很多。沒有積蓄。

求測者回饋：2017年按揭買房。

解析：2017年財帛宮在戌位，火星太陽星。（火星說明破財。）田宅宮在巳位，鈴星天廚星等。（鈴星說明因為房子而花錢。）

例題22

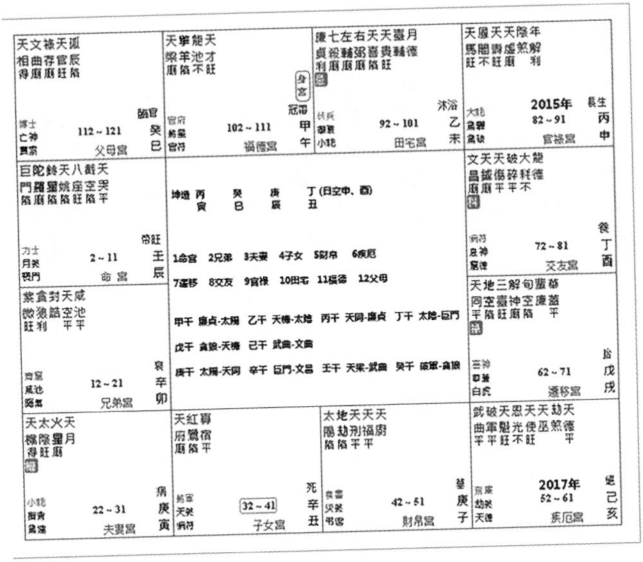

天文祿天孤 相曲存官辰 尊廟廟廟旺旺 博士 亡神　112～121　臨官 貫索　　　　　辛巳 父母宮	天擎陰天 梁羊煞才 廟陷　旺 官府 將星　102～111　沐浴 官符　　　　　甲午 福德宮　身宮	廉七左右天天嘉月 貞殺輔弼喜貴輔德 利廟廟廟旺旺 伏兵 攀鞍　92～101　冠帶 小耗　　　　　乙未 田宅宮	天鳳天陰年 馬閣貴煞解 旺　旺廟　利 大耗　2015年　長生 歲驛　82～91　丙申 歲破 官祿宮
巨陀鈴天八截天 門羅星座空哭 陷廟陷廟旺平 力士 月煞　2～11　帝旺 晦氣　　　　壬辰 命宮	坤造　丙　癸　庚　丁（日空申、酉） 　　　寅　巳　辰　丑		文天天破大龍 昌鉞傷碎耗德 廟廟平平不 病符 息神　72～81　養 龍德　　　　丁酉 交友宮
紫貪封天咸 微狼誥姚池 旺利　平平 青龍 咸池　12～21　衰 喪門　　　　辛卯 兄弟宮	1命宮　2兄弟　3夫妻　4子女　5財帛　6疾厄 7遷移　8交友　9官祿　10田宅　11福德　12父母 甲干 廉貞·太陽　乙干 天機·太陰　丙干 天同·廉貞　丁干 太陰·巨門 戊干 貪狼·天機　己干 武曲·文曲 庚干 太陽·天同　辛干 巨門·文昌　壬干 天梁·武曲　癸干 破軍·貪狼		天地三解旬蜚廉 空臺輔神空廉 平陷旺廟陷陷平 喜神 華蓋　62～71　胎 白虎　　　　戊戌 遷移宮
天太火天 機陰星月 得陷　廟 小耗 指背　22～31　病 貫索　　　　庚寅 夫妻宮	天紅尊 府鸞宿 廟陷平 將軍 天煞　32～41　死 病符　　　　辛丑 子女宮	太地天天天 陽劫刑福廚 陷陷　平平 奏書 災煞　42～51　墓 弔客　　　　庚子 財帛宮	武破天思天天劫天 曲軍魁光使巫煞德 平平旺旺　平 飛廉　2017年　絕 劫煞　52～61　己亥 天德 疾厄宮　華蓋

1、判斷：學歷大專或者普本。

命主回饋：學歷大專。

解析：父母宮天相、文曲、祿存、天官星。官祿宮天馬、鳳閣不旺、天虛星，照太陰、火星、天機化權。

福德宮天梁、擎羊陷落、天才、龍池不旺。（天相文曲祿存天官說明有學歷。鳳閣不旺天馬天虛說明歷不高；太陰火星天機化權說明智力一般。擎羊陷落天梁天才說明悟性較高、心性通達。總評大專或者普本。）

2、判斷：非白領，商業性質工作。

命主回饋：是的，經商。

解析：官祿宮天馬、鳳閣不旺、天虛星，照太陰、火星、天機化權。（天馬太陰天機化權說明做的是商業。太陰火星天機化權說明不是白領階層。）

3、判斷：兄弟姊妹三或四個。

命主回饋：是的。

解析：兄弟宮紫微、貪狼、封誥、天空星，照文昌、天鉞星。（紫微貪狼坐兄弟宮說明平輩中女性多、男性少。貪狼星旺勢，貪狼五行之數為3或8，木五行旺於卯位，八〇年代的出生的人取3或者4數。）

4、判斷：2015年財運不好。

命主回饋：是的。

解析：2015年流年命宮在申位，天馬、天虛星，照火星、太陰、天機化權。流年財帛宮在辰位巨門陷落、陀羅星廟旺、八座星。（天馬天虛星說明白忙一場。火星太陰天機化權說明運氣不好、破財。巨門陷落陀羅星廟旺八座星，說明消耗財運較多。）

5、**判斷**：2017年長輩不順利、破財等。

命主回饋：是的，2017年母親骨折，醫藥費都是我出的，父親買船花錢。

解析：2017年流年命宮在亥位，流年父母宮在子位，而流年父母宮的財帛宮在申位，天馬、天虛星，照火星、太陰、天機化權。（天馬天機化權火星說明是機器設備、機動船。火星天虛天馬說明是花錢破財等。）

例題23（觸及盤）

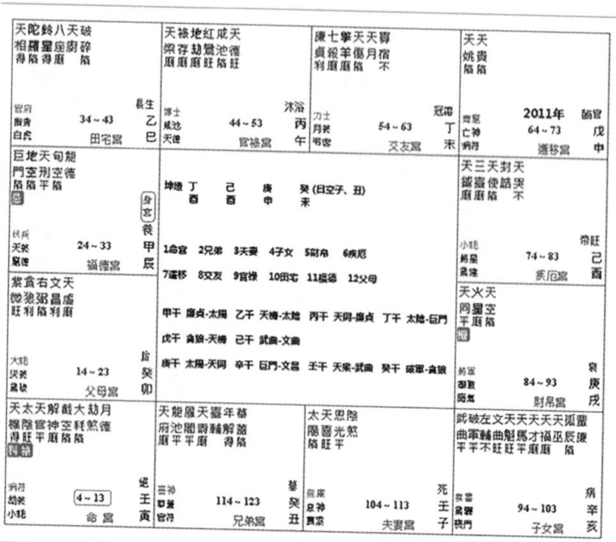

天陀鈴八天破
相羅星座廚碎
得陷得廟　陷
官府
指背
白虎
34～43
田宅宮
長生
乙
巳
天祿地紅咸天
梁存劫鸞池德
廟廟廟旺陷旺
博士
咸池
天德
44～53
官祿宮
沐浴
丙
午
廉七擎天天寡
貞殺羊傷月宿
利廟廟陷　不
力士
月煞
弔客
54～63
交友宮
冠帶
丁
未
天天
姚貴
陷陷
青龍
亡神
病符
2011年
64～73
遷移宮
臨官
戊
申
巨地天旬龍
門空刑空德
陷陷平陷
伏兵
天煞
24～33
福德宮
身宮
養
甲
辰
坤造　丁　己　庚　癸（日空子、丑）
酉　酉　申　未
1命宮　2兄弟　3夫妻　4子女　5財帛　6疾厄
7遷移　8交友　9官祿　10田宅　11福德　12父母
甲干 廉貞-太陽　乙干 天機-太陰　丙干 天同-廉貞　丁干 太陰-巨門
戊干 貪狼-天機　己干 武曲-文曲
庚干 太陽-天同　辛干 巨門-文昌　壬干 天梁-武曲　癸干 破軍-貪狼
天三天封天
鉞臺使誥哭
廟廟陷　不
小耗
將星
74～83
疾厄宮
帝旺
己
酉
紫貪右文天
微狼弼昌虛
旺利陷利廟
大耗
災煞
14～23
父母宮
胎
癸
卯
天火天
同星空
平廟陷
84～93
財帛宮
衰
庚
戌
天太天解截大劫月
機陰官神空耗煞德
得旺平廟陷陷
病符
劫煞
小耗
4～13
命宮
絕
壬
寅
天龍鳳天臺年華
府池閣壽輔解蓋
廟平平廟　得陷
喜神
官符
114～123
兄弟宮
墓
癸
丑
太天恩陰
陽喜光煞
陷旺平
息神
104～113
夫妻宮
死
壬
子
武破左文天天天天天孤蜚
曲軍輔曲魁馬才福巫辰廉
平平不旺旺平廟廟　陷
94～103
子女宮
病
辛
亥

1、判斷：學歷普通本科。

求測者回饋：是的。

解析：命宮天機化科、太陰化祿、天官、解神、劫煞星。官祿宮天梁、祿存、地劫、紅鸞、天德星。（天機化科太陰化祿同度天官解神劫煞，說明智力和才華稍好，成績較好。天梁祿存地劫天德，說明經過努力能通過官方認可。總評普通本科。）

2、判斷：企業白領或者辦公室工作人員，單位效益差。

求測者回饋：是的。

解析：官祿宮天梁、祿存、地劫、紅鸞、天德星。天機化科、太陰化祿、天官、解神、劫煞星。（天梁天德天機化科太陰化祿，說明是白領階層的工作人員。祿存地劫以及太陰化祿解神劫煞星，說明單位效益不好、不景氣。）

3、判斷：妳是家裡的獨生女。

求測者回饋：是的。

解析：兄弟宮天府、天壽、台輔星，去合子位的星曜。照七殺、擎羊、天月星。（七殺擎羊天月說明其他兄弟姊妹被流產了。為獨生。）

4、判斷：破費多、積蓄少，不過福利較好。

求測者回饋：是的。

解析：財帛宮火星、天同化權、天空星。加會天梁、祿存、地劫星。（天同化權說明收入一般。火星天空星說明破費多。天梁祿存地劫星說明積蓄不多，福利稍好。）

5、**判斷**：2011 年結婚的。

求測者回饋：是的。

解析：夫妻宮天喜、太陽、恩光星，照天梁、紅鸞星。2011 年流年命宮在申位，流年夫妻宮在午位，天梁、祿存、紅鸞、咸池星。（天喜太陽天梁紅鸞說明在此之前已經結婚了。天梁祿存紅鸞咸池說明 2011 年結婚之喜。）

6、**判斷**：2017 年因為房子出現花費或者糾紛。

求測者回饋：是的，今年因為買房子出現糾紛。

解析：田宅宮天相鈴星八座。（田宅宮的鈴星說明是因為房子出現的破費或者糾紛。）

太陀天天天天破 陰羅刑壽傷巫廚碎 旺旺陷陷平平陷陷 官貴　　53~62 白虎　　　病 乙巳 歲破　　交友宮	破祿紅咸天 軍存鸞池德 廟廟旺旺旺 博士　　63~72 天德　　　死 丙午 　　　　遷移宮	天擎天寡 機羊使宿 陷廟廟不 力士 青龍　73~82 　　　丁未 　疾厄宮	紫鈴 微星 旺旺陷 飛廉 亡神　83~92 　　　身宮 戊申 　　　財帛宮
武八蜚解旬龍 曲座廉神空德 廟旺　廟陷 伏兵 天煞　43~52 龍德　衰 甲辰 　　官祿宮	坤造　丁　辛　壬　庚（日空辰、巳） 　　　酉　亥　寅　戌 1命宮　2兄弟　3夫妻　4子女　5財帛　6疾厄 7遷移　8交友　9官祿　10田宅　11福德　12父母		太地天恩天天 陰劫姚光才哭 旺廟旺廟旺不 小耗 將星　93~102 晦氣　胎 己酉 　　子女宮
天天 同壽 平廟 大耗 災煞　33~42 歲建　帝旺 癸卯 　　田宅宮	甲干　廉貞·太陽　乙干　天機·太陰　丙干　天同·廉貞　丁干　太陰·巨門 戊干　貪狼·天機　己干　武曲·文曲 庚干　太陽·天同　辛干　巨門·文昌　壬干　天梁·武曲　癸干　破軍·貪狼		貪三天陰 狼臺福空煞 廟旺旺陷 將軍 攀鞍　103~112 病符　養 庚戌 　　夫妻宮
七右文天天截大劫月 殺弼曲官月科煞德 廟旺平平陷陷 病符 劫煞　23~32 小耗　臨官 甲寅 　　福德宮	天火地龍鳳年華 梁星空池閣解蓋 旺陷陷平平旺陷 喜神 華蓋　13~22 官符　冠帶 癸丑 　　父母宮	廉天左文天封 貞相輔昌喜誥 平廟平廟旺旺 飛廉 貫索　3~12 　沐浴 壬子 　　命宮	巨天天天孤廉 門魁貴福辰廉 旺平平廟陷陷 奏書 息神　113~122 喪門　長生 辛亥 　　兄弟宮

例題24（觸及盤）

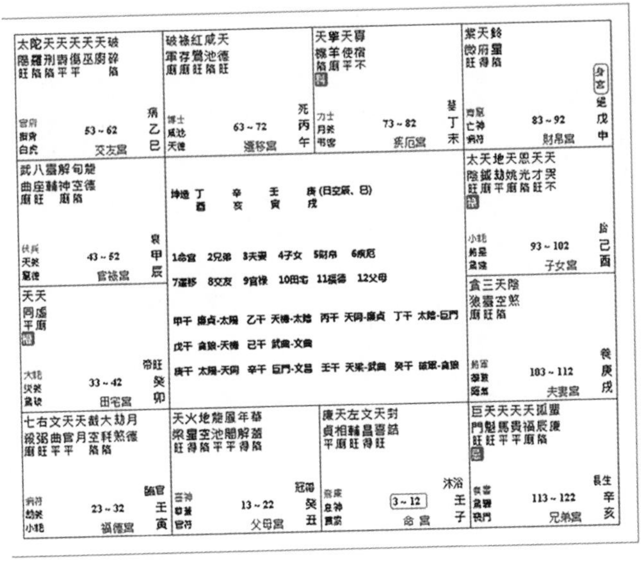

1、判斷：學歷普通本科或者大專。沒有第二學歷。

求測者回饋：大專。

解析：命宮天相、文昌、左輔、天喜、封誥星，照破軍祿存，加會紫微星。

父母宮天梁、火星、龍池、鳳閣、華蓋陷落。照擎羊星。（天相文昌左輔破軍星說明有學歷但是不算高，封誥破軍星說明沒有第二學歷。天梁火星龍池鳳閣華蓋陷落擎羊，說明學歷不高、學歷大眾化等。總評大專或者普通本科。）

2、**判斷**：性格傳統、謹慎，不善於交際，追求較高的生活品質。

求測者回饋：是的，自己保護意識強，不善於交際。

解析：福德宮七殺、右弼、文曲平勢、天官、天月星，照紫微星。命宮文昌、左輔、天相、天喜、封誥星，照破軍祿存，加會紫微星。（七殺右弼文曲平勢天月紫微星，說明性格傳統正派、自我管理較好、不善辭令。天相文昌左輔天喜破軍祿存紫微星，說明追求較高的生活品質。）

3、**判斷**：父親容易有外傷或者去世較早。

求測者回饋：父親已經去世，2002 年死於心臟病。

解析：父母宮天梁、火星、龍池、鳳閣、華蓋陷落。照擎羊星。（天梁火星擎羊星說明容易有不治之症、難以長壽等。）

4、**判斷**：你是做生意的或者在企業做財務等技術性強的崗位。

求測者回饋：我之前在私企做財會，後來自己開店做生日蛋糕了。

解析：官祿宮武曲、八座、台輔、解神星，照貪狼、三台星。（武曲八座台輔說明商業或者財務性工作，貪狼星說明是技術性強的崗位，武曲解神三台星說明自己創業了。）

5、判斷：2017年容易換工作。

求測者回饋：今年辭職，然後學做蛋糕並且開店的。

解析：官祿宮武曲、八座、台輔、解神星，照貪狼、三台星。（武曲八座三台星說明換工作了。）

6、判斷：目前你尚未結婚，或者說是單身。

求測者回饋：單身未婚。經常相親，很煩。

解析：夫妻宮貪狼、三台、天空、陰煞星，照武曲、八座星，加會破軍、祿存、紅鸞星。（貪狼三台天空陰煞八座星，說明感情不穩定、走馬燈一樣換人。貪狼破軍紅鸞星，說明暫時沒有成婚。）

例題25（觸及盤）

太陽 陀羅 天廚 破碎 旺 陷　陷 官府 指背　43~52 白虎　　官祿宮　乙巳 身宮 病	破軍 鈴星 紅鸞 咸池 天德 廟 廟 廟 旺 陷 陷 博士 咸池　53~62 天使　　交友宮　丙午 死	天機 擎羊 地劫 八座 天貴 天月 天壽 陷 廟 平 廟 旺 不 力士 月煞　63~72 貫索　　遷移宮　丁未	紫微 天府 天姚 天使 旺 旺 陷 平 齋軍 亡神　73~82 病符　　疾厄宮　戊申
武曲 天刑 旬空 天德 廟 廟 陷 伏兵 天煞　33~42 龍德　　田宅宮　甲辰 衰	坤造　丁　庚　庚　甲（日空戌、亥） 　　　酉　戌　午　申 1命宮 2兄弟 3夫妻 4子女 5財帛 6疾厄 7遷移 8交友 9官祿 10田宅 11福德 12父母		太陰 恩光 天哭 旺 陷 陷 不 鈴羅 廟 小耗 將星　83~92 歲建　　財帛宮　己酉
天梁 右弼 地空 鳳閣 平 平 陷 平 廟 大耗 災煞　23~32 歲破　　福德宮　癸卯 帝旺	甲干 廉貞-太陽　乙干 天機-太陰　丙干 天同-廉貞　丁干 太陰-巨門 戊干 貪狼-天機　己干 武曲-文曲 庚干 太陽-天同　辛干 巨門-文昌　壬干 天梁-武曲　癸干 破軍-貪狼		貪狼 天對 天空 廟 陷 廟 陷 將軍 攀鞍　93~102 晦氣　　子女宮　庚戌
七殺 文曲 天官 天虛 解神 大耗 劫煞 月德 廟 陷 陷 廟 陷 陷 病符 劫煞　13~22 小耗　　父母宮　甲寅	天龍 鳳閣 華 梁池 閣蓋 平平 陷平 壽 喜神 歲建　3~12 官符　　命宮　癸丑 冠帶	廉貞 天相 文昌 天喜 陰煞 平 廟 旺 旺 陷 飛廉 息神　113~122 貫索　　兄弟宮　壬子	巨門 左輔 火星 天魁 天馬 天福 天巫 孤辰 廉貞 旺 不 旺 平 廟 陷 陷 喜神 歲驛　103~112 喪門　　夫妻宮　辛亥 長生

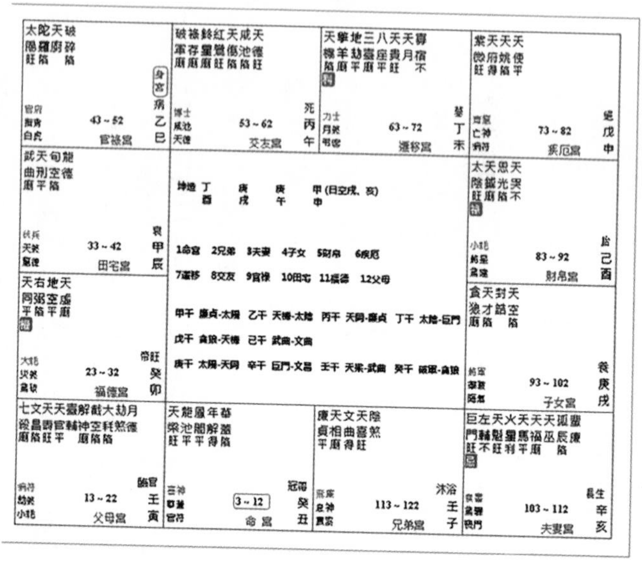

1、判斷：本科學歷。

求測者回饋：是的。

解析：命宮天梁、龍池、鳳閣、華蓋陷落。福德宮天同化權、右弼陷落，照太陰化祿、天鉞星。官祿宮太陽、天廚星，照巨門、天魁、天巫、天福星。（天梁龍池鳳閣華蓋陷落說明學歷不會很高、但在稍微靠上一點的檔次。天同化權右弼陷落太陰化祿天鉞星說明有才華但是智力也不是特別優秀。官祿宮太陽巨門天魁天巫天福星，說明前途光明，受到官方賞識等。總評本科學歷。）

2、**判斷**：工作不在機關而是企業中。

求測者回饋：是的，私企。

解析：官祿宮太陽、天廚星，照巨門化忌、天魁、天巫、天福星。（巨門化忌說明工作不在機關單位。太陽天魁天巫星說明是管理性質崗位。）

3、**判斷**：薪水不錯，薪水在單位算是靠上的一個層次。

求測者回饋：還可以。

解析：財帛宮太陰化祿天鉞，加會太陽星、天梁星。（太陰化祿天鉞太陽天梁星，說明收入較好，薪水較高。）

4、**判斷**：是獨生女。

求測者回饋：對，獨生女。

解析：兄弟宮天相、文曲、天喜、陰煞星，加會紫微、武曲星，照破軍、鈴星、祿存星。（文曲天喜陰煞武曲破軍鈴星，說明其他的兄弟姊妹被流產。獨生女可能性大。）

5、**判斷**：沒有婚史，尚未出閣。

求測者回饋：是的，沒有結婚。

解析：夫妻宮巨門化忌火星天馬天福孤辰星，照太陽星。（巨門化忌火星天馬孤辰星，說明尚未出閣，還沒有嫁人。巨門化忌太陽星說明還沒有離開。）

例題26（觸及盤）

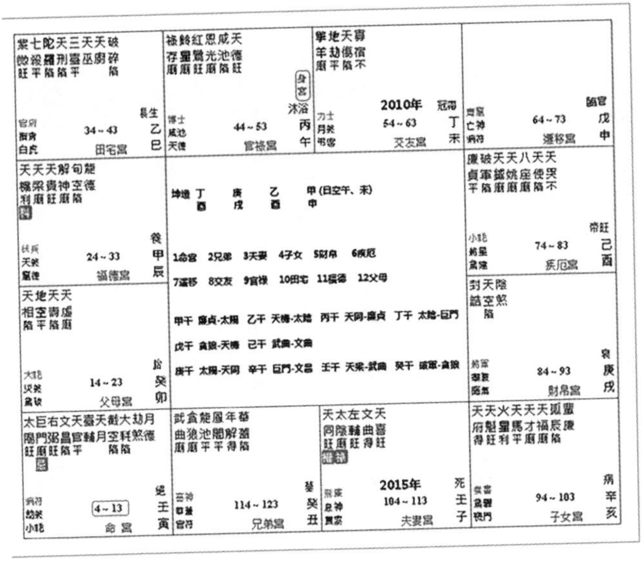
紫七陀天三天天破
微殺羅刑臺巫廚碎
旺平陷陷平　陷
長生
34～43
乙巳
田宅宮
祿鈴紅恩咸天
存星鸞光池德
廟廟旺廟陷旺
身宮
沐浴
44～53
丙午
官祿宮
擎地天寡
羊劫傷宿
廟平陷不
2010年
冠帶
54～63
丁未
交友宮
臨官
64～73
戊申
遷移宮
天天天解旬龍
機梁貴神空德
利廟旺廟陷
養
24～33
甲辰
福德宮
坤造 丁 庚 乙 甲(日空午、未)
酉 戌 酉 申
1命宮 2兄弟 3夫妻 4子女 5財帛 6疾厄
7遷移 8交友 9官祿 10田宅 11福德 12父母
甲干 廉貞-太陽 乙干 天機-太陰 丙干 天同-廉貞 丁干 太陰-巨門
戊干 貪狼-天機 己干 武曲-文曲
庚干 太陽-天同 辛干 巨門-文昌 壬干 天梁-武曲 癸干 破軍-貪狼
廉破天天八天天
貞軍鉞姚座使哭
平陷廟廟廟陷不
帝旺
74～83
己酉
疾厄宮
天地天天
相空壽盛
陷平陷廟
胎
14～23
癸卯
父母宮
封天陰
誥空煞
陷
衰
84～93
庚戌
財帛宮
太巨右文天臺天截大劫月
陽門弼昌官輔月空耗煞德
旺廟旺陷平　陷陷
絕
4～13
壬寅
命宮
武貪龍鳳年華
曲狼池閣解蓋
廟廟平平得陷
墓
114～123
癸丑
兄弟宮
天太左文天
同陰輔曲喜
旺廟旺得旺
2015年
死
104～113
壬子
夫妻宮
天天火天天天孤蜚
府魁星馬才福辰廉
得旺利平廟廟陷
病
94～103
辛亥
子女宮

1、判斷：本科學歷或者以上。

求測者回饋：對，一本學歷。

解析：命宮太陽、巨門化忌、右弼、台輔星。官祿宮祿存、鈴星、恩光、天德、紅鸞星，照天同化權、太陰化祿、左輔、文曲、天喜星。福德宮天機化科、天梁、天貴、解神星。（太陽巨門右弼台輔星說明有能力善交際、有身分但是不是公務員。祿存恩光天德天同化權太陰化祿左輔文曲，說明多才多藝、有才華。天機化科天梁天貴說明比較聰明、心性通達。總評學歷不低於本科。）

2、判斷：在大型國企工作。

求測者回饋：對。

解析：官祿宮祿存、鈴星、恩光、天德、紅鸞星，照天同化權、太陰化祿、左輔、文曲、天喜星，加會太陽巨門星。（天同化權太陽巨門星說明是大型的國有單位。祿存鈴星太陰化祿左輔說明是企業。）

3、判斷：在單位做的是內勤或者文案性質工種，非管理人員。

求測者回饋：是的，文員。

解析：官祿宮祿存、鈴星、恩光、天德、紅鸞星，照天同化權、太陰化祿、左輔、文曲、天喜星，加會太陽巨門星。（祿存鈴星恩光紅鸞天同化權太陰化祿左輔文曲天喜星，說明是文職人員而不是管理層。

4、判斷：已婚，丈夫長相不錯。

求測者回饋：對，形象好。

解析：夫妻宮天同化權、太陰化祿、左輔、文曲、天喜星。（太陰化祿左輔文曲天喜星，說明已經有結婚證件，已婚人士。天同化權太陰化祿左輔文曲天喜星，說明丈夫英俊瀟灑。）

5、判斷：2015年財運不錯，家境寬裕。

求測者回饋：對。

解析：2015年流年命宮在子位，太陰化祿化忌、天同化權、左輔、文曲、天喜星。流年財帛宮在申位，青龍星，照太陽、巨門、右弼星。（太陰化祿化忌天同化權左輔文曲天喜星，說明家裡喜氣洋溢、其樂融融、物質充裕。太陽巨門右弼星說明收入多。）

6、判斷：2010年生孩子，是男孩。

求測者回饋：對，男孩。

解析：2010年流年命宮在未位，擎羊、地劫、天傷星，照武曲、貪狼星。流年子女宮天機化科、天梁、天貴、龍德星，（擎羊地劫天傷貪狼星說明是生產、生育。天機化科天梁天貴龍德星說明是男孩到來。）

第五章

流年動態資訊分析

第五章 流年動態資訊分析

這是動態資訊的提取，可以是從靜態內容延續下來的分析，比如婚姻內容的分析進入流年分析中，也可以是專門針對流年進行分析，不專注某一個內容，只是對流年中有特點的幾個宮位進行分析判斷，會用到飛星。一般分析最近幾個流年就可以了，然後從大運理順一下，讓求測者有一個遠景的輪廓。

例題1

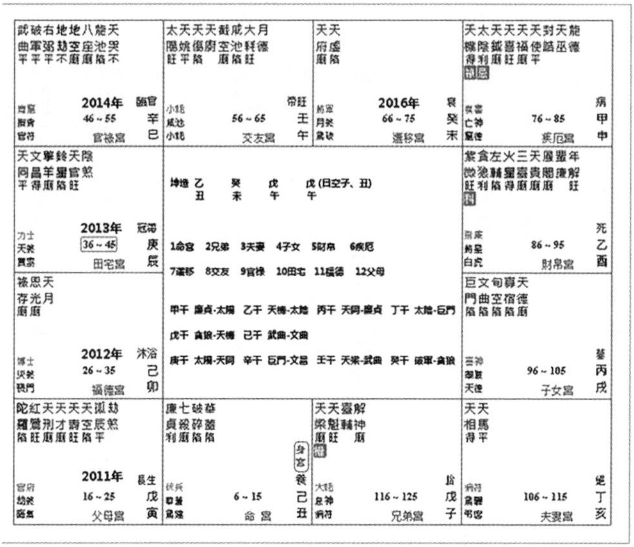
武破右地地八龍天
曲軍弼劫空座池哭
平平平不廟廟陷不
2014年 臨官
46～55 辛
官祿宮 巳
太天天天截咸大月
陽姚傷廚空池耗德
旺平陷 廟陷旺
帝旺
56～65 壬
交友宮 午
天天
府虛
廟陷
2016年 衰
66～75 癸
遷移宮 未
天太天天天天封天龍
機陰鉞喜福使誥巫德
得利廟旺廟平
76～85 病 甲 申
疾厄宮
天文擎鈴天陰
同昌羊星官煞
平得廟陷旺
2013年 冠帶
36～45 庚
田宅宮 辰
坤造 乙 癸 戊 戊(日空子、丑)
丑 未 午 午
1命宮 2兄弟 3夫妻 4子女 5財帛 6疾厄
7遷移 8交友 9官祿 10田宅 11福德 12父母
甲干 廉貞-太陽 乙干 天機-太陰 丙干 天同-廉貞 丁干 太陰-巨門
戊干 貪狼-天機 己干 武曲-文曲
庚干 太陽-天同 辛干 巨門-文昌 壬干 天梁-武曲 癸干 破軍-貪狼
紫貪左火三天屢蜚年
微狼輔星臺貴閣廉解
旺利陷得廟廟廟 旺
死
86～95 乙
財帛宮 酉
祿恩天
存光月
廟廟
2012年 沐浴
26～35 己
福德宮 卯
巨文旬寡天
門曲空宿德
陷陷陷陷廟
墓
96～105 丙
子女宮 戌
陀紅天天天天孤劫
羅鸞刑才壽空辰煞
陷旺廟廟旺陷平
2011年 長生
16～25 戊
父母宮 寅
廉七破華
貞殺碎蓋
利廟陷陷
身宮
養
6～15 己
命宮 丑
天天蜚解
梁魁輔神
廟旺 廟
胎
116～125 戊
兄弟宮 子
天天
相馬
得平
絕
106～115 丁
夫妻宮 亥

1、判斷：2011年感情不順利，有分手的經歷。

命主回饋：2011年分手，心情很不好。

解析：流年2011年命主27歲，在大運26—35之間，大運命宮在丑位，大運戊干貪狼化祿、太陰化權、右弼化科、天機化忌。

流年辛干巨門化祿、太陽化權、文曲化科、文昌化忌。

流年命宮在寅位，坐落了紅鸞、天刑、天空、孤辰、劫煞星，照天機化祿化忌、天鉞、天喜星；流年夫妻宮在丑位，坐落了天梁爆旺、天魁、台輔星，照太陽化權。（紅鸞天刑孤辰劫煞星，說明感情上表現得很強硬、會出現矛盾。天機化祿化忌天喜星，說明感情上會有不利的變化。天梁爆旺天魁台輔太陽化權，說明各奔東西、分手了。）

2、判斷：2012年收入較好。

命主回饋：2012年工作穩定了，有了薪水。

解析：流年2012年命主28歲，在大運26—35之間，大運命宮在丑位，

大運戊干貪狼化祿、太陰化權、右弼化科、天機化忌。

流年壬干天梁化祿、紫微化權、左輔化科、武曲化忌。

流年命宮在卯位，坐落了祿存、恩光、天月星，照紫微化祿、三台、鳳閣、天貴星。流年財帛宮在亥位，坐落了天相、天馬星。（祿存恩光天月紫微化祿，說明每個月都有工資了。紫微化祿三台鳳閣天貴星，說明有工作了。天相天馬

星說明生活很快得到改善、生活品質上來了。）

3、判斷：2013 年有喜慶之事比如結婚等。

命主回饋：是的，2013 年談的對象，年底訂婚並且結婚。

解析：流年 2013 年命主 29 歲，在大運 26—35 之間，大運命宮在丑位，大運戊干貪狼化祿、太陰化權、右弼化科、天機化忌。流年癸干破軍化祿、巨門化權、太陰化科、貪狼化忌。流年命宮在辰位，流年夫妻宮在寅位，坐落了紅鸞天刑天壽劫煞星，照天機化祿太陰天鉞天喜天巫封誥星。（天刑劫煞天鉞紅鸞天喜天壽天巫封誥星，說明經過努力感情得以延續並且有良好結果，天機化祿太陰星說明有好的變動、辦理登記等。）

4、判斷：2014 年財運並不好。

命主回饋：那年還沒有獎金，確實沒什麼錢。

解析：流年2014年命主30歲，在大運26—35之間，大運命宮在丑位，

大運戊干貪狼化祿、太陰化權、右弼化科、天機化忌。

流年甲干廉貞化祿、破軍化權、武曲化科、太陽化忌。

流年命宮在巳位，坐落了武曲化科、破軍化權、右弼、地劫、地空星。（武曲化科破軍化權地劫地空星，說明開銷大沒有積蓄等。地空右弼星說明暫時沒有獎金、收入少。）

5、判斷：2016年長輩不利，是父親或者娘家婆婆。

命主回饋：2016年婆婆大病一場。

解析：流年2016年命主32歲，在大運26—35之間，大運命宮在丑位，

大運戊干貪狼化祿、太陰化權、右弼化科、天機化忌。

流年丙干天同化祿、天機化權、文昌化科、廉貞化忌。

流年命宮在未位，辰位是婆婆宮，坐落了天同化祿、文昌化科、擎羊、陰煞星，

婆婆的疾厄宮在亥位，坐落了天相、天馬星。（天同是平勢化祿、天相星，說明看醫生。文昌是得地化科同度擎羊陰煞星，說明危險的通知書，也就是各種化驗單顯示身體有危險、大病住院了。）

例題 2

田宅宮（丁巳）
天相 右弼 文昌 天祿 天喜 天空 天辰 孤 劫煞
相 弼 昌 祿 喜 空 辰 煞
尊平 廟 廟 廟 廟 陷 陷
博士 劫煞 歲破
32～41
田宅宮

官祿宮（戊午）
天梁 地華 天空 天姚 天閣 天才 天廚 盟 解 年
梁 華 空 姚 閣 才 廚 康 解 廟
廟 平 平 平 平 平 旺
力士 災煞 喪門
2013年 42～51
官祿宮

交友宮（己未）
廉貞 七殺 天火 天鉞 天刑 天對
貞 殺 撥 罡 傷 判
科 廟 旺 旺 旺
青龍 52～61
交友宮

遷移宮（庚申）
恩光 龍池 天巫
平 平
小耗 指背 官符
62～71
遷移宮 昌生

福德宮（丙辰）
巨門 陀羅 地劫 天隔 煞 盟
門 羅 劫 隔 煞 盟
陷 廟 廟 陷 陷
官府 息神 歲破
2011年 22～31
福德宮

中宮
乾造 戊 己 甲 己 （日空申、酉）
　　 辰 未 戌 巳

1命宮　2兄弟　3夫妻　4子女　5財帛　6疾厄
7遷移　8交友　9官祿　10田宅　11福德　12父母

甲干　廉貞-太陽　乙干　天機-太陰　丙干　天同-廉貞　丁干　太陰-巨門
戊干　貪狼-天機　己干　武曲-文曲
庚干　太陽-天同　辛干　巨門-文昌　壬干　天梁-武曲　癸干　破軍-貪狼

疾厄宮（辛酉）
左輔 文曲 天使 天德
輔 曲 使 德
陷 廟 陷 平
將軍 咸池 小耗
2016年 72～81
疾厄宮 沐浴

父母宮（乙卯）
紫微 貪狼 鈴星 天官 天福 天月
微 狼 鈴 官 福 月
旺 旺 旺 平 平 平
伏兵 華蓋
12～21
父母宮 死

財帛宮（壬戌）
天同 旬空 天威
同 旬 威
平 陷 平
奏書 月煞 貫索
82～91
財帛宮 冠帶

命宮（甲寅）
天機 太陰 天刑 天哭
機 陰 刑 哭
平 旺 旺 陷
大耗 歲驛 弔客
2009年 2～11
命宮 臨官

兄弟宮（乙丑）
天府 三八 寡座 破碎 天德
府 魁 台 座 宿 德
廟 旺 廟 平 陷 廟
病符 攀鞍 天德
112～121
兄弟宮

夫妻宮（甲子）
太陽 天貴 解神 劫煞 天空
陽 貴 神 空
陷 廟 陷 陷
身宮
喜神 將星 白虎
102～111 帝旺
夫妻宮

子女宮（癸亥）
武曲 破軍 紅鸞 天鉞 天福 解 德
曲 軍 鸞 鉞 福 耗 德
平 平 廟 陷 廟 陷
飛廉 亡神 病符
92～101
子女宮 隨官

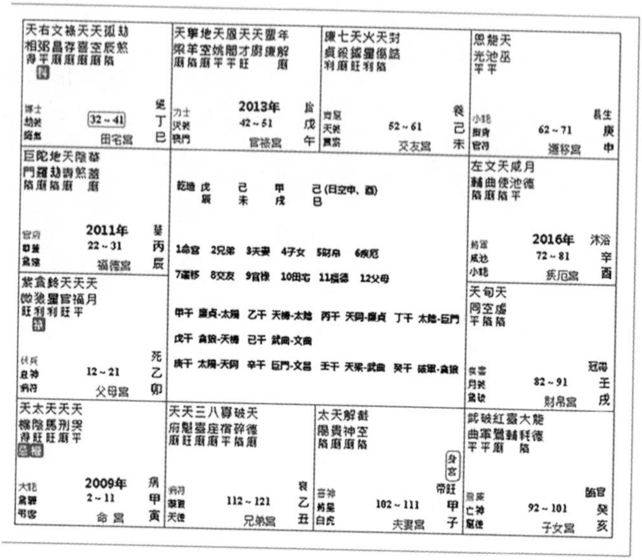

1、判斷：2009年父母破財。

命主回饋：2009年父親確實破財了。

解析：流年2009年命主22歲，在大運22─31之間，大運命宮在寅位，大運辛干巨門化祿、太陽化權、文曲化科、文昌化忌。

流年己干武曲化祿、貪狼化權、天梁化科、文曲化忌。

流年命宮在寅位，卯位是父母宮，坐落了紫微貪狼化祿化權鈴星天官天月星，父母的財帛宮在亥位，坐落了武曲破軍星。（紫微較弱、貪狼化祿化權爆旺鈴星，說明錯誤的思路和無法控制的慾望造成損失。鈴星天官天月星，說明事業出現漏洞或者問題。武曲破軍星說明破財。）

2、**判斷**：2011 年有戀愛。

命主回饋：2011 年初戀，比較順利。

解析：流年 2011 年命主24歲，在大運22—31之間，大運命宮在寅位，大運辛干巨門化祿、太陽化權、文曲化科、文昌化忌。流年辛干巨門化祿、太陽化權、文曲化科、文昌化忌。流年命宮在辰位，流年交友宮在酉位，坐落了左輔、文曲化科、咸池、月德星，照貪狼化祿。（文曲化科咸池月德貪狼化祿，說明有戀愛。）

3、**判斷**：2013 年事業上比較順利。

命主回饋：2013 年考上政法幹警。

解析：流年2013年命主26歲，在大運22—31之間，大運命宮在寅位，

大運辛干巨門化祿、太陽化權、文曲化科、文昌化忌。

流年癸干破軍化祿、巨門化權、太陰化科、貪狼化忌。

流年命宮在午位，流年官祿宮在戌位，坐落了天同星，加會了天梁天才天廚星。

（天梁天才星，說明事業或者考試等能通過。）

4、判斷：2016年耗財、破財等。

命主回饋：2016年破費多，多次相親而無果。

解析：流年2016年命主29歲，在大運22—31之間，大運命宮在寅位，

大運辛干巨門化祿、太陽化權、文曲化科、文昌化忌。

流年丙干天同化祿、天機化權、文昌化科、廉貞化忌。

流年命宮在酉位，流年財帛宮在巳位，坐落了天相、右弼化科、文昌、祿存、天喜、天空、劫煞星。（祿存天空劫煞星說明破財、散財。天喜文昌右弼化科天空劫煞，說明有幾次戀愛或者相親沒有成功。）

例題 3

天火天天天天天 擁星馬刑壽福廕 旺旺平陷平旺旺 飛廉 亡神 喪門　92～101　臨官 丁巳 田宅宮	天鈴天龍 機星官德 廟廟陷廟　　身宮 82～91　帝旺 戊午 官祿宮	紫破地天天華 微軍劫傷哭蓋 旺旺平陷平陷 　　　　2013年 沐浴 　　　　72～81　己未 白虎　　　　交友宮	劫天 煞德 平 將軍 劫煞 天德　62～71　長生 庚申 遷移宮
太紅解大月 陽鸞神耗德 旺廟廟平 病符 歲建 小耗　102～111　帝旺 丙辰 福德宮	乾造 癸　壬　己　壬(日空申、酉) 　　亥　戌　卯　申 1命宮　2兄弟　3夫妻　4子女　5財帛　6疾厄 7遷移　8交友　9官祿　10田宅　11福德　12父母		天天天破 府姚使碎 旺廟陷平 小耗 災煞 喪門　2014年 52～61 辛酉 疾厄宮
武七天地龍 曲殺魁空池 利廟廟平陷 　2009年 大耗 將星 官符　112～121　衰 乙卯 父母宮	甲干 廉貞·太陽　乙干 天機·太陰　丙干 天同·廉貞　丁干 太陰·巨門 戊干 貪狼·天機　己干 武曲·貪狼 庚干 太陽·武曲　辛干 巨門·文昌　壬干 天梁·武曲　癸干 破軍·貪狼		太對寡陰 陰誥宿煞 旺陷陷陷 喜神 　42～51　冠帶 壬戌 財帛宮
天天右文八慕天孤 同梁弼昌座輔月辰 利廟廟廟平廟　平 伏兵 亡神 貫索　2～11　病 甲寅 命宮	天擎恩天截蜚 相羊光才空廉 廟廟平廟平不 官府 月煞 喪門　12～21　死 乙丑 兄弟宮	巨左文祿三旬天咸 門輔曲存臺空池 旺旺廟廟廟陷陷 博士 咸池 弔客　22～31　墓 甲子 夫妻宮	廉貪陀天鳳年 貞狼羅壽閣解 陷陷廟旺旺　陷 　　　　2016年 力士 指背 太歲　32～41　絶 癸亥 子女宮

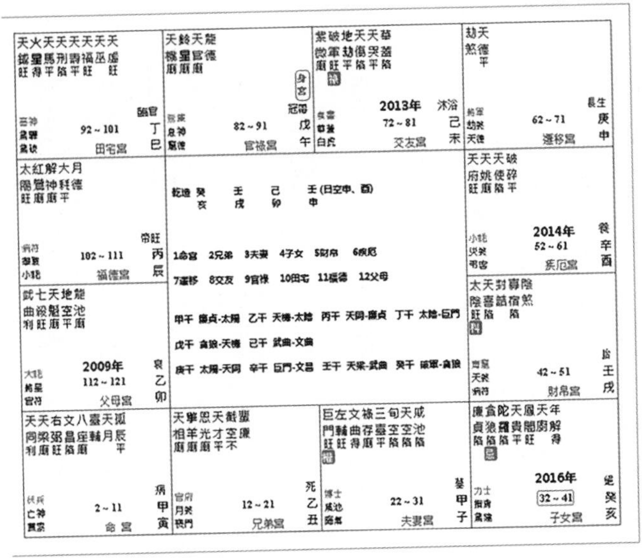

1、判斷：2009年感情不順利，有分手經歷。

命主回饋：2009年和女友已經談婚論嫁，但是她移情別戀、分手了。

解析：流年2009年命主27歲，在大運22—31之間，大運命宮在戌位，大運庚干太陽化祿、武曲化權、太陰化科、天同化忌。流年己干武曲化祿、貪狼化權、天梁化科、文曲化忌。流年命宮在卯位，流年夫妻宮在丑

位，坐落了天相、擎羊、恩光、截空、蜚廉星，照紫微、破軍化祿。（天相擎羊星說明撕破臉。擎羊恩光星說明無情無義、移情別戀等。截空星說明半路出問題。擎羊蜚廉星說明糾紛、矛盾、分手。擎羊紫微破軍化祿說明沒有圓滿、沒有成功。）

2、判斷： 2013年訂婚或者結婚。

命主回饋： 2012年認識了現在的妻子，2013年舉行婚禮。

解析： 流年2013年命主31歲，在大運22－31之間，大運命宮在戌位，

大運庚干太陽化祿、武曲化權、太陰化科、天同化忌。

流年癸干破軍化祿、巨門化權、太陰化科、食狼化忌。

流年命宮在未位，坐落了紫微、破軍化祿、地劫星，太陰化科飛入流年命宮。

流年夫妻宮在巳位，坐落了天鉞、火星、天福、天巫星，巨門化祿化權飛入流年夫妻宮。（紫微破軍化祿太陰化科，說明這一年收入不錯，也會有感情上的

收穫和圓滿。天鉞天福天巫巨門化祿化權，說明能夠辦理結婚登記。）

3、判斷：2014 年添人進口、生育後代等。

命主回饋：是的，2014 年生孩子。

解析：流年 2014 年命主 32 歲，在大運 32—41 之間，大運命宮在酉位，大運己干武曲化祿、貪狼化權、天梁化科、文曲化忌。流年甲干廉貞化祿、破軍化權、武曲化科、太陽化忌。流年命宮在酉位，流年子女宮在午位，坐落了天機、鈴星、天官、龍德星，照巨門化祿、左輔、文曲、祿存星。（天機天官龍德巨門化祿左輔文曲星，說明女兒出生了。鈴星巨門星說明剖腹出生。）

4、判斷：2016 年感情不順利，有感情風波等。

命主回饋：2016 年鬧矛盾，妻子出軌。

解析：流年 2016 年命主 34 歲，在大運 32—41 之間，大運命宮在酉位，大運己干武曲化祿、貪狼化權、天梁化科、文曲化忌。
流年丙干天同化祿、天機化權、文昌化科、廉貞化忌。
流年命宮在亥位，流年夫妻宮在酉位，坐落了天府、天姚星，照七殺、天魁、龍池星。（天府天姚星說明女主人有桃花運。七殺天魁龍池星說明爭執、矛盾多發生。）

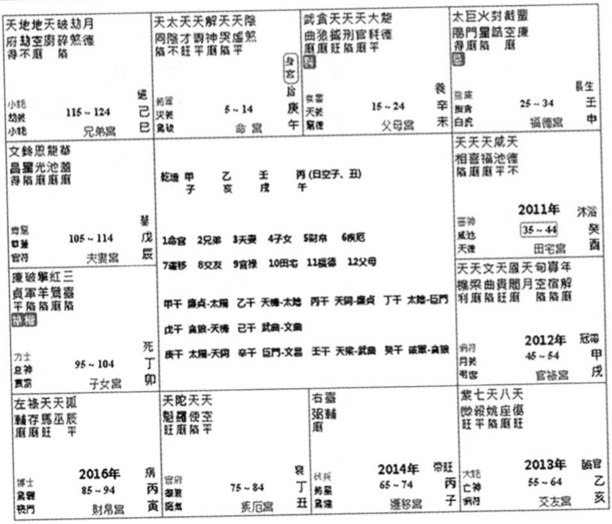
天地地天破劫月
府劫空廚碎煞德
115～124
兄弟宮
己巳
天太天天解天天陰
同陰才壽神哭虛煞
身宮
5～14
命宮
庚午
武貪天天天大龍
曲狼鉞刑官耗德
15～24
父母宮
辛未
太巨火封截蜚
陽門星誥空廉
25～34
福德宮
長生
壬申
文鈴恩龍華
昌星光池蓋
105～114
夫妻宮
戊辰
乾造 甲 乙 壬 丙(日空子、丑)
子 亥 戌 午
1命宮 2兄弟 3夫妻 4子女 5財帛 6疾厄
7遷移 8交友 9官祿 10田宅 11福德 12父母
甲干 廉貞-太陽 乙干 天機-太陰 丙干 天同-廉貞 丁干 太陰-巨門
戊干 貪狼-天機 己干 武曲-文曲
庚干 太陽-天同 辛干 巨門-文昌 壬干 天梁-武曲 癸干 破軍-貪狼
天天天咸天
相喜福池德
2011年
沐浴
35～44
田宅宮
癸酉
廉破擎紅三
貞軍羊鸞臺
死
95～104
子女宮
丁卯
天天文天鳳天旬寡年
機梁曲貴閣月空宿解
2012年
冠帶
45～54
官祿宮
甲戌
左祿天天孤
輔存馬巫辰
2016年
病
85～94
財帛宮
丙寅
天陀天天
魁羅使空
75～84
疾厄宮
丁丑
右臺
弼輔
2014年
帝旺
65～74
遷移宮
丙子
紫七天八天
微殺姚座傷
2013年
臨官
55～64
交友宮
乙亥

例題4

1、判斷：2011年有桃花運。

命主回饋：有。

解析：流年2011年命主28歲，在大運25—34之間，大運命宮在午位，

大運戊干貪狼化祿、太陰化權、右弼化科、天機化忌。

流年辛干巨門化祿、太陽化權、文曲化科、文昌化忌。

流年命宮在酉位，坐落了天相、天喜、咸池、天德、天福星。（天相天喜咸池天福星，說明有桃花運。）

2、**判斷**：2012 年耗財多、職業地點變化等。

命主回饋：對。

解析：流年 2012 年命主29歲，在大運25—34之間，大運命宮在午位，大運戊干貪狼化祿、太陰化權、右弼化科、天機化忌。

流年壬干天梁化祿、紫微化權、左輔化科、武曲化忌。

流年命宮在戌位，天梁化祿、天機、文曲、天貴、鳳閣星。流年財帛宮在午位，坐落了天同太陰天才陰煞解神天虛星。（天梁化祿天機文曲天貴鳳閣星，說明工作地點變化。天同太陰兩顆星曜都不旺，同度天才陰煞解神天虛星，說明財庫空虛、算計著過日子。）

3、**判斷**：2013 年收入增加，手頭寬鬆。

命主回饋：是的。

解析：流年2013年命主30歲，在大運25—34之間，大運命宮在午位，大運戊干貪狼化祿、太陰化權、右弼化科、天機化忌。流年癸干破軍化祿、巨門化權、太陰化科、貪狼化忌。流年命宮在亥位，流年財帛宮在未位，坐落了武曲化科、貪狼、天鉞、天官星，照陀羅、天魁星。（武曲化科貪狼天鉞天魁天官星，說明收入增加了不少。貪狼陀羅天鉞天魁星，說明消費多、手頭寬鬆。）

4、判斷：2014年換工作。

命主回饋：是的。

解析：流年2014年命主31歲，在大運25—34之間，大運命宮在午位，大運戊干貪狼化祿、太陰化權、右弼化科、天機化忌。流年甲干廉貞化祿、破軍化權、武曲化科、太陽化忌。流年命宮在子位，流年官祿宮在辰位，坐落了文昌恩光龍池華蓋星，照天梁星爆旺天貴鳳閣星。（天貴文昌龍池鳳閣華蓋天梁星爆旺，說明變幻工作和職業。）

5、判斷：2016年長輩不順利。

命主回饋：是的。

解析：流年2016年命主33歲，在大運25－34之間，大運命宮在午位，
大運戊干貪狼化祿、太陰化權、右弼化科、天機化忌。
流年丙干天同化祿、天機化權、文昌化科、廉貞化忌。
流年命宮在寅位，流年父母宮在卯位，坐落了廉貞化祿化忌、破軍化權、紅鸞星，武曲化科飛入流年父母宮。（廉貞化祿化忌破軍化權紅鸞星武曲化科，說明因為長輩有破財等。）

例題 5

天破劫月
廚碎煞德
　陷
小耗　　　2012年　　臨官
劫煞　　　[36～45]　　己巳
小耗　　　田宅宮

天解天天陰
機神哭虛煞
廟廟陷陷平
將軍　　　2013年　　帝旺
咒哭　　　46～55　　庚午
晟破　　　官祿宮

紫破天天天大耗
微軍鉞刑官傷德
廟旺陷陷陷平
奏書　　　　　　　　衰
天煞　　　56～65　　辛未
晦德　　　交友宮

終思封寡
星光空康
　平平
飛廉　　　2015年　　病
指背　　　66～75　　壬申
白虎　　　遷移宮

太龍靈華
陰池輔蓋
旺　廟廟
青龍　　　　　　　　冠帶
卑蓋　　　26～35　　戊辰
官符　　　福德宮

乾造　甲　丁　辛　戊（日空寅、卯）
　　　子　丑　亥　戌

1命宮　2兄弟　3夫妻　4子女　5財帛　6疾厄
7遷移　8交友　9官祿　10田宅　11福德　12父母

天地天天天咸天
府劫喜福使空德
旺平廟廟陷平不
喜神　　　　　　　　死
咸池　　　76～85　　癸酉
天德　　　疾厄宮

武七擎羊八
曲殺羊刃座
利旺陷廟平
[科]
力士　　　　　　　　沐浴
息神　　　16～25　　丁卯
貫索　　　父母宮

甲干　廉貞-太陽　乙干　天機-太陰　丙干　天同-廉貞　丁干　太陰-巨門
戊干　貪狼-天機　己干　武曲-文曲　庚干　太陽-天同　辛干　巨門-文昌　壬干　天梁-武曲　癸干　破軍-貪狼

太天鳳月旬華天
陰貴閣德空解廚
旺旺廟　陷廟
　　　　　　　　　身宮
病符　　　2017年　華甲戌
華蓋　　　86～95
弔客　　　財帛宮

天天文左曲天天孤
同梁輔存才巫辰
利廟廟平平旺旺　平
博士　　　　　　　　長生
歲驛　　　6～15　　丙寅
喪門　　　命宮

天天陀地天
相魁羅空空
廟廟廟陷平
官府　　　　　　　　養
攀鞍　　　116～125　丁丑
晦氣　　　兄弟宮

巨右文火封
門弼昌星詰
旺廟陷陷平
伏兵　　　　　　　　胎
將星　　　106～115　丙子
病符　　　夫妻宮

廉貪天三
貞狼姚喜
陷陷陷廟
[祿]
大耗　　　　　　　　絕
亡神　　　96～105　乙亥
歲建　　　子女宮

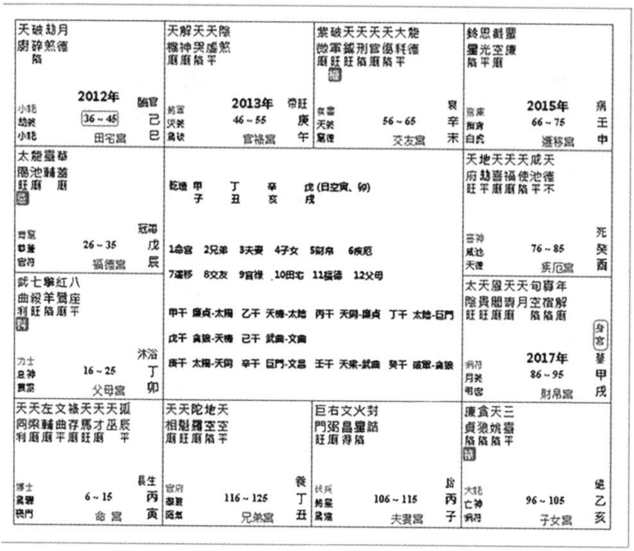

1、判斷：2012年有訂婚、結婚之喜慶。

命主回饋：2012年結婚辦酒席。

解析：流年2012年命主29歲，在大運26—35之間，大運命宮在寅位，

大運丁干太陰化祿、天同化權、天機化科、巨門化忌。

流年壬干天梁化祿、紫微化權、左輔化科、武曲化忌。

流年命宮在巳位，流年夫妻宮在卯位，坐落了武曲化科、七殺、紅鸞星，照天府、天喜、天福星。（武曲化科

七殺紅鸞天府天喜天福星，說明有結

婚之喜慶。）

2、**判斷**：2013 年工作有變動或者調整。

命主回饋：2013 換工作。

解析：流年 2013 年命主30歲，在大運26—35之間，大運命宮在寅位，

大運丁干太陰化祿、天同化權、天機化科、巨門化忌。

流年癸干破軍化祿、巨門化權、太陰化科、食狼化忌。

流年命宮在午位，流年官祿宮在戌位，坐落了太陰天貴鳳閣星，照太陽化忌龍池台輔華蓋星。（太陰太陽化忌天貴台輔鳳閣龍池華蓋星，說明變換工作地點、換工作。）

3、**判斷**：2015 年工作順利。

命主回饋：是的。

解析：流年 2015 年命主32歲，在大運26—35之間，大運命宮在寅位，

大運丁干太陰化祿、天同化權、天機化科、巨門化忌。

流年乙干天機化祿、天梁化權、紫微化科、太陰化忌。

流年命宮在申位，流年官祿宮在子位，坐落了巨門化忌、文昌、右弼、封誥，照天機化祿。（巨門旺勢文昌右弼封誥天機化祿，說明事業順利，有自己發揮的機會。）

4、判斷：2017 年破費多。

命主回饋：是的。

解析：流年 2017 年命主34歲，在大運26－35之間，大運命宮在寅位，

大運丁干太陰化祿、天同化權、天機化科、巨門化忌。

流年丁干太陰化祿、天同化權、天機化科、巨門化忌。

流年命宮在戌位，流年財帛宮在午位，坐落了天機化科、解神、天虛星，照巨門化忌、右弼、封誥、文昌星。（天機兩度化科、巨門兩度化忌、右弼封誥文昌星，說明買房或者買車一類的專案花費多。）

例題 6

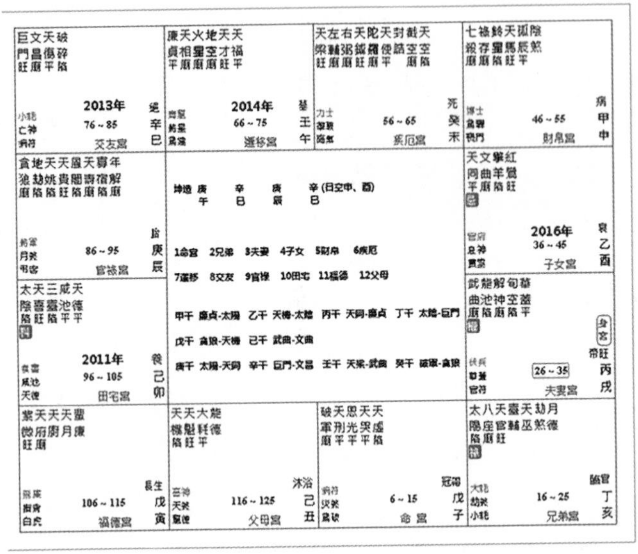
巨文天破
門昌傷碎
旺廟平陷
2013年
76～85
交友宮
辛
巳
廉天火地天天
貞相星空才福
平廟廟廟旺平
2014年
66～75
遷移宮
壬
午
天左右天陀天封截天
梁輔弼鉞羅使誥空空
旺廟廟旺廟平 廟陷
56～65
疾厄宮
死
癸
未
七祿鈴天孤陰
殺存星馬辰煞
廟廟陷旺平
46～55
財帛宮
病
甲
申
貪地天天鳳天寡年
狼劫姚貴閣壽宿解
廟陷陷旺陷廟陷廟
86～95
官祿宮
庚
辰
坤造 庚 辛 庚 辛 (日空申、酉)
午 巳 辰 巳
1命宮 2兄弟 3夫妻 4子女 5財帛 6疾厄
7遷移 8交友 9官祿 10田宅 11福德 12父母
甲干 廉貞-太陽 乙干 天機-太陰 丙干 天同-廉貞 丁干 太陰-巨門
戊干 貪狼-天機 己干 武曲-文曲
庚干 太陽-天同 辛干 巨門-文昌 壬干 天梁-武曲 癸干 破軍-貪狼
天文擎紅
同曲羊鸞
平廟陷旺
2016年
36～45
子女宮
衰
乙
酉
太天三咸天
陰喜臺池德
陷旺陷平平
2011年
96～105
田宅宮
己
卯
武龍解旬華
曲池神空蓋
廟陷廟陷平
身宮
帝旺
26～35
夫妻宮
丙
戌
紫天天天蜚
微府廚月廉
旺廟
長生
106～115
福德宮
戊
寅
天天大龍
機魁耗德
陷旺平
沐浴
116～125
父母宮
己
丑
破天恩天天
軍刑光哭虛
廟平平平陷
冠帶
6～15
命宮
戊
子
太八天臺天劫月
陽座官輔巫煞德
陷廟旺
臨官
16～25
兄弟宮
丁
亥

1、判斷：2011 年有戀愛。

命主回饋：是的。

解析：流年 2011 年命主22歲，在大運16—25之間，大運命宮在酉位，

大運戊干貪狼化祿、太陰化權、右弼化科、天機化忌。

流年辛干巨門化祿、太陽化權、文曲化科、文昌化忌。

流年命宮在卯位，坐落了太陰化科、天喜、咸池星。（太陰化科天喜咸池星，說明有戀愛。）

2、判斷：2013年有婚姻。

命主回饋：是的。

解析：流年2013年命主24歲，在大運16—25之間，大運命宮在酉位，大運戊干貪狼化祿、太陰化權、右弼化科、天機化忌。流年癸干破軍化祿、巨門化權、太陰化科、貪狼化忌。流年命宮在巳位，流年夫妻宮在卯位，坐落了太陰化科、天喜、咸池星，武曲化權飛入流年夫妻宮。（太陰化科天喜咸池武曲化權，說明有感情上的實際行動，太陰化科表示結婚證。）

3、判斷：2014年丈夫的財運不太好。

命主回饋：是的。

解析：流年2014年命主25歲，在大運16—25之間，大運命宮在酉位，大運戊干貪狼化祿、太陰化權、右弼化科、天機化忌。

流年甲干廉貞化祿、破軍化權、武曲化科、太陽化忌。

流年命宮在午位，流年夫妻宮在辰位，流年夫妻宮的財帛宮在子位，坐落了破軍、天刑、天哭、恩光星，加會七殺、祿存、貪狼化祿。（破軍天刑天哭七殺祿存貪狼化祿，說明破財、經濟上壓力大。）

4、**判斷**：2016年和丈夫感情不太好。

命主回饋：是的。

解析：流年2016年命主27歲，在大運26—35之間，大運命宮在申位，

大運丁干太陰化祿、天同化權、天機化科、巨門化忌。

流年丙干天同化祿、天機化權、文昌化科、廉貞化忌。

流年命宮在酉位，流年夫妻宮未位，坐落了天梁、陀羅、左輔、右弼、天鉞、封誥、截空星。（天梁陀羅封誥截空星，說明溝通不暢。天梁左輔右弼天鉞星說明心理出軌等。）

例題7

巨天天截 門馬福空 旺平旺廟 祿 將軍 病 歲驛 63～72 癸 弔客 遷移宮 巳	廉天文天天天解天 貞相曲鉞才使神廚 平廟陷 旺平廟 科 小耗 衰 息神 53～62 甲 病符 疾厄宮 午	天三八華 梁臺座蓋 旺廟平陷 青龍 帝旺 華蓋 43～52 乙 歲建 財帛宮 未	七文陀紅天靈天孤劫 殺昌羅鸞刑輔空辰煞 廟得陷廟陷 旺平 忌 力士 2014年 臨官 劫煞 33～42 丙 晦氣 子女宮 申
貪天封寡陰天 狼傷誥宿煞德 廟平 陷 廟 奏書 死 攀鞍 73～82 壬 天德 交友宮 辰	乾造 辛 辛 甲 丙 (日空午、未) 未 丑 申 寅 1命宮 2兄弟 3夫妻 4子女 5財帛 6疾厄 7遷移 8交友 9官祿 10田宅 11福德 12父母		天祿地天天 同存空貴官 平廟廟廟平 博士 2015年 冠帶 災煞 23～32 丁 喪門 夫妻宮 酉
太左鳳蜚年 陰輔閣廉解 陷陷旺 廟 身宮 飛廉 2010年 墓 將星 83～92 辛 白虎 官祿宮 卯	甲干 廉貞-太陽 乙干 天機-太陰 丙干 天同-廉貞 丁干 太陰-巨門 戊干 貪狼-天機 己干 武曲-文曲 庚干 太陽-天同 辛干 巨門-文昌 壬干 天梁-武曲 癸干 破軍-貪狼		武擎天旬 曲羊壽空 廟廟廟陷 官府 2016年 沐浴 天煞 13～22 戊 貫索 兄弟宮 戌
紫天天天天龍 微府魁喜月德 旺廟 廟 喜神 絕 亡神 93～102 庚 龍德 田宅宮 寅	天地天破 機劫虛碎 陷陷廟陷 病符 胎 月煞 103～112 辛 歲破 福德宮 丑	破鈴天咸大月 軍星姚池耗德 廟陷陷陷旺 大耗 養 咸池 113～122 庚 小耗 父母宮 子	太右火恩龍天天 陽弼星光池巫哭 陷平利不旺 平 權 伏兵 長生 指背 3～12 己 官符 命宮 亥

1、判斷：2010年有升學或者出行。

命主回饋：是的，去上大學。

解析：流年2010年命主20歲，在大運13—22之間，大運命宮在申位，

大運己干武曲化祿、貪狼化權、天梁化科、文曲化忌。

流年庚干太陽化祿、武曲化權、太陰化科、天同化忌。

流年命宮在卯位，流年官祿宮在未位，坐落了天梁化科、三台、八座星。

（天梁化科三台八座星，說明官方認可並且能出行等，也就是上大學了。）

2、判斷：2014年工作不順心。

命主回饋：是的。

解析：流年2014年命主24歲，在大運23—32之間，大運命宮在未位，

大運戊干貪狼化祿、太陰化權、右弼化科、天機化忌。

流年甲干廉貞化祿、破軍化權、武曲化科、太陽化忌。

流年命宮在申位，流年官祿宮在子位，坐落了破軍大耗星，加會七殺貪狼化祿。

（破軍大耗貪狼化祿，說明收入不多或者財來財去。破軍七殺星說明事業壓力很大。）

3、判斷：2015年破費多、換工作。

命主回饋：是的。

解析：流年2015年命主25歲，在大運23—32之間，大運命宮在未位，

大運戊干貪狼化祿、太陰化權、右弼化科、天機化忌。

流年乙干天機化祿、天梁化權、紫微化科、太陰化忌。

流年命宮在酉位，坐落了天同、祿存、地空、天貴、天官星。流年官祿宮在丑位，坐落了天機化忌、天虛星，照天梁、三台星。（天同星較弱說明不滿意現狀。祿存地空星說明沒有積蓄。天同天貴天官星說明換工作。天機化忌天虛天梁三台星說明辭職離開，也就是換工作。）

4、判斷：2016年感情不順利。

命主回饋：是的，短暫桃花運。

解析：流年2016年命主26歲，在大運23—32之間，大運命宮在未位，大運戊干貪狼化祿、太陰化權、右弼化科、天機化忌。

流年丙干天同化祿、天機化權、文昌化科、廉貞化忌。

流年命宮在戌位，流年夫妻宮在申位，坐落了七殺、紅鸞、天空、劫煞星。（七殺天空星說明分手。七殺紅鸞劫煞星說明感情進展不順利。）

例題 8

巳	午	未	申
天同 三台 龍池 天巫 天廚 天同平 龍池陷 天不 指背/奏書/官符 4~13 辛巳 命宮 長生	武曲 天府 天刑 天廚 天空 天池 截空 咸池 大耗 月德 14~23 壬午 父母宮 威池/小耗/小耗 沐浴	太陽 太陰 鈴星 天盛 太陽不利 太陰陷 24~33 癸未 福德宮 月煞/將軍/歲破 冠帶	貪狼 天巫 天姚 天馬 解神 龍 貪狼平 天姚廟 天馬廟 天不 2011年 34~43 甲申 田宅宮 亡神/飛廉/亡神 臨官
破軍 擎羊 天 破軍旺 擎羊廟 天廟 114~123 庚辰 兄弟宮 天煞/力士/貫索 養	**坤造** 乙丑 己卯 乙卯 乙酉 (日空子、丑) 1命宮 2兄弟 3夫妻 4子女 5財帛 6疾厄 7遷移 8交友 9官祿 10田宅 11福德 12父母 甲干 廉貞-太陽　乙干 天機-太陰　丙干 天同-廉貞　丁干 太陰-巨門 戊干 貪狼-天機　己干 武曲-文曲　庚干 太陽-天同　辛干 巨門-文昌　壬干 天梁-武曲　癸干 破軍-貪狼		天機 巨門 天魁 八座 鳳閣 年 天機旺 巨門廟 天廟 44~53 乙酉 官祿宮 將星/白虎 帝旺
祿存 左輔 祿存廟 左輔廟 104~113 己卯 夫妻宮 災煞/博士/喪門 胎			紫微 右弼 天相 天旬 寡宿 天 紫微廟 右弼廟 天相廟 天旬陷 寡宿陷 2013年 54~63 丙戌 交友宮 攀鞍/官符/天德 衰
廉貞 陀羅 地空 紅鸞 天哭 陰煞 劫煞 廉貞廟 陀羅陷 地空陷 紅鸞旺 劫煞平 2017年 94~103 戊寅 子女宮 劫煞/晦氣/官府 絕	文昌 文曲 天姚 恩光 天貴 破碎 幕 文昌廟 文曲平 天姚廟 破碎陷 2016年 84~93 己丑 財帛宮 華蓋/伏兵/貫索	七殺 天鉞 火星 壽星 天使 七殺旺 天鉞廟 壽星平 2015年 74~83 戊子 疾厄宮 息神/歲建/大耗 死	天梁 天刑 天梁廟 天刑平 64~73 丁亥 遷移宮 歲驛/病符 病 **身宮**

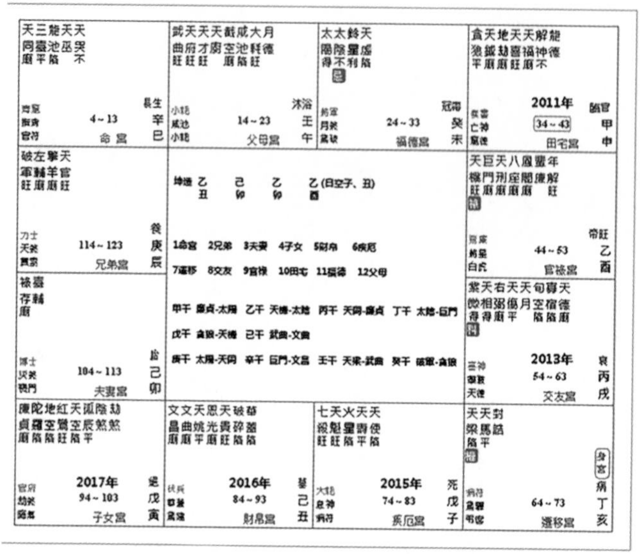

1、判斷：2011年有戀愛，但是並不順利。

命主回饋：是的。

解析：流年2011年命主27歲，在大運24─33之間，大運命宮在巳位，大運戊干貪狼化祿、太陰化權、右弼化科、天機化忌。

流年辛干巨門化祿、太陽化權、文曲化科、文昌化忌。

流年命宮在申位，坐落了貪狼化祿、天鉞、地劫、天喜、天福星。流年交友宮在丑位，坐落了文昌化忌、文曲、天姚、恩光、天貴星。（天喜天福文曲天姚恩光說明確實有戀愛。貪狼化祿地劫文昌化忌說明戀愛不順利。）

2、判斷：2013財運不錯，不過消費也很多。

命主回饋：是的。

解析：流年2013年命主29歲，在大運24—33之間，大運命宮在巳位，

大運戊干貪狼化祿、太陰化權、右弼化科、天機化忌。

流年癸干破軍化祿、巨門化權、太陰化科、食狼化忌。

流年命宮在戌位，流年財帛宮在午位，坐落了武曲、天府、天才、天廚、截空、大耗星，加會廉貞星，照七殺、天魁星。（武曲天府天才天廚天魁說明增加收入。武曲天府截空大耗廉貞七殺星，說明消費也很多。）

3、判斷：2015破財。

命主回饋：是的，破大財了。

解析：流年2015年命主31歲，在大運24—33之間，大運命宮在巳位，
大運戊干貪狼化祿、太陰化權、右弼化科、天機化忌。
流年乙干天機化祿、天梁化權、紫微化科、太陰化忌。
流年命宮在子位，流年財帛宮在申位，坐落了貪狼、天鉞、地劫、天喜、天福星，照廉貞、劫煞星。（貪狼地劫廉貞劫煞星說明破財。）

4、判斷：2016年感情不順。

命主回饋：2016年被男友分手。

解析：流年2016年命主32歲，在大運24—33之間，大運命宮在巳位，
大運戊干貪狼化祿、太陰化權、右弼化科、天機化忌。
流年丙干天同化祿、天機化權、文昌化科、廉貞化忌。
流年命宮在丑位，流年夫妻宮在亥位，坐落了天梁陷落化權、天馬、封誥星，照天同化祿。（天梁陷落化權封誥星，說明不再溝通或者無法溝通。天馬天同

化祿說明天各一方、離開了。）

5、判斷：2017換工作。

命主回饋：是的，2017年辭職，面臨選擇。

解析：流年2017年命主33歲，在大運24—33之間，大運命宮在巳位，大運戊干貪狼化祿、太陰化權、右弼化科、天機化忌。流年丁干太陰化祿、天同化權、天機化科、巨門化忌。流年命宮在寅位，流年官祿宮在午位，坐落了武曲天府截空星，照七殺天魁星，天機化科巨門化忌飛入流年官祿宮。（武曲七殺天機化科巨門化忌，說明辭職了、離開了。）

太陀地地天天天孤蜚破 陽羅劫空馬才傷陰辰廉碎 旺陷不廟平廟平 陷陷 力士 歲驛　94~103　長生 喪門　　　　　乙巳 田宅宮	破祿天恩 軍存喜光 廟廟廟廟 博士 息神　84~93 貫索　　　丙午 官祿宮	天擎天龍鳳天年華 機羊姚池閣傷解蓋 陷廟旺廟陷陷陷壽 官府 華蓋　74~83　丁未 官符　　　　交友宮	紫天封大劫月 微府誥耗德 旺旺　　陷 伏兵 劫煞　64~73　戊申 小耗　　　　遷移宮
武右文鈴天 曲弼昌曇空 廟廟旺陷廟 青龍 將星　2016年　沐浴 晦氣　104~113　甲辰 福德宮	乾造　丁　戊　癸　戊　（日空辰、巳） 　　　卯　申　卯　午 1命宮　2兄弟　3夫妻　4子女　5財帛　6疾厄 7遷移　8交友　9官祿　10田宅　11福德　12父母		太天鈴使虛 陰鉞　廊 旺旺　　陷 大耗 災煞　54~63　己酉 歲破　　　　疾厄宮
天火天天 同星刑哭 平平廟廟 小耗 攀鞍　114~123　冠帶 喪建　　　　　癸卯 父母宮	甲干　廉貞·太陽　乙干　天機·太陰　丙干　天同·廉貞　丁干　太陰·巨門 戊干　貪狼·天機　己干　武曲·文曲 庚干　太陽·天同　辛干　巨門·文昌　壬干　天梁·武曲　癸干　破軍·貪狼		貪左文旬孤 狼輔曲空德 廟廟陷陷 病符 天煞　44~53　死庚戌 龍德　　　　財帛宮
七天解天截隙 殺官神巫空煞 廟平廟陷 飛廉 亡神　2014年　臨官 病符　4~13　壬寅 命宮	天三八寡 梁臺座宿 旺廟廟平 身宮 奏書 月煞　2013年　帝旺 飛廉　14~23　癸丑 兄弟宮	廉天紅咸喜天 貞相鸞池德 平廟廟　陷陷 將軍 咸池　2012年　衰 天德　24~33　壬子 夫妻宮	巨天天天 門魁福月 旺旺　廟 奏神 指背　34~43　辛亥 白虎　　　子女宮

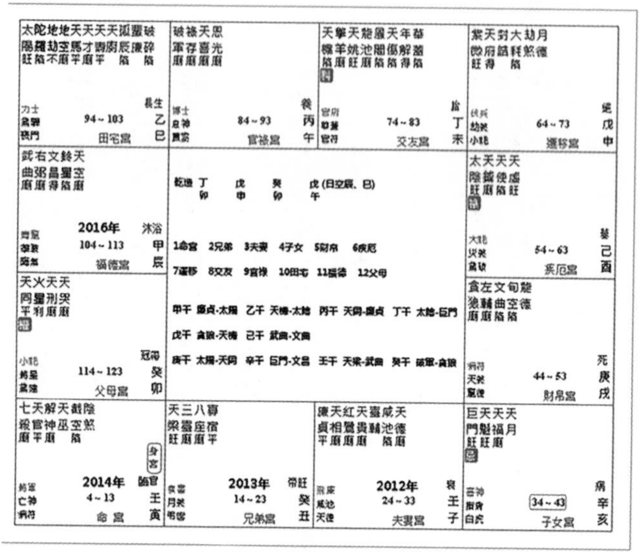

1、判斷：2012長輩不順利，他們身體欠佳或者感情不和。

命主回饋：父親從2011年底開始，身體一直不好。

解析：流年2012年命主26歲，在大運24—33之間，大運命宮在戌位，

大運甲干廉貞化祿、破軍化權、武曲化科、太陽化忌。

流年壬干天梁化祿、紫微化權、左輔化科、武曲化忌。

流年命宮在子位，流年父母宮在丑位，坐落了天梁、三台、八座星，照擎羊、龍池星，巨門化忌飛入流年父母宮。（天梁擎羊巨門化忌，說明長輩不吉利，身體容易出問題等。）

2、**判斷：**2013年感情不順利，會分手。

命主回饋：2013年與女友分手。

解析：流年2013年命主27歲，在大運24—33之間，大運命宮在戌位，大運甲干廉貞化祿、破軍化權、武曲化科、太陽化忌。

流年癸干破軍化祿、巨門化權、太陰化科、貪狼化忌。

流年命宮在丑位，流年夫妻宮在亥位，坐落了巨門化忌化權、天魁、天福、天月星。流年交友宮在午位，坐落了破軍、祿存、天喜、恩光星，加會七殺、解神，照天相、紅鸞星（破軍天喜七殺解神天相紅鸞星，說明紅臉了、鬧矛盾了。巨門化忌化權天月星，說明感情上不順利、離開了。）

3、判斷：2014年經濟壓力較大。

命主回饋：2014年收入低。

解析：流年2014年命主28歲，在大運24—33之間，大運命宮在戌位，

大運甲干廉貞化祿、破軍化權、武曲化科、太陽化忌。

流年甲干廉貞化祿、破軍化權、武曲化科、太陽化忌。

流年命宮在寅位，流年財帛宮在戌位，坐落了貪狼、左輔星，照武曲、右弼、天空星，破軍化權飛入流年財帛宮。（左輔右弼武曲天空破軍化權，說明破費多。）

4、判斷：2016年買房或者買車等。

命主回饋：2016年買房。

解析：流年2016年命主30歲，在大運24—33之間，大運命宮在戌位，

大運甲干廉貞化祿、破軍化權、武曲化科、太陽化忌。

流年丙干天同化祿、天機化權、文昌化科、廉貞化忌。

流年命宮在辰位，流年財帛宮在子位，坐落了廉貞化忌天相紅鸞台輔天貴星，照破軍化權祿存天喜恩光星。流年田宅宮在未位，坐落了天機化科擎羊天姚龍池鳳閣星，照天梁三台八座星，太陽化忌飛入流年田宅宮。（廉貞化忌天相台輔天貴星說明簽署合約。破軍化權祿存星說明破財。擎羊龍池鳳閣天梁太陽化忌，說明買房而破費。）

交友宮 (丁巳)	遷移宮	疾厄宮	財帛宮 (庚申)
天機平 天鉞旺 八座廟 天傷廟 天使平 天巫平 喪門 晦氣 54~63 長生	紫微廟 天喜旺 喜神廟 解神廟 陰煞 龍德 息神 龍德 2012年 64~73 戊午 沐浴	天府廟 天刑陷 天傷平 蜚廉平 喜神 白虎 2013年 74~83 己未 冠帶	破軍廟 劫煞平 天壽廟 病符 奏書 2014年 84~93 臨官 庚申
官祿宮 (丙辰) 七殺廟 文曲陷 紅鸞廟 恩光廟 大耗廟 月德平 劫煞 小耗 44~53 養			子女宮 (辛酉) 火星陷 三台廟 擎喜碎 大耗 弔客 94~103 帝旺 辛酉
田宅宮 (乙卯) 太陰廟 天同陷 天梁廟 魁旺 池廟 小耗 龍德 **34~43** 胎 乙卯	坤造 癸 甲 乙 丙 (日空午、未) 亥 子 酉 子 1命宮 2兄弟 3夫妻 4子女 5財帛 6疾厄 7遷移 8交友 9官祿 10田宅 11福德 12父母 甲干 廉貞·太陽 乙干 天機·太陰 丙干 天同·廉貞 丁干 太陰·巨門 戊干 貪狼·天機 己干 武曲·文曲 庚干 太陽·天同 辛干 巨門·文昌 壬干 天梁·武曲 癸干 破軍·貪狼		夫妻宮 (壬戌) 廉貞廟 天府廟 文昌旺 鈴 天喜 天貴 月宿 伏兵 天德 104~113 衰 壬戌
福德宮 (甲寅) 武曲廟 左輔旺 右 天 孤辰 曲相廟 齊星 亡神 貫索 2008年 24~33 絕 甲寅	父母宮 天同不 巨門不 擎羊廟 空廉 力士 月煞 喪門 14~23 華蓋 乙丑	命宮 貪狼旺 右弼廟 祿存廟 句 天 咸池 博士 歲建 4~13 身宮 死 甲子	兄弟宮 (癸亥) 太陽陷 陀羅 地劫 天巫 天姚陷 咸 才 壽 廚 解 官府 咸池 114~123 病 癸亥

例題 10

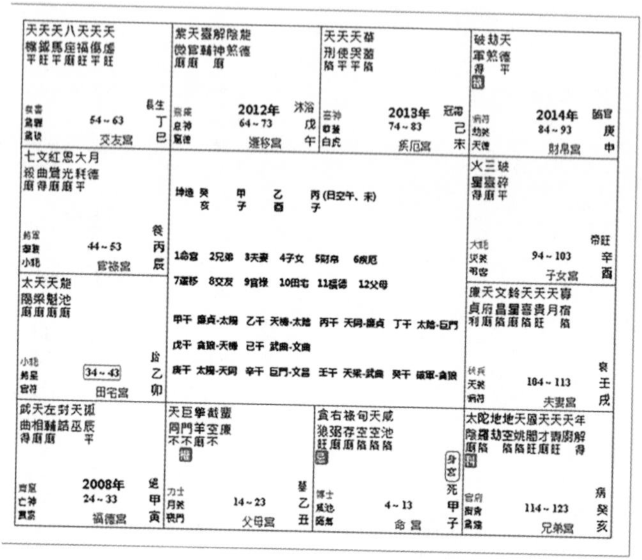

1、判斷：2008 年長輩不吉利，母親會有健康問題。

命主回饋：對。

解析：流年 2008 年命主 26 歲，在大運 24—33 之間，大運命宮在子位，

大運丙干天同化祿、天機化權、文昌化科、廉貞化忌。

流年戊干貪狼化祿、太陰化權、右弼化科、天機化忌。

流年命宮在寅位，流年母親宮在丑

位，坐落了天同化祿、巨門、擎羊、截空、蜚廉星。（天同化祿巨門擎羊截空蜚廉星，說明母親會有傷害。）

2、判斷：2012年感情上容易經歷分手。

命主回饋：對。

解析：流年2012年命主30歲，在大運24—33之間，大運命宮在子位，大運丙干天同化祿、天機化權、文昌化科、廉貞化忌。流年壬干天梁化祿、紫微化權、左輔化科、武曲化忌。流年命宮在午位，流年夫妻宮在辰位，坐落了七殺、文曲、紅鸞、恩光、大耗星，照天府、鈴星、天月星。（文曲紅鸞七殺鈴星說明分手。七殺天府鈴星說明家裡冷冷清清。恩光大耗天月鈴星，說明度日如年的痛苦。）

3、判斷：2013年工作不穩定、換工作等。

命主回饋：對。

解析：流年2013年命主31歲，在大運24—33之間，大運命宮在子位，

大運丙干天同化祿、天機化權、文昌化科、廉貞化忌。

流年癸干破軍化祿、巨門化權、太陰化科、貪狼化忌。

流年命宮在未位，流年官祿宮在亥位，坐落了太陰爆旺而且化科、地劫、鳳閣星。

（太陰爆旺化科地劫星，說明薪水被奪走、沒有了薪水，也就是辭職了。）

4、**判斷**：2014年同事關係不好、小人多。

命主回饋：對。

解析：流年2014年命主32歲，在大運24—33之間，大運命宮在子位，

大運丙干天同化祿、天機化權、文昌化科、廉貞化忌。

流年甲干廉貞化祿、破軍化權、武曲化科、太陽化忌。

流年命宮在申位，流年交友宮在丑位，坐落了天同化祿、巨門化權、擎羊、蜚廉星。（巨門化權擎羊蜚廉星，說明同事之間口舌是非很多。）

例題11

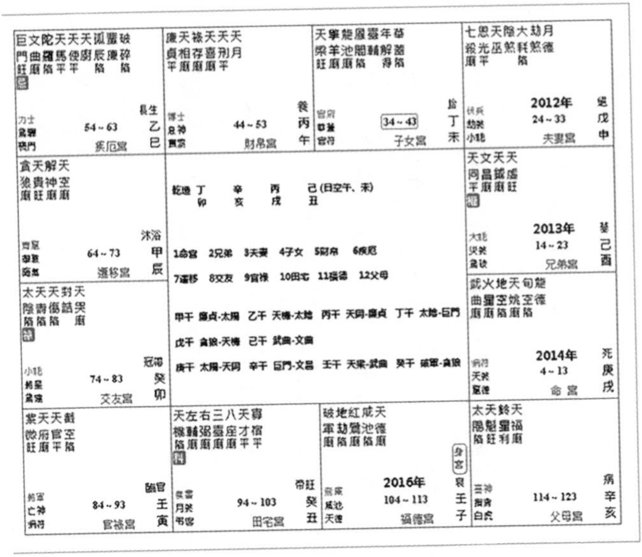

巨門 文曲 陀羅 天馬 天使 天廚 孤辰 蜚廉 破碎
力士 54～63 長生 乙巳 疾厄宮
廉貞 天相 祿存 天喜 天刑 天月
博士 44～53 養 丙午 財帛宮
天梁 擎羊 天池 恩光 台輔 年解 華蓋
官府 34～43 胎 丁未 子女宮
七殺 恩光 天巫 陰煞 大耗 劫煞 月德
伏兵 2012年 24～33 絕 戊申 夫妻宮
貪狼 天貴 解神 天空
青龍 64～73 沐浴 甲辰 遷移宮
乾造 丁 辛 丙 己（日空午、未）
卯 亥 戌 丑
1命宮 2兄弟 3夫妻 4子女 5財帛 6疾厄
7遷移 8交友 9官祿 10田宅 11福德 12父母
甲干 廉貞-太陽 乙干 天機-太陰 丙干 天同-廉貞 丁干 太陰-巨門
戊干 貪狼-天機 己干 武曲-文曲
庚干 太陽-天同 辛干 巨門-文昌 壬干 天梁-武曲 癸干 破軍-貪狼
天同 文昌 天鉞 天虛
大耗 2013年 14～23 墓 己酉 兄弟宮
太陰 天壽 天傷 封誥 天哭
小耗 74～83 冠帶 癸卯 交友宮
武曲 火星 地空 天姚 旬空 龍德
病符 2014年 4～13 死 庚戌 命宮
紫微 天府 天官 截空
將軍 84～93 臨官 壬寅 官祿宮
天機 左輔 右弼 三台 八座 天才 寡宿
奏書 94～103 帝旺 癸丑 田宅宮
破軍 地劫 紅鸞 咸池 天德
身宮
飛廉 2016年 104～113 衰 壬子 福德宮
太陽 天魁 鈴星 天福
喜神 114～123 病 辛亥 父母宮

1、判斷：2012年財運不好、破費多。

命主回饋：是的。

解析：流年2012年命主26歲，在24－33之間，大運命宮在午位，大運丙干天同化祿、天機化權、文昌化科、廉貞化忌。

流年甲干廉貞化祿、破軍化權、武曲化科、太陽化忌。

流年命宮在申位，流年財帛宮在辰位，坐落了貪狼、天空星，照武曲化科、火星。（貪狼天空星說明白忙了、沒有積蓄。武曲化科火星說明破財。）

2、判斷：2013年工作不順利、換工作等。

命主回饋：是的。

解析：流年2013年命主27歲，在24—33之間，大運命宮在午位，

大運丙干天同化祿、天機化權、文昌化科、廉貞化忌。

流年癸干破軍化祿、巨門化權、太陰化科、貪狼化忌。

流年命宮在酉位，流年官祿宮在丑位，坐落了天機化科左輔右弼三台八座星，照天梁擎羊台輔星。（三台八座天梁擎羊台輔星，說明辭職了。天機化科左輔右弼說明在眾多的工作中重新選擇和尋找。）

3、判斷：2014年身體欠佳。

命主回饋：是的。

解析：流年2014年命主28歲，在24—33之間，大運命宮在午位，

大運丙干天同化祿、天機化權、文昌化科、廉貞化忌。

流年甲干廉貞化祿、破軍化權、武曲化科、太陽化忌。

流年命宮在戌位，流年疾厄宮在巳位，坐落了巨門化忌、文曲、天廚、蜚廉星。

（巨門化忌文曲說明有病而呻吟。巨門化忌天廚蜚廉星說明腸胃不好、胃口差。）

4、判斷：2016年感情不順利。

命主回饋：是的。

解析：流年2016年命主30歲，在24—33之間，大運命宮在午位，

大運丙干天同化祿、天機化權、文昌化科、廉貞化忌。

流年丙干天同化祿、天機化權、文昌化科、廉貞化忌。

流年命宮在子位，流年夫妻宮在戌位，坐落了武曲、火星、天姚星。（武曲火星天姚星，說明為某個女人花錢，而且感情上爭執、矛盾多。）

後語

很多的初學者，學習理論一段時間以後，排出一個紫微盤，從哪裡起手分析和判斷呢？感到一頭霧水。把宮位逐個分析嗎？那樣很難抓住重點，居多時候不能說到求測者心裡去。所以，必須總覽全盤，看清楚哪些宮位是薄弱的或者強旺的，然後針對這些宮開始入手分析，這樣就抓住重點，一語中的。這是第一個思路。

第二個思路，根據求測者的年齡階段，他們目前最關心什麼就說什麼，這是從內容入手的思路，當然，這個思路一般會需要動用較多宮位資訊，所以適合熟練以後操作。

第三個思路，流年分析，進入到大運和流年層面，把每一個流年的主要事件提取出來，這個思路一般會動用到本命、大運、流年的飛星，所以適合熟練以後操作。

有預測需求的朋友，可以透過下面方式聯繫到我：
QQ：1801021669
電話：0086-19929203989
郵箱：sanheshanren@188.com

有償服務的主要專案有：
財運、官運、婚姻等預測；
男女合婚；
開業擇吉、婚姻擇吉等；
取人名或者公司名等。

國家圖書館出版品預行編目資料

紫微斗數入門練習題200例／三禾山人著.
－－第一版－－臺北市：知青頻道出版；
紅螞蟻圖書發行，2022.12
面　公分－－(Easy Quick；192)
ISBN 978-986-488-235-9（平裝）

1. CST：紫微斗數

293.11　　111017824

Easy Quick 192

紫微斗數入門練習題200例

作　　者／三禾山人
發 行 人／賴秀珍
總 編 輯／何南輝
校　　對／周英嬌、三禾山人
美術編輯／沙海潛行
封面設計／引子設計
出　　版／知青頻道出版有限公司
發　　行／紅螞蟻圖書有限公司
地　　址／台北市內湖區舊宗路二段121巷19號（紅螞蟻資訊大樓）
網　　站／www.e-redant.com
郵撥帳號／1604621-1　紅螞蟻圖書有限公司
電　　話／(02)2795-3656（代表號）
傳　　真／(02)2795-4100
登 記 證／局版北市業字第796號
法律顧問／許晏賓律師
印 刷 廠／卡樂彩色製版印刷有限公司
出版日期／2022年12月　第一版第一刷

定價 380 元　港幣 127 元

ISBN 978-986-488-235-9　　Printed in Taiwan